普通高等教育经管类专业"十三五"规划教材

公司金融学

张德昌　编著

清华大学出版社
北　京

内 容 简 介

本书基于现代经济理论、公司理论和金融理论，追踪公司金融理论和实践的最新发展，从微观视角构建系统、严谨的公司金融学框架体系，对公司金融活动和金融决策进行全面阐述。全书共分 4 篇：公司金融基础篇、资本预算与长期投资决策篇、长期筹资决策篇、营运资本决策篇。

本书强调对公司金融理论和方法的深度阐释，并配以相应的实务案例，有助于读者对公司金融理论和方法的理解和掌握。本书结构完整清晰、逻辑严谨，分析阐释深入浅出，并配有习题和教学课件，可作为高等院校金融学、经济学、财务管理和会计学等专业本科及硕士研究生的教材或参考书，也可作为金融机构专业人士、公司财务工作者、经营管理者、大学相关课程的教师等的工具书和参考材料。

图书在版编目(CIP)数据

公司金融学 / 张德昌 编著. —北京：清华大学出版社，2019（2022.1重印）
（普通高等教育经管类专业“十三五”规划教材）
ISBN 978-7-302-52884-5

Ⅰ. ①公… Ⅱ. ①张… Ⅲ. ①公司—金融学—高等学校—教材 Ⅳ. ①F276.6

中国版本图书馆 CIP 数据核字(2019) 第 083577 号

责任编辑：施 猛
封面设计：周晓亮
版式设计：方加青
责任校对：牛艳敏
责任印制：沈 露

出版发行：清华大学出版社
网 址：http：//www.tup.com.cn，http：//www.wqbook.com
地 址：北京清华大学学研大厦 A 座 邮 编：100084
社 总 机：010-62770175 邮 购：010-62786544
投稿与读者服务：010-62776969，c-service@tup.tsinghua.edu.cn
质 量 反 馈：010-62772015，zhiliang@tup.tsinghua.edu.cn
印 装 者：三河市铭诚印务有限公司
经 销：全国新华书店
开 本：185mm×260mm 印 张：24.75 字 数：571 千字
版 次：2019 年 7 月第 1 版 印 次：2022 年 1 月第 4 次印刷
定 价：69.00 元

产品编号：082853-02

前　言

公司金融学(Corporate Finance)与货币银行学、投资学共同构成金融学三大基础组成部分，其他课程均为由此延伸的内容。公司金融学属于微观金融学的范畴，是微观金融学的支柱。

公司金融学是经济学与管理学的交叉学科，在内容上更重视经济学理论、金融学理论与实践的结合。公司金融学属于规划和决策的学科，公司金融决策主要包括投资决策和筹资决策。由于投资活动和筹资活动是公司经营活动的基本前提，公司要实现高效运转并在市场经济中持续、健康发展，必须做好投资和筹资决策，因而公司金融决策在公司经济决策中具有十分重要的地位和作用。

近年来，随着我国公司制企业和资本市场的快速改革和发展，我国公司金融领域的研究和公司金融学越来越受到学界和业界的关注。从理论框架来说，现代公司金融理论是建立在西方发达市场国家的成熟资本市场和相对完善的公司治理结构的基础之上的，而我国市场经济还有待完善，存在很多不成熟的地方，难与发达市场国家的资本市场相比较。此外，不同于发达国家市场主导的公司治理模式，我国公司治理模式是由经济转型的整体制度安排所形成的一种具有中国特色的模式。因此，在研究中国公司金融问题时，还不能简单地照搬发达市场国家公司金融的理论框架和方法，需要具体问题具体分析，构建和发展符合我国国情的公司金融理论框架和方法。

本教材具有系统性、完整性、理论阐释深刻性和创新性等特点，具体体现在以下几个方面。

第一，框架体系系统、严谨。本教材在借鉴国内外同类教材的基础上，经过认真梳理，仔细推敲，“扬弃”传统公司金融学教材的框架体系，构建更为系统、严谨的结构体系。公司金融学主要包括投资决策和筹资决策两大范畴，由于短期投融资与长期投融资在理论和方法上存在很大差异，因而将短期投融资统一纳入营运资本决策中讨论。本教材构建了公司金融基础篇、资本预算与长期投资决策篇、长期筹资决策篇和营运资本决策篇4个模块，组成公司金融学框架体系。将企业价值评估纳入长期投资决策篇，不仅使企业价值评估服务于并购投资决策，也为后续学习长期筹资和资本结构决策奠定基础。在该篇中还加入了资产重组决策，使得公司长期投资决策更为完整。在长期筹资决策篇中，讨论股利分配决策，以更好地体现股利分配的筹资决策性质。

第二，内容充实、完整。为满足公司金融实践发展的需要，教材增加了经营项目投资实物期权估价、公司资产重组决策和股票回购决策等同类教材鲜见或没有涉及的内容。目前，"股票回购"作为一个重要的金融工具，是我国上市公司的一个热点话题，2018年十三届全国人大常委会放宽了上市公司股票回购的法律限制，增强了公司自主决策的灵活性。顺应股票回购实践的需要，本教材集中讨论了股票回购的有关决策问题。在同类教材中，公司资产重组仅仅涉及并购重组的一些问题，而剥离和分立的有关决策问题却基本没有涉及。为适应公司金融实践的需要，本教材增加了剥离和分立决策的内容。在各章节内容方面也有所充实，比如基于公司金融决策的财务报表分析，采用财政部2018年新修订的报表格式；为使学生掌握公司金融理论发展的脉络和前沿知识，专门对公司金融理论进行综述，等等。

第三，内容创新。本教材融入作者多年公司金融学的教学体会，在很多方面有所创新。比如，对杜邦财务分析指标体系的改进；对负债筹资、资本结构与财务杠杆关系的分析；在资产重组决策中，提出并分析兼并收购、剥离分立的有关决策问题；股票回购决策的讨论，等等。

第四，深度阐释公司金融理论和模型。本教材力求将深奥的公司金融理论和模型讲深讲透，并尽可能做到深入浅出，以帮助学生深刻理解和掌握，并有助于学生自学。针对同类教材含糊不清的内容进行明晰、深入的阐释，比如，对净现值经济含义的阐释；对项目现金流出与现金流入使用相同折现率的解释；指出在估计现金流出时，相关成本和机会成本应以非货币资产投资为前提，等等。此外，本教材纠正了同类教材的一些错误，比如，明确界定了项目资本成本、财务风险和财务杠杆、营运资本等概念，价值评估应使用税前公司资本成本，等等，不一而足。

第五，具有实操性和应用性。公司金融学不仅是一门深奥的理论学科，也是一门技术性很强的应用学科，既需要强调对理论的深度阐释和理解，也需要重视实务应用能力的培养。为此，教材选用一些代表性习题和案例，以使学生能够掌握和应用公司金融的理论和方法，提升实务操作能力。

本教材是作者所在单位与招商银行鞍山分行合作的校企合作教材，在编写过程中得到了招商银行鞍山分行郭俊辉行长的大力协助和支持，郭俊辉行长和部分专业人士参与编写了第1章、第2章和第12章的内容，中国银行辽宁省分行的王茵娇也参与了部分内容的编写工作，在教材付梓之际，特表示由衷感谢。此外，还要感谢清华大学出版社的大力支持与鼓励。

作者在编写教材过程中，虽然付出了大量心血和努力，但由于水平有限，书中纰漏甚至错误在所难免，敬请读者批评指正。反馈邮箱：wkservice@vip.163.com。

作　者

2018年11月

目录

第1篇 公司金融基础

第2篇 资本预算与长期投资决策

第3篇 长期筹资决策

第4篇 营运资本决策

第1篇

公司金融基础

第1章　公司金融总论

1.1　公司金融概述

公司金融学是金融学的一个分支学科，与投资学、金融市场学(证券市场微观结构)共同构成了微观金融学的范畴，是微观金融学的支柱。与其他金融学科主要以金融中介机构的金融行为作为研究对象不同，公司金融学的研究对象为实业公司这一微观主体的金融活动。

1.1.1　公司金融活动

公司的基本经济活动就是从资本市场上筹集资本，投资于生产经营性资产，并运用这些资产进行生产经营活动。因此，公司的基本活动可以分为投资、筹资和营业(经营)活动三个方面。公司金融活动通常界定为投资活动和筹资活动，投资和筹资是企业开展经营活动的基本前提，是公司重要的经济活动。

1. 投资活动

投资活动表现为资本的投入和配置。在公司投资活动中，投资的主体是公司，投资的对象主要是经营性资产(包括厂房、建筑物、机器设备、运输设备、存货等)。长期投资的直接目的是获取生产经营所需的固定资产等劳动手段，以便运用这些生产能力，从事生产经营活动赚取营业利润。投资固定资产等长期资产的直接目的不是出售获利，而是使用。经营性资产投资属于对内的直接投资，这有别于外部投资主体(包括债权人和股东)对公司的债权投资或股权投资，它们属于间接投资，因为投入的资金被公司间接投资于经营性资产。

在现代企业投资活动中，也存在一定的金融资产投资。金融资产投资的对象主要是股票、债券、各种衍生金融工具等，通常称为证券投资。在直接投资中，公司能够控制投资资产，直接参与生产经营，控制投资回报，投资风险较低。不同于直接投资，间接投资的投资主体不能控制投资资产和直接参与生产经营，因此，只能通过契约或更换代理人间接控制投资回报，投资风险较高。因而，实业公司不应该将风险较高的证券投资作为主要的投资形式，而应该发挥其专业优势，将经营性资产作为主要的投资对象，以获取稳定的收益。虽然有时公司也会购买一些风险较低的证券，将其作为现金的替代品，但其目的是在保持流动性的前提下降低闲置现金的机会成本，或者对冲汇率、利率等金融风险，这是一种保值行为，并非真正意义上的证券投资。

现代企业也会兼并收购其他企业，或者进行控股权投资，但这种股权投资属于长期的战略性投资行为，主要目的是控制其经营和资产以获得长期利益，而不是获取股利收益或转售的资本利得收益。公司对于子公司的长期股权投资属于经营性投资，目的是控制其经营，而不是期待再出售收益。合并报表将这些股权投资抵消，可以显示其经营性投资的本来面目。对子公司投资的评价方法，与直接投资经营性资产相同。对于非子公司的控股权投资也属于经营性投资，目的是控制其经营，而非短期获利，其分析方法也与直接投资经营性资产相同。

2. 筹资活动

筹资活动表现为资本的筹集，筹集的资本主要体现为货币形态的资本。在筹资活动中，筹资主体是公司，公司可以直接在资本市场上向潜在的投资人筹资，例如发行股票、债券等，同时承诺提供回报；也可通过金融机构间接融资，例如银行借款等。长期筹资获得的是长期资本，长期资本是指企业可长期使用的资本，包括权益资本和长期负债资本。

公司筹资活动不仅表现为资本筹集，还表现为资本的清偿和分配。由于资本的清偿和分配源于资本筹集，所以应纳入公司的筹资活动。由于负债本息清偿是双方事先约定的，不存在公司决策问题，因而资本的清偿和分配是指对股东的分配，即股利分配活动。此外，与股利分配相对应的是利润留存，而利润留存属于公司内部筹资活动，因而从这个意义上来说，股利分配也应该纳入公司的筹资活动。

1.1.2 公司金融学的内涵和范畴

现代公司金融学是经济学的一个分支。公司金融学的内涵可以表述为：以公司理论为基础，以法人主体——公司的金融活动作为研究对象，将公司理论与公司财务结合起来的应用经济学科。

公司金融学主要解决三大基本问题：投资决策，即合理配置公司资本(资本预算)，以提高资本的利用效率；筹资决策，即公司有效地利用各种融资渠道和融资工具，并形成合适的资本结构(Capital Structure)，以降低筹资成本；股利政策，即以企业价值最大化为目标，合理确定公司收益在股利和留存收益(再投资)的分配。股利政策是权益筹资派生的，并直接决定了公司的内部筹资，因而可以将股利政策纳入企业筹资决策中进行分析。公司投融资决策在企业经济决策中具有十分重要的地位和作用，公司要实现高效运转，谋求在市场经济中持续、健康发展，必须首先做好投资决策和筹资决策。如何通过投资决策、筹资决策的最优化来实现公司价值最大化的目标就是公司金融学研究的主要内容。此外，公司金融学还会涉及与资本结构相联系的公司治理结构等非财务问题。

一般来说，公司金融学会利用各种分析工具来规划和管理公司的金融活动，例如使用折现法(DCF)为资本预算做出财务估价。

对于英文“Corporate Finance”，在中国有不同的译法，或译为“公司财务”，或译为“公司理财”，或译为“公司金融”。但是“公司金融”学科与“公司财务”“公司理财”还是存在一些差别的。首先，公司金融学是经济学与管理学的交叉学科，在内容上更重视经济学、金融学理论和实践的结合；而公司财务属于管理学科，在内容上更注重实务操作。其次，从研究的内容来看，公司金融的内容比“公司财务”或“公司理财”要广，除了研究公司投资决策、筹资和资本结构决策、股利政策、营运资本管理和财务报表分析以外，还会涉及与之相关的公司价值评估、企业并购重组和公司治理等内容。再次，从研究的外延来看，公司金融的研究对象并不局限于公司内部，还需要研究公司金融活动所处的金融系统。因为现代公司的生存和发展都离不开金融系统，所以，公司金融注重研究公司与金融系统之间的关系，以综合运用各种形式的金融工具与方法，有效地开展金融活动和进行金融决策。这是现代公司金融学的一个突出特点。

1.1.3　公司制企业特征与公司金融

公司金融学以公司的金融行为作为研究对象，公司金融的理论和实践是伴随公司制企业和资本市场的发展而逐渐产生和发展起来的。公司制企业是现代企业的主要形式，包括有限责任公司和股份有限公司，较为典型的是股份有限公司，具有以下特征或优点。

(1) 公司股本等额划分，投资者无身份限制和数量限制，更容易筹集大量资本。

(2) 公司具有独立的法人地位，是独立的民事主体，股东只负有限责任的制度降低了投资风险，股权可以自由转让增加了股权的流动性。

(3) 相对完善的公司治理结构能够在所有权和经营权分离的情况下，从制度上保证中小股东的权益。

股份有限公司的上述优点有效地降低了投资风险，使其在资本市场上的筹资更具吸引力，具有其他企业形式无法比拟的融资优势。此外，股份有限公司雄厚的资本实力及相对完善的法人治理结构也有助于提升信用水平，从而提升债务融资能力。由于公司资本来源广泛，筹资能力强大，使公司进行大规模投资成为可能，有利于公司成功把握良好的投资机会，实现快速发展。

在资本市场上，公司筹资活动涉及很多复杂的决策问题，大规模投资还会涉及复杂的资本预算决策问题。随着资本市场的发展和公司规模的扩张，以资本筹集和资本预算为主要内容的公司金融学逐渐上升为一门技术含量较高的应用经济科学，并在不断完善和发展。

1.1.4　公司金融理论综述

公司金融理论是随着公司理论和资本市场的发展而逐渐发展起来的。公司金融实践的历史悠久，但公司金融理论的形成较晚。20世纪上半叶，公司金融仅仅涉及公司融资和头寸管理，自20世纪30年代，欧文·费雪(Irving Fisher)的“完美资本市场下的储蓄和投资”理论诞生后，公司金融理论才得到了一定的发展。

资产估价是公司投资决策的核心，而企业价值评估则涉及公司的各项金融决策。早在1906年，费雪在其专著《资本与收入的性质》中分析了资本品(资产)价值的形成过程。他认为，由于资产能够带来一系列的收入，因而资产的价值实质上是未来货币收入的折现值，即未来货币收入的资本化。20世纪30年代，费雪对《资本与收入的性质》进行修订，并更名为“利息理论”，提出了确定条件下的价值评估理论。在确定条件下，一个投资项目的价值就是未来预期现金流量按照一定利率折现后的现值。如果投资项目的价值大于投资额，则投资可行，反之则不可行。如果将经营企业视为一种投资，企业价值就是企业所能带来的未来收入现金流量的现值。费雪的“现值”理论为价值评估理论指明了方向，成为现代主流价值评估理论——现金流量折现理论的基础。该理论出现以后，公司金融开始广泛涉足投资领域。

但是，费雪的确定性条件在现实中并不存在，市场需求的不确定会导致资产收益现金流量的不确定。不仅如此，费雪认为，无论投资的资本来自债务资本还是股权资本，资产估价使用的折现率(资本机会成本)都是确定的市场利率，也就是说，投资资本的机会成本与资本结构无关。而实际上，债务资本成本与股权资本成本存在很大差别，特别是在市场波动情况下，债务对权益收益的波动产生放大作用，因而在资本结构中增加负债比例会导致权益资本成本和公司资本成本增加。这样，在不确定条件下，不同的资本结构会导致不同的资产或企业价值。正是由于费雪现值理论存在缺陷，在20世纪初到20世纪50年代末该理论很难应用于公司投资实践。

莫迪利安尼和米勒(Modigliani & Miller)在1958年第一次系统地把不确定性引入价值评估的理论体系中，创立了现代企业价值评估理论——MM理论。同时，第一次对企业(资产)价值与资本结构的关系做出精辟的分析。1963年，针对MM理论的不足，他们又论证了存在企业所得税情况下的估价模型。他们的理论是对费雪现值理论的扬弃。MM理论成功地说明了资本结构(债务)与企业价值的关系，纠正了股权资本与债务资本不分的错误并考虑了所得税的影响。另外，对企业价值评估的资本化率，即资本的加权平均成本进行了正确的定义和论述。

资产和企业价值评估的现金流量折现理论由费雪创立，经莫迪利安尼和米勒发展、完善，特别是20世纪60年代以来资本市场理论、资产组合理论突飞猛进地发展，资本资产定价模型(理论)的出现使现金流量折现理论更趋成熟，成为现代公司金融理论的一大基石，并广泛应用于资产和企业价值评估实践中。

建立在投资组合理论基础上的资本资产定价模型是用于估计折现率(投资必要报酬率)的一种模型，它是由财务学家威廉·夏普在20世纪60年代创建的，研究的是在权益证券市场组合下，如何确定权益证券投资的必要报酬率(折现率)。该模型将权益证券投资风险分为可分散风险(非系统风险)和不可分散风险(系统风险)两类。个别证券的不可分散风险可以用β系数来表示，β系数用于计量该证券与市场组合回报率的敏感程度。资本资产定价模型解决了股权投资折现率(股权资本成本)的估计问题，并为公司价值评估的加权平均资本成本的估计扫清了障碍，使得精确评估企业价值成为可能。资本资产定价模型出现以后，现金流量折现法(Discounted Cash Flow Method)逐渐成为价值评估的主流方法。

在公司金融理论的研究中，融资和资本结构理论一直处于核心地位。真正意义上的公司融资理论产生于1958年，莫迪利安尼和米勒的MM理论得出企业价值与资本结构无关的结论，并因此先后获得了诺贝尔经济学奖。但该理论是建立在完善资本市场等假设条件下的，不符合现实。1963年，针对该理论的不足，引入了企业所得税的影响，得出企业价值随债务增加而增加的结论，但这显然与事实不符。Scott(1976)等提出债务融资不仅会带来避税收益，而且会增加破产成本，因此公司的融资和资本结构决策应该权衡收益和成本。最优资本结构应实现预期边际税收收益等于预期边际破产成本。

20世纪70年代以来，随着信息经济学和公司理论的发展，公司融资理论集中讨论激励问题(Hart，2001)，即信息不对称、代理成本对企业融资结构的影响。虽然道德风险和逆向选择的代理成本会降低企业价值，但可以通过选择合理的融资结构来限制和降低这一影响。融资结构决策对代理成本和企业价值有重要影响，而并非MM定理所说的无关。

Jensen & Meckling (1976)提出股权融资会引起经营者道德风险的代理成本。为降低代理成本，公司可以采用债务融资，但债务融资也会引起股东的道德风险。有限责任制度会使股东倾向于从事高风险项目，因为这样能够将投资失败的风险转嫁给债权人。债权人预期或观察到这种侵害行为，就会提高利率，导致融资成本上升，这就是债务融资代理成本。因此，需要权衡股权融资代理成本和债务融资代理成本，最优融资结构应该是使两种融资的边际代理成本相等的资本结构。但该理论也存在缺陷，Hart(2001)指出，既然道德风险是一个典型的激励问题，可以用激励合约设计激励机制，而不一定非要用融资结构解决代理问题。也就是说，代理成本并不是决定融资结构的重要因素。

融资结构激励理论的另一个分支是集中讨论经营者的私人信息，Myers & Majluf (1984)认为，相较于投资者，经营者具有关于企业资产盈利性和企业价值的信息优势。如果经营者持有公司股份，就能够代表现有股东利益，不会通过发行新股来筹集资本，而是通过发行债务来筹资，原因是新股发行会稀释现有股东的股权价值。虽然私人信息是影响融资结构的一个重要因素，但是Myers & Majluf 的理论还是存在缺陷。因为该理论是建立在对经营者持股这种特殊激励机制的基础上的，如果假设采用其他的激励形式，经营者行为未必符合现有股东的利益。比如向经营者支付企业市场价值的一部分，则经营者并不关心发行新股对现有股东利益的损害，因为在企业价值中，现有股东的价值损失可以通过新股东价值的得益予以补偿，经营者的利益并没有受到损害，他们更愿意发行新股来扩大企业规模。

近年来，现代公司融资理论越来越偏离最初的财务管理方向，与经济学的其他学科及理论不断交叉融合，对现实的解释力越来越强，逐渐演变为公司融资的微观经济学理论。从20世纪80年代开始，公司融资理论沿着三个方向进一步发展：一是与公司治理理论相结合的金融契约理论；二是与产业组织理论相融合的战略公司金融理论；三是建立在行为经济学基础上的行为公司金融理论。

公司通过发行不同的证券获取资金，是否对其资源配置效率产生影响是一项重要议题。20世纪七八十年代，随着公司契约理论的出现，金融学家开始从契约经济学的角度探讨公司融资问题，出现了金融契约理论。

金融契约理论将每一种筹资证券都视为一种权利契约，权利契约的安排应符合激励相容的原则，以减少代理问题，从而实现融资资金的最佳利用效率。金融契约理论的发展经历了完全契约和不完全契约两个阶段，以Townsend(1979)为代表的完全契约理论认为负债契约具有最优激励相容的特征。而现实中契约是非完全的，Aghion & Bolton(1992)基于不完全契约理论，从公司控制权的角度研究筹资契约设计问题。他们认为在不完备契约条件下，控制权的安排是融资契约最重要的内容。控制权无论事先给予缔约的经营者和投资者中的哪一方，都可能导致非效率行为。解决非效率行为的有效方法是相机抉择：在企业经营状况好时，将控制权给予经营者，使其选择继续经营；在经营状况恶化、陷入不能履行债务的状态时，债权人获得控制权，并对企业进行清算，这样就能确保实现有效率的行为选择。现实中与这种最优控制权配置相对应的金融契约为负债契约。Hart(2001)对 Aghion & Bolton 的模型做出了进一步发展，在契约不完全的前提下，将经营者与外部投资者之间的利益冲突集中表现在“公司继续经营还是清算”的问题上。经营者为维护控制权收益，可能会在公司需要清算时还继续维持经营，而外部投资者也可能在公司可以继续经营时，要求清算，以维护自身利益。Hart认为，债务合约比激励合约的约束作用更强，可以避免上述情况的发生。

由于基于控制权的融资理论没有对多种证券共存做出合理解释，Dewatripont & Tirole(1994)在股权和债权共存的基础上，发展了一种“胡萝卜加大棒”的证券契约观点。他们的基本思想是：当期中业绩较差时，分配控制权给债权人，以威慑经营者，使企业的收益更为安全。原因在于债权人更为保守，倾向于清算资产、缩减规模，鼓励加强日常管理，与经营者的偏好不一致。与之相反，尽管股东与管理层有实质性的利益冲突，但与债权人相比，很少干预管理层。当期中业绩令人满意时，不发生控制权转移，股东继续持有控制权，减少对管理层的干预，会对经营者产生较好的激励。Berglof(1994)等人注意到长期债务和短期债务的不同作用，并且认为短期债权人获得控制权对于降低代理成本更加有效。Hart(1995)也认识到短期债权能够控制经营者的道德风险，而长期债权和股权却有支持企业扩张的作用，因此企业最优的融资结构应该是二者的权衡。

20世纪80年代中后期，产业组织理论与金融理论从最初的相互抵触开始走向融合。产业组织理论开始意识到竞争战略不仅取决于市场结构，也受融资政策的影响，公司融资来源和资本结构会影响竞争策略，同时，公司金融理论也意识到公司融资并非只从融资成本考虑，也需要从竞争策略考虑，由此出现了所谓的战略公司金融理论。

Brangder & Lewis(1986)考察了一个在双寡头市场上实施产销量竞争策略的两期模型。他们认为公司会通过增加债务来扩大产量。有限责任制度会使股东和经营者受到通过负债来扩大产量的激励，因为产量竞争失败的风险由债权人承担。也就是说，产量竞争会影响公司的融资决策和融资结构并产生代理问题，但该模型的产量竞争并不符合实际情况。Showalter(1995)在 Brangder & Lewis 模型的基础上，指出在价格竞争时，债务能否成为一种优势策略取决于产品市场不确定因素的来源。若不确定性来源于市场需求方面，则增加债务是公司优先选择的策略；若不确定性来源于生产成本方面，则增加债务不是一种优势策略。

Brangder & Lewis等人的理论提出以后，许多经济学家从不同角度对其提出批评。其中，Bolton & Scharfstein(1990)认为，Brangder & Lewis等人的模型只考虑了资本结构对产品市场竞争的策略效应，而未考虑到其对企业内部代理问题的影响。Bolton & Scharfstein用掠夺性定价理论得出企业与债权人所签订的最优债务契约在最小化代理问题的同时，也最大化了其竞争企业采取掠夺性定价的激励，因而最优负债水平需要在两者之间进行权衡。Fudenberg & Tirole(1986)也得出类似结论：企业与债权人间的代理问题会导致融资约束，这种约束为产品市场的竞争者提供了掠夺性定价的激励，而且较高的债务水平使企业进一步贷款的概率降低，使其产品市场策略失去进攻性。

Maksimovic(1988)用重复博弈模型分析了在寡头垄断市场上，企业融资决策如何内生地决定企业在产品市场上的不同策略。在他的模型中，债务融资为经营者提供了一种偏离合谋均衡而选择竞争的激励，但在寡头垄断市场上，合谋会取得更高的利润水平。企业的债务水平是由合谋激励大小决定的，合谋激励越大，债务水平越低。但是，Spagnolo(2000)分析证明企业经营者的重新选择或激励机制的不同设计可以消除Maksimovic模型中债务对合谋的不利影响，他认为通过选择声誉较高的经营者或为经营者提供较为固定的管理激励可以降低对合谋的不利影响。

现代公司金融理论局限于理性的分析框架中，忽视市场主体实际决策行为的分析。随着金融市场上各种异常现象的积累，理论与实际背离使公司金融理论的理性分析范式陷入了尴尬的境地。20世纪80年代，随着行为经济学的发展，行为公司金融理论悄然兴起。行为公司金融理论将人类心理和行为纳入金融分析框架，研究非理性情况下企业的金融作为。在非理性假设情况下，企业金融决策会表现出与主流的金融契约理论不同的特征。它主要依据卡尼曼(Kahneman，1979，1998)等人发展的行为经济学的研究成果，探索金融市场参与者理性不对称而非信息不对称下的决策行为的性质和后果。行为公司金融目前的研究主要针对融资实践中的一些异常行为进行探讨，提出了一些基于行为视角的解释，但由于涉及心理学和行为研究的难度，加之研究刚刚起步，本身存在很多缺陷，尚未形成一套逻辑一致的理论体系，因而不进行详细评述。

公司金融理论虽然经历了近百年的发展，但是仍然随现实需要处于不断完善和快速发展过程中，对于促进公司发展日益发挥着更加综合、更加重要的作用。

1.2　公司金融的目标与利益相关者的要求

1.2.1　公司金融的目标

从根本上说，公司金融的目标取决于公司的目标。投资者创立公司的目的是获利，已经创立起来的公司，虽然有改善员工待遇、改善劳动条件、提高产品质量、减少环境污染等多种目标，但盈利始终是基本的重要目标，这体现了公司的出发点和归宿，并有助于其他目标的实现。

关于公司金融基本目标的表述，主要有以下三种观点。

1. 利润最大化

利润最大化是西方微观经济学的理论基础，持有利润最大化观点的学者认为创立企业的目的就是盈利。利润最大化的观点有其局限性，主要表现在：①没有考虑利润的取得时间。例如，今年获利100万元和明年获利100万元，哪一个更符合企业的目标？若不考虑货币的时间价值，就难以做出正确判断。②没有考虑所获利润和投入资本的关系。例如，同样获得100万元利润，一个企业投入资本500万元，另一个企业投入600万元，哪一个更符合企业的目标？如果不与投入的资本数额联系起来，难以做出正确判断。③没有考虑获取利润和所承担风险的关系。例如，同样投入500万元，本年获利100万元，一家公司的获利已全部转化为现金，另一家公司获利则全部处于应收账款状态，并可能发生坏账损失，哪一个更符合企业的目标？若不考虑风险大小，也难以做出正确判断。④会计税后利润并不等于所有者的真实收益，并不能代表公司每年为股东创造的财富，而且在实践中易于被人为操纵。⑤在实践中，利润最大化目标会导致经营者急功近利，导致经营和决策行为短期化，忽视企业长期发展。

如果投入资本相同，利润取得的时间相同，相关的风险也相同，利润最大化是一个可以接受的观念。事实上，许多经营者都把提高利润作为公司的短期目标。

为了克服利润最大化观点没有考虑企业利润与股东投入资本关系的缺陷，出现了每股收益最大化的观点。但是，每股收益最大化观点仍然没有克服利润最大化目标其他方面的局限性，比如仍然没有考虑每股收益取得的时间和风险等。

2. 股东财富最大化

股东财富也称为股权价值，股东财富最大化的观点认为：公司是所有者出资创办的，目的是增加财富，因此增加股东财富是公司金融的目标，并在理论和实践中达成共识。

根据现金流量折现模型，股权价值是由股权收益现金流量和投资者必要报酬率决定的。股权现金收益越多、取得的时间越短，在股东看来，股权价值越大；而投资者要求报酬率越高，则股权价值越低。投资者要求报酬率与投资风险成反比，投资风险越大，投资者要求报酬率越高，以补偿其承担的较高风险。股东财富最大化观点有效克服了利润最大化观点的缺陷，具体体现在：①以真实财富(现金收益)取代会计收益，克服了会计收益不能反映股东真实收益的缺陷，而且不易被人为操纵；②考虑了现金收益取得的时间；③考虑了取得现金收益所承担的风险；④在一定程度上避免了企业经营者急功近利、经营和决策行为的短期化。

有时股东财富最大化目标还被表述为企业价值最大化。企业价值为股权价值和债务价值之和，假设股东和债权人投入的资本不变，由于债务现金流和折现率(利率)是契约规定的，债务价值通常可以视为常量，因而企业价值的增加归属于股东，这样增加企业价值与增加股东财富、企业价值最大化与股东财富最大化具有相同意义。

在资本市场上，股东财富可以用股东权益的市场价值来衡量。在有效资本市场上，股东权益的市场价值能够反映股权的内在价值，而股价则能够反映每份股权的内在价值。股东财富的增加可以用股东权益的市场价值与股东投资资本的差额来衡量，它被称为“股东权益的市场增加值”。在有效资本市场上，股东权益的市场增加值能够反映公司为股东创造的财富。股价上升可以反映每份股权财富的增加，股价下跌可以反映每份股权财富的减损。

既然股东财富可以用股价来衡量，有时股东财富最大化也被表述为股价最大化。值得注意的是，企业与股东之间的交易也会影响股价，但不影响股东财富。例如，分派股利时股价下跌，回购股票时股价上升等。

从理论上看，任何一门学科都需要一个统一的目标，围绕这个目标发展其理论和模型。任何决策只要符合目标就被认为是好的决策，不符合目标就是差的决策。唯一的目标可以为公司金融提供一个统一的决策依据，如果使用多个目标，就很难指导决策，无法保证各项决策不发生冲突。

1.2.2　利益相关者的要求

主张股东财富最大化，并非不考虑其他利益相关者的利益。各国公司法都规定，股东权益是剩余权益，只有满足了其他方面的利益之后才会有股东的利益。公司必须交税、给职工发工资、为顾客提供满意的产品和服务、支付债务本息，然后才能获得税后收益。其他利益相关者的要求优先于股东，因此这种要求必须是契约化的。但是，如果对其他利益相关者的要求不加限制，股东就不会有“剩余”。除非股东确信投资会带来满意的回报，否则股东不会出资，其他利益相关者的要求也无法实现。

1. 经营者的利益要求与协调

(1) 经营者的利益要求。公司股东的目标是追求自身财富的最大化，而公司经营者也是利益最大化的追求者，其具体行为目标与股东不尽一致，公司经营者的主要要求是：①增加报酬，包括物质和非物质的报酬，如工资、奖金，提高荣誉和社会地位等；②增加闲暇时间，包括较少的工作时间、工作时间里较多的空闲和有效工作时间中较小的劳动强度等；③避免风险。经营者努力工作未必得到应有的报酬，为规避风险，经营者可能选择“偷懒”。

(2) 经营者的利益与股东利益的协调。公司经营者的利益和股东的利益(或目标)并不完全一致，经营者有可能为了自身的利益而背离股东的利益。这种背离表现在以下两个方面。

第一，道德风险。经营者为了自己的目标，没有尽最大努力去实现股东的目标。他们没有必要为增加股东财富、提高股价而冒险，股价上涨的好处将归于股东，如若失败，他们的“身价”将下跌。他们不做什么错事，只是不十分卖力，以增加闲暇时间。这样做只是道德问题，不构成法律和行政责任问题，股东很难追究他们的责任。

第二，逆向选择。经营者为了自身的利益和目标而背离股东的利益和目标。例如，装修豪华的办公室，购置高档汽车等；以工作需要为借口乱花股东的钱；蓄意压低股票价格，自己借款买回，导致股东财富受损。

股东为了防止经营者背离股东的目标，可采用下列两种制度性措施。

第一，监督。经营者背离股东目标的条件是双方信息不对称，经营者了解的信息比股东多。避免“道德风险”和“逆向选择”的方式是股东获取更多的信息，对经营者进行制度性监督，完善公司治理结构，在经营者背离股东目标时，减少其各种形式的报酬，甚至解雇他们。

股东往往是分散的或者远离经营者，得不到充分的信息；经营者比股东有更大的信息优势，比股东更清楚什么是对企业更有利的行动方案；全面监督管理行为的代价是高昂的，很可能超过它所带来的收益。因此，股东支付审计费聘请注册会计师，往往限于审计财务报表，而不是全面审查所有管理行为。股东对情况的了解和对经营者的监督是必要的，但受到监督成本的限制，不可能事事都监督。监督可以减少经营者违背股东意愿的行为，但不能解决全部问题。

第二，激励。防止经营者背离股东利益的另一种制度性措施是实施激励计划，使经营者分享企业增加的财富，鼓励他们采取符合股东利益最大化的行动。例如，企业盈利率或股票价格提高后，给经营者以现金、股票期权奖励。支付报酬的方式和数量的大小，有多种选择。报酬过低，不足以激励经营者，股东不能获得最大利益；报酬过高，股东付出的激励成本过高，也不能实现自己的最大利益。因此，激励可以减少经营者违背股东意愿的行为，但也不能解决全部问题。

通常，股东同时采取监督和激励两种制度性措施来协调自己和经营者的目标。尽管如此，仍不可能使经营者完全按股东的意愿行动，经营者仍然可能采取一些对自己有利而不符合股东最大利益的决策，并由此给股东带来一定的损失。监督成本、激励成本和偏离股东目标的损失之间此消彼长，相互制约。股东要权衡轻重，力求找出能使三项之和最小的解决办法，它就是最佳的解决办法。

2. 债权人的利益要求与协调

当公司向债权人借入资金后，两者也形成一种委托代理关系。债权人把资本借给企业，要求到期时收回本金，并获得约定的利息收入；公司借款的目的是扩大经营，也可能是投入有风险的经营项目，两者的利益并不完全一致。

债权人事先知道借出资本是有风险的，并把这种风险的相应报酬纳入借款利率。通常要考虑的因素包括：公司现有资产的风险，预计公司新增资产的风险，公司现有的负债比率，公司未来的资本结构等。但是，借款合同一旦成为事实，债权人把资本提供给公司，就失去了控制权，股东为了自身利益可以通过经营者伤害债权人的利益，可能采取以下方式。

第一，股东不经债权人的同意，投资于比债权人预期风险更高的新项目。如果高风险的计划侥幸成功，超额的利润归股东独享；如果计划不幸失败，公司无力偿债，债权人与股东将共同承担由此造成的损失。尽管按法律规定，债权人先于股东分配破产财产，但多数情况下，破产财产不足以偿债。所以，对债权人来说，超额利润肯定拿不到，一旦发生损失却有可能要分担。

第二，股东为了提高公司利润，未征得债权人的同意而指使管理者发行新债券，致使旧债券的价值下降，使旧债权人蒙受损失。旧债券价值下降的原因是发新债后公司负债比率加大，公司破产的可能性增加，如果企业破产，旧债权人和新债权人要共同分配破产后的财产，导致旧债券的风险增加—价值下降。尤其是不能转让的债券或其他借款，债权人没有出售债权来摆脱困境的出路，处境更加不利。

债权人为了防止其利益被伤害，除了寻求立法保护，如破产时优先接管、优先于股东分配剩余财产等外，通常采取以下制度性措施。

第一，在借款合同中加入限制性条款，如规定资金的用途、规定不得发行新债或限制发行新债的数额等。

第二，发现公司有损害其债权意图时，拒绝进一步合作，不再提供新的借款或提前收回借款。

3. 其他利益相关者的利益要求与协调

狭义的利益相关者是指除股东、债权人和经营者之外的，对企业现金流量有潜在索偿权的人。广义的利益相关者包括一切与企业决策有利益关系的人，包括资本市场利益相关者(股东和债权人)、产品市场利益相关者(主要顾客、供应商、所在社区和工会组织)和企业内部利益相关者(经营者和其他员工)。

公司的利益相关者可以分为两类：一类是合同利益相关者，包括主要客户、供应商和员工，他们和企业之间存在法律关系，受到合同的约束；另一类是非合同利益相关者，包括一般消费者、社区居民以及其他与企业有间接利益关系的群体。

股东和合同利益相关者之间既有共同利益，也有利益冲突。股东可能为自己的利益伤害合同利益相关者，合同利益相关者也可能伤害股东利益。因此，要通过立法调节他们之间的关系，保障双方的合法权益。一般说来，企业只要遵守合同就可以满足合同利益相关者的要求，在此基础上股东追求自身利益最大化也会有利于合同利益相关者。当然，仅有法律是不够的，还需要诚信道德规范的约束，以缓和双方的矛盾。

对于非合同利益相关者，法律关注较少，享受的法律保护低于合同利益相关者。公司的社会责任政策，对非合同利益相关者影响很大。

1.3 财务估价

1.3.1 财务估价概述

增加股东财富是实现股东财富最大化目标的手段，因而评价一项公司金融决策是否具有经济可行性，就要看其是否能够增加股东财富。这就需要从价值角度对公司各项金融决策进行评估。

公司金融决策涉及很多财务估价问题，具体来看：①在公司投资决策中，需要估算和比较项目产出的经济价值和项目投入的经济价值，即对项目所创造的价值进行估计，以选择可行或最优的投资方案。②在企业筹资决策中，企业需要站在出资者的角度，对公司债券和股票的价值进行预估，以确定发行定价。在资本结构决策中，需要评估资本结构决策方案对企业价值的影响，以选择最优的资本结构。③在公司股利分配决策中，需要对分配方案对股权价值或股价的影响进行估计，以制定合理的分配政策。上述从价值角度对公司各项金融决策进行的评估，是财务估价的广义概念，估价的目的是评价公司各项金融决策是否符合企业价值最大化目标，以进行科学决策。

狭义的财务估价是指对资产价值进行评估，现金流量折现理论和模型是资产估价的主流方法。为理解并运用现金流量折现理论和模型，实现科学估价，需要理解和掌握一系列核心概念。下面简要介绍现金与现金流量、现值与资产价值、折现率与投资必要报酬率、净现值等核心概念。

1.3.2 财务估价的核心概念

1. 现金与现金流量

经济学家将资产定义为未来的经济利益，而“现金”通常被认为是价值确定的经济利益或财富，经济利益或财富的一般形式为现金，因为“现金”形式的财富比其他形式的财富更为可靠，因而资产就是未来可以带来现金流入的资源。经济学家认为，一项资产的经济价值是其在未来不同时点给投资者带来的现金流量的当前价值(或决策时点的价值)，也经常被称为资本化价值。

现金流量是指资产的现金收付及时间分布。现金流量不仅包括现金收付的金额，也强调现金收付的时间分布。在公司金融决策中，现金和现金流量概念具有重要意义。比如，在公司投资项目决策中，需要估计投资项目的经济价值，并与投入价值相比较，以确定投资方案的可行性。项目经济价值在很大程度上取决于其带来的现金回报，但是在资产的现金回报总额一定的情况下，如果现金回报在时间上的分布不同，项目经济价值也不同，因为现金具有时间价值。因而，在进行财务估价时，不仅需要关注现金回报总量，还需要关注现金回报的时间分布，即需要考察项目的现金流量。再如，在公司筹资活动中，筹资工具(证券)价值是发行定价的依据。为此，公司需要站在投资者视角，根据证券的现金流量估计其价值。可见，现金和现金流量是公司金融决策的一个核心概念。

现金流量概念包括现金流入量、现金流出量和现金净流量三个具体的子概念。比如在公司项目投资中，投资建设阶段主要体现为现金流出量；在项目运营阶段，每个营业周期既有营业现金流入量，也有营业现金流出量(付现成本)，两者的差额构成了营业现金净流量。营业现金净流量是估计投资项目经济价值的依据，与净利润存在密切的对应关系，但与净利润相比，用营业现金净流量反映的投资回报更为真实、可靠。当今，依据现金流量的折现模型，已经取代了过去使用的收益折现模型，广泛应用于证券投资、项目投资和企业价值评估。

随着研究的深化，现金流量又进化为自由现金流量。所谓自由现金流量(Free Cash

Flows)是指公司真正剩余的、可自由支配的现金流量。自由现金流量是由美国西北大学拉巴波特、哈佛大学詹森等学者于1986年提出的，历经20多年的发展，在以美国安然、世通等为代表的，之前在财务报告中利润指标完美无瑕的绩优公司纷纷破产后，以自由现金流量为基础的现金流量折现模型成为价值评估领域理论最健全、使用最广泛的评估模式。

需要指出，财务学意义上的现金流量与会计学意义上的现金流量并不等同，主要差别在于是否包含现金等价物，会计学的现金流量包含现金等价物，而财务学的现金流量则不包含现金等价物。

2. 现值与资产价值

现值，也称折现值，是指把资产未来现金流量折算为当前时点的价值。当前时点通常为价值评估及决策的时间点。由于时间价值的存在，未来一定现金收益的价值在现在看来是“打折扣的”。比如，投资者购买一次还本付息的某公司一年期债券，到期还本付息额为1100元，债券价格只有低于1100元，他才可能购买，因为在他现在看来债券不值1100元。至于债券价格为多少，投资者才能够接受，则取决于其根据债券现金流量折算到现在的价值，债券未来还本付息越少，取得的时间越晚，则该债券折算到现在的价值越小，债券越不值钱，也就是说，债券未来还本付息的现值就是债券的价值。

可见，资产价值是该资产未来现金流量的现值。在价值评估理论中，主流的现金流量折现模型就是通过将资产的现金流量折算为现值来确定资产的价值。

3. 折现率与投资必要报酬率

把未来现金流量“折算”为现值，需要一定的折现率。折现率是把未来现金流量折算为现值时所用的一种比率。在上例中，该债券值多少钱呢？投资者需要采用一定的折现率将债券的现金流量(到期本息)折算为现值，如果他选择10%的折现率，经过折算后，该债券的价值为1000元。那么为什么他会选择10%作为折现率呢？这是因为他认为购买该债券至少应该达到10%的报酬率，以此作为折现率，折现后的现值为1000元，假设以此价格购买该债券，投资一年后的报酬率刚好可以达到10%。可见，所谓折现率，实质上是投资者要求的必要报酬率或最低报酬率。

应用现金流量折现模型进行财务估价，除了需要预计资产的现金流量以外，还需要确定折现率(投资必要报酬率)。需要注意的是，折现率的概念不是贴现率的概念。贴现率主要用于应收票据贴现，而折现率则用于公司金融决策的现值计算。

4. 净现值

净现值是指一项资产的预期现金流入的现值与该项目预期现金流出的现值的差额。在投资决策中，估计资产价值时，首先要折现未来现金净流入量，得到它的现值，即项目价值或项目产出价值，然后减去投资该资产的现金流出的现值，即项目投入价值，得到的差额称为净现值。

净现值的基本表达式为

净现值=资产现金流入的现值-投资现金流出的现值

=资产价值(资产产出价值)-资产投入价值

净现值是公司长期金融决策的核心概念，因为理解和掌握现金和现金流量、现值和折现率等基础概念，目的是对资产进行财务估价，而财务估价的目的是估计投资的净现值。净现值的经济含义是投资的净增价值，反映了投资资产为投资者创造的财富或价值。比如，对于购买公司债券的债权人或投资公司股票的股东而言，净现值反映了债权投资或股权投资为债权人或股东创造的财富，归属于债权人或股东。净现值为正值的资产能够为投资者创造价值或财富，净现值为负值的项目不仅不能为投资者创造价值或财富，还会减损投资者投入的价值或财富。值得注意的是，在公司经营项目投资中，虽然股东和债权人都是项目的投资者，项目价值分属于股东和债权人，但是经营项目创造的净现值仅归属于公司股东，反映了项目为公司股东创造的财富。

现金和现金流量、现值与资产价值、折现率和投资必要报酬率等基础概念共同组成了以净现值为核心的公司金融概念体系。净现值是公司金融基本原理模型化的一种表达，甚至有学者把公司金融的基本原理称为净现值原理。

1.4 金融市场与金融工具

公司的金融活动与金融市场密切相关，公司筹资活动和投资活动都离不开金融市场。首先，金融市场是公司融资的场所。金融市场的主要功能是有效配置资源，促使资金由盈余方向赤字方转移。公司是最大的资金需求方，公司的筹资活动在金融市场上是借助发行债券、股票等金融工具进行的。其次，金融市场也是公司投资的场所。兼并收购等公司战略性投资往往是在金融市场上进行的，同时金融市场也是公司利用闲置资金进行金融投资的场所。再次，金融市场还能够为公司金融活动提供决策信息。此外，金融市场运行状况也会影响公司的金融决策。

1.4.1 金融工具与金融市场简介

1. 金融工具的类型

金融工具是指筹资者和投资者进行资金融通的任何合约，主要包括股票、债券等。金融工具具有下列基本特征：①流动性。流动性是指金融工具在必要时迅速转变为现金而不至于遭受损失的能力。②收益性。收益性是指金融工具能够带来价值增值的特性。③风险性。风险性是指购买金融工具的本金和预定收益存在损失的可能性。比如，与债券相比，股票没有规定的偿还期限，风险更大。

金融工具按其收益性特征可分为以下三类。

(1) 固定收益证券。固定收益证券是指能够提供固定或根据固定公式计算出来的现金流的证券。例如，公司债券的发行人承诺每年向债券持有人支付固定的利息。有些债券的利率是浮动的，但规定了明确的计算方法。例如，某公司债券规定按国库券利率上浮两个百分点计算并支付利息。固定收益证券是公司筹资的重要形式。一般而言，固定收益证券的收益与发行人的经营和财务状况无关，除非发行人破产或违约，证券持有人将按规定数额取得收益。

(2) 权益证券。权益证券是代表购买者拥有特定公司一定份额所有权的合约。发行公司事先不对购买者做出支付承诺，收益的多少不确定，取决于发行公司的经营状况和财务状况，因此其风险高于固定收益证券。权益证券是公司筹资的基本形式。

(3) 衍生证券。衍生证券是在基本证券的基础上创新的一种交易合约。衍生证券的种类繁多，并不断创新，包括各种形式的金融期权、期货和利率互换合约等。衍生证券既可以用来套期保值，也可以用来投机。衍生证券是公司进行套期保值或者转移风险的工具，但不应依靠其投机获利。在现实中，衍生品投机失败导致公司巨大损失甚至破产的案件时有发生。

2. 金融市场的种类

金融市场种类繁多，每个金融市场服务于不同的交易者，有不同的交易对象。金融市场可能是一个有形的交易场所，也可能是无形的交易场所，如通过通信网络进行交易。按照不同的标准，金融市场有不同的分类，我们这里只介绍与公司投资和筹资关系密切的金融市场类型。

(1) 货币市场和资本市场。金融市场分为货币市场和资本市场，这两类金融市场的功能不同，所交易的金融工具或证券期限、利率和风险也不同。

货币市场是短期债务工具交易的市场，交易的证券期限不超过1年。通常情况下，短期债务利率低于长期债务利率，但波动性大于长期利率。货币市场的主要功能是保持金融资产的流动性，以便随时转换为现实的货币。它满足了借款者的短期资金需求，同时为暂时性闲置资金找到出路。货币市场工具包括短期国库券(在英美称为国库券)、可转让存单、商业票据、银行承兑汇票等。

资本市场是指期限在1年以上的金融资产交易市场。资本市场包括银行中长期借贷市场和证券市场。由于长期融资证券化成为未来的一种发展趋势，因此资本市场也被称为证券市场。与货币市场相比，资本市场交易的证券期限长，利率或要求的报酬率较高，其风险也较大。资本市场的主要功能是进行长期资金融通。资本市场的工具包括股票、公司债券、长期政府债券和银行长期贷款等。

(2) 债务市场和股权市场。按照证券的不同属性，金融市场分为债务市场和股权市场。

债务市场的交易对象是债务凭证，例如公司债券、抵押票据等。债务凭证是一种契约，借款者承诺按期支付利息和偿还本金。债务工具的期限在1年以下的是短期债务工具，期限在1年以上的是长期债务工具。

股权市场的交易对象是股票。股票是分享一个公司净收益和资产权益的凭证。持有人的权益按照公司总权益的一定份额表示，没有确定的金额。股票的持有者可以不定期地收取股利，且没有到期期限。

股票持有人与债务工具持有人的索偿权不同。在公司终止清算时，公司必须先向债权人进行支付，然后才可以向股票持有人支付。股票持有人可以分享公司盈利和资产价值增长。股票的收益不固定，而债权人却能按照约定的利率得到固定收益，因此股票风险高于债务工具。

(3) 一级市场和二级市场。金融市场按照所交易证券是否初次发行，分为一级市场和二级市场。

一级市场，也称发行市场或初级市场，是筹资者将证券首次出售给公众时形成的市场，它是新证券或票据等金融工具的买卖市场。该市场的主要经营者是投资银行、经纪人和证券自营商(在我国这三种业务统一于证券公司)，他们承销政府、公司新发行的证券以及承购或分销股票。投资银行通常采用承购包销的方式承销证券，承销期结束后剩余证券由承销人全部自行购入，发行人可以获得预定的全部资金。

二级市场，是在证券发行后，各种证券在不同投资者之间买卖流通所形成的市场，也称流通市场或次级市场。该市场的主要经营者是证券商和经纪人。证券的持有者在需要资金时，可以在二级市场将证券变现；购买者也可以进入二级市场购买已经上市交易的证券。

一级市场和二级市场有密切关系。一级市场是二级市场的基础，没有一级市场就不会有二级市场。二级市场是一级市场存在和发展的重要条件之一，二级市场使证券更具流动性，正是这种流动性才使得证券发行具有吸引力。某公司证券在二级市场上的价格，决定了该公司在一级市场上新发行证券的价格。二级市场上证券价格越高，企业在一级市场出售证券价格越高。因此，与公司金融关系更为密切的是二级市场，而非一级市场。本书后面提到的证券价格，除非特别指明，否则均是指二级市场价格。

(4) 场内交易市场与场外交易市场。金融市场按照交易程序分为场内交易市场和场外交易市场。

场内交易市场是指各种证券的交易场所。证券交易所有固定的场所、固定的交易时间和规范的交易规则，按拍卖市场的程序进行交易。证券持有人拟出售证券时，可以通过网络终端下达指令，该信息输入交易所撮合主机，按价格从低到高排序，低价者优先。拟购买证券的投资人，用同样方法下达指令，按照由高到低排序，高价优先，出价最高的购买人和出价最低的出售者取得一致时成交。证券交易所通过网络形成全国性的证券交易市场，甚至形成国际化市场。

场外交易市场没有固定场所，由持有证券的交易商分别进行。任何人都可以在交易商的柜台上买卖证券，价格由双方协商形成。这些交易商之间用计算机网络联系，掌握各自开出的价格，竞价充分，与有组织的交易并无多大差别。场外交易市场包括股票、债券、可转让存单和银行承兑汇票等。

1.4.2 金融市场交易主体和中介机构

1. 金融市场交易主体

金融市场交易主体是指资金的提供者和需求者，主要包括居民、公司和政府。其中，公司是金融市场上最大的资金需求者(筹资者)。公司在资本市场上通过发行股票、债券等形式筹集资金，并且在货币市场中筹集短期资金。企业在经营中有时会形成暂时的闲置资金，故会以资金提供者的身份出现，将这部分资金投入货币市场。从总体上看，居民，包括自然人和家庭，都是净储蓄者，是金融市场上最多的资金提供者(投资人)。

2. 金融中介机构

在金融市场上，还有一类是专门从事金融活动的主体，包括银行、证券公司等金融机构，它们充当金融交易的媒介。资金提供者和需求者通过金融中介机构实现资金转移的交易称为间接金融交易。

金融中介机构分为银行和非银行金融机构两类。银行是指从事存贷款业务的金融机构，包括商业银行、邮政储蓄银行、农村合作银行等。非银行金融机构是指从事非存贷款业务的金融机构，包括保险公司、投资基金、证券市场机构等。证券市场机构包括证券交易所、证券公司和证券服务机构。

(1) 商业银行。商业银行是指依照商业银行法和公司法设立的公司法人，它是以吸收存款方式取得资本、以发放贷款或投资证券等方式获得收益的金融机构。

商业银行业务包括：吸收公众存款；发放短期、中期、长期贷款；办理国内外结算；办理票据承兑与贴现；发行金融债券；代理发行、代理兑付、承销政府债券；买卖政府债券、金融债券；从事同行拆借；买卖、代理买卖外汇等。

(2) 保险公司。保险公司是指依保险法和公司法设立的企业法人。保险公司收取保费，将保费所得资本投资于债券、股票、贷款等资产，运用这些资产所得收入支付保单所确定的保险赔偿。保险公司通过上述业务能够在投资中获得高额回报并以较低的保费向客户提供适当的保险服务，从而盈利。

保险公司的业务范围分为两类：第一，人身保险服务，包括人寿保险、健康保险、意外伤害保险等保险业务。第二，财产保险业务，包括财产损失保险、责任保险、信用保险、保证保险等保险业务。我国的保险公司不得兼营人身保险业务和财产保险业务。

(3) 投资基金。投资基金，也称为互助基金或共同基金，是通过公开发售基金份额募集资本，然后投资于证券的机构。投资基金由基金管理人管理，基金托管人托管，以资产组合方式进行证券投资活动，为基金份额持有人的利益服务。

基金的运作方式可以采用封闭式或开放式。封闭式的投资基金，是指经核准的基金份额总额在基金合同期限内固定不变，基金份额可以在依法设立的证券交易场所交易，但基金份额持有人不得申请赎回的基金。开放式的投资基金，是指基金份额总额不固定，基金份额可以在基金合同约定的时间和场所申购或者赎回的基金。

投资基金把许多人的资金集中起来，形成一定规模，有助于降低交易成本并构建投资组合。每份基金的价格变动，与基金所持有的证券组合的构成有关。如果组合中债券的比例大，则基金风险较小；如果股票的比例大，则风险较大。

(4) 证券交易所。证券交易所是依据国家有关法律，经政府证券主管机关批准设立的集中进行证券交易的有形场所，是组织和监督证券交易，实行自律管理的非营利性机构。实行会员制的证券交易所的财产积累归会员所有，其利益由会员共同享有，在其存续期间，不得将其财产积累分配给会员。

进入证券交易所参与集中交易的，必须是证券交易所的会员。投资者应当与证券公司签订证券交易委托协议，并在证券公司开立证券交易账户，以书面、电话或网络等方式，委托该证券公司代其买卖证券。

证券交易所的职责有：①证券交易所应当为组织公平的集中交易提供保障，公布证券交易即时行情，并按交易日制作证券市场行情表，予以公布。②证券交易所有权依照法律、行政法规，以及国务院证券监督管理机构的规定，办理股票、公司债券的暂停上市、恢复上市或者终止上市的事务。③因突发性事件而影响证券交易的正常进行时，证券交易所可以采取技术性停牌的措施；因不可抗力的突发性事件或者为维护政权交易的正常秩序，证券交易所可以决定临时停市。证券交易所采取技术性停牌或者决定临时停市，必须及时报告国务院证券监督管理机构。④证券交易所对证券交易实行实时监控，并按照证券监督管理机构的要求，对异常交易的情况提出报告。证券交易所应当对上市公司及相关信息披露信息进行监督，监督其依法、及时、准确地披露信息。⑤证券交易所应当从其收取的交易费用、会员费和席位费中提取一定比例的金额设立风险基金。⑥证券交易所依照证券法律、行政法规制定上市规则、交易规则、会员管理规则和其他有关规则，并报国务院证券监督管理机构批准。

(5) 证券公司。证券公司是指依照公司法和证券法规定设立的、专门经营证券业务的、具有法人身份的有限责任公司或者股份有限公司。设立证券公司，必须经国务院证券监督管理机构审查批准。

证券公司的业务范围是：①证券经纪；②证券投资咨询；③与证券交易、证券投资活动有关的财务顾问；④证券承销与保荐；⑤证券自营；⑥证券资产管理；⑦其他证券业务。此外，证券市场机构还有证券服务机构，包括专业的投资咨询机构、财务顾问机构、资信评级机构、资产评估机构、会计师事务所等。

1.4.3 金融市场的功能

1. 金融市场的基本功能

(1) 资金融通功能。金融市场的基本功能之一是融通资金，即将资金提供者的资金转移给资金需求者。通过这种转移，发挥市场对资源的调配作用，提高经济效益，增进社会福利。

(2) 风险分配功能。在转移资金的同时，将实际资产预期现金流的风险重新分配给资本提供者和资本需求者。这是金融市场的另一项基本功能。

例如，某人需要投资100万元建立企业，但是他自己只有20万元，还需要筹资80万元。所需的80万元，可以进行债务筹资和权益筹资，两者的比例决定了他自己和其他出资人的利益分享与风险分摊比例。例如，向其他人筹集权益资本40万元，债务筹资40万元。如果经营成功，债权人只收取固定利息，净利润他自己分享1/3，其他权益投资人分享2/3。如果亏损，债权人不承担损失，仍然收取固定利息，他自己承担1/3的损失，其他权益投资人承担2/3的损失。如果改变了筹资结构，风险分摊的比例就会改变。因此，在筹资的过程中同时实现了企业风险的重新分配。

集聚大量资本的金融机构可以通过多元化分散风险，因此有能力向高风险的公司提供资本。金融机构创造出风险不同的金融工具，可以满足风险偏好不同的资金提供者。因此，金融市场在实现风险分配功能时，金融中介机构是必不可少的。

2. 金融市场的附带功能

金融市场除了以上两项基本功能，还有以下附带功能。

(1) 价值发现功能。在有效的金融市场上，证券的价格可以反映发行公司的经营状况和发展前景，即反映其内在经济价值。

(2) 资源配置功能。在金融市场上，公司的筹资能力取决于它的盈利前景是否能够达到投资者要求的报酬率。如果预期企业报酬率达不到要求，就筹集不到资金。这样，资金就会流向效益高、发展前景良好的行业和企业，使其得到发展，而效益差、没有发展前景的行业和企业吸引不到资金，会逐步萎缩甚至退出市场，从而促进了社会稀缺资源的合理有效配置。

(3) 宏观经济调控功能。金融市场为政府实施宏观经济的间接调控提供了条件，政府可以通过央行实施货币政策对各经济主体的行为加以引导和调节。政府的货币政策工具主要有公开市场操作、调整贴现率和改变存款准备金率。例如，经济过热时中央银行可以在公开市场出售证券，缩小基础货币规模，减少货币供应；也可以提高商业银行从央行贷款的贴现率，减少贴现贷款数量，减少货币供应；还可以提高商业银行缴存央行的存款准备金率，商业银行为补足应交准备金就需减少放款，导致货币供应收缩。减少货币供应的结果是利率会提高，投资需求下降，从而达到抑制经济过热的目的。

(4) 节约信息成本。如果没有金融市场，那么资金提供者寻找适宜的资金需求者，以及资金需求者寻找适宜的资金提供者的信息成本都是非常高的。完善的金融市场提供了充分的信息，可以节约寻找资金投资对象的成本和评估投资价值的成本。

金融市场要想实现上述功能，需要不断完善市场的构成和机制。理想的金融市场需要具备两个条件：一是充分、准确和及时的信息，二是市场价格完全由供求决定。现实中，错误的信息和扭曲的价格会妨害金融市场功能的发挥，甚至可能引发金融市场危机。

1.5 有效资本市场假说

资本市场效率与公司金融理论密切相关，公司金融的基本理论是以有效市场为前提的。比如，价值评估理论、投资组合理论、资本结构理论等，在论证和建立模型时都假设市场是有效的。有效资本市场理论对于公司金融决策具有重要的指导意义。

1.5.1 有效资本市场理论

1. 有效资本市场的含义

所谓有效资本市场是指市场上证券价格能够同步地、完全地反映与证券价值相关的全部可用信息。在有效市场中，价格会对新的信息做出迅速的、充分的反应。资本市场有效的外部标志有两个：一是与证券价值相关的信息能够充分披露和均匀分布，使每个投资者在同一时间内得到等量等质的信息；二是证券价格能迅速地根据有关信息变动，而不是没有反应或反应迟钝。

有效资本市场的理论研究侧重于分析证券价格是否能够反映证券的内在价值，而内在价值是由证券的收益、风险和流动性等特征决定的。有效资本市场理论认为，有效资本市场的价格能够完全反映资产特征，在运行良好的资本市场上，与这些特征相关的信息能够充分披露，每个市场参与者都是均等共享的，并根据自己掌握的信息及时地进行理性估价和买卖，证券价格能迅速地根据有关信息进行调整，使证券价格能够反映其内在价值。

2. 有效资本市场的基础和条件

市场有效性问题研究的关键问题之一是与证券价值相关的信息和证券价格之间的关系，即信息的变化如何引起价格的变动，它是市场有效的基础或条件。

让我们先设想一个资本市场上理性投资者的行为：收集信息，这些信息是公开的，对所有的人来说机会是均等的；处理信息，投资人采用各种各样的办法迅速地处理这些信息，他们的处理方法可能不同；做出判断，根据信息处理结果，投资人判断有关证券的价位、收益率和风险程度，他们可能得出不同的判断；决定买进或卖出，有人高估价位选择出售股票，有人低估价位选择购进股票，价格在竞争中波动，随后逐渐趋于均衡。从上述过程中可以看出，导致市场有效的条件有三个，即理性的投资人、独立的理性偏差和套利行为。

(1) 理性的投资人。假设所有投资人都是理性的，当市场发布新的信息时所有投资者都会以理性的方式调整自己对股价的估计。例如，一只股票有100万股，在发布新消息前的股价是10元/股。新消息表明，即将投资的项目可产生100万元净现值，即每股价值将增加1元。拟卖出股票的人，会要求按11元/股的价格出售；拟买入股票的人，也会愿意支付11元/股购入股票。理性的投资者立即会接受新的价格，理性的预期决定了股价。

(2) 独立的理性偏差。资本市场有效性并不要求所有投资者都是理性的，总有一些非理性的人存在。有的人比较乐观，认为每股价值会增加2元；另一些人比较悲观，认为每股价值不会增加。每个投资人都是独立的，则预期的偏差是随机的，而不是系统的。如果假设乐观的投资者和悲观的投资者人数大体相同，他们的非理性行为就可以互相抵消，使得股价变动与理性预期一致，市场仍然是有效的。

(3) 套利行为。资本市场的有效性并不要求所有的非理性预期都会相互抵消，有时他们的人数并不相当，市场会高估或低估股价。但是可以假设市场上有两种投资人，一种是非理性的业余投资人，另一种是理性的专业投资人。非理性的投资人的偏差不能互相抵消时，专业投资者会理性地重新配置资产组合，进行套利交易。他们会买进被低估的股票，出售被高估的股票，使股价恢复理性预期，使市场保持有效。

以上三个条件只要有一个存在，市场就是有效的。

一个高效的资本市场，不但能够为集结和调配资金提供有效的服务，而且能够充分发挥价值发现功能和资源有效配置功能，从而将有限的资本调配到最能有效使用资本、效益最好的行业和公司，实现社会资源价值创造的最大化。比如，经营业绩优良的公司能够吸引较多的资金发展壮大，股价和公司价值会得到提升；而经营业绩较差的公司难以吸收更多的资金，股价和公司价值会下跌，甚至陷入被并购或破产的境地。

3. 资本市场效率的程度

市场有效性研究的另一个关键问题是如何对影响价格的信息和有效市场进行分类，即信息的类别和市场有效程度之间有什么关系。资本市场有效程度不同，价格可以吸纳的信息类别也不同。

法玛将与证券价格有关的信息分为三类：①历史信息，指证券价格、交易量等与证券交易有关的历史信息；②公开信息，指公司的财务报表、附表、补充信息等公司公布的信息，以及政府和有关机构公布的影响股价的信息；③内部信息，指没有发布的只有内部人知悉的内幕信息。

法玛根据这三种信息，把资本市场分为以下三种。

(1) 弱式有效市场。如果一个资本市场的股价只反映历史信息，则它是弱式有效市场。弱式有效资本市场是最低程度的有效证券市场。判断弱式有效的标志是有关证券的历史信息对证券的现在和未来价格变动没有任何影响。因为这说明这些历史信息的价值已经在过去为投资者所用，从而说明有关证券的历史信息已经被充分披露、均匀分布和完全使用，任何投资者都不可能通过分析这些历史信息来获取超额收益；反之，如果有关证券的历史信息对证券的价格变动仍有影响，则资本市场尚未达到弱式有效。

(2) 半强式有效市场。如果一个市场的价格不仅反映历史信息，还能反映所有的公开信息，则它是半强式有效市场。半强式有效市场的主要特征是现有股票市价能充分反映所有公开可得的信息。对于投资人来说，在半强式有效市场中不能通过对公开信息的分析获得超额利润。公开信息已通过股票价格体现，所以基本分析是无用的。

(3) 强式有效市场。如果一个市场的价格不仅反映历史的和公开的信息，还能反映内部信息，则它是一个强式有效市场。强式有效市场的特征是无论可用信息是否公开，价格都可以完全地、同步地反映所有信息。由于市价能充分反映所有公开和私下的信息，对于投资人来说，不能从公开的和非公开的信息分析中获得超额利润，所以内幕消息无用。研究资本市场的强式有效问题，要明确“内幕信息获得者”，一般把大股东、董事会成员、监事会和公司高管成员，以及能接触内部信息的人士列为内幕信息获得者。对强式有效资本市场的检验，主要考察内幕信息获得者参与交易时能否获得超常盈利。

1.5.2 市场有效性对公司金融决策的意义

公司金融行为与资本市场具有密切的联系，这种联系主要表现在两个方面。首先，在资本市场上，公司是筹资主体，通过资本市场筹资与为数众多的中小股东建立委托代理关系，同时中小股东又通过资本市场的“用脚投票”与公司解除代理关系。在委托代理关系中，作为代理方的公司应该履行受托责任，为股东创造财富，实现股东财富最大化的目标。其次，市场有效性对于公司金融决策具有重要的指导意义，具体体现在以下几个方面。

1. 市场有效性直接关系到市场对公司金融决策评价的有效性

实现股东财富最大化是公司金融决策的目标，而股票价格是股东财富的直接表现，资本市场连接金融决策、公司价值和股票价格。首先，公司价值是公司金融决策的函数，如果公司金融行为是有效的，则会增加公司价值；其次，在有效市场上，股票价格能够反映股权的内在价值，即公司金融政策引致的公司价值变动会体现在股票价格的变动上。如果省去中间环节，在有效市场上，股票价格是“金融决策”的函数(如图1-1所示)。

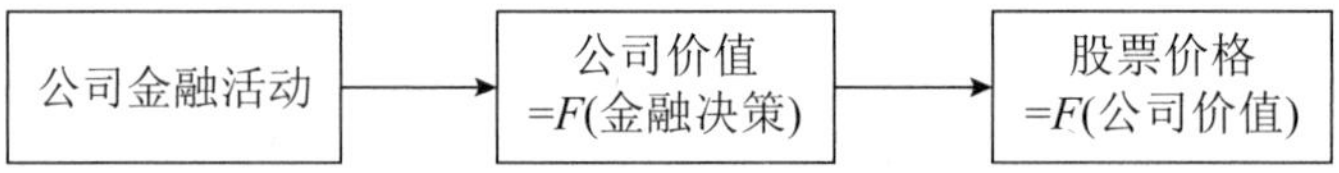

环境：假设资本市场有效

图1-1　公司金融决策与股票价格关系

资本市场的有效程度直接关系到对公司金融决策市场评价的有效性。在有效市场上，一项金融决策是否能够为股东创造财富会及时地体现在股票价格的变动上。在有效资本市场中，企业市场价值的升降，是企业各方面状况综合作用的结果。例如，公司公布的一项收购计划或投资计划，如果股价上涨，则表明该计划能够增加股东财富；相反，如果市场做出明显的负面反映，则在大多数情况下表明该计划并不能增加股东财富，公司应慎重考虑是否应继续实施该计划。因此，有效资本市场能够对公司金融决策行为进行有效评价，公司经营者可以根据公司的股价变动检验决策或计划的合理性，以及公司金融目标的实现程度。因此，在有效市场上，管理者必须重视资本市场对企业价值的估价。

相反，如果市场是无效的，股票价格未必反映股权的内在价值，有效的公司金融行为未必能够导致股价同步上升，甚至由于某种原因导致股价下降，也就是说无效资本市场难以评价公司金融活动为股东创造的财富，难以准确检验公司金融决策的合理性、有效性，则公司金融决策就失去了目标和依据。

2. 公司在资本市场上不要试图通过金融投机获利

在资本市场上，有许多个人投资者和金融机构从事投机活动，例如从事股票、外汇或衍生金融产品的投机交易。如果市场是有效的，实业公司管理者的投机行为是非常危险的。管理者的责任是管理好自己的公司，利用竞争优势在产品或服务市场上赚取净现值。实业公司的管理者没有时间和精力研究金融市场，属于金融产品的“业余投资者”，不具有“比较优势”。他们不太可能拥有利率、外汇以及其他公司的特别信息。根据公开信息正确预测未来利率和汇率是小概率事件，实业公司没有从金融机构投机中赚取超额利润的合理依据。

实业公司在资本市场上的角色主要是筹资者，而不是投资者。实业公司从事利率和外汇期货等交易的正当目的应当是套期保值，锁定其价格，降低金融风险。企图通过预测利率和外汇走势来赚取额外利润的投机活动，不仅会葬送实业公司，甚至会拖垮银行和其他金融机构。所以实业公司的管理者不应指望通过金融投机获利。

3. 在公司筹资活动中，不能通过改变会计处理方法提升股价和发行价格

公司的会计政策具有选择性，可能有的公司企图通过会计政策选择，改善报告利润，提高股价。如果资本市场是半强式的，即财务报告信息可以被股价完全吸收，并且财务报告的信息是充分的、合规的，即投资人可以通过数据分析测算出不同会计政策选择下的会计盈利，则这种努力徒劳无益。许多实证研究都支持这一观点。有些公司不是利用会计政策，而是提供虚假的财务报告，这种做法有可能误导投资人提升股价和发行价格。不过，提供虚假报告的管理者将面临巨大的法律风险。因此，管理者不能通过改变会计方法提升股价和发行价格，更不能企图愚弄市场。

思考题

1. 公司金融活动包括哪些内容？

2. 为什么公司制企业更具融资优势？

3. 为什么将股东财富最大化作为公司金融的目标？在追求股东财富最大化时，如何考虑利益相关者？

4. 公司金融的核心概念有哪些？公司金融为什么引入现金流量的概念？

5. 现值、净现值的经济含义是什么？

6. 公司在金融市场上主要以什么身份出现？会介入哪些市场？运用哪些金融工具？

7. 有效资本市场的含义是什么？对公司金融有什么意义？

第2章 财务报表分析与公司金融

2.1 财务报表与分析方法

2.1.1 财务报表分析概述

财务报表是反映企业财务状况、经营成果、现金流量等相关信息的书面载体，主要包括资产负债表、利润表、现金流量表以及会计报表附注。财务报表分析作为一门独立的学科，服务对象非常广泛，不仅包括外部利益相关者，比如股东、债权人等，也包括内部公司管理者。财务报表分析的目的是满足报表使用者的决策需要。财务报表分析主体不同，其分析的目的和分析的侧重点也不同。

财务报表和财务报表分析是公司金融不可缺少的组成部分。首先，财务报表是反映公司金融活动的信息载体，比如资产负债表就反映了公司长期投资、长期筹资和营运资本预算的结果。其次，财务报表和财务报表分析是公司金融决策的基础和重要工具，其用途主要体现在以下几个方面：①财务报表为公司金融决策和规划提供了模块，反映金融决策和规划的预计财务报表就是根据财务报表的模块编制的。②在公司筹资活动中，财务报表是连接公司和资本市场投资者的媒介。财务报表向投资者提供关于企业现时的财务状况以及过去财务业绩的决策信息，以帮助他们做出合理的投资、信贷及类似决策。③财务报表为公司股东和债权人提供了设定业绩目标和限制指标的工具，并提供了公司管理层受托责任履行情况的信息。比如，股东设定每股收益、净资产收益率(ROE)等期望业绩目标；债权人设定流动比率、资产负债率等限制指标，这些指标直接关系到公司筹资的可得性和筹资成本。财务报表为出资者提供了公司管理层受托责任履行情况的“成绩单”，公司只有制定合理的金融决策和财务规划，才能提供满意的“成绩单”。④在公司项目投资决策中，需要利用预计财务报表估计项目的现金流量和项目资本成本。比如预期现金流量来源于预计的利润表和预计现金流量表，计算项目资本成本的数据来源于资产负债表。在公司并购投资决策中，需要借助于目标企业的财务报表分析估计其价值，以评估并购的可行性和并购定价。⑤通过分析本企业财务比率，实现目标比率和报表管理。比如通过分析本企业的流动比率、资产负债率等，制定合理的营运资本政策、筹资和资本结构决策，以改善这些比率等。⑥利用杜邦财务比率分析体系，诊断和发现公司经营和金融活动存在的问题，并提出改进方案，以实现股东财富最大化目标。

2.1.2　资产负债表

资产负债表是反映公司在某一特定日期财务状况的存量报表。根据财政部发布的《关于修订印发2018年度一般企业财务报表格式的通知》，按最新修订格式编制的A公司资产负债表如表2-1所示。

表2-1　资产负债表

编制单位：A公司　　2018年12月31日　　单位：万元

资产	年末余额	年初余额	负债及股东权益	年末余额	年初余额
流动资产：			**流动负债：**		
货币资金	44	25	短期借款	60	45
以公允价值计量且其变动计入当期损益的金融资产	0	0	以公允价值计量且其变动计入当期损益的金融负债	0	0
应收票据及应收账款	418	222	应付票据及应付账款	133	123
预付账款	22	4	预收账款	10	4
其他应收款	12	22	应付职工薪酬	2	1
存货	119	326	应交税费	5	4
持有待售资产	0	0	其他应付款	37	38
一年内到期的非流动资产	77	11	持有待售负债		
其他流动资产	8	0	一年内到期的非流动负债	0	0
流动资产合计	700	610	其他流动负债	53	5
非流动资产：			**流动负债合计**	300	220
可供出售金融资产	0	0	**非流动负债：**		
持有至到期投资	0	0	长期借款	450	245
长期应收款	0	0	应付债券	240	260
长期股权投资	30	0	长期应付款	50	60
固定资产	1238	1012	预计负债	0	0
在建工程	18	35	递延所得税负债	0	0
无形资产	6	8	其他非流动负债	0	15
开发支出	0	0	非流动负债合计	740	580
商誉	0	0	负债合计	1040	800
长期待摊费用	5	15	**股东权益：**		
递延所得税资产	0	0	股本	100	100
其他非流动资产	3	0	资本公积	10	10
非流动资产合计	1300	1070	其他综合收益	0	0
			盈余公积	60	40
			未分配利润	790	730
			股东权益合计	960	880
资产总计	2000	1680	**负债及股东权益总计**	2000	1680

资产揭示了企业拥有或控制的资产规模及其结构。从资产负债表项目的列示方法来看，资产各项目是按照流动性递减的顺序排列的，分为流动资产和非流动资产两大部分。资产流动性包含两层含义：一是资产变现或转换为现金的速度，二是价值保全。流动性高的资产是指那些能够很快转换为现金而且不发生重大价值损失的资产，而流动性低的资产则是指那些不大幅度降价就无法迅速转换为现金的资产。比如，黄金是流动性比较高的资产，而机器设备则不是。公司资产的流动性很有价值，因为流动性风险是企业短期内面临的最大风险。一家企业的资产流动性越差，陷入财务困境和破产的可能性越大。公司资产的流动性取决于资产结构，流动性资产占比越高，公司资产的流动性越好。

负债和所有者权益反映资产的来源结构。负债部分也按流动性的强弱进行排列，分为流动负债和非流动负债，流动负债主要包括自发的经营性负债(应付账款、应付票据等)和临时性负债(短期借款等)，非流动负债主要包括长期借款和公司债券等。所有者权益项目则按永久性程度从高到低进行排列，具体分为实收资本(或股本)、资本公积、盈余公积及未分配利润等。

资产负债表与公司金融活动的联系十分密切，能够反映公司金融活动的信息，资产负债表与公司金融活动的关系如图2-1所示。

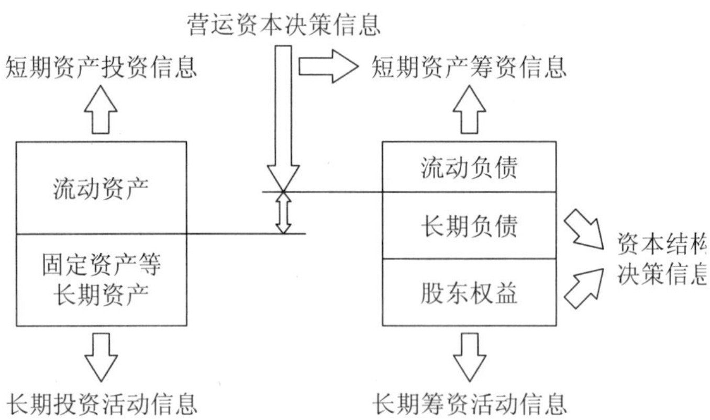

图2-1　资产负债表与公司金融活动的关系

具体来看，资产反映了公司投资活动和投资决策的信息，具体包括：①资产结构反映了公司资本预算所选择的行业。通常资本密集型产业的固定资产比例较高，劳动密集型产业的流动资产比例较高。如果公司的固定资产等长期经营性资产比重过大，则退出门槛高、转型难，经营杠杆和经营风险大。资本密集型产业如中国移动、中国联通，固定资产和无形资产占80%以上，非常容易遭受技术壁垒风险，将来固定资产很容易面临更新换代，淘汰压力非常大，固定资产面临巨额减值计提。②固定资产等长期资产的构建情况反映了公司固定资产等长期投资活动的信息，主要是经营性项目投资决策的结果。从A公司2018年的资产负债表年初情况来看，固定资产等长期资产为1070万元，为2018年年初之前长期资产投资的结果，而本年新增长期资产为230万元，反映的是2018年的新增投资，其中主要是固定资产投资。③流动资产规模、现金、应收账款和存货等流动资产的持有情况则反映了公司短期资产投资决策的信息。A公司2018年年初的流动资产为610万元，年末为700万元，2018年新增流动资产投资90万元。

长期负债和所有者权益主要反映公司长期筹资活动的信息，长期负债和所有者权益的比例关系则反映了公司资本结构决策的信息。从A公司2018年年末的情况来看：长期债务为740万元，权益合计为960万元，因而资本总额为1700万元。长期负债与资本总额的比率为43.53%(740/1700)，反映了A公司2018年年末资本结构决策；而负债与资本总额的比率为39.73%(580/1460)，则反映了A公司2017年年末资本结构决策。

营运资本为公司长期资本垫支在流动资产上的部分，流动资产与流动负债的差额反映了营运资本决策的信息。从A公司2018年年初的情况来看，A公司的营运资本为390万元(610-220)，而2018年年末A公司的营运资本为400万元(700-300)，表明A公司2018年的营运资本略有增加。营运资本规模和流动负债情况则共同反映了企业短期资产筹资的信息，其中流动负债反映了公司利用短期债务(银行贷款和商业信用)方面的决策信息。

2.1.3 利润表

利润表是反映公司一定会计期间经营成果(盈利或亏损情况)的报表，是公司经营活动和经营决策的结果。利润表可以用于评价企业的盈利能力。从利润表的构成来看，公司盈利包括两类项目：一类是营业项目，包括公司正常的营运活动取得的收入和发生的费用等，如公司当期销售商品或提供劳务取得的收入，这类项目形成了公司的营业利润；另一类是非经营性项目，包括不经常发生的事项，或者非持续经营相关的事项导致的利得或损失等，这类项目构成公司的营业外收支。

为遏制上市公司进行盈余管理，粉饰企业经营业绩，在上市公司利润表中，还设置了扣除非经常性损益后的净利润项目。非经常性损益是指公司发生的与经营业务无直接关系，以及虽相关，但由于其性质、金额或发生频率，影响了真实、公允地反映公司正常盈利能力的各项收入、支出。非经常性损益分散在不同的会计科目中，涉及的项目包括营业外收入、营业外支出、投资收益、公允价值变动收益(短期投资损益)、资产减值损失、其他收益(各种形式的支付补贴)、非流动资产处置损益、以前年度已经计提减值准备的转回等共21项，以及中国证监会认定的符合定义规定的其他非经常性损益项目。可见，扣除非经常性损益后的净利润反映了公司能够持续获得的正常盈利水平，用其计算的盈利能力指标才能更可靠地反映上市公司的盈利能力。

根据财政部发布的《关于修订印发2018年度一般企业财务报表格式的通知》，按最新修订格式编制的A公司利润表如表2-2所示。

表2-2　利润表

编制单位：A公司　　2018年度　　单位：万元

项目	本年金额	上年金额
一、营业收入	3000	2850
减：营业成本	2644	2503
税金及附加	28	28
销售费用	22	20
管理费用	16	20
研发费用	30	20
财务费用	110	96
其中：利息费用	113	98
利息收入	3	2
资产减值损失	0	0
加：其他收益	0	0
投资收益	6	0
其中：对联营企业和合营企业的投资收益	0	0
公允价值变动收益	0	0
资产处置收益	40	60
二、营业利润	186	223
加：营业外收入	5	12
减：营业外支出	1	0
三、利润总额	200	235
减：所得税费用	64	75
四、净利润	136	160
扣除非经常性损益后的净利润	83	86
五、其他综合收益的税后净额		
(一) 不能重分类进损益的其他综合收益	0	0
(二) 将重分类进损益的其他综合收益	0	0
六、综合收益总额	136	160
七、每股收益		
(一) 基本每股收益	略	略
(二) 稀释每股收益	略	略

2.1.4　现金流量表

现金流量表是反映公司一定会计期间的现金流入和流出情况的会计报表。现金流量表分别按照经营活动、投资活动和筹资活动列报公司的现金流量(按直接接法编制的现金流量表)，反映了企业现金的流入和流出。

以A公司为例说明现金流量表反映的信息，如表2-3所示。

表2-3　A公司现金流量表

编制单位：　　2018年度　　单位：万元

项目	本年金额	上年金额(略)
一、经营活动产生的现金流量：		
销售商品、提供劳务收到的现金	2810	
收到的税费返还	0	
收到其他与经营活动有关的现金	10	
经营活动现金流入小计	2820	
购买商品、接受劳务支付的现金	2363	
支付给职工以及为职工支付的现金	29	
支付的各项税费	91	
支付其他与经营活动有关的现金支出	14	
经营活动现金流出小计	2497	
经营活动产生的现金流量净额	323	
二、投资活动产生的现金流量：		
收回投资收到的现金	0	
取得投资收益收到的现金	0	
处置固定资产、无形资产和其他长期资产收回的现金净额	22	
处置子公司及其他营业单位收到的现金净额	0	
收到其他与投资活动有关的现金	0	
投资活动现金流入小计	22	
购置固定资产、无形资产和其他长期资产支付的现金	369	
投资支付的现金	30	
支付其他与投资活动有关的现金	0	
投资活动现金流出小计	399	
投资活动产生的现金流量净额	−377	
三、筹资活动产生的现金流量：		
吸收投资收到的现金	0	
取得借款收到的现金	270	
收到其他与筹资活动有关的现金	0	
筹资活动现金流入小计	270	
偿还债务支付的现金	19	
分配股利、利润或偿付利息支付的现金	170	
支付其他与筹资活动有关的现金	10	
筹资活动现金流出小计	197	
筹资活动产生的现金流量净额	73	
五、现金及现金等价物净增加额	19	
加：期初现金及现金等价物余额	25	
六、期末现金及现金等价物余额	44	

现金流量表中的经营活动现金流量与反映企业经营活动的利润表具有直接的对应关系，都反映企业日常的产销活动，只不过利润表采用权责发生制，而现金流量表采用收付实现制，可以通过资产负债表将利润表的净利润调整为现金流量表的经营活动现金流量。

经营活动现金净流量=净利润+折旧和摊销+应付的增加-应收的增加-存货的增加

由于营运资本为流动资产与流动负债的差额，因而赊销赊购引起的应收应付的变动、存货变动都会影响营运资本。应付的增加会增加流动负债，意味着营运资本的减少；应收和存货的增加则会增加流动资产，意味着营运资本的增加。营运资本的净减少则会增加现金流量。

此外，在净利润中扣除了属于筹资活动的财务费用净增加额，包含属于投资活动的投资收益、公允价值变动损益，需要进行进一步调整，最终才能将净利润转换为经营活动产生的现金流量。

现金流量表与资产负债表的资产项具有密切联系。资产增加可视为企业购置了一些资产(包括固定资产等长期资产和短期资产)，是一项现金流出，减少了现金；资产减少则表明公司出售了一些资产，是一项现金流入，增加了现金。同样，如果负债和股东权益规模缩减，表明公司发生了偿债的净支出，或者发生了股利分配或股份回购，是一项现金流出，减少了现金；如果公司负债和股东权益规模增加，则表明公司通过筹资活动(包括内部筹资)取得了一些现金，增加了现金。

现金流量表能够解释资产负债表具体项目期初期末存量变动的原因。比如，结合利润表，通过比较销售商品、提供劳务收到的现金和利润表的营业收入，可以解释应收项目的变动原因；固定资产等长期资产支付和收回的现金可以解释资产负债表固定资产等非流动资产增减变动的原因；债务偿还和收到的现金可以解释资产负债表负债增减变动的原因；结合净利润，增发、回购和分红可以解释股东权益项目增减变动的原因；现金净流量则最终解释了资产负债表货币资金的变动原因。

现金流量表主要反映以下三方面现金流量信息。

(1) 经营活动产生的现金流量。经营活动现金流量是指来自企业日常生产和销售的现金流量，主要包括销售商品、提供劳务收到的现金，购买商品、接受劳务支付的现金，支付给职工以及为职工支付的现金和支付的各项税费。经营活动现金净流量反映了企业自身经营主业创造现金的能力，具有持续性、稳定性的特征。

(2) 投资活动产生的现金流量。投资活动现金流量反映固定资产等长期经营资产和证券资产的投资支出，以及这类资产的处置和回收、现金收益的取得。如果一定时期的投资活动现金流入规模较大，往往是因为企业发生了大规模的长期资产清理变现和投资收回。

(3) 筹资活动产生的现金流量。筹资活动的现金流入是指公司外部筹资取得的现金，筹资活动的现金流出主要包括偿还债务、回购资本和分配股利或偿付利息等支付的现金。筹资活动的现金流入体现了公司的外部融资能力。在筹资活动的现金流出中，偿还债务本息占绝大部分，而股利分配与公司的股利分配政策有关，具有一定的灵活性。

在现金流量表所反映的三类现金流量中，投资活动现金流入并不是经常性的，具有偶发和不稳定的特征，而且大规模长期资产清理变现可能损害公司的持续经营能力，难以长久依赖。此外，处于成长期的企业，投资活动现金流出表现为较强的支出刚性，而且规模较大，投资现金净流量往往表现为负值，需要内外部筹资予以支持。而筹资活动现金流入是以经营活动现金净流量为基础的，如果企业经营活动缺乏或丧失创造现金的能力，也难以取得外部筹资。

经营活动现金净流量反映了企业经营主业创造现金的能力，具有经常性、持续性的特征。如果经营活动净现金流入充足、“造血能力”强，意味着公司不需要股东注资、银行借款，不依靠变卖家产地皮，就有能力维持公司的正常经营，甚至具备偿还债务、派发股利以及扩大经营规模和投资的能力，从而实现可持续发展。相反，如果企业经营活动为负值，则企业难以维持经营，因为维持企业经营需要筹资或非流动资产变现等，而这些现金流量是不可靠的。

可见，相对于投资活动和筹资活动现金流入，依靠企业自身的经营主业创造的现金流量是维持企业经营、实现企业可持续发展的可依赖现金来源。因而，现金流量分析应重点分析经营活动现金流量，判断公司的经营活动是在生成现金还是在消耗现金，有助于评价企业依靠经营活动创造现金的能力。此外，比较经营活动现金净流量与利润表的净利润还能够从“含金量”的角度评价净利润的质量。

在公司投资决策中，项目经营活动现金流量分析和预测具有非常重要的作用，它摆脱了传统财务会计权责发生制的局限性，有助于利用货币时间价值评估项目价值，从而能够更加准确、客观地评价项目的投资效益。

2.1.5　财务报表的局限性

财务报表分析以报表数据为主要分析依据，报表本身存在一定的局限性。

1. 财务报表系统的局限性

财务报表是企业会计系统的产物，而每个企业的会计系统，都会受到会计环境和企业会计战略的影响。会计环境包括会计制度和规范、外部审计、公司治理结构等。这些因素是决定企业会计系统质量的外部因素。会计制度和规范等会计环境的不完善会导致企业会计系统的缺陷，使之不能反映企业的实际状况。例如，货币计量的基本假设使财务报表只能反映能够以货币计量的经济事项，而无法反映非货币计量的经济事项；会计规范要求以历史成本报告资产，使财务数据无法代表其现行成本或变现价值；会计规范要求假设币值不变，使财务数据无法按通货膨胀率或物价水平调整；会计规范要求遵循谨慎原则，使会计预计损失而不预计收益，有可能少计收益和资产；会计规范要求按年度分期报告，使得会计报表只报告短期信息，而且信息具有滞后性，不能提供当前和未来的公司信息等。企业会计战略是企业根据环境和经营目标做出的主观选择，不同企业会有不同的会计战略。企业会计战略包括决定会计政策、会计估计、补充披露以及报告具体格式。不同的会计战略会导致企业财务报表的差异，并影响其可比性。例如，对同一会计事项的会计处理，会计准则允许企业选择不同的会计政策，包括存货计价方法和固定资产折旧方法等。虽然财务报表附注对会计政策的选择有一定的表述，但报表使用人未必能完成可比性的调整工作。

由于以上原因，使得财务报表存在如下局限性：①财务报告并没有披露企业的全部信息。管理层拥有更多的信息，披露的只是其中的一部分。②已经披露的财务信息存在会计估计误差，不可能是真实情况的准确计量。③管理层的各项会计政策选择，有可能降低信息可比性。

2. 财务报表的可靠性问题

只有依据符合规范的、信息可靠的财务报表，才能得出正确的分析结论。会计准则赋予企业会计处理方法选择的灵活性，受利益动机的驱动，企业可能通过会计操纵和虚假陈述实现私人目标，这样财务报表信息未必反映公司的实际情况。当然，外部分析人员很难认定是否存在虚假陈述，财务报表的可靠性问题主要依靠注册会计师鉴证。但是，注册会计师不能保证财务报告没有任何错报和漏报。因此，分析人员必须关注财务报表的可靠性，对可能存在的问题保持足够的警觉。

外部的分析者虽然不能认定是否存在虚假陈述，但是可以发现一些“危险信号”。对于存有危险信号的报表，分析者要通过更细致的考察或获取其他的有关信息对报表可靠性做出判断。常见的危险信号包括：①财务报告失范。不规范的财务报告，其可靠性应受到怀疑。分析人员要注意财务报告是否存在重大遗漏，有的重大遗漏可能故意掩盖对公司不利的事实；要注意是否及时提供财务报告，不能及时提供报告暗示企业当局与注册会计师存在分歧。②数据出现异常。异常数据如无合理解释，应考虑数据的真实性和一贯性是否存在问题。例如，原因不明的会计调整，可能是利用会计政策的灵活性“粉饰”报表数据；与销售相比应收账款异常增加，可能存在提前确认收入问题；报告净利润与经营活动产生的现金流量净额的缺口加大，报告利润总额与应纳税所得额之间的缺口加大，可能存在盈余管理；第4季度出现大额资产冲销和大额调整，可能是中期报告存在问题，年度报告根据注册会计师的意见进行调整。③关联方交易异常。关联方交易的定价不公允，可能存在转移利润的动机。④资本利得金额大。在经营业绩不佳时，公司可能通过出售长期资产、债务重组等交易实现资本利得。⑤审计报告异常。无正当理由更换注册会计师，或审计报告附有保留意见，有待进一步分析判断。

2.1.6 财务报表分析的方法

企业财务报表分析的方法可归为比较分析法和因素分析法两类。不同的财务分析者，会根据分析目的而采用不同的分析方法。

1. 比较分析法

比较分析法是财务报表分析的基本方法，它是对报表两个或两个以上有关的可比数据或比率指标进行对比，从而揭示差异或趋势，以获得决策相关的有用信息。

(1) 差异分析。差异分析是将可比数据或比率指标进行比较，借以发现差异，并深入分析差异产生的原因及其对差异的影响程度。按比较分析的对象可分为纵向差异分析、横向差异分析和预算差异分析。

第一，纵向差异分析。纵向差异分析是将本期实际与上年同期实际、本年实际与上年实际或历史最好水平等本企业历史数据或比率指标进行比较。纵向差异分析以本企业历史数据作为比较基础。历史数据代表过去，并不能体现合理性。经营环境变化后，今年比上年利润提高了，未必说明已经达到应该达到的水平，甚至未必说明管理得到了有效改进。

第二，横向差异分析。横向差异分析是将分析对象指标同行业平均水平、竞争对手相同指标进行比较，揭示企业所处的竞争地位，也称为横向比较分析。横向比较时，需要使用同业数据或指标。同业的平均数只有一般性的参考价值，未必具有代表性，选同行业中有代表性的企业的平均数作为同业标准，可能比以整个行业的平均数为标准更有可比价值。近年来，分析人员以一流企业作为标杆，进行对标分析。有不少企业实行多种经营，没有明确的行业归属，同业比较更加困难。

第三，预算差异分析。预算差异分析是把本期的实际执行结果与计划预算指标相比，以此评价和考核执行部门的经营业绩。实际和预算发生差异，可能是执行中有问题，也可能是预算不合理，两者的区分并非易事。

(2) 趋势分析。趋势分析是指将连续若干期(3～10年)的财务报表中的同类数据或指标进行时间序列比较，从而确定变化趋势和变化规律的一种纵向动态分析方法。

趋势分析包括同比分析或定基分析。以前期某一固定年份为基期作趋势比较分析，称为同比分析或定基分析。同比分析需要计算定基动态比率，计算公式为

$$定基动态比率=分析期数值\div基期数值$$

以分析期的上一期作为分析基期，并向后滚动，则称为环比分析。环比分析需要计算环比动态比率，计算公式为

$$环比动态比率=分析期数值\div前期数值$$

在实际趋势分析法的应用过程中，经常采用会计报表的比较方法，即将连续数期的会计报表指标并列起来。

(3) 比较分析的内容。比较分析按比较内容可分为以下几种。

第一，会计要素的总量比较分析。总量是指报表项目的总金额，例如，总资产、净资产、净利润等。总量比较主要采用时间序列进行趋势分析，如研究利润的逐年变化趋势，看其增长潜力。有时用于同业对比，看企业的相对规模和竞争地位的变化。

第二，结构百分比比较分析。把资产负债表、利润表、现金流量表转换成结构百分比报表。例如，假设收入为100%，分析利润表各项目所占的比重。结构百分比报表用于发现有显著问题的项目，揭示进一步分析的方向。

第三，财务比率比较分析。财务比率是各会计要素之间的数量关系，反映它们的内在联系。财务比率是相对数，排除规模的影响，具有较好的可比性，是较为常用的比较分析。财务比率的计算相对简单，但对其加以说明和解释却比较复杂和困难。

2. 因素分析法

因素分析法，是依据财务指标与其驱动因素之间的关系，从数量上确定各因素对指标影响程度的一种方法。该方法将分析指标分解为各个可以计量的因素，并根据各个因素之间的依存关系，顺次用各个因素的比较值(通常为实际值)替代基准值(通常为标准值或计划值)，据以测定各因素对分析指标的影响。由于分析时，要逐次进行各因素的有序替代，因此又称为连环替代法。

因素分析法一般分为4个步骤：①确定分析对象，即确定需要分析的财务指标，比较其实际数额和标准数额(如上年实际数额)，并计算两者的差额；②确定财务指标的驱动因素，即根据财务指标的形成过程，建立财务指标与各驱动因素之间的函数关系模型；③确定驱动因素的替代顺序；④按顺序计算各驱动因素脱离标准的差异对财务指标的影响。

【例2-1】某企业20×1年3月生产产品所耗某种材料费用的实际数是6720元，而其计划数是5400元，实际比计划增加1320元。由于原材料费用是由产品产量、单位产品材料消耗用量和材料单价三个因素的乘积构成的，因此，可以把材料费用这一总指标分解为三个因素，然后逐个来分析它们对材料费用总额的影响程度。现假设这三个因素的数值如表2-4所示。

表2-4　材料费用资料

项目	单位	计划数	实际数	差异
产品产量	件	120	140	20
材料单耗	千克/件	9	8	-1
材料单价	元/千克	5	6	1
材料费用	元	5400	6720	1320

根据表2-1中的资料，材料费用总额实际数较计划数增加1320元，这是分析对象。运用连环替代法，可以计算各因素变动对材料费用总额的影响程度。

计划指标：120×9×5=5400(元)①

第一次替代：140×9×5=6300(元)②

第二次替代：140×8×5=5600(元)③

第三次替代：140×8×6=6720(元)(实际数)④

各因素变动的影响程度分析：

②-①=6300-5400=900(元)(产量增加的影响)

③-②=5600-6300=-700(元)(材料节约的影响)

④-③=6720-5600=1120(元)(价格提高的影响)

900-700+1120=1320(元)(全部因素的影响)

企业是一个有机整体，每个财务指标的高低都受其他因素的影响。从数量上测定各因素的影响程度，可以帮助企业抓住主要矛盾，或更有说服力地评价经营状况。财务分析的核心是追溯产生差异的原因，因素分析法提供了定量解释差异成因的工具。

2.2 财务比率分析

财务比率分析是根据财务报表中两个或两个以上的项目数据，计算出具有特定经济含义的财务指标，这些财务指标或比率具有特定的经济含义，一个或几个财务比率就能够揭示和说明企业某一方面的财务状况和经营业绩，或者说明某一方面的能力。财务比率分析是公司金融决策的基础工具。

2.2.1 短期偿债能力或流动性风险计量指标

债务按到期时间可分为短期债务(即期需要偿还的债务)和长期债务，偿债能力分析由此分为短期偿债能力分析和长期偿债能力分析两部分。短期偿债能力比率能够提供企业流动性的信息，是债权人最关注的指标，因为这些指标能够反映债权人权益的保障程度。在债务契约中，短期偿债能力或流动性计量指标是公司负债筹资的硬性约束条款，是决定公司债务筹资成功与否的关键因素。同时，流动性风险是公司即期面临的最大风险，直接关系公司的经营安全性和破产风险，是影响企业经营活动顺利进行的关键因素。为此，公司也非常关注这些指标，当短期偿债能力或流动性不足时，需要通过营运资本决策加以调整和改善。

短期偿债能力或流动性的衡量方法通常包括两种：一种是比较可供偿债资产与债务的存量，除非企业终止经营，否则一般不会出售固定资产等长期资产来偿还债务，因而可偿债资产是指流动资产；另一种是比较经营活动现金净流量与偿债所需现金。

1. 流动资产与短期债务的存量比较

可偿债资产的存量，是指资产负债表中列示的流动资产年末余额。短期债务的存量，是指资产负债表中列示的流动负债年末余额。通常认为流动资产能够在1年或1个营业周期内转变为现金，流动负债将在1年或1个营业周期内偿还，因此两者的比较可以反映短期偿债能力。流动资产相对于流动负债规模越大，企业偿还当期债务的能力越强，公司的流动性风险越小。流动资产与流动负债的存量比较有两种方法：一种是差额比较，两者相减的差额为营运资本；另一种是比率比较，即可偿债资产与流动负债的比率。

(1) 营运资本。营运资本是指流动资产超过流动负债的部分，计算公式为

$$营运资本=流动资产-流动负债$$

流动资产的资金来源包括短期负债和长期资本，我们将长期资本垫支于流动资产上的部分称为营运资本。

$$长期资本=长期资产+垫支于流动资产上的部分(营运资本)$$

$$\begin{aligned}营运资本&=长期资本-长期资产\\&=(股东权益+非流动负债+流动负债-流动负债)-(总资产-流动资产)\\&=流动资产-流动负债\end{aligned}$$

根据表2-1资产负债表的数据，则

$$本年营运资本=700-300=400(万元)$$

$$上年营运资本=610-220=390(万元)$$

如果流动资产与流动负债相等，并不能说明企业不存在流动性风险，即期的流动负债完全能够得到偿还，因为债务的到期支付与流动资产的现金生成，不可能同步同量。而且，为维持经营，企业不可能将全部流动资产变现来偿还即期负债，而是必须维持最低水平的现金、存货、应收账款等。

因此，企业必须保持流动资产大于流动负债，即保有一定数额的营运资本作为安全边际，以防止流动负债“穿透”流动资产。A公司现存300万元流动负债的具体到期时间不易判断，现存700万元的流动资产生成现金的金额和时间也不好预测。营运资本400万元是流动负债“穿透”流动资产的“缓冲垫”。因此，营运资本越多，流动负债的偿还越有保障，短期偿债能力越强，企业的流动性风险越小。营运资本之所以能够起到“缓冲垫”的作用，是因为它是长期资本，不需要在1年内偿还。

根据A企业的财务报表数据，则有

$$本年营运资本=(960+740)-1300=1700-1300=400(万元)$$

$$上年营运资本=(880+580)-1070=1460-1070=390(万元)$$

营运资本的数额越大，短期偿债压力越小。当全部流动资产未由任何流动负债提供资金来源，而是全部由长期资本提供时，企业没有任何短期偿债压力。

当流动资产小于流动负债时，营运资本为负数，表明有部分长期资产由流动负债提供资金来源。由于流动负债在1年或1个营业周期内需要偿还，而长期资产在1年或1个营业周期内不能变现，偿债所需现金不足，必须设法另外筹资，这意味着流动性风险较高。

营运资本的比较分析，主要是与本企业上年数据的比较。A企业本年和上年营运资本的比较数据，如表2-5所示。

表2-5 A企业营运资本比较表 万元

项目	本年		上年		变动		
	金额	结构/%	金额	结构/%	金额	增长/%	结构/%
流动资产	700	100	610	100	90	15	100
流动负债	300	43	220	36	80	36	89
营运资本	400	57	390	64	10	2.6	11
长期资产	1300		1070		1230		
长期资本	1700		1460		240		

从表2-5的数据可以看出：①上年流动资产610万元，流动负债220万元，营运资本为390万元。从相对数来看，营运资本的配置比率(营运资本/流动资产)为64%，流动负债提供流动资产所需资金的36%。②本年流动资产700万元，流动负债300万元，营运资本400万元。从相对数来看，营运资本配置比率为57%，流动负债提供流动资产所需资金的43%，偿债能力比上年下降了。③本年与上年相比，流动资产增加90万元(增长15%)，流动负债增加80万元(增长36%)，营运资本增加10万元(增长2.6%)。虽然营运资本绝对数增

加了，但是流动负债的增长速度超过流动资产的增长速度，即偿债能力降低了。可见，由于营运资本政策的改变使本年的短期偿债能力下降了。

营运资本是绝对数，不便于本企业不同历史时期及不同企业之间的比较。例如，A公司的营运资本为200万元(流动资产300万元，流动负债100万元)，B公司的营运资本与A相同，也是200万元(流动资产1200万元，流动负债1000万元)。但是，它们的偿债能力显然不同。因此，在实务中很少直接使用营运资本作为衡偿债能力的指标。

(2) 可偿债资产与流动负债的比率。可偿债资产与流动负债的比率包括流动比率、速动比率和现金比率。

第一，流动比率。流动比率是流动资产与流动负债的比值，计算公式为

$$流动比率=流动资产 \div 流动负债$$

根据A公司的财务报表数据，则

$$本年流动比率=700 \div 300=2.33$$

$$上年流动比率=610 \div 220=2.77$$

A企业的流动比率降低了0.44(2.77−2.33)。

流动比率和营运资本配置比率所反映的偿债能力是相同的，它们可以互相换算，则

$$流动比率=1 \div (1-营运资本/流动资产)=1 \div (1-营运资本配置比率)$$

根据A公司的财务报表数据，则

$$本年流动比率=1 \div (1-57\%)=2.33$$

$$上年流动比率=1 \div (1-64\%)=2.78$$

流动比率是相对数，排除了企业规模的影响，更适合同业比较以及本企业不同历史时期的比较。此外，由于流动比率的计算简单，所以被广泛应用，是衡量企业短期偿债能力的通用指标。

流动比率在本质上反映了流动负债的覆盖率，即一定的流动负债，企业有多少倍的流动资产与之对应。对债权人来说，流动比率越高越好；对企业来说，高流动比率则意味着流动性较强，但由于营运资本在流动资产中的比例较大，在企业资金期限结构中，长期资金的比重较高，从而导致资金成本较高。

根据一般经验和国际公认标准，人们认为生产型企业合理的最低流动比率是2。这是因为流动资产中变现能力最差的存货金额约占流动资产总额的一半，剩下的流动性较好的流动资产至少要等于流动负债，才能保证企业最低的短期偿债能力。这种认识一直未能从理论上证明。最近几十年，企业的经营方式和金融环境发生很大变化，流动比率有下降的趋势，许多成功企业的流动比率都低于2。

需要注意的是，不同行业的流动比率通常有明显差别。比如营业周期较短的行业，合理的流动比率也较低。因而，在应用流动比率评价某企业的短期偿债能力时，一般采用横向和纵向比较的方法，而不应简单地根据经验值进行判断。由于流动比率并不能反映由流动资产中的应收账款和存货周转性(流动性)所造成的偿债能力的差别，因此，用流动比率分析企业的短期偿债能力，还需要考察应收账款和存货的周转速度，即分析企业的营业周期，以便对该指标予以补充，从而更为准确地评价企业的短期偿债能力。

营业周期是指从采购存货开始，到销售存货并收回货款为止所经历的期间，计算公式为

营业周期=存货周转天数+应收账款周转天数

该指标能够反映应收账款和存货周转速度(流动性)。

需要注意的是，流动比率存在一些局限性：流动比率假设全部流动资产都可以变为现金并用于偿债，全部流动负债都需要还清。实际上，经营性流动资产是企业持续经营所必需的，不能全部用于偿债。有些流动资产的账面金额与变现金额有较大差异，如产成品等；经营性应付项目可以滚动存续，无须动用现金全部结清。因此，流动比率只是对企业短期偿债能力的粗略估计。

第二，速动比率。在流动资产的构成中，货币资金、交易性金融资产和应收款项等，可以在较短时间内变现，流动性较高，称为速动资产；预付款项、待摊费用、存货、一年内到期的非流动资产等不可变现或难以变现，流动性较差，称为非速动资产。流动比率没有考虑流动资产构成对短期偿债能力的影响，因而流动比率难以准确反映企业的短期偿债能力，为此需要引入速动比率。

存货、一年内到期的非流动资产等非速动资产的变现时间和金额具有较大的不确定性：一是存货的变现速度比应收款项要慢得多；部分存货可能已损失报废，尚未处理；存货估价有多种方法，可能与变现金额相差甚远。二是一年内到期的非流动资产变现速度也较慢，而且只是偶然发生的变现行为，不代表正常的变现能力。因此，将可偿债资产定义为速动资产，能够更好地反映企业的流动性。

速动比率为速动资产与流动负债的比率，计算公式为

速动比率=速动资产 ÷ 流动负债

根据表2-1中A企业的财务报表数据，则

本年速动比率=(44+6+14+398+12) ÷ 300=1.58

上年速动比率=(25+12+11+199+22) ÷ 220=1.22

A企业速动比率比上年提高了0.36，说明为流动负债提供的速动资产保障增加了。

影响速动比率可信性的重要因素是应收账款的变现能力。应收账款可能发生逾期，也未必都能按账面金额收回变现，实际坏账可能比计提准备多。

与流动比率一样，不同行业的速动比率差别很大。例如，大量现销的商店几乎没有应收款项，速动比率较低也属正常；相反，一些应收账款较多的企业，速动比率则较高。

第三，现金比率。速动资产中，流动性最强、可直接用于偿债的资产是现金，而其他速动资产变现时间和变现金额具有不确定性。

现金比率为现金与流动负债的比值，计算公式为

现金比率=(货币资金+交易性金融资产) ÷ 流动比率

根据A企业的财务报表数据，则

本年现金比率=44 ÷ 300=0.147

上年现金比率=25 ÷ 220=0.114

A企业现金比率比上年下降0.033，说明企业为流动负债提供的现金保障降低了。

2. 现金流量比率

经营活动现金流量净额与流动负债的比值，称为现金流量比率，计算公式为

现金流量比率=经营现金流量净额÷流动负债

根据A企业的财务报表数据，则

现金流量比率=323÷300=1.08

公式中的“经营活动现金流量净额”，通常使用现金流量表中的“经营活动产生的现金流量净额”。它代表企业创造现金的能力，且已经扣除经营活动自身所需的现金流出，是可以用来偿债的现金流量。现金流量比率表明单位流动负债的经营现金流量保障程度，该比率越高，偿债能力越强。

用经营活动现金流量净额代替可偿债资产存量，与短期债务进行比较以反映偿债能力，更具说服力。一方面，它克服了可偿债资产未考虑变现时间和变现金额具有不确定性的问题；另一方面，实际用于支付债务的通常是现金，而不是其他可偿债资产。

3. 影响短期偿债能力的其他因素

上述短期偿债能力比率，都是根据财务报表中的资料计算而得。还有一些表外因素也会影响企业的短期偿债能力，甚至影响更大。财务报表的使用人应尽可能多地了解这方面的信息，以做出正确判断。

(1) 增强短期偿债能力的表外因素。

第一，可动用的银行授信额度。企业尚未动用的银行授信额度，可以随时增加企业的现金，提高支付能力。

第二，可很快变现的非流动资产。企业可能有一些非经营性长期资产可随时变现，这未必列示在“一年内到期的非流动资产”项目中。例如，储备的土地、未开采的采矿权、目前出租的房产等，在发生周转困难时，将其出售并不影响企业的持续经营。

第三，偿债能力的声誉。如果企业的信用记录优秀，在短期偿债方面出现暂时困难，比较容易筹集到短缺现金。

(2) 降低短期偿债能力的表外因素。

第一，与担保有关的或有负债事项。如果该金额较大并且可能发生，应在评价偿债能力时予以关注。

第二，经营租赁合同中承诺付款事项，这很可能变为偿付义务。

2.2.2 长期偿债能力和杠杆比率

衡量企业长期偿债能力的财务比率分为存量比率和流量比率两类。由于衡量长期偿债能力的存量比率反映企业的资本结构，直接关系到财务杠杆和公司资本成本，因而也是公司资本结构决策中较为重要的财务比率。

1. 总债务存量比率

从长期来看，所有债务都要偿还。因此，反映长期偿债能力的存量比率是总资产、

总债务和股东权益之间的比例关系。常用财务比率包括资产负债率、产权比率、权益乘数和长期资本负债率。

(1) 资产负债率。资产负债率是负债总额占资产总额的百分比，计算公式为

$$资产负债率=(负债总额 \div 资产总额) \times 100\%$$

根据A公司的财务报表数据，则

$$本年资产负债率=(1040 \div 2000) \times 100\%=52\%$$

$$上年资产负债率=(800 \div 1680) \times 100\%=48\%$$

资产负债率可用于衡量企业资产在清算时对债权人权益的保障程度，企业资产是债务偿还的物资保证。资产负债率越低，企业偿债越有保证，负债越安全。通常，资产在破产拍卖时的售价不到账面价值的50%，因此如果资产负债率高于50%，则债权人的利益就缺乏保障。各类资产变现能力有显著区别，房地产变现的价值损失小，专用设备则难以变现。可见，不同企业的资产负债率不同，这与其持有的资产类别相关。

资产负债率还反映了公司的资本结构，适度的资产负债率有利于降低公司资本成本。此外，资产负债率还代表企业的再融资能力，一个企业的资产负债率越低，举债越容易，但如果资产负债率高到一定程度，财务风险很高，不仅会削弱企业的举债能力，而且会增加股东收益风险和企业破产风险，导致公司的再融资能力大幅下降。

(2) 产权比率和权益乘数。产权比率和权益乘数是资产负债率的另外两种表现形式，它和资产负债率的性质一样，计算公式分别为

$$产权比率=负债总额 \div 股东权益$$

$$权益乘数=资产总额 \div 股东权益$$

产权比率反映了企业自有资本对偿债风险的承受能力，可以衡量企业资本结构是否稳健。产权比率表明单位股东权益相对于负债的金额，权益乘数表明单位股东权益相对于资产的金额，它们也是两种常用的财务杠杆比率。权益乘数影响总资产净利率和权益净利率之间的关系，还表明权益净利率风险的高低。

(3) 长期资本负债率。长期资本负债率是指非流动负债占长期资本的百分比，长期资本为非流动负债与股东权益之和，计算公式为

$$长期资本负债率=[非流动负债 \div (非流动负债+股东权益)] \times 100\%$$

根据A公司的财务报表数据，则

$$本年长期资本负债率=[740 \div (740+960)] \times 100\%=44\%$$

$$上年长期资本负债率=[580 \div (580+880)] \times 100\%=40\%$$

长期资本负债率也是反映公司资本结构的一种形式。由于流动负债的金额经常变化，非流动负债较为稳定，资本结构决策通常使用长期资金结构来衡量。

2. 总债务流量比率

总债务流量比率主要包括利息保障倍数、现金流量利息保障倍数和现金流量债务比。资产负债率等总债务存量比率等都是寄希望于用现有全部资产偿债，但是只有企业清算时才能实现。在企业持续经营的情况下，企业需要通过盈利和现金流量偿还债务本息，而非用现有全部资产偿债。

(1) 利息保障倍数(已获利息倍数)。利息保障倍数是指息税前利润为利息费用的倍数，计算公式为

利息保障倍数=息税前利润 ÷ 利息费用

=(净利润+利息费用+所得税费用) ÷ 利息费用

公式中的“利息费用”是指本期的全部应付利息，不仅包括计入利润表中财务费用的利息费用，还包括计入资产负债表固定资产等成本的资本化利息。

根据A公司的财务报表数据，则

本年利息保障倍数=(136+110+64) ÷ 110=2.82

上年利息保障倍数=(160+96+75) ÷ 96=3.45

长期债务不需要每年还本，但往往需要每年付息。利息保障倍数表明单位利息费用有多少倍的息税前利润作为偿付保障。如果利息支付尚且缺乏保障，归还本金就更难指望；相反，如果企业盈利能力较强，则偿还到期债务本息的能力较强。因此，利息保障倍数可以反映企业获利能力对偿还到期债务的保障程度。如果企业盈利足以保持按时付息的能力，即利息保障倍数较高(大于1)，利息支付有保障，通常长期负债可以延续。在实践中，利息保障倍数是企业举债的前提，利息保障倍数越高，举借新债则越容易。

如果利息保障倍数小于1，表明企业自身产生的经营收益不能支持现有的债务规模。利息保障倍数等于1也很危险，因为息税前利润受经营风险的影响，是不稳定的，但支付利息却是固定的。利息保障倍数越大，企业拥有的偿还利息的能力越强。

此外，利息保障倍数也是企业是否可以通过举债进行杠杆经营的重要依据，只有息税前利润高于负债成本，才能够降低财务风险，实现杠杆利益，增加股东收益；相反，会增加偿债风险，降低股东收益。

(2) 现金流量利息保障倍数。现金流量利息保障倍数是指经营活动现金流量净额对利息费用的倍数，计算公式为

现金流量利息保障倍数=经营现金流量净额 ÷ 利息费用

根据A企业的财务报表数据，则

本年现金流量利息保障倍数=323 ÷ 110=2.94

现金流量利息保障倍数是现金基础的利息保障倍数，表明单位利息费用有多少倍的经营活动现金流量净额作为保障。它比利润基础的利息保障倍数更可靠，因为实际用以支付利息的是现金，而不是利润。

(3) 现金流量与债务比。现金流量与债务比是指经营活动所产生的现金净流量与债务总额的比率，计算公式为

现金流量与债务比=(经营现金流量净额 ÷ 债务总额) × 100%

根据A企业的财务报表数据，则

本年经营活动现金流量与期末债务比=(323 ÷ 1040) × 100%=31%

该比率表明企业用经营现金流量偿付全部债务的能力。比率越高，承担债务总额的能力越强。

3. 影响长期偿债能力的其他因素

上述衡量长期偿债能力的比率，都是根据财务报表数据计算而得。此外，一些表外因素可能对企业长期偿债能力有影响，运用有关偿债能力比率分析时，必须加以关注。

(1) 长期租赁。当企业需要添置固定资产时，既可以筹资购买，也可以通过租赁方式解决。资产租赁的形式包括融资租赁和经营租赁。依据会计准则，融资租赁形成的负债会反映在资产负债表内，而经营租赁的负债未能反映在资产负债表内。当企业的经营租赁量比较大、期限比较长或具有经常性时，就形成了一种长期性融资，因此，经营租赁也是一种表外负债融资。这种长期性筹资，到期时必须支付租金，会对企业偿债能力产生影响。因此，如果企业经常发生经营租赁业务，应考虑租赁费用对偿债能力的影响。

(2) 债务担保。担保项目的时间长短不一，有的涉及企业的长期负债，有的涉及企业的流动负债。在分析企业长期偿债能力时，应根据有关资料判断担保责任带来的影响。

(3) 未决诉讼。未决诉讼一旦判决败诉，便会影响企业的偿债能力，因此在评价企业长期偿债能力时要考虑其潜在影响。

2.2.3 营运能力指标

营运能力比率是营业收入与资产的比值，是衡量企业资产运用效率的财务比率。资产是企业形成产销收入的物质基础，而出资人注入企业的资产是有成本的。单位资产运用取得的营业收入越高，在单位营业收入获利水平一定的情况下，表明企业单位成本支出取得盈利越高，企业的经济效益越好。可见，资产运用效率是影响企业盈利能力的重要因素，资产管理的核心是通过资产的优化配置提高资产的营运效率。

衡量企业营运能力的财务比率有应收账款周转率、存货周转率、流动资产周转率、营运资本周转率、非流动资产周转率、总资产周转率等。

1. 应收账款周转率和应收账款周转天数

(1) 计算方法。应收账款周转率是营业收入与应收账款的比率。它有三种表示形式，即应收账款周转次数、应收账款周转天数和应收账款与收入比，计算公式分别为

$$\text{应收账款周转次数}=\text{营业收入净额}\div\text{应收账款}$$

$$\text{营业收入净额}=\text{营业收入}-\text{销售折扣与折让}$$

$$\text{应收账款}=\text{营业收入}\div\text{平均应收账款}$$

$$\text{应收账款周转天数}=365\div(\text{营业收入}/\text{应收账款})$$

$$\text{应收账款与收入比}=\text{应收账款}\div\text{营业收入}$$

根据A企业的财务报表数据，则

$$\text{本年应收账款周转次数}=3000\div320=9.38(\text{次/年})$$

$$\text{本年应收账款周转天数}=365\div9.38=38.9(\text{天})$$

$$\text{本年应收账款与收入比}=320\div3000=10.7\%$$

应收账款周转次数表明一年中应收账款周转的次数，或者说明单位应收账款投资支持的营业收入。应收账款周转天数(应收账款的收现期)表明从销售开始到回收现金平均需要的天数。应收账款与收入比则表明取得单位营业收入需要的应收账款投资。

(2) 在计算和使用应收账款周转率时应注意以下几个问题。

第一，营业收入的赊销比例问题。从理论上讲，应收账款是赊销引起的，其对应的流量是赊销额，而非全部营业收入。因此，计算时应使用赊销额而非营业收入。但是，外部分析人无法取得赊销的数据，只好直接使用销售收入进行计算，实际上相当于假设现金销售是收现时间等于零的应收账款。只要现金销售与赊销的比例是稳定的，不妨碍与上期数据的可比性，只是一贯高估了周转次数。但问题是与其他企业比较时，不知道可比企业的赊销比例，也就无从知道应收账款是否可比。

第二，应收账款年末余额的可靠性问题。应收账款是特定时点的存量，容易受季节性、偶然性和人为因素影响。在将应收账款周转率用于业绩评价时，最好使用多个时点的平均数，以减少这些因素的影响。

第三，应收账款的减值准备问题。财务报表上列示的应收账款是已经提取减值准备后的净额，而营业收入并未相应减少，其结果是，提取的减值准备越多，应收账款周转次数越多、天数越少。这种周转天数的减少不代表业绩好，反而说明应收账款管理欠佳。如果减值准备的金额较大，就应进行调整，使用未计提坏账准备的应收账款进行计算。报表附注中应披露应收账款减值的信息，可作为调整的依据。

第四，应收票据是否计入应收账款周转率。大部分应收票据是销售形成的，只不过是应收账款的另一种形式，应将其纳入应收账款周转率的计算。

第五，应收账款周转天数是否越少越好。应收账款是赊销引起的，如果赊销有可能比现销更有利，周转天数就不会越少越好。收现时间的长短与企业的信用政策有关。例如，甲企业的应收账款周转天数是18天，信用期是20天；乙企业的应收账款周转天数是15天，信用期是10天。前者的收款业绩优于后者，尽管其周转天数较多。改变信用政策，通常会引起企业应收账款周转天数的变化。信用政策的评价涉及多种因素，不能仅仅考虑周转天数的缩短。

第六，应收账款分析应与销售额分析、现金分析联系起来。应收账款的起点是销售，终点是现金。正常情况是销售增加引起应收账款增加，现金的存量和经营现金流量也会随之增加。如果一个企业应收账款日益增加，而销售和现金日益减少，则可能是销售出了比较严重的问题，促使信用政策放宽，甚至随意发货，未能收回现金。

总之，要注意应收账款与其他问题的联系，才能正确评价应收账款周转率。

2. 存货周转率和存货周转天数

(1) 计算方法。存货周转率是营业收入与存货的比率，也有三种计量方式，计算公式为

$$存货周转次数=营业收入\div存货$$

$$存货周转天数=365\div(营业收入\div存货)$$

$$存货与收入比=存货\div营业收入$$

根据A企业的财务报表数据，则

本年存货周转次数=3000 ÷ 119=25.2(次/年)

本年存货周转天数=365 ÷ (3000 ÷ 119)=14.5(天)

本年应收账款与收入比=119 ÷ 3000=4%

存货周转次数，表明一年中存货周转的次数，或者说明单位存货支持的营业收入。存货周转天数表明存货周转一次需要的时间，也就是存货转换成现金平均需要的时间。存货与收入比，表明单位营业收入需要的存货投资。

(2) 在计算和使用存货周转率时，应注意以下几个问题。

第一，计算存货周转率时，使用“营业收入”还是“销售成本”作为周转额，要看分析目的。在短期偿债能力分析中，为了评估资产的变现能力需要计量存货转换为现金的数量和时间，应采用“营业收入”。在分解总资产周转次数时，为系统分析各项资产的周转情况并识别主要的影响因素，应统一使用“营业收入”计算周转率。如果是为了评估存货运用效率，应当使用“销售成本”计算存货周转率，使其分子和分母保持口径一致。实际上，两种周转率的差额是毛利引起的，用哪一个计算都能达到分析目的。

依据A企业的数据，则

本年存货(成本)周转次数=营业成本 ÷ 存货=2644 ÷ 119=22.22(次)

本年存货(收入)周转次数 × 成本率=(营业收入 ÷ 存货) × (营业成本 ÷ 营业收入)

(3000 ÷ 119) × (2644 ÷ 3000)=22.22(次)

第二，存货周转天数不是越少越好。存货过多会浪费资金，存货过少不能满足流转需要，在特定生产经营条件下存在一个最佳存货水平，所以存货不是越少越好。

第三，应注意应付款项、存货和应收账款(或营业收入)之间的关系。一般说来，销售增加会拉动应收账款、存货、应付账款增加，不会引起周转率的明显变化。但是，当企业接受一个大的订单时，先要增加采购，然后依次推动存货和应收账款增加，最后才引起收入上升。因此，在该订单没有实现销售以前，先表现为存货等周转天数增加，这种周转天数增加没有什么不好。与此相反，预见到销售会萎缩时，先行减少采购，依次引起存货周转天数等下降，这种周转天数减少不是什么好事，并非资产管理的改善。因此，任何财务分析都以认识经营活动的本来面目为目的，不可根据数据的高低作出简单结论。

第四，应关注构成存货的产成品、半成品、原材料、在产品和低值易耗品之间的比例关系。各类存货的明细资料以及存货重大变动的解释，在报表附注中应有披露。正常情况下，它们之间存在某种比例关系。如果产成品大量增加，其他项目减少，很可能是因为销售不畅，放慢了生产节奏。此时，总的存货金额可能并没有显著变动，甚至尚未引起存货周转率的显著变化。因此，在财务分析时既要重点关注变化大的项目，也不能完全忽视变化不大的项目，这些项目内部可能隐藏着重要问题。

3. 流动资产周转率

流动资产周转率是营业收入与流动资产的比值，有以下三种计量方式

流动资产周转次数=营业收入 ÷ 流动资产

流动资产周转天数=365÷(营业收入÷流动资产)=365÷流动资产周转次数

流动资产与收入比=流动资产÷营业收入

根据A企业的财务报表数据，则

本年流动资产周转次数=3000÷700=4.3(次/年)

本年流动资产周转天数=365÷(3000÷700)=85.2(天)

本年流动资产与收入比=700÷3000=23.3%

流动资产周转次数，表明流动资产一年中周转的次数，或者说明单位流动资产所支持的营业收入。流动资产周转天数表明流动资产周转一次所需要的时间，也就是流动资产转换成现金平均所需要的时间。流动资产与收入比，表明单位收入所需要的流动资产投资。

4. 营运资本周转率

营运资本周转率是营业收入与营运资本的比率，有以下三种计量方法

营运资本周转次数=营业收入÷营运资本

营运资本周转天数=365÷(营业收入÷营运资本)=365÷净营运资本周转天数

营运资本与收入比=营运资本÷营业收入

根据A企业的财务报表数据，则

本年营运资本周转次数=3000÷400=7.5(次/年)

本年营运资本周转天数=365÷(3000÷400)=48.7(天/次)

本年营运资本收入比=400÷3000=13.3%

营运资本周转次数，表明一年中营运资本周转的次数，或者说明单位营运资本额支持的营业收入。营运资本周转天数表明净营运资本周转一次需要的时间，也就是营运资本转换成现金平均需要的时间。营运资本与收入比，表明单位营业收入需要的营运资本投资。

营运资本周转率是一个综合性比率。严格意义上来说，应仅有经营性资产和负债被用于计算这一指标，而非经营活动所必需的项目如短期借款、交易性金融资产等应被排除在外。

5. 非流动资产周转率

非流动资产周转率是营业收入与非流动资产的比值，有以下三种计量方式

非流动资产周转次数=营业收入÷非流动资产

非流动资产周转天数=365÷(营业收入÷非流动资产)=365÷非流动资产周转次数

非流动资产与收入比=非流动资产÷营业收入

根据A企业的财务报表数据，则

本年非流动资产周转次数=3000÷1300=2.3(次/年)

本年非流动资产周转天数=365÷(3000÷1300)=158.2(天)

本年非流动资产与收入比=1300÷3000=43.3%

非流动资产周转次数，表明一年中非流动资产的周转次数，或者说明单位非流动资产支持的营业收入。非流动资产周转天数表明非流动资产周转一次的时间，也就是非流动资产转换成现金平均需要的时间。非流动资产与收入比，表明单位营业收入需要的非

流动资产投资。

非流动资产周转率反映非流动资产的运用效率，主要用于投资预算和项目管理分析，以确定投资与竞争战略是否一致，收购和剥离政策是否合理等。

6. 总资产周转率和总资产周转天数

总资产周转率是营业收入与总资产之间的比率，它有以下三种表示方式

总资产周转次数=营业收入÷总资产

总资产周转天数=365÷(营业收入÷总资产)=365÷总资产周转次数

总资产与收入比=总资产÷营业收入

根据A企业财务报表数据，则

A企业本年资产周转次数=3000÷2000=1.5(次/年)

本年总资产周转天数=365÷(3000÷2000)=243.3(天/次)

本年总资产与收入比=2000÷3000=66.7%

总资产周转次数，表明一年中总资产的周转次数，或者说明单位总资产支持的营业收入。总资产周转天数表明总资产周转一次需要的时间，也就是总资产转换成现金平均需要的时间。总资产与收入比，表明单位营业收入需要的总资产投资。这些指标能够显示出资产是否被充分利用，如过低则说明企业产能没有被充分发挥。

2.2.4 盈利能力比率

盈利能力比率主要包括资本盈利能力指标、资产盈利能力指标、经营业务盈利能力指标。

1. 资本盈利能力指标

资本盈利能力指标主要是指权益净利率，也称为股东报酬率、净资产收益率。权益净利率是净利润与股东权益的比率，能够反映单位股东投入资本的所得，或者能够反映企业权益资本的盈利能力或增值能力。该指标是公司所有者(股权投资人)和公司经营者最为关注的核心指标，并且具有非常好的综合性和可比性，能够概括和综合反映企业的全部经营业绩和财务业绩，可以用于不同企业受托绩效优劣的比较。该指标的计算公式为

权益净利率=(净利润÷股东权益)×100%

权益净利率=净利润÷(资产−负债)×100%

=(净利润÷资产)×(资产÷股东权益)×100%

=资产净利率×权益乘数×100%

可见，由于权益乘数与负债比例成正比，负债比例的增加会提高权益净利率，体现了财务杠杆利益。

根据A公司2018年度财务报表的数据，则

本年权益净利率=(136÷960)×100%=14.17%

上年权益净利率=(160÷880)×100%=18.18%

A公司2018年股东的回报率有所下降，总体来讲不如上一年。

2. 资产盈利能力指标

资产盈利能力指标主要包括总资产报酬率和总资产净利率。

(1) 总资产报酬率。总资产报酬率也称为总资产息税前报酬率，是企业一定时期内获得的息税前利润总额与平均资产总额的比率，计算公式为

$$总资产报酬率=息税前利润总额/平均资产总额\times 100\%$$

$$息税前利润总额=利润总额+利息支出=税后利润+利息支出+所得税$$

总资产报酬率反映了公司运用出资者(股东、债权人和政府)的资产，为他们创造报酬的能力。其中，税后利润归属于股权资本投资者，利息归属于债权人，所得税归属于作为公共资源提供者的政府。总资产报酬率是衡量企业全部资产盈利能力的指标，反映了企业资产的综合运用效果。一般情况下，总资产报酬率越高，表明企业资产运用的效益越好。

(2) 总资产净利率。总资产净利率是指净利润与总资产的比率，它反映企业运用单位资产为股东所创造的收益，计算公式为

$$总资产净利率=(净利润\div 总资产)\times 100\%$$

根据A公司2018年度的财务报表数据，则

$$本年总资产净利率=(136\div 2000)\times 100\%=6.8\%$$

$$上年总资产净利率=(160\div 1680)\times 100\%=9.52\%$$

$$差异=6.8\%-9.52\%=-2.72\%$$

根据权益净利率的两因素模型，总资产净利率是决定股东报酬率(权益净利率)的关键。虽然股东报酬率由总资产净利率和财务杠杆共同决定，但提高财务杠杆也会增加财务风险，并不一定会增加股东财富。此外，财务杠杆的提高有诸多限制，企业经常处于财务杠杆不可能再提高的临界状态。因此，提高权益净利率的基本动力是总资产净利率。

影响总资产净利率的驱动因素是营业净利率和总资产周转率，相关的计算公式为

$$\begin{aligned}资产利润率&=净利润\div 总资产=(净利润\div 营业收入)\times(营业收入\div 总资产)\\&=营业净利率\times 总资产周转次数\end{aligned}$$

总资产周转次数是占有和使用单位资产所创造的营业收入，反映了企业资产的运用效率。营业净利率是单位营业收入创造的净利润，反映了企业经营业务的获利能力。两者共同决定了总资产净利率，即单位资产创造的净利润。

影响总资产净利润率的因素如表2-6所示。

表2-6　总资产净利润率的分解

项目	本年	上年	变动
营业收入/万元	3000	2850	150
净利润/万元	136	160	−24
总资产/万元	2000	1680	320
资产净利率/%	6.80	9.52	−2.72
营业净利率/%	4.53	5.61	−1.08
总资产周转次数/次	1.50	1.70	−0.20

A公司的总资产净利率比上年降低2.72%，其原因是营业净利率和总资产周转率都降低了。哪一个原因更重要呢？可以使用连环替代法进行定量分析。

$$营业净利率变动影响=营业净利率变动\times上年资产周转次数$$
$$=-1.08\%\times1.70=-1.84\%$$
$$总资产周转次数变动影响=本年营业净利率\times资产周转次数变动$$
$$=4.53\%\times(-0.20)=-0.91\%$$
$$合计=-1.84\%-0.91\%=-2.75\%$$

由于营业净利率降低，使总资产净利率下降1.84%；由于总资产周转率下降，使总资产净利率下降0.91%。两者共同作用使总资产净利率下降2.75%，其中，营业净利率下降是主要影响因素。

3. 经营业务盈利能力指标

经营业务盈利能力指标主要包括营业毛利率、营业利润率和营业净利率。

(1) 营业毛利率。营业毛利率是营业毛利与营业收入的比值，计算公式为

$$营业毛利率=(营业收入-营业成本)\div营业收入\times100\%$$

营业毛利率能够反映企业所从事的经营业务"赚钱"能力的大小，是较为基础的盈利能力指标。虽然营业毛利率，尤其是主营业务毛利率不是净利润率，但它是净利润率的基础。主营业务毛利率越高，表明企业基础盈利能力越强，提升净利润率的空间越大。此外，营业毛利率直接关系企业的持续发展能力，因为营业毛利率越高，企业的毛利空间越大，越有能力加大研发投入和提升产品质量品牌形象，从而能够持续保持产品的竞争能力。同时，营业毛利率越高，企业抵御市场波动的能力越强，经营风险越小。营业毛利率可以推导为

$$营业毛利率=(1-营业成本\div营业收入)\times100\%=(1-产品单位成本\div产品单价)\times100\%$$

可见，产品价格越高，产品单位成本越低，营业毛利率越高，因而，与同行业企业相比，营业毛利率还可以反映企业产品定价或成本控制方面的能力，在进行价格战的情况下，毛利率高的企业市场竞争能力强。

(2) 营业利润率。营业利润率是企业一定时期的营业利润与销售收入净额的比率，计算公式为

$$营业利润率=营业利润\div销售收入净额\times100\%$$

$$营业利润=营业毛利-营业税金及附加-期间费用-资产减值损失+投资收益+公允价值变动损益$$

通常，营业利润率越高，企业经营业务盈利能力越强。需要注意的是，只有在投资收益和公允价值变动损益等所占比重很小的情况下，营业利润率才能反映企业经营业务的获利能力。

(3) 营业净利率。营业净利率是指净利润与营业收入的比率，计算公式为

$$营业净利率=(净利润\div营业收入)\times100\%$$

营业净利率可以概括企业的全部经营成果。该比率越大，公司经营业务的盈利能力越强。同样需要注意的是，只有在投资收益、公允价值变动损益和营业外收支净额等所占比重很小的情况下，营业净利率才能反映企业经营业务为股东创造收益

的能力。

根据A公司的财务报表数据，则

本年营业净利率=(136÷3000)×100%=4.53%

上年营业净利率=(160÷2850)×100%=5.61%

变动额=4.53%−5.61%=−1.08%

本年营业净利率减少了1.08%。营业净利率的变动，是由利润表中各个项目金额变动引起的。分析者可以编制以营业收入为基数的利润表结构百分比报表，找出影响较大的不利因素，确定重点项目并进一步分析。此时，需要依据财务报表附注提供的资料以及其他可以收集到的信息。

2.2.5 上市公司的市价比率

上市公司的市价比率主要包括市盈率、市净率和市销率，这些指标主要用于企业价值评估。

1. 市盈率

市盈率是指普通股每股市价与每股收益的比率，它反映普通股股东愿意为单位净利润支付的价格。其中，每股收益是指可分配给股东的净利润与发行在外普通股加权平均股数(因其不包括库存股)的比率，它反映单位普通股当年获得的净利润，计算公式为

市盈率=每股市价÷每股收益

每股收益=普通股股东净利润÷发行在外普通股加权平均股数

普通股股东净利润=净利润−优先股股利

假设A公司无优先股，2017年12月31日普通股每股市价36元，2017年发行在外的普通股为100万股。根据A公司的财务报表数据，则

本年每股收益=136÷100=1.36(元/股)

本年市盈率=36÷1.36=26.47(倍)

在计算和使用市盈率及每股收益时，应注意以下问题。

(1) 市盈率反映了投资者对企业未来前景的预期，相当于未来预期每股收益的资本化。但是市盈率是基于过去年度的每股收益计算的，如果投资者预期收益大幅增长，市盈率也会相应增加，如20倍、30倍或更多。但是，如果投资者预期收益下降，市盈率将会相应降低，如10倍或更少。成熟市场上的成熟企业有非常稳定的收益，通常其每股市价为每股收益的10～12倍。

(2) 对仅有普通股的企业而言，每月收益的计算相对简单。如果企业还有优先股，则计算公式为

每股收益=(净利润−优先股股利)÷发行在外普通股加权平均股数

每股收益的概念仅适用于普通股，即普通股的每股收益。优先股股东除了能够分享优先股股利外，对剩余的净利润不再有要求权。在有优先股股息的情况下，计算

每股收益的分子必须等于可分配给普通股股东的净利润，即从净利润中扣除当年宣告或积累的优先股股利。在中国一般没有优先股，所以普通股股东净利润通常等于净利润。

2. 市净率

市净率是指普通股每股市价与每股净资产的比率，它反映普通股股东愿意为单位净资产支付的价格，表明市场对企业资产经济价值的评价。其中，每股净资产也称每股账面价值，是指普通股股东权益与流通在外普通股股数的比率，它反映单位普通股享有的净资产，代表理论上的每股最低价值，计算公式为

市净率=每股市价÷每股净资产

每股净资产=普通股股东权益÷流通在外的普通股

对于既有优先股又有普通股的企业，通常只为普通股计算净资产。在这种情况下，普通股每股净资产的计算需要分两步来完成。首先，从股东权益中减去优先股权益，包括优先股的清算价值及全部拖欠的股利，得出普通股权益。其次，用普通股权益除以流通在外普通股股数，确定每股净资产。假设A企业有优先股10万股，清算价值为每股15元，拖欠股利为每股5元；2017年12月31日普通股每股市价36元，流通在外普通股股数100万股。根据A企业的财务报表数据，则

每股净资产=[960−(15+5)×10]÷100=7.6(元/股)

市净率=36÷7.6=4.74

在计算市净率和每股收益时，应注意所使用的是资产负债表日发行在外普通股股数，而不是当期发行在外普通股加权平均股数，因为每股净资产为时点数，分母应该与其口径一致，因此应选取同一时点数。

3. 市销率

市销率是指普通股每股市价和每股营业收入的比率，它反映普通股股东愿意为单位营业收入支付的价格。其中，每股营业收入是指营业收入和发行在外普通股加权平均股数的比率，它反映每只普通股创造的营业收入，计算公式为

市销率=每股市价÷每股营业收入

每股营业收入=营业收入÷发行在外普通股加权平均股数

假设2017年12月31日普通股每股市价为36元，2017年流通在外普通股为100万股。根据A企业的财务报表数据，则

市销率=36÷30=1.2

每股净资产=3000÷100=30(元/股)

2.3 杜邦分析体系

杜邦分析体系，简称杜邦体系，也称为杜邦财务诊断体系，是利用主要财务比率之间的内在联系，对企业的财务状况和经营成果进行综合系统评价的方法。杜邦体系最初

由美国杜邦公司成功应用而得名，它以权益净利率为核心，以总资产净利率和权益乘数为分解，重点揭示企业总资产的获利能力及杠杆水平对权益净利率的影响，以及相关指标间的相互作用关系。

2.3.1 传统杜邦分析体系的核心比率

权益净利率是分析体系的核心比率，它有很好的可比性，可以用于不同企业之间的比较。由于资本具有逐利性，总是流向投资回报率高的行业，使得各行业的权益净利率趋于接近。在行业内部，如果一个企业的权益净利率经常高于其他企业，就会引来竞争者，迫使该企业的权益净利率回到平均水平。如果一个企业的权益净利率经常低于其他企业，就得不到资本，会被市场驱逐，从而使得幸存企业的股东权益净利率提升到平均水平。权益净利率不仅有很好的可比性，而且有很强的综合性。权益净利率可以分解为两因素模型

$$\text{权益净利率}=\frac{\text{净利润}}{\text{股东权益}}=\frac{\text{净利润}}{\text{总资产}}\times\frac{\text{总资产}}{\text{股东权益}}=\text{总资产净利率}\times\text{权益乘数}$$

总资产净利率可以反映公司管理者运用受托资产赚取利润的能力，是最重要的盈利能力。它是由公司资本预算和项目投资决策决定的，而权益乘数则反映了公司资本结构决策的杠杆效应。

我们对总资产净利率进行分解，可以得到股东权益净利率的三因素模型

$$\begin{aligned}\text{权益净利率}&=\frac{\text{净利润}}{\text{营业收入}}\times\frac{\text{营业收入}}{\text{总资产}}\times\text{权益乘数}\\&=\text{营业净利率}\times\text{总资产周转率}\times\text{权益乘数}\end{aligned}$$

该模型综合反映了企业营业获利能力、资产运用效率和财务杠杆效应，可见，净资产收益率在各项财务指标中具有综合性。其中，“营业净利率”可以反映企业经营成果，是利润表的高度概括；“权益乘数”反映了资产、负债和股东权益的比例关系，是资产负债表的概括，可以反映企业基本的财务状况；“总资产周转率”则反映总资产的运用效率，它把利润表和资产负债表联系起来，使权益净利率可以综合整个企业的经营成果和财务状况。通过分解影响净资产收益率的因素，可以解释企业净资产收益率变动的原因。为提高权益净利率，管理者从三个分解指标入手，无论提高其中的哪一个比率，权益净利率都会得到提升。

2.3.2 杜邦分析体系的基本框架

杜邦财务分析体系不仅是一个横向财务指标分解体系，而且是一个多层次的纵向财务比率分解体系。杜邦分析体系的基本框架如图2-1所示。

由图2-1可见，该体系是一个多层次的财务比率分解体系。各项财务比率在每个层次上与本企业历史或同业的财务比率比较，比较之后向下一级分解。逐级向下分解，逐步覆盖企业经营活动的每一个环节，可以实现系统、全面评价企业经营成果和财务状况的

目的。

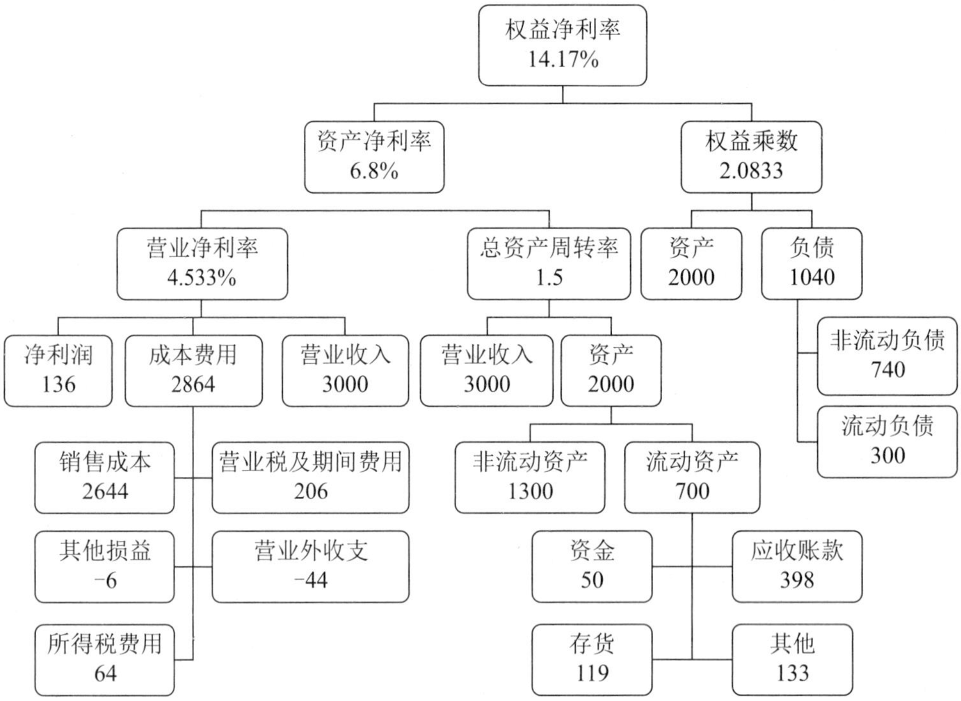

图2-1 杜邦分析体系的基本框架

第一层次的分解是把权益净利率分解为总资产净利率和权益乘数，第二层次的分解是把总资产净利率分解为营业净利率和总资产周转率，这三个比率在各企业之间可能存在显著差异。通过对差异的比较，可以观察本企业与其他企业的经营战略、筹资和资本结构决策有什么不同。

分解出来的营业净利率和总资产周转次数，可以反映企业的经营战略。一些企业营业净利率较高，而资产周转率较低；另一些企业与之相反，总资产周转次数较多而营业净利率较低。两者经常呈反方向变化。这种现象不是偶然的。为了提高营业净利率，就是要增加产品的附加值，往往需要增加资产投资，引起周转率的下降。与此相反，为了加快周转，增加销售量，就要降低价格，但会引起营业净利率下降。通常，营业净利率较高的制造业，其周转率都较低；周转率很高的零售商业，营业净利率很低。是采取“高盈利、低周转”还是“低盈利、高周转”的政策，是企业根据外部环境和自身资源做出的战略选择。正因为如此，仅通过营业净利率的高低并不能看出业绩好坏，把它与资产周转率联系起来可以考察企业经营战略，而真正重要的是两者共同作用得到的资产利润率。

分解出来的财务杠杆可以反映企业的资本结构决策。在资产净利率不变的情况下，提高财务杠杆可以提高权益净利率，但同时会增加财务风险。如何配置财务杠杆是企业最重要的金融政策选择。通常总资产利润率越高的企业，还本付息能力强，财务风险低，会倾向于增加负债以获得更多的杠杆利益，提高权益净利率。但是在实践中，总资产利润率高的企业的财务杠杆未必高于总资产利润率低的企业，原因在于提高财务杠杆对债权人是不利的。债权人不仅不能分享公司的剩余收益，反而会增加违约风险，损害自身权益，因而他们不愿意这些企业提供更多的贷款。同时，投资回报率越高往往意味着经营风险越大，而银行等债权人更倾向于为经营风险小、预期未来经营现金流量比较稳定的企业提供贷款。总资产利润率高的企业，由于经营风险大，往往难以得到贷款支持，财务杠杆较低。为了获得贷款支持，这些企业需要稳定现金流量。一种选择是降低价格以增加市场竞争优势和销售量，稳定和增加销售现金流量，但营业净利率和资产净利率会下降；另一种选择是增加营运资本以提高资产流动性，以满足贷款的流动性指标要求，但也会降低总资产的利用效率，导致资产净利率下降。这就是说，为了提高流动性，只能降低盈利性。因此，我们实际看到的是，低盈利、低风险的企业可以得到较多的贷款，其财务杠杆较高；高盈利、高风险的企业，只能得到较少的贷款，其财务杠杆较低。资产净利率与财务杠杆呈现负相关，共同决定了企业的权益净利率。在实践中，企业必须使其经营战略和财务政策相匹配。

2.3.3　权益净利率的驱动因素分解

杜邦分析体系要求在每一个层次上进行财务比率的比较和分解，通过与上年比较可以识别变动的趋势，通过与同业的比较可以识别存在的差距。分解的目的是识别引起变动(或产生差距)的原因，并计量其重要性，为后续分析指明方向。

下面以A企业权益净利率的比较和分解为例，说明其分析方法。

权益净利率的比较对象，可以是其他企业的同期数据，也可以是本企业的历史数据，这里仅以本企业当年与上年的比较为例，则

$$权益净利率=营业净利率\times总资产周转率\times权益乘数$$

$$本年权益净利率=4.533\%\times1.5\times2.0833=14.17\%$$

$$上年权益净利率=5.614\%\times1.696\times1.9091=18.18\%$$

$$权益净利率变动=-4.01\%$$

与上年相比，股东的报酬率降低了，企业整体业绩不如上年。影响权益净利率变动的不利因素是营业净利率和总资产周转次数下降，有利因素是财务杠杆提高。

利用连环替代法可以定量分析它们对权益净利率变动的影响程度。

(1) 营业净利率变动的影响，可用公式表示为

$$按本年营业净利率计算的上年权益净利率=4.533\%\times1.696\times1.9091=14.68\%$$

$$营业净利率变动的影响=14.68\%-18.18\%=-3.5\%$$

(2) 总资产周转次数变动的影响：按本年营业净利率、总资产周转次数计算的上年权益净利率为

$$上年权益净利率=4.533\%\times1.5\times1.9091=12.98\%$$

$$总资产周转次数变动的影响=12.98\%-14.68\%=-1.7\%$$

(3) 财务杠杆变动的影响，可用公式表示为

$$财务杠杆变动的影响=14.17\%-12.98\%=1.19\%$$

通过分析可知，最重要的不利因素是营业净利率降低，使权益净利率减少3.5%；其次是总资产周转次数减少，使权益净利率降低1.7%。有利的因素是权益乘数提高，使权益净利率增加1.19%。不利因素超过有利因素，所以权益净利率减少4.01%，因此应重点关注营业净利率降低的原因。

在分解之后进入下一层次的分析，分别考察营业净利率、资产利润率和财务杠杆的变动原因。前文已经对此作过说明，此处不再赘述。

2.3.4 传统杜邦财务分析体系的局限性及改进

传统杜邦财务分析体系虽然被广泛使用，但是也存在某些局限性。

1. 总资产净利率的“总资产”与“净利润”不匹配

在权益净利率的两因素模型中，总资产净利率的“总资产”与“净利润”不匹配，体现在两个方面：①总资产是全部资产提供者提供的，公司资产的提供者包括无息负债(应付账款等经营性负债)的债权人、有息负债的债权人和股东，无息负债的债权人无偿提供资产而不要求分享收益，但股东和有息负债的债权人出资要求分享收益，而净利润却专属于股东，显然，净利润与总资产两者存在不匹配关系。②净利润包含“营业外收支净额”，而营业外收支净额的取得与资产占用和使用之间不存在必然的因果关系，两者也存在不匹配关系。此外，营业外收支净额属于“意外之财”，虽然能够给股东带来暂时的收益，但并不具有可持续性，如果营业外收支净额占比较高，净利润的质量会较差，这样会影响总资产和权益的盈利能力。总之，由于总资产净利率的分子和分母不匹配，为了改善该比率，需要重新调整分子和分母。

分母应为股东和有息负债债权人投入资本形成的资产，即总资产扣除应付账款等无息经营负债；将分子“净利润”调整为不包含营业外收支净额的息税前营业利润，息税前营业利润扣除所得税后归属于股东和有息负债债权人，两者相除才更合乎逻辑。总资产净利率推导为

$$总资产净利率=资产息税前营业利润率\times(税后营业利润\div息税前营业利润)$$

$$资产息税前营业利润率=息税前营业利润\div调整后的总资产$$

$$息税前营业利润=营业利润+利息费用$$

$$调整后的总资产=总资产-经营负债$$

需要指出的是，计算总资产盈利能力之所以使用息税前营业利润，除了因其能够反映股东和有息债权人的报酬以外，还在于利息费用并不是公司营业活动必然发生的费用。但是，利息费用是否属于营业活动的费用，在会计准则制定过程中始终存在很大争议，各国会计准则对此的处理也不尽相同。

2. 没有区分经营活动和金融活动

经营活动是指销售商品或提供劳务等营业活动以及与此相关的生产性资产投资活动，金融活动是指筹资活动以及金融投资活动(包括利用多余资金的金融投资)。相应地，

资产负债表的资产可区分为经营资产和金融资产：经营资产是指销售商品或提供劳务所涉及的资产，金融资产是投资所涉及的资产。与资产负债表区分为经营资产和金融资产相对应，利润表的息税前营业利润亦可区分为经营利润和金融利润。对于大多数企业来说，金融活动是净筹资，它们通常从金融市场上筹资，而不是投资。因此，这时金融利润可以表现为金融负债利息支出扣除金融投资收益(投资收益、金融资产公允价值变动收益等)的差额。经营利润是指除金融利润外的税前营业利润。

虽然大多数企业在金融市场上主要从事筹资活动，但也有不少企业热衷于资本经营，从事金融资产的投资活动。在金融资产和金融活动利润较大的情况下，为正确计量公司基本盈利能力，有必要区分经营资产和金融资产、经营利润与金融投资收益。在这种情况下，总资产息税前利润率可以进一步分解为

资产息税前营业利润率=息税前营业利润÷总资产=(经营利润+金融利润)÷总资产
=经营利润÷总资产+金融利润÷总资产
=(经营利润÷经营资产)×(经营资产÷总资产)+(金融投资收益÷金融资产)×(金融资产÷总资产)
=经营资产利润率×经营资产权重+投资收益率×金融资产权重

在此基础上，将经营资产利润率进一步分解为

经营资产利润率=(经营利润÷营业收入)×(营业收入÷经营资产)

经营资产利润率=息税前销售利润率×经营资产周转率

可见，经营资产利润率综合反映了公司经营业务获利能力、经营资产运用效率等对资产息税前营业利润率的影响。

显然，在区分经营活动和金融活动后，将经营资产利润率分解为息税前销售利润率和经营资产周转率，比杜邦分析体系将资产净利率直接分解为销售净利率和资产周转率更符合逻辑。因为销售净利率的净利润包括金融利润和营业外收支净额，与销售收入存在不匹配的问题。同样，由于公司的金融资产并未投入经营活动，因而资产周转率的销售收入与总资产也存在不匹配的问题。由于息税前销售利润率和经营资产周转率能够更加准确地反映企业经营活动的盈利能力和经营资产的利用效率，因而有效地克服了传统杜邦模型三因素分析模型的缺陷。

3. 没有区分金融负债和经营负债

经营负债是指销售商品或提供劳务所涉及的自发性负债，金融负债是筹资活动所涉及的负债。经营负债属于无息负债，没有固定成本，也就不会产生财务杠杆作用，将其计入财务杠杆，会歪曲杠杆的实际效应。区分金融负债与经营负债后，杜邦分析体系的权益乘数需要进行调整，分子为扣除应付账款等无息经营负债的总资产，这样与分母的股东权益对比，可以得到更符合实际的财务杠杆。权益乘数调整为

权益乘数=(总资产−经营负债)÷股东权益
=(股东权益+金融负债)÷股东权益=1+金融负债÷股东权益

4.不能清晰地显示资本结构对净资产收益率的影响

在传统杜邦分析体系的两因素模型中，负债比率或权益乘数的增加会导致净资产收

益率增加，而实际上负债比率增加也会导致财务费用增加，从而使资产净利率下降，所以资本结构对净资产收益率的影响是模糊的。从净资产收益率的基本原理出发，在引入资产息税前营业利润率的基础上，可以推导得到改进的杜邦分析式为

改进的净资产收益率=调整后的净利润÷权益

=调整后的净利润÷(总资产-经营负债)×(总资产-经营负债)÷权益

=调整后的总资产净利率×调整后的权益乘数

净资产收益率和总资产净利率指标的净利润剔除了营业外收支净额的影响，即

调整后的净利润=净利润+营业外收支净额×(1-所得税税率)

调整后的总资产净利率=资产息税前营业利润率×(税后营业利润÷息税前营业利润)

税后营业利润÷息税前营业利润=税前营业利润×(1-所得税税率)÷息税前营业利润

财务成本比率=税前营业利润÷息税前营业利润

税收效应=1-所得税税率

根据上述计算式，则

调整后的总资产净利率=资产息税前营业利润率×财务成本比率×税收效应

净资产收益率=资产息税前营业利润率×财务成本比率×权益乘数×税收效应

=资产息税前营业利润率×财务杠杆乘数×税收效应

财务杠杆乘数=财务成本比率×权益乘数

在反映企业金融筹资活动的财务杠杆乘数指标中，权益乘数总是大于1，对净资产收益率起正面作用，但是财务成本比率总是小于1，会削弱财务杠杆的作用。根据财务成本比率的计算公式，可以推导出

财务成本比率=税前营业利润÷息税前营业利润

=(息税前营业利润-财务费用)÷息税前营业利润

=1-利息净支出÷息税前营业利润

=1-(金融负债×利息率)÷(资产息税前营业利润率×资产)

=1-(金融负债÷资产)×(利息率÷资产息税前营业利润率)

可见，在利息率和资产息税前营业利润率不变的情况下，在公司的资本结构中，负债比率越大，财务成本比率越小，负债对股东获利能力的杠杆作用越小。

根据财务杠杆乘数的计算公式，可以推导出

财务杠杆乘数=财务成本比率×权益乘数

=[1-(金融负债÷资产)×(利息率÷资产息税前营业利润率)]×资产÷股东权益

=资产÷股东权益-(金融负债÷股东权益)×(利息率÷资产息税前营业利润率)

=1+(金融负债÷股东权益)(1-利息率÷资产息税前营业利润率)

以上公式表明，当资产息税前营业利润率大于利息率时，财务杠杆乘数会大于1，负债比率越高，财务杠杆的效应越大，越有利于提高股东的获利能力；相反，当资产息税前营业利润率小于利息率时，财务杠杆乘数小于1，增加负债比率，会进一步降低股东的获利能力。提高负债比率是否有利于增加权益净利率以及增加的程度，都取决于公司的资产息税前营业利润率的大小。

可见，改进的杜邦分析体系利用财务杠杆乘数清晰地显示了资本结构对净资产收益率的影响，负债比率的增加对净资产收益率的影响取决于财务成本比率与财务结构比率的综合效应，从而弥补了传统杜邦分析模型的不足。

根据改进的权益净利率模型，资产息税前营业利润率和公司资本结构决策所决定的财务杠杆乘数是权益净利率的两大驱动因素。资产息税前营业利润率综合反映了公司经营业务获利能力、经营资产运用效率等对股东获利能力的影响，而企业的财务杠杆乘数则综合反映了公司筹资和资本结构决策对获利能力的影响。这样，改进的杜邦分析体系将公司的营业活动与筹资活动彻底分离。

思考题

1. 财务报表主要包括哪些内容？财务报表分析的目的是什么？
2. 财务报表和财务报表分析在公司金融中的作用体现在哪些方面？
3. 资产负债表与公司金融活动的关系是什么？
4. 为什么经营活动现金净流量是企业经营可依赖的现金流量？
5. 财务报表的局限性体现在哪些方面？
6. 企业财务报表分析包括哪些基本方法？比较分析法包括哪些内容？
7. 什么是定基动态比率和环比动态比率？
8. 短期偿债能力包括哪些指标？影响短期偿债能力的其他因素是什么？
9. 衡量长期偿债能力的财务比率包括哪些类型？各包括哪些存量比率和流量比率？
10. 营运能力比率的经济含义是什么？常用的营运能力比率有哪些？
11. 盈利能力比率主要包括哪些方面的指标？
12. 资产盈利能力指标和经营业务盈利能力指标包括哪些比率？
13. 上市公司的市价比率包括哪些内容？
14. 传统杜邦财务分析体系的局限性体现在哪些方面？如何改进？

练习题

1. 某公司2017年和2018年的总资产报酬率、总产值率、产品销售率和销售利润率的资料如表2-7所示。

表2-7　企业财务指标表

指标	2018年	2017年
总资产产值率	80%	82%
产品销售率	98%	94%
销售利润率	30%	22%
总资产报酬率	23.52%	16.96%

要求：运用连环替代法，分析各因素变动对总资产报酬率的影响程度。

2. 根据前文中A公司2018年度的资产负债表和利润表，利用改进的杜邦财务分析体系，计算资产息税前营业利润率和改进的权益净利率，分析改进的权益净利率差异的影响因素，并提出改进措施。假设有息流动负债为短期借款，忽略金融资产和金融投资收益的影响。

第3章　时间价值与风险报酬

在公司的长期金融决策中，“财务估价”是一个核心问题。所谓财务估价是指估计一项投资资产的价值。这里的“资产”可能是金融资产、经营资产，甚至可能是一个企业。在资本市场上，公司主要以筹资者的身份出现，筹资工具是公司发行的股票和债券等金融资产。长期筹资决策涉及一个重要的问题就是发行定价，为此公司需要评估这些金融资产的价值，以确定投资者能够接受的发行价格，实现筹资的目的。在资本预算或长期投资决策中，公司需要对拟投资的经营性资产进行估价，判断其能否给股东创造财富，以评价该投资方案的可行性。

在这里，资产的“价值”是对投资者而言的，是投资者评估的价值。目前，财务估价的主流方法是现金流量折现法，即按适当的折现率折算的资产预期未来现金净流量的现值。为此，投资者需要预测该资产未来为其带来的现金净流量和设定折现率。不同资产现金流量的分布具有不同的特点，后续章节将结合具体资产集中讨论现金流量的估计问题，本章主要介绍折现率如何设定。在现金流量折现模型中，折现率是投资者投资某项资产所要求的报酬率。从形式上看，投资必要报酬率具有很强的“主观色彩”，是投资者主观要求的，但其又是客观的，因为对于理性投资者而言，其要求的最低报酬率是投资特定资产的机会成本，而机会成本是市场其他等风险资产的平均报酬率，它是客观的。

在现金流量折现模型中，投资必要报酬率是由资金的时间价值和投资资产的风险报酬决定的，我们将在本章后续内容中详细讨论。本章的第一节主要讨论时间价值以及现值(资产经济价值)的计算方法；第二节主要讨论投资资产的风险报酬(风险价值)。本章研究时间价值和风险报酬的目的是解决财务估价的折现率问题。

3.1　资金时间价值与有关计算

3.1.1　资金时间价值

资金时间价值是指货币经历一定时间的投资和再投资所增加的价值。这里之所以强调资金时间价值而非货币时间价值，原因在于货币并非天然具有时间价值，因为如果将货币闲置或“窖藏”，无论经历多长时间也不会发生增值，只有投资于生产经营领域的货币(即资金)才会产生时间价值。资金时间价值是经济生活中普遍存在的一个客观现象，比如，将现在的1元钱投资运用(比如存入银行)，1年后可得到1.10元(假设存款利率为10%)。这1元钱经过1年时间的投资增加了0.10元，这就是资金时间价值。时间价值概念强调的是资金具有随着时间的延续而不断增值的性质。企业资金循环和周转的起点是投入货币资金，企业用它来购买所需的资源，然后生产出新的产品，产品出售时得到的货币量大于最初投入的货币量。资金每完成一次循环和周转，货币就增加一定数额，周转的次数越多，增值额就越大。

理解和掌握资金时间价值的概念，需要注意以下几个方面：①资金时间价值是社会整体概念，而非个体概念。因为从个体投资来看，投资有赔有赚，有些投资者投入货币并没有表现出时间价值，甚至投入货币价值随时间延续而减少，似乎时间价值并不存在。资金时间价值强调的是社会整体概念，因为从全社会来看，随着投资时间的延续，全社会投入货币的价值会有所增加，比如一个国家GDP或多或少地增长。②资金时间价值通常用相对数表示。上述资金时间价值概念表现为货币增值的绝对数，而在实务中，为便于应用，普遍使用相对数表示资金的时间价值，即用年增加价值占投入货币的百分数来表示，即单位资金的年增值程度。③资金时间价值是投资的机会成本。在不考虑投资风险的情况下，资金时间价值实际上是投资社会其他方面能够取得的预期平均报酬率，即预期社会整体平均报酬率。资金时间价值的机会成本性质强调的是投资使用的资金是有代价的，投资取得报酬必须能够补偿使用资金的代价，即投资要求的报酬率不能低于社会整体平均报酬率。④不同时点的货币价值不具有可比性。由于资金会随时间的延续而发生增值，因而现在的1元钱和1年后的1元钱的经济价值或经济效用是不同的。从投资角度来看，现在取得的1元钱投资收益比1年后取得的1元钱投资收益经济价值要大，现在的1元钱投资收益与将来的1元多钱甚至是几元钱投资收益在经济上才是等效的。也就是说，在不同时点，相同货币的经济价值并不相等，不同时点的货币价值不具有可比性。

资金时间价值的机会成本概念对于公司长期金融决策具有重要的应用价值，比如在公司长期筹资活动中，资金时间价值表现为出资者购买公司筹资工具的机会成本，或者投资必要报酬率，为此，公司必须以股息或利息的方式补偿投资的机会成本，或满足投资必要报酬率的要求。资金具有时间价值告诉我们，不同时点的货币价值不具有可比性，需要把它们换算到相同的时点上才能进行价值比较，这也是资金时间价值概念在公司长期金融决策中的一项重要应用。比如，在公司项目投资决策中，公司作为投资主体需要对投资项目进行估价，并与投入货币的价值进行比较，以评价项目的经济可行性。由于资金时间价值的存在，项目现在投资的货币价值与项目未来净流入的货币价值不具有可比性，项目未来流入的价值现在看来会有所降低，这样需要将未来取得的流入价值按照资金时间价值折算到决策时点(通常为当前时点)，才能与投入价值进行比较。

总之，资金时间价值概念在公司长期金融决策中的应用主要体现在两个方面：一是作为投资的机会成本或投资必要报酬率，用于财务估价的折现率计算；二是作为一种财务估价的理念和方法，用于资产现值(资产经济价值)的计算，据此进行投资决策。由于一定时期的资金时间价值具有客观性，数据也比较容易取得，不作为讨论的重点，所以本节主要讨论应用资金时间价值理念和方法的现值计算。

3.1.2 资金时间价值的有关计算

资金时间价值的有关计算主要是指应用资金时间价值的理念和方法，对不同时间的货币价值进行相同时点的折算。由于折算是为了满足当前决策的需要，因此这种价值折算主要是指现值的计算。同时，为满足后续章节财务估价和决策的需要，这些相关计算还包括终值、年金、折现率和期数等有关计算。

1. 复利终值和现值

复利是计算利息的一种方法。按照这种方法，每经过一个计息期，要将所生利息加入本金再计利息，逐期滚算，俗称“利滚利”。这里所说的计息期，是指相邻两次计息的时间间隔，如年、月、日等。除非特别指明，计息期为1年。与复利相对的是单利。单利是指只对本金计算利息，而不将以前计息期产生的利息累加到本金中去计算利息的一种计息方法，即利息不再生息。由于在数学上，资金随时间增长过程与复利的计算过程很相似，因此在价值折算时广泛采用复利计算方法。

(1) 复利终值。复利终值，是指现在特定资金按复利计算的将来一定时间的价值，或者说是现在的一定本金在将来一定时间按复利计算的本金与利息之和，简称本利和。(已知现值P，求终值F)

【例3-1】某公司将80 000元投资于一项事业，年报酬率为5%，经过1年时间的期末金额为

$$F=P+Pi=P(1+i)=80\,000\times(1+5\%)=84\,000(\text{元})$$

式中：P——现值或初始值；i——报酬率；F——终值。

若此人不提走现金，将84 000元继续投资于该事业，则第二年本利和为

$$\begin{aligned}F&=[P(1+i)]\times(1+i)=P(1+i)^2\\&=80\,000\times(1+5\%)^2\\&=80\,000\times1.1025\\&=88\,200(\text{元})\end{aligned}$$

若此人仍不提走现金，将88 200元再次投资于该事业，则第三年本利和为

$$\begin{aligned}F&=\{[P(1+i)]\times(1+i)\}\times(1+i)\\&=P(1+i)^3\\&=80\,000\times(1+5\%)^3\\&=80\,000\times1.1576\\&=92\,608(\text{元})\end{aligned}$$

同理，第n年的期终金额为

$$F=P(1+i)^n \tag{3-1}$$

式(3-1)是计算复利终值的一般公式，其中的$(1+i)^n$被称为复利终值系数或1元的复利终值，用符号$(F/P，i，n)$表示。

这样，复利终值的计算公式也可写作

$$F=P(F/P，i，n) \tag{3-2}$$

$$复利终值=现值\times复利终值系数$$

按例【3-1】，$F= 80\ 000\times(F/P，5\%，3)$。

为了便于计算，本书附有“复利终值系数表”。该表的第一行是利率i，第一列是计息期数n，相应的$(1+i)^n$值在其纵横相交处。通过该表可查出，$(F/P，5\%，3)=1.1576$。在时间价值为5%的情况下，现在的1元和3年后的1.1576元在经济上是等效的，根据这个系数可以把现值换算成终值，则

$$F= 80\ 000\times 1.1576= 92\ 608(元)$$

该表的作用不仅在于已知i和n时查找1元的复利终值，而且可在已知1元复利终值和n时查找i，或已知1元复利终值和i时查找n。

(2) 复利现值。复利现值是复利终值的对称概念，指未来一定时间的特定资金按复利计算的现在价值，或者说是为取得将来一定本利和现在所需要的本金。

复利现值计算，是指已知F、i、n时，求P。

通过复利终值计算已知

$$F=P(1+i)^n$$

所以

$$P=F/(1+i)^n=F(1+i)^{-n} \tag{3-3}$$

式(3-3)中的$(1+i)^{-n}$是把终值折算为现值的系数，称为复利现值系数，或称为1元的复利现值，用符号$(P/F，i，n)$来表示。例如，$(P/F，10\%，5)$表示折现率为10%时5期的复利现值系数。为了便于计算，本书附有“复利现值系数表”，该表的使用方法与“复利终值系数表”相同。

【例3-2】某公司投资A项目，预计5年后可获得60万元的收益，假定投资的必要报酬率为10%，则这笔收益的现值是多少？

$$P=60\times(P/F，10\%，5)= 60\times 0.6209$$
$$=37.245(万元)$$

2. 年金终值和现值

年金是指等额、定期的系列收支款项。例如，分期付款赊购、分期偿还贷款、发放养老金、分期支付工程款、每年相同的销售收入等，都属于年金收付形式。按照收付时点和方式的不同，可以将年金分为普通年金、预付年金、递延年金和永续年金4种。

1) 普通年金

普通年金又称后付年金，是指在各期期末收付的年金。普通年金的收付形式如图3-1所示。横线代表时间的延续，用数字标出各期的顺序号；竖线的位置表示支付的时刻，竖线下端数字表示支付的金额。

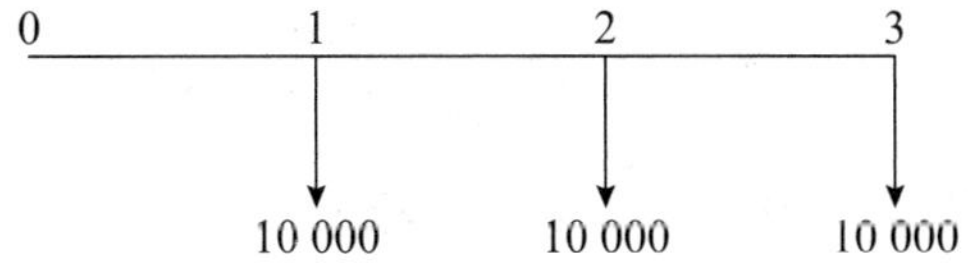

图3-1　普通年金的收付形式

(1) 普通年金终值。普通年金终值是指其最后一次收付时的本利和，它是每次收付的复利终值之和。以图3-1为例，假设报酬率为10%，第一期期末的10 000元，应赚得两期的利息，因此，到第三期期末其值为12 100元；在第二期期末的10 000元，应赚得一期的利息，因此，到第三期期末其值为11 000元；第三期期末的10 000元，没有计息，其价值是10 000元。整个年金终值33 100元。如果年金的期数很多，用上述方法计算终值显然相当烦琐。由于每年收付额相等，折算终值的系数又有规律，所以，可找出简便的计算方法。

设每年的收付金额为A，利率为i，期数为n，则按复利计算的普通年金终值F为

$$F=A+A(1+i)+A(1+i)^2+\cdots+A(1+i)^{n-1}$$

等式两边同乘$(1+i)$

$$(1+i)F=A(1+i)+A(1+i)^2+\cdots+A(1+i)^n$$

上述两式相减，得到

$$(1+i)F-F=-A+A(1+i)^n$$

$$F=A\times\frac{(1+i)^n-1}{i} \tag{3-4}$$

式中：$\frac{(1+i)^n-1}{i}$是普通年金为1元、利率为i、经过n期的年金终值，记作$(F/A，i，n)$。本书附有“年金终值系数表”，可供查阅。

【例3-3】某房地产商计划在5年建设期内每年年末向银行借款2000万元，借款利率为10%，则建设期满应付本息总额为多少？

$$F=2000\times(F/A，10\%，5)=2000\times6.1051$$
$$=12\ 210.2(万元)$$

(2) 偿债基金(已知年金终值F，求年金A)。狭义的偿债基金是指为了在约定的未来某一时点清偿某笔债务而必须分次等额形成的存款。广义的偿债基金泛指为使年金终值达到既定金额每年年末应收付的年金数额。

【例3-4】某公司拟在5年后还清10 000元债务，从现在起每年年末等额存入银行一笔款项。假设银行存款利率为10%，公司每年需要存入多少元？

由于有利息原因，不必每年存入2000元(10 000÷5)，只要存入较少的金额，5年后本利和即可达到10 000元，可用以清偿债务。

根据普通年金终值计算公式

$$F=A\times\frac{(1+i)^n-1}{i}$$

可知

$$A = F \times \frac{i}{(1+i)^n - 1} = \frac{F}{(F/A, i, n)} \tag{3-5}$$

式中：$\frac{i}{(1+i)^n - 1}$是普通年金终值系数的倒数，称为偿债基金系数，记作$(A/F, i, n)$。它可以把普通年金终值折算为每年需要收付的金额。偿债基金系数可根据普通年金终值系数求倒数确定。

将例3-4有关数据代入式(3-5)

$$A = \frac{F}{(F/A, i, n)} = \frac{10\ 000}{(F/A, 10\%, 5)}$$

$$A = 10\ 000 \div 6.105$$

$$= 1638(\text{元})$$

因此，在银行利率为10%时，每年存入1638元，5年后可得10 000元用来还清债务。

有一种折旧方法，称为偿债基金法。采用这种方法，在若干年后购置设备，并不需要每年提存设备原值与使用年限的算术平均数，由于利息不断增加，每年只需提存较少的数额即按偿债基金提取折旧，即可在使用期满时得到设备原值。偿债基金法的年折旧额，就是根据偿债基金系数乘以固定资产原值计算出来的。

(3) 普通年金现值。普通年金现值，是指为在每期期末收付相等金额的款项，现在需要投入或收取的金额。

【例3-5】某公司年初准备建立一项为期3年的奖励基金，每年奖励100万元，设银行3年期等额还本付息的存款利率为10%，公司现在应当存入银行多少钱？

这个问题可以表述为：请计算i=10%、n=3、A=100万元的年末付款的现在等效值是多少？

$$P = 100 \times (1+10\%)^{-1} + 100 \times (1+10\%)^{-2} + 100 \times (1+10\%)^{-3}$$

$$= 100 \times 0.9091 + 100 \times 0.8264 + 100 \times 0.7513$$

$$= 100 \times (0.9091 + 0.8264 + 0.7513)$$

$$= 100 \times 2.4868$$

$$= 248.68(\text{万元})$$

计算普通年金现值的一般公式为

$$P = A(1+i)^{-1} + A(1+i)^{-2} + \cdots + A(1+i)^{-n}$$

等式两边同乘$(1+i)$

$$P(1+i) = A + A(1+i)^{-1} + \cdots + A(1+i)^{-(n-1)}$$

后式减前式

$$P(1+i) - P = A - A(1+i)^{-n}$$

$$Pi = A[1 - (1+i)^{-n}]$$

$$P = A \times \frac{1 - (1+i)^{-n}}{i} \tag{3-6}$$

式中：$[1-(1+i)^{-n}]/i$是普通年金为1元、利率为i、经过n期的年金现值，记作$(P/A, i, n)$。本书附有“年金现值系数表”，可供查阅。

根据例【3-5】的数据计算：$P=A(P/A, i, n)=100\times(P/A, 10\%, 3)$

查表：$(P/A, 10\%, 3)=2.4869$

$$P=100\times2.487=248.69(\text{万元})$$

(4) 年资本回收额。年资本回收额是指在给定的年限内等额回收初始投入资本的金额，计算公式为

$$A=P\times\frac{i}{1-(1+i)^{-n}} \tag{3-7}$$

式中：分式$i/[1-(1+i)^{-n}]$是普通年金现值系数的倒数，它可以把普通年金现值折算为年金，称为投资回收系数，记为$(A/P, i, n)$，式(3-7)也可写作

$$A=P(A/P, i, n)$$

$$\text{资本回收额}=\text{年金现值}\times\text{资本回收系数}$$

【例3-6】某公司假设以10%的利率向银行借款20 000元，投资于某个寿命为10年的项目，该借款为期限10年的等额还本付息贷款，该公司每年至少要收回多少现金才能还本付息？

根据资本回收额的计算公式可知

$$\begin{aligned}A&=P(P/A, i, n)\\&=20\,000\times0.1627\\&=3254(\text{元})\end{aligned}$$

因此，每年至少要收回3254元，才能还清贷款本利。

2) 预付年金

预付年金是指在每期期初收付的年金，又称即付年金或期初年金。预付年金的收付形式如图3-2所示。

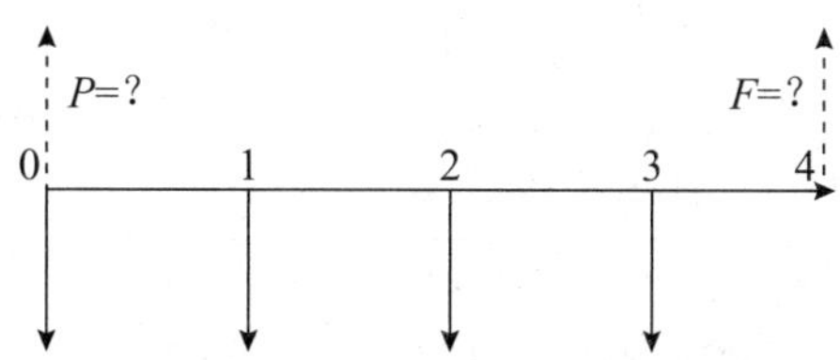

图3-2 预付年金的收付形式

(1) 预付年金终值计算。预付年金终值的计算有两种方法，结合图3-2提供的数据，分别介绍这两种方法。

第一种方法：假设第4期期末存在年金A，这样计算4期预付年金终值就转化为计算5期普通年金终值，然后减去假设的第4期期末年金A，即可得到预付年金终值。我们可以推导出预付年金终值计算的一般公式为

$$F=A+A(1+i)+A(1+i)^2+\cdots+A(1+i)^nA$$

$$F=A(F/A, i, n)-A$$

$$F=A[(F/A, i, n+1)-1] \tag{3-8}$$

式中：$[(F/A, i, n+1)-1]$是预付年金终值系数，或称1元的预付年金终值。它和普通年金

终值系数相比，期数加1，而系数减1，可记作$[(F/A,\ i,\ n+1)-1]$，并可利用“年金终值系数表”查得$(n+1)$期的值，减去1后得出1元预付年金终值。

【例3-7】A=200元，i=8%，n=6，预付年金终值是多少？

$$F=A[(F/A,\ i,\ n+1)-1]$$
$$=200\times[(F/A,\ 8\%,\ 6+1)-1]$$

查“年金终值系数表”：$(F/A,\ 8\%,\ 7)=8.9228$

$$F=200\times(8.9228-1)=1584.56(元)$$

第二种方法：我们先计算第3期期末普通年金终值，然后再将第3期期末普通年金终值换算为第4期期末的终值，即可得到预付年金终值。我们可以推导出预付年金终值计算的另一个计算公式为

$$F=A(1+i)+A(1+i)^2+\cdots+A(1+i)^n$$
$$F=[A+A(1+i)+\cdots+A(1+i)^{n-1}](1+i)$$
$$F=A(F/A,\ i,\ n)(1+i)$$

(2) 预付年金现值计算。预付年金现值的计算也有两种方法。

第一种方法：假设第1期期末没有年金A，这样计算第4期预付年金现值就转化为计算第3期普通年金现值，然后加上假设不存在的第1期期末年金A，即可得到预付年金现值。我们可以推导出预付年金现值的计算公式为

$$P=A+A/(1+i)+A/(1+i)^2+\cdots+A/(1+i)^{n-1}$$
$$P=A+A(P/A,\ i,\ n-1)$$
$$P=A[(P/A,\ i,\ n-1)+1] \tag{3-9}$$

式中：$[(P/A,\ i,\ n-1)+1]$是预付年金现值系数，或称为1元的预付年金现值。它和普通年金现值系数相比，期数要减1，而系数要加1，可记作$[(P/A,\ i,\ n-1)+1]$。可利用“年金现值系数表”查得$(n-1)$期的值，然后加1，得出1元的预付年金现值。

【例3-8】某公司6年分期付款购买原材料，每年年初付200元，设银行利率为10%，该项分期付款相当于一次现金支付的购价是多少？

$$P=A[(P/A,\ i,\ n-1)+1]$$
$$=200\times[(P/A,\ 10\%,\ 5)+1]$$
$$=200\times(3.7908+1)$$
$$=958.16(元)$$

第二种方法：我们先计算第−1期期初普通年金现值，然后再将第−1期期初普通年金现值换算为第1期期初的终值，即可得到预付年金现值。我们可以推导出预付年金现值的另一计算公式为

$$P=A+A/(1+i)+A/(1+i)^2+\cdots+A/(1+i)^{n-1}$$
$$P=[A/(1+i)+A/(1+i)^2+\cdots+A/(1+i)^n](1+i)$$
$$P=A(P/A,\ i,\ n)(1+i)$$

3) 递延年金

递延年金是指第一次收付发生在第二期或第二期以后的普通年金。递延年金的收付

形式如图3-3所示。从图3-3中可以看出，前三期没有发生收付。一般用m表示递延期数，本例的m=3。第一次支付在第4期期末，连续收付4次，即n=4。

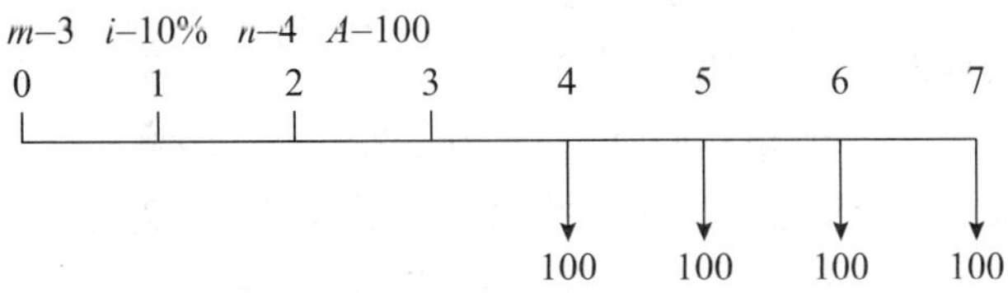

图3-3　递延年金的收付形式

递延年金终值的计算方法和普通年金终值类似，已知m=3，i=10%，n=4，则

$$\begin{aligned}F&=A(F/A，i，n)\\&=100\times(F/A，10\%，4)\\&=100\times4.641\\&=464.1(元)\end{aligned}$$

递延年金的现值计算方法有以下三种。

第一种方法：把递延年金视为n期普通年金，求出递延期末的现值，然后将此现值调整到第一期期初(即图3-3中0的位置)。

$$\begin{aligned}P_3&=A(P/A，i，n)\\&=100\times(P/A，10\%，4)\\&=100\times3.170\\&=317(元)\end{aligned}$$

$$\begin{aligned}P_0&=P_3(1+i)^{-m}\\&=317\times(1+10\%)^{-3}\\&=317\times0.7513\\&=238.16(元)\end{aligned}$$

我们可以得出这种方法的一般计算公式为

$$P=A(P/A，i，n)\times(P/F，i，m)$$

第二种方法：假设递延期中也进行收付，先求出(m+n)期的年金现值，然后扣除实际并未收付的递延期间(以m表示递延期数)的年金现值，即可得出最终结果，则

$$\begin{aligned}P_{m+n}&=A(P/A，i，m+n)\\&=100\times(P/A，10\%，3+4)\\&=100\times4.8684\\&=486.84(元)\end{aligned}$$

$$\begin{aligned}Pm&=100\times(P/A，i，m)\\&=100\times(P/A，10\%，3)\\&=100\times2.4869\\&=248.69(元)\end{aligned}$$

$$P_n=P_{m+n}-P_m$$
$$=486.84-248.69$$
$$=238.15(元)$$

我们可以得出这种方法的一般计算公式为

$$P=A[(P/A,\ i,\ m+n)-(P/A,\ i,\ m)]$$

第三种方法：我们先计算递延年金的终值，然后将终值折为现值的计算公式为

$$P=A(F/A,\ i,\ n)\times(P/F,\ i,\ m+n)$$

4) 永续年金

永续年金，即无限期等额收入或付出的年金，可视为普通年金的特殊形式，即期限趋于无穷的普通年金。现实中的存本取息，可视为永续年金的一个例子。

永续年金没有终止时间，也就没有终值。永续年金的现值可以通过普通年金现值的计算公式导出，则

$$P=A\times\frac{1-(1+i)^{-n}}{i} \tag{3-10}$$

当$n\to\infty$时，$(1+i)^{-n}$的极限为零，故式(3-10)可写成

$$P=A/i$$

【例3-9】某公司发行的优先股，每季分得每股股息2元，假设年利率为6%。对于一个准备买这种股票的人来说，他愿意出多少钱来购买此优先股？

$$P=133.33(元)$$

假定上述优先股息是每年2元，则该优先股的价值是

$$P=2\div 6\%=33.33(元)$$

3. 折现率和期数

在现值、终值和年金等参数已知的情况下，我们可以求出换算系数。比如，在现值和终值已知的情况下，根据复利终值的计算公式：$F=P(F/P,\ i,\ n)$

可以求解复利终值系数：$(F/P,\ i,\ n)=F/P$

根据复利现值的计算公式：$P=F(P/F,\ i,\ n)$

可以求得复利现值系数：$(P/F,\ i,\ n)=P/F$

同理，在终值和年金已知的情况下，可以求得年金终值系数：$(F/A,\ i,\ n)=F/A$

在现值和年金已知的情况下，可以求得年金现值系数：$(P/A,\ i,\ n)=P/A$

这样，在换算系数中，如果期数已知，可以求解折现率；如果折现率已知，则可以求解期数。

(1) 求折现率。

【例3-10】某企业现有50万元，希望在12年后使其达到原来的2倍，那么，在选择投资方案时最低可接受的报酬率为多少？

$$F=50\times 2=100(万元)$$
$$100=50\times(F/P,\ \mathrm{i},\ 12)$$
$$求得：(F/P,\ i,\ 12)=2$$

查“复利终值系数表”，在n=12的行中寻找2，对应的最接近的i值为6%，即(F/P，6%，12)≈2。

所以，当预期投资方案报酬率约为6%时，才能使初始投资在12年后达到原来的2倍。

(2) 求期数。

【例3-11】 某企业拟购买一台柴油机替代目前使用的汽油机。用柴油机替代汽油机，需要将汽油机清理变现。假设柴油机价格较汽油机清理变现净收入高出24 000元，但用柴油机替代汽油机每年可节约税后燃料费用6000元。若折现率为10%，柴油机应至少使用多少年对企业而言才有利？

用柴油机替代汽油机可以视为一项投资决策，柴油机价格较汽油机清理变现净收入高出的24 000元作为投资的现金流出(现值)，而每年节约的税后燃料费用作为这项投资每年的现金流入(年金)。在折现率已知的情况下，求解期数，即P=24 000，A=6000，i=10%，求 n。

24 000=6000(P/A，10%，n)，(P/A，10%，n)=24 000÷6000=4，查普通年金现值系数表，在i=10%的列上纵向查找，虽然无法找到系数恰好为4的值，但是可以查到大于和小于4的临界系数值：P_1=4.3553＞4，P_2=3.7908＜4，对应的期数为n_1=6，n_2=5，可采用“插值法”计算期数。插值法的原理可以用图3-4来说明。

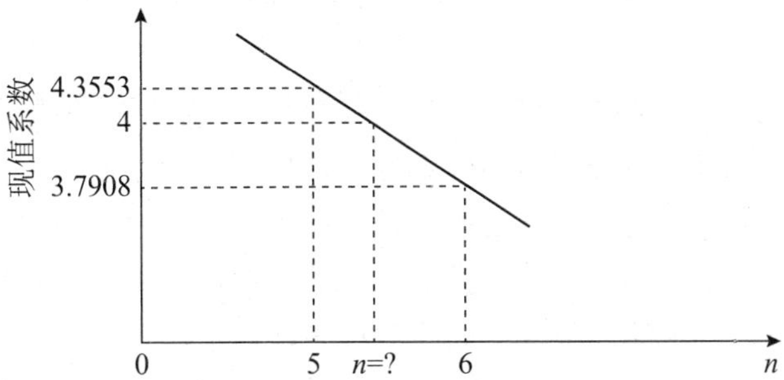

图3-4　利用插值法计算期数

根据图3-4：(4.3553−3.7908)÷(4.3553−4)=(6−5)÷(6−n)

求得：n=5.4(年)

3.2　资产的风险与报酬

根据现金流量估价模型，资产估价需要解决折现率问题，折现率应当根据投资者的必要报酬率来确定。理论和实证研究表明，必要报酬率不仅取决于资金时间价值，即无风险条件下的社会平均报酬率，也取决于投资资产的风险程度。投资资产的风险越大，投资者的必要报酬率越高。不同风险的投资，需要使用不同的折现率，那么投资的风险如何计量？特定的风险需要多少报酬来补偿？这些成为确定折现率的关键问题。本节探讨风险与报酬的关系，目的是解决资产估价时如何确定折现率的问题。如何计量特定投资资产的风险以及所需风险报酬(补偿)，是确定投资者必要报酬率或折现率的关键问题。

3.2.1 风险与风险报酬

1. 风险

任何经济决策都存在风险，这使得风险观念在公司金融决策中具有普遍意义。在社会经济生活中，通常所说的风险是发生财务损失的可能性。发生损失的可能性越大，风险越大。它可以用不同结果出现的概率来描述，坏结果出现的概率越大，就认为风险越大。这个定义主要强调风险可能带来的损失，与危险的含义类似。在对风险进行深入研究以后，人们发现，风险表现为经济活动结果的不确定性。实际上，由于这种不确定性的存在，风险不仅可以带来超出预期的损失，也可能带来超出预期的收益，于是人们的风险观念发生转变，将风险定义为“预期结果的不确定性”。风险不仅包括负面效应的不确定性，还包括正面效应的不确定性。该定义区分了风险和危险，危险专指负面效应，是损失发生及其程度的不确定性。危险只是风险的一部分，风险的另一部分即正面效应，可以称为“机会”。公司金融活动不仅要管理危险，还要识别和获取增加企业价值的机会。该风险概念反映了人们对风险的深刻认识，也就是危险与机会并存。

在公司投资决策中，风险是一个非常重要的财务概念，可以表述为“预期投资收益的不确定性”，与投资收益相关的不确定性才是投资风险。投资主体是投资风险的承担者，可以是组织或个人，公司金融研究的是公司投资，因而风险的承担者为公司。但是，“预期投资收益的不确定性”只是投资风险的定性概念，还不具有应用价值。因为如果投资者不能事先估计可能出现的不同收益结果，也不能预测每种收益结果出现的可能性，则一项投资的风险程度就无法量化，也就无法根据风险程度确定风险报酬(风险定价)和投资必要报酬率。因而，将风险定义为“可计量的预期收益结果的不确定性”更为恰当。实际上，投资资产的风险具有客观性，例如，投资国库券收益的不确定性较小，而投资股票收益的不确定性就大得多。这种不确定性是客观存在的，不以投资人的意志为转移。正因为投资资产风险的客观性，我们才能够用客观尺度来计量投资资产的风险程度。

在投资组合理论出现之后，人们认识到投资多样化可以降低风险。当增加投资组合中资产的种类时，组合的风险将不断被分散而降低，而收益仍然是个别资产的加权平均值。当投资组合中的资产多样化达到一定程度后，资产的特殊风险可以被忽略，投资者只需要关注无法通过组合消除的风险(系统风险)。系统风险是影响所有资产的风险，它来自整个经济系统影响公司经营的普遍因素，公司必须承担系统风险。在充分组合(市场组合)的情况下，单项资产的特殊风险对决策失去了意义，投资者只需关注处于组合中的单项资产的系统风险。在投资组合理论出现后，风险更多地是指系统风险，而非全部风险。在资本资产定价理论出现以后，单项资产的系统风险计量问题得到了有效的解决。在组合投资的情况下，投资者选择投资某项资产意味着其将该资产加入已有的投资组合中，那么投资者需要站在组合整体角度评价该资产的风险，而该资产的风险取决于它对投资组合收益波动性的影响方向和影响程度。因此，一项资产最佳的风险度量，是其收益率变动对市场投资组合收益率变动的敏感程度，或者说是一项资产对投资组合风险的贡献。在此之后，投资风险被定义为资产对投资组合风险的贡献，或者说是指该资产收益率变动与市场组合收益率变动之间的相关性。

2. 风险报酬

在公司金融学中，引入风险这一专业概念的目的是明确风险和收益之间的权衡关系，并在此基础上给风险定价。在存在投资风险的情况下，投资报酬率存在不确定性，相对于无风险项目而言，投资者要求风险项目预期的报酬率不仅达到无风险必要报酬率水平，还必须能够补偿投资者承担的风险，这样他才愿意投资。风险报酬是指投资者根据投资资产风险的大小所确定的额外补偿。通常，风险报酬用风险报酬率或补偿率来表示，风险报酬率是资产风险程度的增函数。值得注意的是，虽然资产的风险具有客观性，但是，投资者对待风险的态度也使风险报酬具有一定的主观性。投资相同风险程度的资产，敢于冒风险的激进投资者要求的风险报酬较低，而厌恶风险的保守投资者要求的风险报酬较高。但这里研究的风险报酬是以投资者“风险中性”作为前提的，否则难以客观地计量风险报酬，风险定价也就失去了意义。因而在实践中，通常按市场等风险资产的平均报酬率来计量并确定风险报酬。

3.2.2 单项资产的风险计量

量化风险程度需要使用概率和统计方法，对投资资产风险进行衡量包括以下几个步骤。

1. 确定投资收益的概率分布

在经济活动中，某一事件在相同的条件下可能发生也可能不发生，这类事件称为随机事件。概率就是用来表示随机事件发生可能性大小的数值。通常，把必然发生的事件的概率定为1，把不可能发生的事件的概率定为0，而一般随机事件的概率是介于0与1之间的一个数。概率越大，就表示该事件发生的可能性越大。

【例3-12】某公司面临两个投资机会，A投资机会是需求弹性较大的奢侈品项目，产品需求受宏观经济环境的影响较大，如果宏观经济环境非常好，销售量和利润会很高。否则，销售量和利润很低，甚至亏本，预期报酬率分布离散程度较高。B项目是需求刚性较大的生活必需品项目，产品需求对经济环境的变动不敏感，预期报酬率分布比较集中。实际上，项目预期报酬率受多种因素的影响，为简化起见，假设项目预期报酬率只受经济环境的影响。假设未来的宏观经济环境只有繁荣、正常、衰退三种，有关的概率分布和期望报酬率如表3-1所示。

表3-1 A、B项目预期报酬率分布表

经济环境	发生概率	A项目期望报酬率	B项目期望报酬率
繁荣	0.3	90%	20%
正常	0.4	15%	15%
衰退	0.3	-60%	10%
合计	1.0		

在这里，概率表示每一种经济情况出现的可能性，同时也是各种不同期望报酬率出现的可能性。例如，未来经济情况出现繁荣的可能性有0.3。假如这种情况真的出现，A项目可获得高达90%的报酬率，也就是说，采纳A项目获利90%的可能性是0.3。当然，报酬率作为一种随机变量，受多种因素的影响。这里为了简化计算，假设其他因素都相同，只有经济环境一个因素影响报酬率。

2. 确定投资收益的概率分布

如果将所有可能事件或结果都列示出来，并对每一个事件或结果赋予一个概率，则得到事件或结果的概率分布。如果随机变量(如报酬率)只取有限个值，并且对应于这些值有确定的概率，则称随机变量是离散型分布。【例3-12】就属于离散型分布，它有三个值，如图3-5所示。

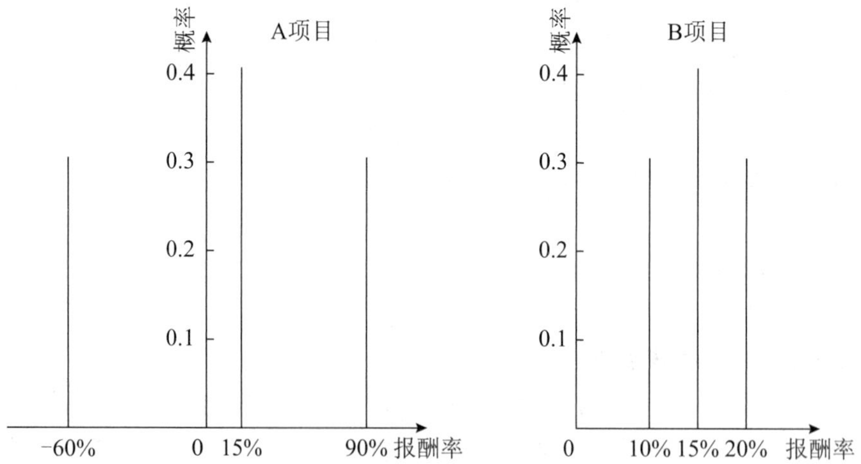

图3-5 离散型分布

实际上，可能出现的经济情况远不止三种，如果对每种情况都赋予一个概率，并分别测定其报酬率，则可用连续型分布来描述，如图3-6所示。

从图3-6可以看到，我们给出例子的报酬率呈正态分布，其主要特征是曲线为对称的钟形。实际上并非所有问题都呈正态分布。但是，按照统计学的理论，不论总体分布是正态还是非正态，当样本很大时，其样本平均数都呈正态分布。一般说来，如果被研究的量受彼此独立的大量偶然因素的影响，并且每个因素在总体影响中只占很小部分，那么，这个总影响所引起的数量变化，就近似服从正态分布，所以，正态分布在统计领域被广泛使用。

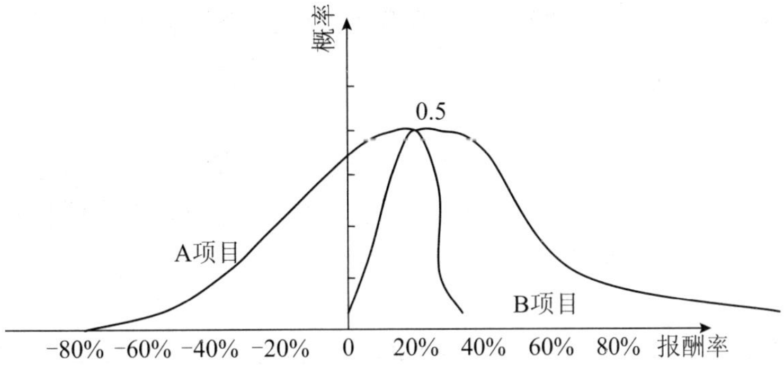

图3-6 连续型分布

3. 计算期望报酬率

将各种可能的预期报酬率以其所对应的发生概率为权数的加权平均数，就是期望报酬率，它反映各种可能结果的平均数，计算公式为

$$\overline{K}=\sum_{i=1}^{n}P_iK_i \tag{3-11}$$

式(3-11)中：P_i——第i种经济环境出现的概率；

K_i——第i种经济环境出现后的预期报酬率；

n——所有可能经济环境的数目。

据此计算

A项目的期望报酬率=0.3×90%+0.4×15%+0.3×(-60%)=15%

B项目的期望报酬率=0.3×20%+0.4×15%+0.3×10%=15%

虽然两者的期望报酬率相同，但其概率分布不同(见图3-5)。A项目的报酬率的分散程度高，变动范围为-60%～90%；B项目的报酬率的分散程度低，变动范围为10%～20%。这说明两个项目的报酬率相同，但分散程度不同。概率分布越集中，表明预期结果接近期望值的可能性越大，而背离期望值的可能性越小，也就是说，不确定程度越低，或风险越小。B项目报酬率的分散程度低，表明B项目的风险小。

为了定量地衡量风险大小，还要使用统计学中衡量概率分布离散程度的指标。

4. 计算离散程度

表示随机变量分布离散程度的常用指标是标准差。在已经知道每个变量值出现概率的情况下，标准差的计算公式为

$$\sigma=\sqrt{\sum_{i=1}^{n}(K_i-\overline{K})^2P_i} \tag{3-12}$$

标准差实际是偏离期望值离差的加权平均值，能够反映随机变量与期望值之间的离散程度。标准差越小，表明随机变量概率分布越集中，相应的风险就越小；标准差越大，表明随机变量概率分布越分散，相应的风险就越大。在例【3-12】中，A项目的标准差是58.09%，B项目的标准差是3.87%，由于它们的期望报酬率相同，因此可以认为A项目的风险比B项目大。

标准差是以均值为中心计算出来的，因而有时直接比较标准差是不准确的，需要剔

除均值大小的影响。在例【3-12】中，A项目和B项目的预期报酬率相同。如果两个投资方案的预期收益率不同，标准差并不反映项目风险，因为标准差反映的是偏离预期收益率的绝对程度，而不是相对程度。

为了解决这个问题，在此引入变异系数(变化系数、离散系数)的概念。变异系数是标准差与均值的比值，它是从相对角度观察的差异和离散程度，在比较预期报酬率不同的项目的风险程度时更为科学。

变异系数=标准差/期望收益率

【例3-13】A证券的期望报酬率为10%，标准差是12%；B证券的期望报酬率为18%，标准差是20%。求两个证券的变异系数。

变异系数(A)=12%/10%=1.20

变异系数(B)=20%/18%=1.11

直接从标准差来看，虽然B证券的离散程度较高，但还不能说B证券的风险比A证券大，因为B证券的平均报酬率也较大。如果以各自的平均报酬率为基础来观察，A证券的标准差是其均值的1.20倍，而B证券的标准差只是其均值的1.11倍，B证券的相对风险较小。这就是说，A证券的绝对风险较小，但相对风险较大，B证券则与此相反。

3.2.3 投资组合的风险计量

在投资实践中，为分散投资风险，证券投资普遍采取组合投资，即使是公司的实业投资，也会普遍采取多元化投资。投资组合理论认为，若干种证券组成的投资组合，其收益是这些证券收益的加权平均数，但是其风险不是这些证券风险的加权平均风险，投资组合能降低风险。这里的“证券”是“资产”的代名词，它既可以是金融资产，也可以是实物资产，例如一台设备、一条生产线或者一家企业。

在组合投资的情况下，可以将投资组合视为一项投资，需要估计投资组合的风险程度，以确定投资组合的必要报酬率。

1. 投资组合的期望报酬率和标准差

(1) 期望报酬率。两种或两种以上证券的组合，其期望报酬率可以直接表示为

$$\overline{K}_p=\sum_{j=1}^{m}\overline{K}_jW_j \tag{3-13}$$

式中：$\overline{K}_j$——第j种证券的期望报酬率；

W_j——第j种证券在全部投资额中的比重；

m——组合中的证券种类总数。

(2) 标准差与相关性。证券组合的标准差，并不是单个证券标准差的简单加权平均。证券组合的风险不仅取决于组合内各证券的风险，还取决于各证券之间的关系。

【例3-14】假设投资100万元，A和B各占50%。如果A和B完全负相关，即A报酬率的增加值永远等于B报酬率的减少值，组合的风险被全部抵消，如表3-2所示。如果A和B完全正相关，即A报酬率的增加值永远等于B报酬率的增加值，组合的风险不减少也不扩

大，如表3-3所示。

表3-2　完全负相关的证券组合数据

方案	A		B		组合	
年度	收益	报酬率	收益	报酬率	收益	报酬率
2017	20	40%	-5	-10%	15	15%
2018	-5	-10%	20	40%	15	15%
2019	17.5	35%	-2.5	-5%	15	15%
2020	-2.5	-5%	17.5	35%	15	15%
2021	7.5	15%	7.5	15%	15	15%
平均数	7.5	15%	7.5	15%	15	15%
标准差		22.6%		22.6%		0

表3-3　完全正相关的证券组合数据

方案	A		B		组合	
年度	收益	报酬率	收益	报酬率	收益	报酬率
2017	20	40%	20	40%	40	40%
2018	-5	-10%	-5	-10%	-10	-10%
2019	17.5	35%	17.5	35%	35	35%
2020	-2.5	-5%	-2.5	-5%	-5	-5%
2021	7.5	15%	7.5	15%	15	15%
平均数	7.5	15%	7.5	15%	15	15%
标准差		22.6%		22.6%		22.6%

实际上，各种股票之间不可能完全正相关，也不可能完全负相关，所以不同股票的投资组合可以降低风险，但又不能完全消除风险。一般而言，股票的种类越多，风险越小。

2. 投资组合的风险计量

投资组合的风险不是各证券标准差的简单加权平均数，那么它如何计量呢？

投资组合报酬率概率分布的标准差是

$$\sigma_p=\sqrt{\sum_{j=1}^{m}\sum_{k=1}^{m}W_jW_k\sigma_{jk}}$$

式中：m——组合内的证券种类总数；

W_j——第j种证券在投资总额中的比例；

W_k——第k种证券在投资总额中的比例；

σ_{jk}——第j种证券与第k种证券报酬率的协方差。

根号内双重$\sum$符号，表示对所有可能配成组合的协方差，分别乘以两种证券的投资比例，然后求其总和。

协方差反映两项资产(证券)报酬率变动的相互关系，计算公式为

$$\sigma_{jk}=\frac{1}{n}\sum_{i=1}^{n}(K_{ji}-\overline{K}_j)(K_{ki}-\overline{K}_k) \tag{3-14}$$

可以推导出

$$\sigma_{jk}=r_{jk}\sigma_j\sigma_k$$

式中：r_{jk}——证券j和证券k报酬率之间的预期相关系数；

σ_j——第j种证券的标准差；

σ_k——第k种证券的标准差。

相关系数具有与协方差相同的经济含义，也能表现两项资产(证券)报酬率变动的相互关系。r_{jk}总是在−1～+1取值。

相关系数的经济含义在于：当相关系数为1时，表示一种资产(证券)报酬率的增长总是与另一种资产(证券)报酬率的增长成比例(完全正相关)，反之亦然。当相关系数为0～1时，表示一项资产(证券)报酬率的变动与另一项资产(证券)报酬率的变动正相关；当相关系数为−1时，表示一种资产(证券)报酬的增长与另一种资产(证券)报酬的减少成比例(完全负相关)，反之亦然。当相关系数为0和−1时，表示一项资产(证券)报酬率的变动与另一项资产(证券)报酬率的变动负相关。当相关系数为0时，表示缺乏相关性，每种资产(证券)的报酬率相对于另外的资产(证券)报酬率独立变动。

一般而言，资产(证券)报酬率受多种影响因素变动的影响，但因受宏观因素变动的影响而导致的报酬率变动具有一致性。多数资产(证券)的报酬率趋于同向变动，因此两种资产(证券)之间的相关系数多为小于1的正值，计算公式为

$$\sigma_p=\sqrt{\sum_{j=1}^{m}\sum_{k=1}^{m}W_jW_kr_{jk}\sigma_j\sigma_k} \tag{3-15}$$

式(3-15)表明，影响证券组合的标准差不仅取决于单个证券的标准差，而且取决于证券之间的相关系数。

协方差的矩阵分析表明，随着证券组合中证券个数的增加，相关系数项比方差项越来越重要，当一个组合扩大到能够包含所有证券时，只有相关系数是重要的，方差项将变得微不足道。因此，充分投资组合的风险，只受证券之间相关性的影响，而与各证券本身的风险无关。

为简化起见，我们只分析两项资产(证券)构成的投资组合的风险。

【例3-15】假设A证券的期望报酬率为10%，标准差是12%。B证券的期望报酬率是18%，标准差是20%。假设等比例投资两种证券，即各占50%，求该组合的期望报酬率。

该组合的期望报酬率为

$$K_p=10\%\times 0.5+18\%\times 0.5=14\%$$

该组合的标准差为

$$\sigma_p=\sqrt{W_1^2\sigma_1^2+W_2^2\sigma_2^2+2W_1W_2r_{12}\sigma_1\sigma_2} \tag{3-16}$$

如果两种证券期望报酬率的相关系数等于1，没有任何抵消作用，在等比例投资的情况下，该组合的标准差等于两种证券各自标准差的简单算术平均数，即

$$\sigma_p=W_1\sigma_1+W_2\sigma_2=12\%\times 0.5+20\%\times 0.5=16\%$$

如果两种证券之间的期望报酬率的相关系数是0.4，组合的标准差为

$$\sigma_p=\sqrt{0.5^2\times 12\%\times 12\%+0.5^2\times 20\%\times 20\%+2\times 0.5^2\times 0.4\times 12\%\times 20\%}$$
$$=13.56\%$$

如果两种证券之间的期望报酬率的相关系数是0.2，组合的标准差为

$$\sigma_p=\sqrt{0.5^2\times 12\%\times 12\%+0.5^2\times 20\%\times 20\%+2\times 0.5^2\times 0.2\times 12\%\times 20\%}$$
$$=12.65\%$$

当相关系数为0时，组合的标准差为11.66%；当相关系数是-0.5时，组合的标准差为8.72%；当相关系数为-1时，组合的标准差为4%。

从这个计算过程可以看出：只要两种证券期望报酬率的相关系数小于1，证券组合报酬率的标准差就小于各证券报酬率标准差的加权平均数。而且随着正相关程度的降低，组合报酬率的标准差也在下降，在完全负相关的情况下，组合的标准差最低。

3. 两种证券组合的投资比例与有效集

在【例3-15】中，两种证券的投资比例是相等的。如投资比例变化，投资组合的期望报酬率和标准差也会发生变化。假如两种证券的相关系数为0.2，对于这两种证券其他投资比例的组合，计算结果如表3-4所示。

表3-4 不同投资比例的组合

组合	对A的投资比例	对B的投资比例	组合的期望收益率	组合的标准差
1	1	0	10.00%	12.00%
2	0.8	0.2	11.60%	11.11%
3	0.6	0.4	13.20%	11.78%
4	0.4	0.6	14.80%	13.79%
5	0.2	0.8	16.40%	16.65%
6	0	1	18.00%	20.00%

图3-7描绘出随着两种证券投资比例的改变，期望报酬率与风险之间的关系。根据表3-4中的6种投资组合的期望报酬率和标准差，可以绘制被称为“机会集”的曲线，它反映了风险与报酬之间的权衡关系。

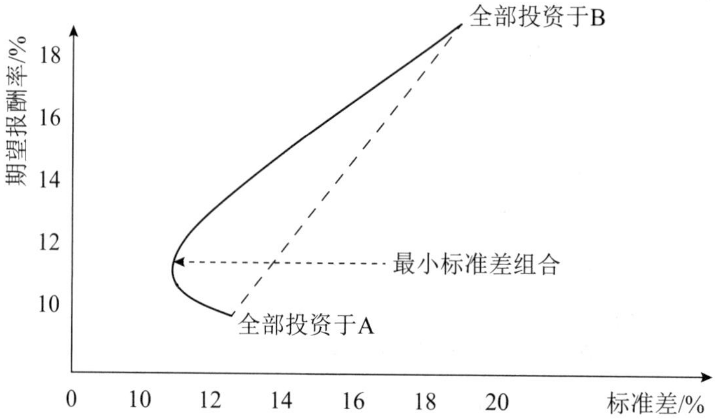

图3-7　两种证券组合的机会集

该图有以下几项特征是非常重要的。

(1) 它揭示了分散化效应。比较曲线和以虚线绘制的直线的距离可以判断分散化效应的大小。该直线是由全部投资于A和全部投资于B所对应的两点连接而成的，它是当两种证券完全正相关(无分散化效应)时的机会集曲线。曲线则代表相关系数为0.2时的机会集曲线。从曲线和直线间的距离，我们可以看出，本例的风险分散效果是相当显著的。投资组合的抵消风险效应可以通过曲线的弯曲程度看出来。从初始点出发，拿出一部分资金投资于标准差较大的B证券会比将全部资金投资于标准差较小的A证券的组合标准差还要小。这种结果与人们的直觉相反，揭示了风险分散化的内在特征。一种证券的未预期变化往往会被另一种证券的反向未预期变化所抵消。从总体上看，这两种证券是同向变化的，抵消效应仍然存在，在图中表现为机会集曲线有一段弯曲。

(2) 它表达了最小方差组合。曲线最左端的组合被称为最小方差组合，它在持有证券的各种组合中有最小的标准差。本例中，最小方差组合是80%的资金投资于A证券、20%的资金投资于B证券。离开此点，无论增加或减少投资于B证券的比例，都会导致标准差的小幅上升。必须注意的是，机会集曲线向点A左侧凸出的现象并非必然伴随分散化投资发生，它取决于相关系数的大小。

(3) 它表达了投资的有效集合。在只有两种证券的情况下，投资者的所有投资机会只能出现在机会集曲线上，而不会出现在该曲线上方或下方。改变投资比例只会改变组合在机会集曲线上的位置。最小标准差组合以下的组合是无效的。没有人会打算持有期望报酬率比最小方差组合期望报酬率还低的投资组合，它们比最小标准差组合风险大且报酬低。因此，机会集曲线的弯曲部分(图3-8中虚线箭头所指部分)是无效的，它们与最小标准差组合相比，不但标准差大(即风险大)，而且报酬率也低。本例中，有效集是从最小标准差组合点到最高期望报酬率组合点的那段曲线。

4. 相关性对风险的影响

图3-8中，只列示了相关系数为0.2和1.0的机会集曲线，还可增加一条相关系数为0.5的机会集曲线。从图3-8中看到：①相关系数为0.5的机会集曲线与完全正相关的直线的距离缩短了。②最小方差组合是100%投资于A证券。将任何比例的资金投资于B证券，所形成的

投资组合的方差都会高于将全部资金投资于风险较低的A证券的方差。因此，新的有效边界就是整个机会集。③证券报酬率之间的相关系数越小，机会集曲线就越弯曲，风险分散化效应也就越强。证券报酬率之间的相关系数越大，风险分散化效应就越弱。完全正相关的投资组合，不具有风险分散化效应，其机会集是一条直线。

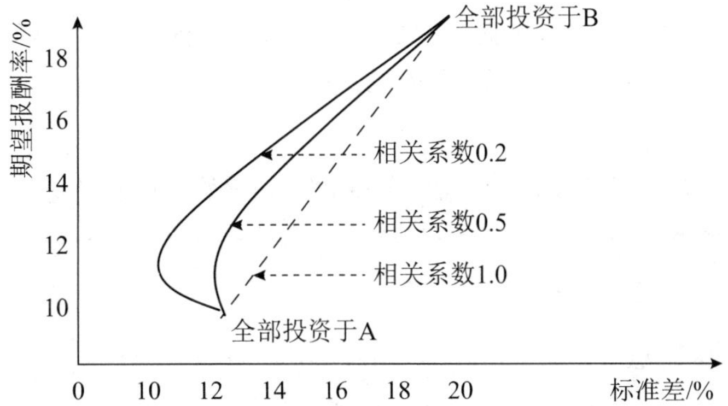

图3-8　相关系数机会集曲线

5. 多种证券组合的风险和报酬

对于两种以上证券构成的组合，以上原理同样适用。值得注意的是，多种证券组合的机会集不同于两种证券的机会集。两种证券的所有可能组合都落在一条曲线上，而两种以上证券的所有可能组合会落在一个平面中，如图3-9的阴影部分所示。这个机会集反映了投资者所有可能的投资组合，图中阴影部分中的每一个点都与一种可能的投资组合相对应。随着可供投资的证券数量的增加，所有可能的投资组合数量将呈几何级数上升。

最小方差组合是图3-9最左端的点，它具有最小组合标准差。多种证券组合的机会集外缘有一段向后弯曲，这与两种证券组合中的现象类似：不同证券报酬率相互抵消，产生风险分散化效应。

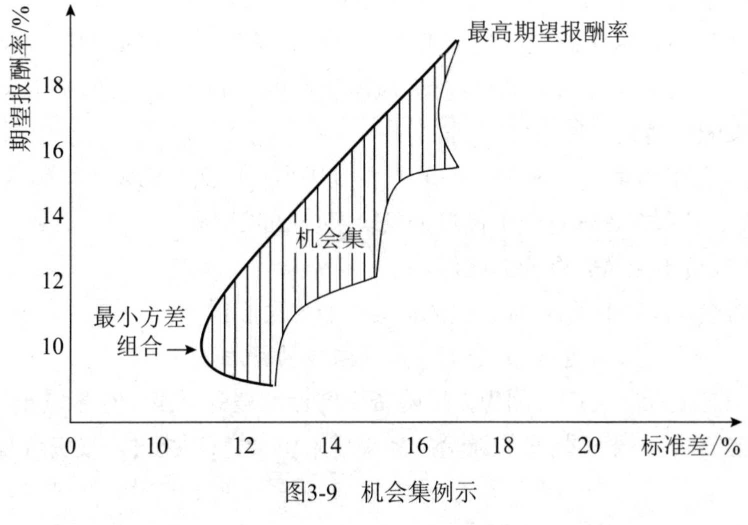

图3-9　机会集例示

在图3-9中以粗线描出的部分，称为有效集或有效边界。它位于机会集的顶部，从最小方差组合点起到最高期望报酬率点止。投资者应在有效集上寻找投资组合。有效集以外的投资组合与有效边界上的组合相比，有三种情况：相同的标准差和较低的期望报酬率；相同的期望报酬率和较高的标准差；较低的报酬率和较高的标准差。这些投资组合都是无效的。如果你的投资组合是无效的，可以通过改变投资比例转换到有效边界上的某个组合，以达到提高期望报酬率而不增加风险，或者降低风险而不降低期望报酬率，或者得到一个既提高期望报酬率又降低风险的组合。

6. 资本市场线

如图3-10所示，从无风险资产的收益率(Y轴的R_f)开始，做有效边界的切线，切点为M，该直线被称为资本市场线。

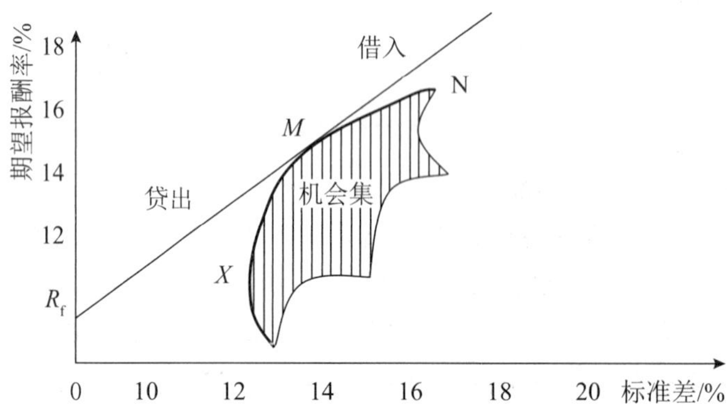

图3-10　资本市场线：最佳投资组合

现针对资本市场线的有关问题做如下说明。

(1) 假设存在无风险资产。投资者可以在资本市场上借到钱，将其纳入自己的投资总额，或者可以将多余的钱贷出。无论借入和贷出，利息都是固定的无风险资产的报酬率。R_f代表无风险资产的报酬率，它的标准差为零，即报酬率是确定的。

(2) 存在无风险资产的情况下，投资人可以通过贷出资金减少自己的风险，当然也会同时降低预期报酬率。最厌恶风险的人可以将全部资金贷出，例如购买政府债券并持有至到期。偏好风险的人可以借入资金(对无风险资产的负投资)，增加购买风险资产的资本，以使期望报酬率增加。

$$总期望报酬率=Q\times风险组合的期望报酬率+(1-Q)\times无风险报酬率$$

式中：Q——投资者自有资本总额中投资于风险组合M的比例；

　1-Q——投资于无风险资产的比例。

如果贷出资金，Q将小于1；如果借入资金，Q会大于1。

$$总标准差=Q\times风险组合的标准差$$

此时不用考虑无风险资产，因为无风险资产的标准差等于零。如果贷出资金，Q小于1，投资者承担的风险小于市场平均风险；如果借入资金，Q大于1，投资者承担的风险大于市场平均风险。

(3) 切点M是市场均衡点，它代表唯一最有效的风险资产组合，它是所有证券以各自的总市场价值为权数的加权平均组合，我们将其定义为“市场组合”。虽然理智的投资者可能选择XMN线上的任何有效组合(它们在任何给定风险水平下收益最大)，但是无风险资产的存在，使投资者可以同时持有无风险资产和市场组合(M)，从而位于MR_f上的某点。MR_f上的组合与XMN上的组合相比，它的风险小而报酬率与之相同，或者报酬高而风险与之相同，或者报酬高且风险小。

(4) 图3-10中的直线揭示出持有不同比例的无风险资产和市场组合情况下的风险和期望报酬率的权衡关系。直线的截距表示无风险报酬率，它可以视为等待的报酬率。直线的斜率代表风险的市场价格，它告诉我们当标准差增长某一幅度时相应要求的报酬率的增长幅度。直线上的任何一点都可以告诉我们投资于市场组合和无风险资产的比例。在M点的左侧，你将同时持有无风险资产和风险资产组合。在M点的右侧，你将仅持有市场组合M，并且会借入资金以进一步投资于组合M。

(5) 个人的效用偏好与最佳风险资产组合相独立(或称相分离)。投资者个人对风险的态度仅仅影响借入或贷出的资金量，而不影响最佳风险资产组合，其原因是当存在无风险资产并可按无风险报酬率自由借贷时，市场组合优于所有其他组合。对于不同风险偏好的投资者来说，只要能以无风险报酬率自由借贷，他们都会选择市场组合M，这就是所谓的分离定理。它也可表述为最佳风险资产组合的确定独立于投资者的风险偏好。它取决于各种可能的风险组合的期望报酬率和标准差。个人的投资行为可分为两个阶段：先确定最佳风险资产组合，后考虑无风险资产和最佳风险资产组合的理想组合，只有第二阶段受投资人风险反感程度的影响。分离定理在理财方面非常重要，它表明企业管理层在决策时不必考虑每位股东对风险的态度。证券的价格信息完全可用于确定投资者所要求的报酬率，该报酬率可指导管理层做出有关决策。

7. 系统风险和非系统风险

在投资组合的讨论中，我们知道个别资产的风险，有些可以被分散掉，有些则不能。无法分散掉的是系统风险，可以分散掉的是非系统风险。

(1) 系统风险。系统风险是指那些影响所有公司的因素引起的风险。这些因素往往是一些宏观因素，例如，战争、经济衰退、通货膨胀、高利率等非预期的变动。这些宏观因素的变动会对处于同一经济系统内的所有资产收益产生相同的影响，只是存在影响程度的差异而已，因而被称为系统风险。例如，各种股票处于同一经济系统之中，它们的价格变动有趋同性。经济繁荣时，多数股票的价格都上涨；经济衰退时，多数股票的价格都下跌。尽管不同股票的涨跌幅度各有区别，但变动方向是一致的。所以，不管投资多样化有多充分，即使购买的是全部股票的市场组合，也不可能消除全部风险。由于系统风险没有有效的方法消除，所以也称“不可分散风险”。

(2) 非系统风险。除宏观因素以外，其他因素变动也会引起资产收益变动，但是不具有全局性，只是影响个别公司的经营业绩和股票的市场表现，并不会对同一经济系统内所有公司产生影响，因此称为非系统风险。这些因素是指只影响个别公司的行业因素和公司因素，例如，一家公司所处行业不景气、新产品开发失败、失去重要的销售合同、诉讼失败，或者宣告发现新矿藏、取得一份重要合同等。这类因素的非预期变动只影响一个或少数公司，不会对整个市场产生太大影响。由于非系统风险是个别公司或个别资产所特有的，因而也称为"特有风险"。这种风险可以通过多样化投资来分散，即发生于一家公司的不利事件可以被其他公司的有利事件所抵消，因此也称为"可分散风险"。

我们已经知道，个别资产的风险可以用标准差计量，这个标准差是指它的整体风险，而现在我们把个别资产整体风险划分为系统风险和非系统风险。根据前文的论述，投资组合可以分散或降低风险。投资组合的理论和实证分析表明，随着投资组合中资产种类的不断增加，组合风险也会不断降低，当组合资产多样化到一定程度后，公司特有风险被大大分散。在一个充分的投资组合下，几乎不存在非系统风险，只残留无法分散的系统风险，如图3-11所示。

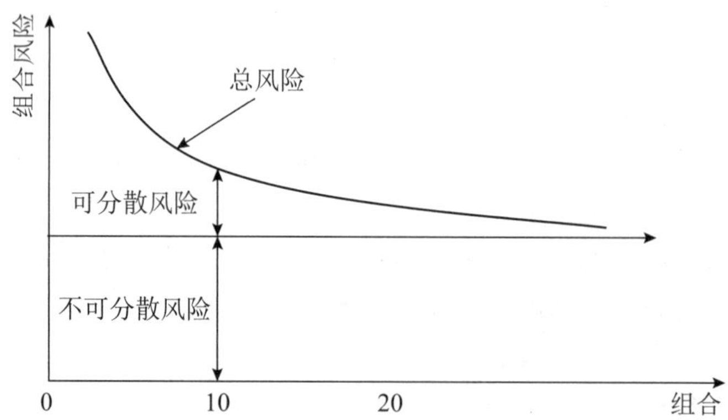

图3-11　投资组合的风险

在资本市场上，假设投资人都是理智的，就会选择充分的证券组合(市场组合)，由于不存在非系统风险，风险报酬仅仅取决于证券的系统风险。这就是说，一项资产的期望报酬率高低取决于该资产的系统风险大小。

综上所述，证券组合的风险不仅与组合中每个证券的报酬率标准差有关，而且与各证券之间报酬率的协方差有关。对于一个含有两种证券的组合，投资机会集曲线描述了不同投资比例组合的风险和报酬之间的权衡关系。风险分散化效应有时使得机会集曲线向左凸出，并产生比最低风险证券标准差还低的最小方差组合。有效边界就是机会集曲线上从最小方差组合点到最高期望报酬率的那段曲线。持有多种彼此不完全正相关的证券可以降低风险。如果存在无风险证券，新的有效边界是经过无风险报酬率并和机会集相切的直线，该直线称为资本市场线，该切点被称为市场组合，其他各点为市场组合与无风险投资的有效搭配。资本市场线横坐标是标准差，纵坐标是报酬率，该直线反映两者的关系即风险价格。

3.2.4 资本资产定价模型

在组合投资的情况下，投资某种证券实际上是将其加入已有的投资组合中。假设理性的投资者为分散风险，选择足够充分的证券组合，该证券的非系统风险就会被分散掉，研究特有风险对于投资决策已失去意义，这时风险概念已演化为系统风险，因而评价该资产的风险只需要关注和衡量它的系统风险。

既然资产的必要报酬率取决于该资产的系统风险，那么如何度量系统风险就成为一个关键问题。在资本资产定价理论出现以后，系统风险计量问题得到了有效解决。

1964年，威廉·夏普(William Sharp)在投资组合理论的基础上，以股票市场投资作为研究对象，揭示了在均衡状态下股票必要报酬率与风险之间的关系，创立了资本资产定价模型。资本资产定价模型就是投资特定股票必要收益率与预期所承担的系统风险之间关系的数学模型。资本资产定价模型是财务学形成和发展过程中的重要里程碑，它第一次使人们能够量化系统风险程度，并进行风险定价。

在前文的讨论中，我们将风险区分为系统风险和非系统风险，知道了在高度分散化的资本市场里只有系统风险。现在将讨论如何衡量系统风险以及如何给风险定价。

1. 系统风险的度量

度量一项资产系统风险的指标是β系数，它被定义为某个资产的收益率与市场组合之间的相关性，计算公式为

$$\beta\text{系数}=\text{某项股票资产报酬率}/\text{股票市场组合的平均报酬率}$$

在有效市场假设条件下，二级市场上股票的实际报酬率等于必要报酬率，而在组合投资的情况下，市场组合必要报酬率是组合系统风险程度的增函数，因而可以用来反映市场组合系统风险程度。同样，某项资产的必要报酬率也能够反映该资产系统风险的大小。因此，β系数可以表达为

$$\beta\text{系数}=\text{某项股票的系统风险}/\text{股票市场组合的系统风险}$$

可见，β系数并没有直接计量某种资产系统风险的大小，而是利用相对数的形式表现某项资产系统风险的大小。因此，β系数是某项资产系统风险的相对指标，反映该资产系统风险相对于组合系统风险的大小，也称为系统风险指数。β系数的经济含义是特定资产相对于市场组合而言的系统风险大小。例如，如果一项资产的β=0.5，表明它的系统风险是市场组合系统风险的0.5，其报酬率的波动性只有一般市场波动性的一半；如果一项资产的β=2.0，说明它的波动幅度为一般市场波动的2倍。

β系数也可以推导为

$$\beta_j=\frac{\text{Cov}\ (K_j,K_m)}{\sigma_m^2}=\frac{r_{jm}\,\sigma_j\,\sigma_m}{\sigma_m^2}=r_{jm}\left(\frac{\sigma_j}{\sigma_m}\right) \tag{3-17}$$

式中：分子Cov(K_j，K_m)是第j种证券的报酬率与市场组合报酬率之间的协方差，它等于该证券的标准差、市场组合的标准差及两者相关系数(r_{jm})的乘积。

由式(3-17)可以看出，一种股票的β值的大小取决于：①该股票与整个股票市场的相关性；②它自身的标准差；③整个市场组合的标准差。

2. 投资组合的β值

在组合投资的情况下，投资组合的β_p等于组合中各证券β值的加权平均数，则

$$\beta_p=\sum_{i=1}^{n} X_i \beta_i \tag{3-18}$$

在组合投资的情况下，如果一个高β值的股票($\beta>1$)被加入一个平均风险组合(β_p)中，则组合风险将会提高；反之，如果一个低β值股票($\beta<1$)加入一个平均风险组合中，则组合风险将会降低。

【例3-16】一个投资者拥有10万元现金进行组合投资，共投资10种股票且各占1/10，即1万元。如果这10种股票的β值皆为1.18，则组合的β值为：$\beta_p=1.18$。该组合的风险比市场风险大，即其收益率的波动较大。现在假设完全售出其中一种股票且以一种$\beta=0.8$的股票取代之。此时，股票组合的β值将由1.18下降至1.142，则

$$\beta_p=0.9\times1.18+0.1\times0.8=1.142<1.18$$

假设完全售出其中的一种股票且以一种$\beta=1.2$的股票取代之。此时，股票组合的β值将由1.18上升至1.182，则

$$\beta_p=0.9\times1.18+0.1\times1.2=1.182>1.18$$

【例3-16】说明，在组合投资的情况下，如果投资某股票的系统风险低于投资组合风险，会导致组合β值下降，即作为整体组合的投资者所承担的风险会下降，即使该股票投资报酬率较低，投资者也能够接受；如果该股票的系统风险高于市场组合风险，则组合β值会上升，即投资者承担的风险会上升，这就要求该股票能够给投资者带来更高的预期报酬率，以补偿投资该股票给投资者带来的额外风险，否则不会投资该股票；如果该股票的系统风险等于市场组合风险，则投资者所承担的风险不会因该股票的加入而发生变动，只要该股票能给投资者带来与组合相同的报酬率，投资者就可以接受。现在问题是，如何设定投资某种股票的风险补偿率，进而确定必要报酬率。

3. 资产定价模型和证券市场线

按照资本资产定价模型理论，单一资产(股票)的系统风险可由β系数来度量，其风险与必要报酬率之间的关系式为

$$R_i=R_f+\beta_i(R_m-R_f) \tag{3-19}$$

式中：R_i——第i个股票的要求报酬率；

R_f——无风险报酬率(通常以国库券的报酬率作为无风险报酬率)；

R_m——平均股票的必要报酬率(包括所有股票的组合，即市场组合的必要报酬率)；

(R_m-R_f)——市场组合投资者为补偿承担超过无风险报酬的平均风险而要求的额外报酬，称为市场组合风险溢价。

等式(3-19)被称为资本资产定价模型。

市场组合风险溢价取决于市场对风险的态度，市场对风险的厌恶感越强，要求的风险补偿越高。$\beta_i(R_m-R_f)$为根据投资者投资第i种股票的系统风险程度确定的风险报酬率。可见，根据资本资产定价模型设定的资产必要报酬率仍然为无风险报酬率和风险报酬率之和。

第i种股票风险报酬率是根据风险程度(β_i)，对市场组合风险溢价进行调整得出的。当β_i>1时，比如β_i=2，表明该股票的系统风险是市场组合风险的2倍，则投资该股票的风险补偿也会提高到市场组合风险补偿的2倍；当β_i=1时，即该股票系统风险与市场组合风险相同，则投资该股票的风险补偿率与市场组合风险溢价相同；当β_i<1时，比如β_i=0.5，表明该股票系统风险只是市场组合风险的一半，投资该股票的风险补偿也只需要市场组合风险补偿的一半。我们可以沿用【例3-16】加以验证。

在【例3-16】中，10种股票组合β值为1.18，假设市场风险溢价(R_m-R_f)为5%，则组合风险报酬为5.9%(1.18×5%)。假设完全售出其中一种股票且以一种β=0.8的股票取代，由于该股票的加入，股票组合的β值降为1.142(0.9×1.18+0.1×0.8)。站在组合整体角度看，投资者面临的风险减少了，因而其要求的风险溢价也下降到5.71%(1.142×5%)。那么，如何设定投资这种股票的风险溢价，以实现整体组合5.71%的风险补偿率水平呢？由于组合的风险报酬为构成组合股票风险报酬的加权平均数，假设加入股票的风险补偿率为i，则

$$组合风险报酬率=0.9\times5.9\%+0.1i=5.71\%$$

求解得到：i=4%，而按上述方法确定股票的风险补偿率也为4%(0.8×5%)。

假设完全售出其中一种股票，且以另一种β=1.2的股票取代之，此时，股票组合的β值将上升至1.182。站在组合整体角度来看，投资者面临的风险增加了，因而其要求的风险溢价也提高到5.91%(1.182×5%)，则

$$组合风险报酬率=0.9\times5.9\%+0.1i=5.91\%$$

求解得到：i=6%，而按上述方法确定股票的风险补偿率也为6%(1.2×5%)。

资本资产定价模型可由证券市场线来描述，证券市场线见图3-12。

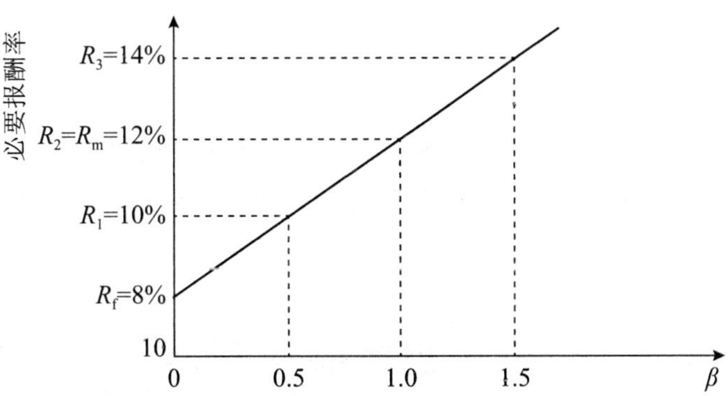

图3-12　证券市场线：β值与必要报酬率

证券市场线主要有如下含义。

(1) 纵轴为必要报酬率，横轴则是以β值表示的风险。

(2) 无风险证券的β=0，故R_f(8%)成为证券市场线在纵轴的截距。

(3) 证券市场线的斜率[(R_2-R_f)/(1−0)=12%−8%=4%]表示投资者对风险厌恶感的程度。一般来说，对风险的厌恶感越强，斜率越大，对风险资产所要求的风险补偿越大，对风险资产的要求收益率越高。

(4) 在β值分别为0.5、1和1.5的情况下，必要报酬率R_1=10%，上升到市场平均的R_m=12%，再上升到R_3=14%。β值越大，必要报酬率越高。

从证券市场线可以看出，投资者必要报酬率不仅取决于无风险报酬率(证券市场线的截距)，而且取决于证券风险和风险补偿程度(证券市场线的斜率)。由于这些因素始终处于变动之中，所以证券市场线也不会一成不变。预计通货膨胀加剧时，无风险报酬率会随之提高，进而导致证券市场线向上平移。风险厌恶感的加强，会提高证券市场线的斜率。

4. 资本资产定价模型的假设

资本资产定价模型建立在如下基本假设之上。

(1) 所有投资者均追求单期财富的期望效用最大化，并以各备选组合的期望收益和标准差为基础进行组合选择。

(2) 所有投资者均可以无风险报酬率无限制地借入或贷出资金。

(3) 所有投资者拥有同样的预期，即对所有资产收益的均值、方差和协方差等，投资者均有完全相同的主观估计。

(4) 所有的资产均可被完全细分，拥有充分的流动性且没有交易成本。

(5) 没有税金。

(6) 所有投资者均为价格接受者，即任何一个投资者的买卖行为都不会对股票价格产生影响。

(7) 所有资产的数量是给定的和固定不变的。

在以上假设的基础上，提出了具有奠基意义的资本资产定价模型。随后，每一个假设逐步放开，并在新的基础上进行研究，这些研究成果都是对资本资产定价模型的突破与发展。自提出资本资产定价模型以来，各种理论争议和经验证明便不断涌现。尽管该模型存在许多问题和疑问，但是以其科学的简单性、逻辑的合理性赢得了人们的支持，各种实证研究验证了β概念的科学性及适用性。

需要指出的是，虽然资本资产定价模型以股票投资作为研究对象，用于估计股票投资的必要报酬率，但是资本资产定价模型的思想对于公司经营项目投资必要报酬率的设定也具有指导意义。

思考题

1. 如何理解资金时间价值这一概念？
2. 资金时间价值在公司金融中的应用主要体现在哪些方面？
3. 资金时间价值的相关计算包括哪些内容？目的是什么？
4. 普通年金、预付年金、递延年金和永续年金有何区别和联系？
5. 何为风险和风险报酬？如何理解风险与报酬之间的关系？
6. 单项资产的风险如何计量？举例说明如何计算单项资产的风险报酬。
7. 投资组合的风险为什么不是组合资产标准差的加权平均数？

8. 如何理解资本市场线？投资者如何确定最优证券组合？

9. 什么是系统风险和非系统风险？为什么充分组合的风险只有系统风险？

10. 什么是β系数？经济含义是什么？

11. 如何理解资本资产定价模型？

练习题

1. 某公司发行2年期债券，年利率为12%，半年计息一次，2年后还本付息1000元，则该债券的现值是多少？

2. 某房地产商计划在5年建设期内每年年初向银行借款1000万元，借款利率为10%，则建设期满应付本息总额为多少？如果该房地产商投资兴建一个工程项目，总投资额为5000万元，全部采用银行借款，借款利率为9%，分5年等额归还银行借款，每年年末应还多少？

3. 某人出国2年，请你代付房租，每年租金10 000元，设银行存款利率为2%，他现在应当给你存入多少钱？

4. 假设以10%的利率借款10 000元，投资于某个寿命为10年的项目，每年至少要收回多少现金才是有利的？

5. 5年分期付款购物，付款可以递延2年，每年年初付2000元，设银行利率为10%，该项分期付款相当于一次现金支付的购价是多少？

6. 如果1股优先股每季分得股息2元，而利率是每年8%。对于一个准备买这种股票的人来说，他愿意出多少钱来购买此优先股？

7. 某企业现有100万元，在5年后使其达到原来的2倍，选择投资机会时最低可接受的报酬率为多少？

8. 某企业拟购买一台柴油机替代目前的汽油机。柴油机价格较汽油机高出10 000元，但每年可节约燃料费用5000元。若市场利率为10%，柴油机应至少使用多少年对企业而言才有利？

9. A公司和B公司股票的预期报酬率及其概率分布见表3-5。

表3-5　A、B公司股票的预期报酬率分布表

经济环境	发生概率	A股票期望报酬率	B股票期望报酬率
繁荣	0.3	40%	60%
正常	0.5	20%	20%
衰退	0.2	0	−10%
合计	1.0		

要求：①画出期望报酬率的概率分布图；②分别计算两家公司的期望报酬率和标准差；③分析哪家公司的股票投资风险较大；④应该购买哪家公司的股票，为什么？

10. 某企业拟分别投资于A资产和B资产，其中，投资于A资产的期望收益率为8%，计划投资额为500万元；投资于B资产的期望收益率为12%，计划投资额为500万元。求该

投资组合的期望收益率。假定投资A、B资产的期望收益率的标准离差均为8%，要求计算当A、B两项资产的相关系数分别为+1、+0.5、0、−0.5和−1时的投资组合收益率的标准离差，并对计算结果做出说明。

11. 一个投资者将100万元现金用于组合投资，共投资5种股票且各占1/5。如果这5种股票的β值皆为1.2，则组合的β值为多少？现在假设完全售出其中一种股票且以一种β=0.5的股票取代之，此时，股票组合的β值为多少？

12. 假设无风险报酬率为5%，市场组合平均报酬率为15%，某投资者购买的股票系统风险程度为市场组合的2倍，则投资该股票的必要报酬率为多少？

第4章　资本成本

4.1　资本成本的概念、用途和影响因素

4.1.1　资本成本的概念

资本成本的概念包括两个方面：一方面，资本成本与公司的长期筹资活动有关，它是公司募集和使用资本的成本，称为公司的资本成本；另一方面，资本成本与公司的长期投资活动有关，它是投资所要求的必要报酬率，称为投资项目的资本成本。这两个方面既有联系，也有区别。

1. 公司的资本成本

公司的资本成本，是指构成公司特定资本结构的资本要素成本(或个别资本成本)的加权平均数。根据资本来源性质的不同，公司的资本要素通常包括权益资本和债务资本。公司资本成本的计算公式为

$$\text{公司资本成本}=\text{债务资本成本}\times W+\text{权益资本成本}\times(1-W)$$

式中：W——债务资本占总资本的比重。

这里，资本成本通常以资本成本率表示，计算公司资本成本首先需要测算各资本要素的成本。

理解公司资本成本，需要注意以下问题。

(1) 不同资本要素的成本不同。公司存在多种资本来源，普通股、优先股和债务是常见的三种来源，每一种资本来源被称为一种资本要素。资本要素成本取决于资本要素提供者(股东或债权人)的必要报酬率，这种必要报酬率是出资者投资该公司的机会成本。例如，投资者是否愿意投资于特定公司，要看该公司能否提供更多的报酬。为此，他需要比较该公司的期望报酬率与其他等风险投资机会的期望报酬率。如果该公司的期望报酬率高于所有的其他投资机会，他就会投资于该公司，他放弃的其他投资机会的收益就是投资于公司的机会成本。

公司筹资的合约条件(比如约定利率、发行价格等)必须能够满足投资者对必要报酬率的要求，否则筹资难以成功。由于风险不同，资本要素提供者所要求的必要报酬率不同，因而，资本要素的成本也不相同。

债权人要求的报酬率比较容易观察和确定。不论是取得银行贷款或发行公司债券，

都要事先约定负债利率。这些规定的利率代表了投资人的要求，也就是债务的成本。当然，不同公司的信用等级和信用风险不同，不同负债期限的债务成本也不同，但总是有明确规定的。权益投资者要求的报酬率不容易预计，权益投资者能够得到的报酬不是合同规定的。股东的报酬来自股利和股价上升两个方面。公司分配多少股利要看将来的经营状况和财务状况，没有义务必须支付某一特定水平的股利。股票价格有时上升，有时下降，会经常变化，因此，股价上升的收益也是不确定的。此外，股东的股利要求权滞后于债权人的利息支付，只有满足了债权人的要求之后，才可能得到股利分配。基于以上原因，股东的投资风险高于债权人的投资风险，因此，公司应当为股东支付更高的报酬。公司为了获得权益资本，必须使权益投资人相信该权益投资的报酬率能够补偿其所承受的风险，至少可以与他们放弃的等风险最佳投资机会的报酬率一样。权益投资人要求的报酬率，是其希望达到的报酬率，而不是已经获得或实际获得的报酬率。实际报酬率可能高于或低于原来的期望。对于权益投资人要求的报酬率是否能够实现，公司并不做任何保证。权益投资人要根据公司现状和前景的有关信息，对可能获得的报酬率水平做出判断，以决定是否投资。

(2) 公司资本成本是由公司投资者(包括股东和债权人)的必要报酬率所决定的。资本要素的成本是由资本要素提供者所要求的报酬率所决定的。例如，一家公司向银行申请贷款，银行制定了7%的贷款利率，也就是银行所要求的报酬率，公司必须满足银行贷款利率的要求，否则难以借到款项，这样公司借款的税前成本率也必然为7%。同样，一家公司发行股票，也必须让股权投资者相信公司能够实现股东对报酬率的要求，否则发行不会成功。在信息完全的有效市场上，股权投资者对投资报酬的预期是可靠的，其预期的报酬就是公司实际为股东提供的报酬，而公司实际为股东提供的报酬(支出的成本)必须达到股东的要求，因而从筹资公司的角度看，股权投资者的必要报酬率就是公司的股权筹资成本。

既然资本要素成本取决于投资者必要报酬率，那么投资者必要报酬率又是由什么决定的呢？从理论上讲，投资者必要报酬率是由无风险报酬率和风险溢价(风险报酬率)构成的，但是风险溢价很难准确估计，而且带有一定的主观色彩。因而在实践中，投资者会寻求一种简单的方法确定必要报酬率。比如，银行贷款给一家公司，规定的贷款利率(必要报酬率)为10%。之所以规定10%的贷款利率，是因为贷款给其他等风险企业的相同期限和性质的贷款也能得到这个回报，这个贷款利率(必要报酬率)是银行贷款该公司的机会成本。再如，股权投资者购买一家公司的股票，如果预期的回报率低于市场相同风险公司的平均报酬率，他就会购买其他相同风险公司的股票。可见，投资者要求的最低报酬率为投资的机会成本，以投资的机会成本确定投资必要报酬率相对简单，而且比较客观。如果市场上其他投资机会的报酬率升高，投资者必要报酬率和资本要素成本也会上升。

由于公司的资本成本是资本要素成本的加权平均数，而资本要素的成本是由资本要素提供者的必要报酬率所决定的，因而公司资本成本也是由公司投资者(包括股东和债权人)必要报酬率所决定的。公司投资者必要报酬率是公司投资者将公司作为一项整体资产进行投资所要求的最低报酬率。

(3) 在数量关系上，公司资本成本低于公司投资者必要报酬率。虽然公司资本成本取

决于资本要素提供者的必要报酬率，但从数量关系来看，两者并不相等。公司投资者必要报酬率的计算公式为

公司投资者必要报酬率=债务资本必要报酬率 × W+权益资本必要报酬率 × (1−W)

公司资本成本的计算公式为

公司资本成本=债务资本必要报酬率(1−T) × W+权益资本必要报酬率 × (1−W)

式中：W——债务资本占总资本的比例；

T——所得税税率。

可见，由于债务资本利息的抵税作用，公司(税后)债务资本成本会低于债权人的必要报酬率，使得公司资本成本低于资本要素必要报酬率的加权平均数(公司出资者必要报酬率)。在数量关系上，公司的税前资本成本等于公司投资者必要报酬率，即

税前公司资本成本=债务资本必要报酬率 × W+权益资本必要报酬率 × (1−W)

(4) 不同公司的税前资本成本不同。公司税前资本成本是公司投资者对于企业全部资产要求的必要报酬率。一个公司税前资本成本(公司投资者必要报酬率)的高低，取决于两个因素：第一，无风险报酬率，或者称为无风险投资所要求的报酬率。典型的无风险投资的例子是政府债券投资。第二，风险溢价。公司的总风险包括经营风险和财务风险(筹资风险)，因此，风险溢价包括经营风险溢价和财务风险溢价。经营风险溢价是指由于公司未来前景的不确定导致的必要报酬率增加的部分。一些公司的经营风险比另一些公司高，投资者，尤其是股东对其要求的报酬率也会增加。财务风险溢价是指高负债或高财务杠杆产生的风险。公司的负债率越高，公司不能还本付息的违约风险越大，债权人要求的报酬率也会越高。不仅如此，负债规模和负债比率越大，普通股收益的波动性也越大，股东要求的报酬率也会越高。

由于不同公司所经营的业务和资本结构不同，它们的经营风险和财务风险也存在较大差异，因此不同公司的税前资本成本也不相同。公司的经营风险和财务风险越大，公司投资人要求的报酬率越高，公司的税前资本成本也就越高。

2. 投资项目的资本成本

在项目投资中，公司是投资主体，项目资本成本是指公司投资特定项目所使用资本的成本。由于只有投资项目的预期报酬率超过项目所使用资本的成本，该项目才具有经济可行性，因而项目资本成本作为公司投资特定项目的必要报酬率，用于投资项目的估价。在经营项目投资中，运作良好的公司一般不会保有闲置低效的资本，需要为项目筹资，项目资本成本则表现为投资项目的筹资成本，而投资项目的筹资成本是由出资者的必要报酬率(或机会成本)决定的。

通常公司为保持目标资本结构，也会保持项目筹资来源结构与目标资本结构一致。也就是说，项目筹资不会改变公司的目标资本结构，进而不会影响公司的财务风险。

不同投资项目的经营风险不同，根据第3章的投资组合理论，公司投资新项目实际上是将其加入公司已有的项目组合中。风险高的投资项目会导致公司整体的经营风险上升，项目出资者(尤其是股东)要求的报酬率和项目的筹资成本增加，从而使项目的资本成本高于公司的资本成本；而风险低的投资项目会导致公司整体的经营风险下降，项目

出资者要求的报酬率和项目的筹资成本降低，从而使项目的资本成本低于公司的资本成本。可见，在筹资结构不变的情况下，作为投资项目的资本成本的高低取决于项目的经营风险，是项目经营风险的函数。那么项目的资本成本如何确定呢？

如果公司新投资项目的经营风险与企业现有资产平均风险相同，则该投资项目不会给公司经营风险带来影响。在筹资结构保持不变的情况下，由于该投资项目不影响公司总风险，则项目出资人(股东和债权人)的必要报酬率也不会发生变化，即项目的筹资成本保持不变，与公司资本成本(WACC)相同。

但是，如果新投资项目的经营风险与公司现有资产平均风险存在显著差异，使用公司资本成本作为项目的资本成本就不恰当了。在这种情况下，如何计算项目的筹资成本或者项目的必要报酬率呢？我们知道，项目出资者所要求的报酬率为项目股东必要报酬率和项目债权人必要报酬率的加权平均数，而项目税前筹资成本与项目出资者所要求的报酬率相同，我们可以通过计算项目出资者所要求的报酬率确定项目资本成本。公司为项目筹资时，由于筹资结构和财务风险不变，债权人所要求的报酬率也不会发生变动，可以用公司现有债务资本的税前成本确定。即使筹资结构与公司现有资本结构不一致，债权人所要求的报酬率也可以用等风险债券市场利率确定，也就是说，债权人所要求的报酬率相对容易确定。现在的问题是新项目的权益投资者的必要报酬率如何确定。从理论上说，新项目的权益投资者(项目股东)的必要报酬率可以应用资本资产定价模型计算。在信息完全的市场环境中，项目股东知晓项目加入后会增加公司系统风险，他需要根据项目的系统风险程度设定其必要报酬率，这样才能够实现公司全体股东(包括他自己)针对公司系统风险增加所要求的风险补偿水平，从而免遭损失。

【例4-1】假设在项目投资前，某公司资产的β值为1，公司资产全部为权益资本筹资形成的。假设实业市场风险溢价(R_m-R_f)为5%，无风险报酬率R_f为2%。现在假设新项目的$\beta_{项目}$为2，新项目也采用权益资本筹资，项目投资规模(价值)与公司资产相同。

在项目投资前，公司资产(或原有股东)的必要报酬率为

$$R_{投资前}=R_f+\beta(R_m-R_f)=2\%+1\times5\%=7\%$$

新项目加入后公司的β_p值和必要报酬率为

$$\beta_p=50\%\times1+50\%\times2=1.5$$

$$R_{投资后}=R_f+\beta_p(R_m-R_f)=2\%+1.5\times5\%=9.5\%$$

其中，风险补偿率由原来的5%上升到7.5%。

这表明新项目的加入增加了公司全体股东承受的系统风险，全体股东要求风险补偿率上升以补偿投资该项目给股东带来的额外风险。现在问题是，项目股东如何设定投资该项目的风险补偿率，以实现公司全体股东7.5%的风险补偿率。

新项目加入后，公司全体股东的风险报酬为原股东风险报酬和项目股东风险报酬的加权平均数，假设项目股东对项目要求的风险补偿率为R，则

$$\begin{aligned}公司风险报酬&=50\%\times项目加入后公司资产价值\times5\%+50\%\times项目加入后公司资产价值\times R\\&=项目加入后公司资产价值\times7.5\%\end{aligned}$$

求解得到：R=10%，则

$$R_{项目}=R_f+R=2\%+10\%=12\%$$

这说明只有项目股东对项目要求的风险报酬率达到10%，必要报酬率达到12%，新项目带来的报酬才能补偿公司全体股东(包括项目股东)承受的项目增加的风险。

如果项目股东根据项目的系统风险程度设定其投资必要报酬率，则

$$R_{项目股东}=R_f+\beta_{项目}(R_m-R_f)=2\%+2\times5\%=12\%$$

其中，风险补偿率为10%。

可见，项目股东只有按项目的系统风险程度设定其投资必要报酬率，才能补偿公司全体股东(包括项目股东)承受的项目增加的风险。

需注意的是，虽然从理论上说，项目股东必要报酬率可以根据项目的系统风险程度，应用资本资产定价模型进行计算。但是实业市场不同于股票市场，我们不仅很难取得计算实业市场组合(涵盖各行各业以及行业内的各种企业)平均收益率(R_m)所需的可靠市场数据，而且计算特定项目的β值更难有可靠的市场数据可依赖。

4.1.2 资本成本的用途

资本成本是公司金融领域的一个非常重要的概念，主要用于长期投资决策、长期筹资决策和资本结构决策、营运资本管理以及企业价值评估。

1. 用于长期投资决策

在公司长期投资决策中，通常采用净现值法或内含报酬率法评价项目的可行性或优选项目，采用净现值法要将项目资本成本作为必要报酬率，评价项目是否能够给股东创造财富；而采用内含报酬率法，项目资本成本是评价投资项目可行性的标准，公司为了增加股东财富，只能投资于报酬率超过项目资本成本的项目。

正确估计项目的资本成本是制定投资决策的基础。当投资项目风险与公司现存业务相同时，在项目筹资不改变公司资本结构的情况下，公司税前资本成本可以作为项目的资本成本。当然，在确定一个项目风险恰好等于现有资产平均风险时，需要审慎地判断。如果投资项目与现有资产平均风险不同，公司资本成本不能作为项目现金流量的折现率。不过，公司资本成本仍具有重要价值，它提供了一个调整基础。根据项目风险与公司风险的差别，适当调增或调减可以估计项目的资本成本。评价投资项目的普遍方法是净现值法和内含报酬率法。

2. 用于长期筹资和资本结构决策

长期筹资决策的核心问题是决定资本结构。最优资本结构是使企业价值或股权价值最大化的资本结构。由于估计资本结构对企业价值的影响非常困难，从筹资决策角度出发，通常假设资本结构不改变企业的现金流(取决于项目投资决策)，那么能使公司价值最大化的资本结构就是加权平均资本成本最小化的资本结构。我们比较容易预测资本结构变化对平均资本成本的影响，因而加权平均资本成本可以指导资本结构决策。

3. 用于营运资本管理

营运资本是垫支在流动资产上的资本，垫支营运资本也是一种长期投资。可以把各

类流动资产投资看成不同的“投资项目”，垫支流动资产的营运资本投资和长期资产投资的风险不同，其资本成本也不同。

在管理营运资本方面，资本成本可以用来评估营运资本投资政策。例如，用于流动资产的资本成本提高时，应适当减少营运资本投资额，并采用相对激进的筹资政策。

4. 用于企业价值评估

在现实中，经常会碰到需要评估一个企业的价值的情况，例如企业并购、重组等。在制定公司金融决策时，需要知道每种决策方案对企业价值的影响，也会涉及企业价值评估。评估企业价值时，主要采用现金流量折现法，需要使用公司税前资本成本作为公司现金流量的折现率。

总之，资本成本是连接投资和筹资的纽带，具有广泛的用途。首先，筹资和资本结构决策决定了一个公司的加权平均资本成本；其次，税前加权平均资本成本又成为投资决策的依据，既是平均风险项目要求的必要报酬率，也是其他风险项目资本成本的调整基础。

4.1.3 资本成本的影响因素

在市场经济环境中，多方面因素的综合作用决定着公司资本成本的高低，具体可分为外部因素和内部因素。其中，外部因素主要有市场无风险利率、系统风险变动、市场风险溢价和税率；内部因素主要有资本结构、股利政策和投资决策。这些因素发生变化时，公司资本成本也会随之变动。

1. 外部因素

(1) 市场无风险利率。市场无风险利率上升，公司的债务成本会上升，因为投资人的机会成本增加了，公司筹资时必须付给债权人更多的报酬。根据资本资产定价模型，无风险利率上升也会引起普通股和优先股的成本上升。个别公司无法改变无风险利率，只能被动接受。无风险利率上升，资本成本上升，投资项目的价值就会降低，将会抑制公司投资；无风险利率下降，资本成本也会下降，将会刺激公司投资。

(2) 系统风险变动。根据资本资产定价模型可以看出，系统风险上升时，市场组合风险溢价增加，会导致股权成本上升。同时，股权成本上升时，为降低公司资本成本，公司会增加债务筹资，从而推动债务成本上升，进而导致公司资本成本的增加。

(3) 市场风险溢价。市场风险溢价不仅受系统风险变动的影响，同时由资本市场上的供求双方决定，个别公司无法控制。根据资本资产定价模型可以看出，市场风险溢价会影响股权成本。

(4) 税率。税率受政府政策影响，个别公司无法控制。税率变化直接影响税后债务成本以及公司加权平均资本成本。此外，资本性收益的税务政策发生变化，会影响人们对于权益投资和债务投资的选择，并间接影响公司的最佳资本结构。

2. 内部因素

(1) 资本结构。在计算加权平均资本成本时，我们假定公司的目标资本结构已经确定。企业改变资本结构时，资本成本会随之改变。从静态来看，增加债务的比重，会使平均资本成本趋于降低，同时会增加公司的财务风险。但从动态来看，财务风险和财务杠杆的提高，以及股东收益的不确定性增加，又会引起债务成本和股权成本上涨。因此，公司应适度负债，寻求资本成本最小化的资本结构。

(2) 股利政策。股利政策影响净利润中分配给股东的比例。根据股利折现模型，它是决定股权成本的因素之一。公司改变股利政策，就会引起股权成本的变化。

(3) 投资政策。公司的资本成本反映现有资产的平均风险。如果公司向高于现有资产风险的新项目大量投资，公司资产的平均风险就会提高，并使得公司资本成本上升。因此，当公司投资政策发生变化时，公司资本成本就会发生变化。

4.2 债务资本成本的估计

4.2.1 债务筹资的特征

估计债务成本就是确定债权人要求的收益率。债务成本的估计方法与债务筹资的特征有关系。与权益筹资相比，债务筹资有以下特征。

(1) 债务筹资产生合同义务。筹资公司在取得资金的同时，必须承担规定的合同义务。这种义务包括在未来某一特定日期归还本金，以及支付本金之外的利息费用或票面利息。

(2) 公司在履行上述义务时，归还债权人本息的请求权优先于股东的股利。

(3) 提供债务资本的投资者，没有权利获得高于合同规定利息之外的任何收益。

由于债务筹资的上述特点，债务资本的提供者承担的风险显著低于股东，所以其期望报酬率低于股东，即债务的资本成本低于权益筹资。

公司有多种债务，它们的利率各不相同。从理论上看，需要分别计算每一种债务的成本，然后计算出其加权平均债务成本。

这里的“资本”定义为公司长期资金，由于计算公司资本成本的主要目的是用于资本预算，资本成本应当与资本预算一样面向未来。财务经理不可能在开始计划时就预计出各种债务的类型和结构，因为要看当时的资本市场情况。而且临时性资本需求靠短期借款和发行商业票据，通常其数额和筹资成本经常变动，不便于计划。由于加权平均资本成本主要用于资本预算，涉及的债务是长期债务，因此，通常的做法是只考虑长期债务，而忽略各种短期债务。值得注意的是，有时候公司无法发行长期债券或取得长期银行借款，被迫采用短期债务筹资并将其不断续约。这种债务，实质上是一种长期债务，是不能忽略的。

公司的长期负债主要包括公司债券和长期银行借款，由于商业银行贷款主要以短期为主，而且长期银行借款成本的确定与债券成本的确定类似，因此本节考察债务资本成本主要分析和估计债券资本成本。

4.2.2 债务资本成本的估计方法

1. 不考虑发行费用的债务资本成本估计

(1) 到期收益率法。如果公司目前有上市的长期债券，则可以使用到期收益率法(内含报酬率)计算债务的税前成本。

根据债券估价的公式，到期收益率是使式(4-1)成立的K_d，则

$$P_0=\sum_{t=1}^{n}\frac{利息(I)}{(1+K_d)^t}+\frac{本金(M)}{(1+K_d)^n}=I(P/A，K_d，n)+M(P/F，K_d，n) \tag{4-1}$$

式中：P_0——债券的市价。在有效市场假设条件下，债券市价能够反映其内在价值，即理性投资者估计的经济价值。

K_d——到期收益率(内含报酬率)。当债券市价表现为债券经济价值时，计算出的K_d则为债权人的必要报酬率，因为债权人使用必要报酬率来估计债券经济价值。而对发行公司而言，K_d则为税前债券成本。

n——债务的期限，通常以“年”表示。

求解到期收益率的目的是计算债务资本成本，在有效市场假设条件下，到期收益率则为投资债券的必要报酬率，而债券的必要报酬率决定了债务资本成本。由于债务利息的抵税作用，使得债务资本成本低于债券的必要报酬率(税前债务资本成本)。债务资本成本的计算公式为

债务资本成本=到期收益率×(1−所得税税率)=税前债务资本成本×(1−所得税税率)

【例4-2】A公司8年前发行了面值为1000元、期限30年的长期债券，利率是7%，每年付息一次，目前市价为900元。

$$900=1000\times7\%\times(P/A，K_d，22)+1000\times(P/F，K_d，22)$$

使用“试误法”和“插值法”求解，K_d=7.98%。

$$该债券成本=7.98\%\times(1-25\%)=5.99\%$$

(2) 可比公司法。如果公司的债券没有上市，则不存在债券市价，难以直接应用到期收益率法。这就需要找一个可比公司的上市债券作为参照物，通过计算可比公司上市债券的到期收益率，作为本公司的税前债券成本。可比公司应当与目标公司处于同一行业，具有类似的商业模式，最好两者的规模、负债比率和财务状况比较类似。

(3) 风险调整法。如果本公司债券没有上市，而且找不到合适的可比公司，那就需要使用风险调整法估计债务成本。按照这种方法，债务成本通过同期限政府债券的市场收益率与企业的信用风险补偿相加求得，公式为

税前债务成本=政府债券的市场回报率+企业的信用风险补偿率

关于政府债券的市场回报率，将在股权成本估计中讨论，现在的问题是如何估计企业的信用风险补偿率。

信用风险的大小可以用信用级别来估计，具体做法如下。

第一，选择若干信用级别与本公司相同的上市公司债券(不一定符合可比公司条件)；

第二，计算这些上市公司债券的到期收益率，作为这些债券的必要报酬率；

第三，计算与这些上市公司债券同期的长期政府债券到期收益率(无风险利率)；

第四，计算上述两个到期收益率的差额，即信用风险补偿率；

第五，计算信用风险补偿率的平均值，作为本公司的信用风险补偿率。

【例4-3】某公司的信用级别为B级。为估计其债务成本，收集了目前上市交易的B级公司债4种。不同期限债券的利率不具可比性，期限长的债券利率较高。对于已经上市的债券来说，到期日相同则可以认为未来的期限相同，其无风险利率相同，两者的利率差额是风险不同引起的。寻找与公司债券到期日完全相同的政府债券几乎不可能。因此，要选择4种到期日分别与4种公司债券近似的政府债券，进行到期收益率的比较，有关数据如表4-1所示。

表4-1　上市公司的4种B级公司债有关数据表

发行公司	上市债券到期日	到期收益率	政府债券到期日	政府债券到期收益率	公司债券风险补偿率
甲	2012. 1. 28	4.80%	2012. 1. 4	3.97%	0.83%
乙	2012. 9. 26	4.66%	2012. 7. 4	3.75%	0.91%
丙	2013. 8. 15	4.52%	2014. 2. 15	3.47%	1.05%
丁	2017. 9. 25	5.65%	2018. 2. 15	4.43%	1.22%
风险补偿率平均值					1.00%

假设同期限政府债券的市场收益率为3.5%，则某公司的债券成本为

$$K_d=3.5\%+1\%=4.5\%$$

$$\text{该债券成本}=4.5\%\times(1-25\%)=3.38\%$$

(4) 财务比率法。如果目标公司没有上市的长期债券，也找不到合适的可比公司，并且没有信用评级资料，那么可以使用财务比率法估计债务成本。

按照该方法，需要知道目标公司的关键财务比率，根据这些比率可以大体上判断该公司的信用级别，有了信用级别就可以使用风险调整法确定其债务成本。

财务比率和信用级别存在相关关系。工作人员应收集目标公司所在行业各公司的信用级别及其关键财务比率，并计算出各财务比率的平均值。编制信用级别与关键财务比率对照表，如表4-2所示。

表4-2　信用级别与关键财务比率对照表

信用级别	AAA	AA	A	BBB	BB	B	CCC
利息保障倍数	12.9	9.2	7.2	4.1	2.5	1.2	−0.9
净现金流/总负债	89.7%	67.0%	49.5%	32.2%	20.1%	10.5%	7.4%
资本回报率	30.6%	25.1%	19.6%	15.4%	12.6%	9.2%	−8.8%
经营利润/销售收入	30.9%	25.2%	17.9%	15.8%	14.4%	11.2%	5.0%
长期负债/总资产	21.4%	29.3%	33.3%	40.8%	55.3%	68.8%	71.5%
总负债/总资产	31.8%	37.0%	39.2%	46.4%	58.5%	71.4%	79.4%

根据目标公司的关键财务比率和信用级别与关键财务比率对照表，就可以估计出公

司的信用级别，然后就可以按照前述的“风险调整法”估计其债务成本。

2. 考虑发行费用的债务资本成本估计

由于公司资本筹资大部分采用内部筹资或定向私人筹资，因此一般不涉及发行费用，但是如果采用公开发行，则需要考虑发行费用对筹资成本的影响。

公司委托券商公开发行债券所支付的发行费用通常在发行额中直接扣除，这样，虽然公司的净筹资额减少，但是仍然需要按名义发行额支付满足投资者必要报酬率的债券利息，显然，债券成本会上升。那么考虑发行费用以后，债券的税前成本K_d应使式(4-2)成立，则

$$P_0(1-F)=\sum_{t=1}^{n}\frac{I}{(1+K_d)^t}+\frac{M}{(1+K_d)^n}=I(P/A,\ K_d,\ n)+M(P/F,\ K_d,\ n) \tag{4-2}$$

式中：P_0——债券发行价格；

F——发行费用率；

n——债券期限；

K_d——经发行费用调整后的债券税前资本成本。

从式(4-2)可以看出，由于发行费用减少了净筹资额，因而债券税前成本有所增加。

【例4-4】假设某公司拟按面值1000元发行30年期的按年付息、一次还本债券，票面利率为10%，所得税税率为25%，发行费率为1%。该债券资本成本为多少？

根据题意，求解税前债券成本K_d的现金流量折现模型为

$$M(1-F)=I(P/A,\ K_d,\ n)+M(P/F,\ K_d,\ n) \tag{4-3}$$

将数据带入公式(4-3)

$$990=100(P/A,\ K_d,\ 30)+1000(P/F,\ K_d,\ 30)$$

利用“试误法”和“插值法”，得出税前债券成本K_d=10.11%。

$$该债券资本成本=K_d(1-T)=7.58\%$$

如果不考虑发行费用，该债券资本成本为

$$10\%(1-25\%)=7.5\%$$

应该指出的是，应用公式(4-3)计算考虑发行费用的债券成本，理论依据并不充分。因为从投资者视角来看，无论是否扣除发行费用，在有效市场条件下，投资者估计的债券价值仍然是发行价格，扣除发行费用后所计算的K_d并不是投资者的必要报酬率，也就不是公司税前债券成本，因而这种方法只是一种简易的计算方法，得出的是扣除发行费用后债券成本近似值。

实际上，扣除发行费用后债券成本也可以采用调整未扣除发行费用的税前债券成本方法来计算。首先，计算未扣除发行费用的税前债券成本，按照例【4-3】，K_{d0}=10%。其次，由于发行费用减少了实际筹资额，单位债券净筹资额为990元，扣除发行费用后，K_d=10%×1000/999=10.1%，计算结果与应用公式(4-3)计算相近。

其实，为降低债券成本调整发行费用的意义并不大。在例【4-3】中，虽然发行费用会使债券成本有所增加，但差别不大。在进行经营项目估价时预计现金流量的误差较大，远大于发行费用调整对于资本成本的影响。这里的“债务成本”是按承诺收益计量

的，没有考虑违约的风险，违约风险会降低债务成本，可以抵消发行成本增加债务成本的影响。因此，多数情况下没有必要调整发行费用。实际上，除非发行成本很高，否则很少有人花大量时间调整发行费用。

3. 优先股资本成本的估计

优先股股息通常是固定的，与债务利息类似，在某种程度上可以说优先股属于无期限债券(永续债券)。永续债的利息是一种永续年金。永续债税前资本成本的估计公式为

$$K_{pd}=I_{pd}/P_{pd}(1-F) \tag{4-4}$$

式(4-4)中：K_{pd}——永续债税前资本成本；

I_{pd}——永续债每年利息；

P_{pd}——永续债发行价格；

F——永续债发行费用率。

优先股成本的估计方法与永续债类似，不同的是其股利在税后支付，没有抵税作用，其资本成本会高于债券。优先股资本成本的计算公式为

$$K_p=D_p/P_p(1-F) \tag{4-5}$$

式中：K_p——优先股资本成本；

D_p——优先股每股年股息；

P_p——优先股每股发行价格；

F——优先股发行费用率。

【例4-5】某公司拟发行一批优先股，每股发行价格105元，发行费用5元，预计每股年股息10元，试测算资本成本。

资本成本的测算结果为

$$K_p=10/(105-5)=10\%$$

优先股筹资属于混合筹资，兼具债权筹资和股权筹资双重属性，其他的混合筹资还包括可转换债券筹资和认股权证筹资等。本书将在后续章节详细介绍后两种混合筹资成本的估计方法。

4.3 权益资本成本的估计

权益资本成本是指公司筹集权益资本所需的成本。公司增加权益资本通常有两种方式：一种是对外增发普通股或优先股(优先股可以视为无期限债券，另外讨论)，另一种是通过留存收益增加权益资本。由于留存收益的所有权仍然属于股东，保留盈余是股东对公司普通股的再投资，因此股东仍然有必要报酬率的要求。对公司而言，这种内部权益筹资虽然没有现实的现金流出(成本支出)，但未来需要更多的现金支付权益资本成本。

这里的“权益资本”是指普通股，包括增发新的普通股和留存收益转增的普通股。普通股资本成本是指筹集普通股所需的成本。这里的“筹资成本”，是指面向未来的成本，而不是过去的成本。

4.3.1　不考虑发行费用的普通股资本成本的估计

定向增发普通股和留存收益转增的普通股都不涉及发行费用问题。普通股资本成本估计方法有三种，即资本资产定价模型、股利增加模型和债券收益率风险调整模型。三种方法各有优点和缺点，究竟选择哪一种，往往要看相关数据的可靠性，选用最有把握的一种。其中，资本资产定价模型被广泛使用。

1. 资本资产定价模型

资本资产定价模型是估计普通股资本成本的常用方法。按照资本资产定价模型，普通股股东的必要报酬率等于无风险利率加上风险溢价，而对筹资公司而言，股东的必要报酬率就是普通股资本成本。相关的计算公式为

$$K_s=R_f+\beta(R_m-R_f)$$

式中：(R_m-R_f)—— 权益市场组合风险报酬率(风险溢价)；

$\beta(R_m-R_f)$——投资该股票的风险报酬率。

【例4-6】假定市场组合风险报酬率为10%，股票市场组合的平均报酬率(必要报酬率)为14%，假设某公司普通股β值为1.2，权益资本成本为多少？

$$K_s=10\%+1.2\times(14\%-10\%)=14.8\%$$

根据资本资产定价模型计算普通股的资本成本，需要估计无风险利率R_f、β系数以及市场组合风险报酬率(R_m-R_f)。

(1) 无风险利率的估计。我们将无风险资产定义为投资者可以确定期望报酬率的资产。通常认为，政府债券没有违约风险，可以代表无风险利率。但是，在具体操作时会遇到以下三个问题需要解决：如何选择债券的期限，如何选择利率，以及如何处理通货膨胀问题。

第一，选择短期政府债券利率还是长期政府债券利率。政府债券基本上没有违约风险，其利率可以代表无风险利率。问题在于政府债券有不同的期限，它们的利率不同。通常认为，在计算公司股权资本成本时选择长期政府债券的利率比较适宜，理由如下所述。

① 普通股是长期的有价证券。从理论上分析，期限的选择应当与被讨论的现金流期限匹配。普通股的现金流是永续的，很难找到永续债券。政府长期债券期限长，比较接近普通股的现金流。

② 计算资本成本的目的主要是作为长期投资的折现率。长期政府债券的期限和投资项目现金流的持续时间能较好地配合。

③ 长期政府债券的利率波动较小。短期政府债券的波动性较大，其变动幅度有时甚至超过无风险利率本身，不宜作为无风险利率的代表。

实务中，较为常见的做法是选用10年期的政府债券利率作为无风险利率的代表，也有人主张使用更长时间的政府债券利率。

第二，选择票面利率还是到期收益率。不同时间发行的长期政府债券，其票面利率不同，有时相差较大。长期政府债券的付息期不同，有半年期或一年期等，还有到期一次还本付息的。因此，票面利率是不适宜的。

估计股权资本成本时，应当选择上市交易的政府长期债券的到期收益率作为无风险利率的代表。不同年份发行的、票面利率和计息期不等的上市债券，根据当前市价和未来现金流计算的到期收益率只有很小的差别，各种长期政府债券的到期收益率与票面利率会有很大区别。

第三，选择名义无风险利率还是真实无风险利率。两者的关系可表述为

$$1+r_{名义}=(1+r_{实际})\times(1+通货膨胀率)$$

如果企业对未来现金流量的预测是基于预算年度的价格水平，并消除了通货膨胀的影响，那么这种现金流量称为实际现金流量；包含通货膨胀影响的现金流量，称为名义现金流量。两者的关系为

$$名义现金流量=实际现金流量\times(1+通货膨胀率)^n$$

式中：n——相对于基期的期数。

在决策分析中，有一条必须遵守的原则，即含有通胀的现金流量要使用含有通胀的折现率进行折现，实际的现金流量要使用实际的折现率进行折现。政府债券的未来现金流，都是按含有通胀的货币支付的，据此计算出来的到期收益率是含有通胀率。

计算资本成本时，无风险利率应当使用名义利率还是实际利率，人们存在分歧。

主张采用实际利率的理由是：其一，实际利率反映资源的真实要求，而名义利率容易引起误解。名义现金流量其实是积累的通货膨胀，以后年度的巨大现金流入会使人过于乐观；实际现金流量更便于理解和比较。其二，通常在进行财务预测时，一般是以当前的收入、成本和利息等实际的数据为基础，然后根据预期通货膨胀率向上调整，得出含通胀的货币预计财务报表数据，所以使用实际利率便于基础年度的收入、成本等实际数据衔接。

主张采用名义利率的理由是：其一，通货膨胀是一种现实，人们已经习惯用名义货币表示的现金流量，去除通胀因素的调整后的实际现金流不符合人们的习惯。其二，用实际数字编制预计利润表和资产负债表，难以对税负和折旧等费用进行调整。税收事实上是按含通胀的名义货币缴纳的，折旧是按资产的含通胀的账面价值计算的，如果调整则会引起不合理的扭曲，而不调整则现金流量表与利润表、资产负债表无法衔接，因此，用含通胀的名义货币数据编制预测财务报表比较容易。

实务中，一般情况下使用含通胀的名义货币编制预计财务报表并确定现金流量，与此同时，使用含通胀的无风险报酬率计算资本成本。只有在以下两种情况下，才能使用实际利率计算资本成本：其一，存在恶性的通货膨胀(通货膨胀率达到两位数)时，最好使用排除通货膨胀的实际现金流量和实际利率。其二，预测周期特别长，例如核电站投资等，通货膨胀的累积影响巨大。在采用实际利率计算资本成本时，编制预计财务报表需

要用含通胀的名义货币数据预计税收、折旧、营运资本，然后用预期通货膨胀率将其调整为实际数据，以便使各种报表数据互相衔接。

(2) β值的估计。在前面讨论资本资产定价模型时，我们已经知道，β值为证券i的报酬率与市场组合报酬率的协方差与市场组合报酬率方差的比值，则

$$\beta = \frac{\text{Cov}(R_i, R_m)}{\sigma_m^2}$$

式中：$\text{Cov}(R_i, R_m)$——证券i的报酬率与市场组合报酬率的协方差；

σ_m^2——市场组合报酬率的方差。

在确定β值时，必须做出以下两项选择。

其一，选择有关预测期间的长度。较长的期限可以提供较多的数据，得到的β值更具代表性，但在这段时间里公司本身的风险特征可能发生变化。例如，在进行回归分析的区间里，两年前公司举借了大量的债务用于收购其他公司，公司的基本风险特征有很大变化，那么用最近两年的数据计算的结果要比用5年的数据更能反映公司未来的风险。因此，公司风险特征无重大变化时，可以采用5年或更长的预测期长度；如果公司风险特征发生重大变化，应当使用变化后的年份作为预测期长度。

其二，选择收益计量的时间间隔。股票收益可能建立在每年、每月、每周，甚至每天的基础上。使用每日内的报酬率会提高回归中数据的观察量，但也会面临一个问题，就是有些日子没有成交或者停牌，该期间的报酬率为0，由此引起的偏差会降低股票收益率与市场报酬率之间的相关性，也会降低该股票的β值。使用每周或每月的报酬率就能降低这种偏差，因此被广泛采用。年度报酬率较少采用，回归分析需要使用很多年的数据，在此期间资本市场和企业都发生了很大变化。

此外，需要注意的是，财务估价使用的现金流量数据是面向未来的，而计算股权成本使用的β值却是历史的，时间基础不一致。事实上，我们无法确定未来的β值，只好假设未来是历史的继续。如果有理由相信未来的业务与过去有本质或重要的区别，则历史的β值是不可靠的。

要想判断历史的β值是否可以指导未来，就要看β值的驱动因素是否发生重大变化。虽然β值的驱动因素很多，但关键因素只有三个，即经营杠杆、财务杠杆和收益的周期性。其中，收益的周期性，是指一个公司的收入和利润对整个经济周期状态的依赖性强弱。如果公司在这三方面没有显著改变，则可以用历史的β值估计股权成本。

(3) 市场风险溢价的估计。市场风险溢价，通常被定义为在一个相当长的历史时期里，市场平均收益率与无风险资产平均收益率之间的差异。前面已经解决了无风险资产收益的估计问题，因此，剩下的只是市场平均收益率的估计。

估计市场收益率的常见方法是分析历史数据，在分析时会碰到以下两个问题。

第一，选择时间跨度。由于股票收益率非常复杂多变，影响因素很多，较短的期间所提供的风险溢价比较极端，无法反映平均水平，因此应选择较长的时间跨度。例如，用过去几十年的数据计算权益市场平均收益率，其中既包括经济繁荣时期，也包括经济衰退时期，要比只用最近几年的数据计算更具代表性。

第二，市场平均收益率选择算数平均数还是几何平均数。两种方法算出的风险溢价有很大的差异。算数平均数是在这段时间内年收益率的简单平均数，而几何平均数则是同一时期内收益率的复合平均数。

【例4-7】某证券市场最近两年的相关数据如表4-3所示，试计算并比较算数平均收益率和几何平均收益率。

表4-3　证券市场数据

时间(年末)	价格指数	市场收益率
0	2500	
1	4000	(4000−2500)/2500=60%
2	3000	(3000−4000)/4000=−25%

$$\text{算数平均收益率}=[60\%+(-25\%)]\div 2=17.5\%$$

$$\text{几何平均收益率}=\sqrt{\frac{3000}{2500}}-1=9.54\%$$

主张使用算数平均数的理由是：算数平均数更符合资本资产定价模型中的平均方差的结构，因而更适合作为下一阶段风险溢价的预测指标。主张使用几何平均数的理由是：几何平均数的计算考虑了复合平均，能更好地预测长期的平均风险溢价。多数人倾向于采用几何平均法，采用几何平均法得出的预期风险溢价，一般情况下比算术平均法要低一些。

2. 股利增长模型

股利增长模型法假设企业未来的股利以固定的年增长率递增，按照这一思路计算权益资本成本。假定股利收益以固定的年增长率(g)递增，根据权益估价的现金流量折现模型，股权成本的计算公式为

$$p_0=\sum_{t=1}^{\infty}\frac{D_t}{(1+K_S)^t} \tag{4-6}$$

$$D_t=D_0(1+g)^t$$

推导出股权资本成本的近似计算公式为

$$K_s\approx\frac{D_1}{P_0}+g \tag{4-7}$$

式中：D_1——预期投资第一年的股利额，$D_1=D_0(1+g)$；

P_0——普通股当前市价，在有效市场条件下股价能够反映普通股的内在价值；

K_s——股东必要报酬率，即普通股成本；

g——股利的年增长率。

公司分配的股利就是普通股的成本支出，由于公司每年分配的股利会随着公司盈利水平的波动而发生变动，因此所计算的普通股成本也只是一个平均的估计数。

使用股利增长模型的主要问题是估计长期平均增长率g。如果一家企业在支付股利，那么D_0就是已知的，而$D_1=D_0(1+g)$，所以剩下的问题只是估计增长率g。

估计长期平均增长率的方法有以下三种。

(1) 历史增长率。这种方法是根据过去的股利支付数据估计未来的股利增长率。股利增长率可以按几何平均数计算，也可以按算数平均数计算，两种方法的计算结果会有很大的区别。

【例4-8】某公司2013—2017年的股利支付情况如表4-4所示。

表4-4　某公司2013—2017年的股利支付情况表

年份	2013年	2014年	2015年	2016年	2017年
股利	0.16	0.19	0.20	0.22	0.25

按几何平均数计算，股息的平均增长率为

$$g=\sqrt[n]{\frac{\text{FV}}{\text{PV}}}-1$$

式中：PV——最早支付的股利；

FV——最近支付的股利；

n——股息增长期的期间数。

该公司的股利(几何)增长率为

$$g=\sqrt[4]{\frac{0.25}{0\ 16}}-1=11.80\%$$

该公司的股利(算术)增长率为

$$g=(\frac{0.19-0.16}{0.16}+\frac{0.20-0.19}{0.19}+\frac{0.22-0.20}{0.20}+\frac{0.25-0.22}{0.22})/4=11.91\%$$

哪一个更适合股利增长模型呢？几何增长率适合投资者在整个期间长期持有股票的情况，而算术增长率适合在某一段时间持有股票的情况。由于股利折现模型的增长率需要长期的平均增长率，几何增长率更符合逻辑。

有了历史平均增长率，就可以利用股利增长模型计算出股权成本。在计算历史增长率时采用数据的年份不同，得出的股权成本也会不同，需要谨慎选择。通常，需要使用计算出来的历史增长率和股权成本，利用股票估价模型$P_0=D_1(K_s-g)$以及历史的各年股利，计算出相应的一系列模型预计股价，并对历史的实际股价和模型预计股价进行相关性分析，选择相关性最好的历史增长率。

如果公司过去的股利增长率相对平稳，并且预期这种趋势会继续下去，那么过去的增长率就可以作为未来增长的估计值。但是，长期观察各公司股利支付的情况，股利稳定增长的公司并不多见，有些公司甚至多年不支付股利。股利支付与企业所处的生命周期有关，在企业初创期和成长期很少支付股利，进入成熟期以后才会有较多的股利支付。因此，历史增长率法很少单独应用，它仅仅是估计股利增长率的一个参考，或者是一个需要调整的基础。

(2) 可持续增长率。当未来不依靠增发新股，完全依靠内部积累(留存收益)实现权益筹资，并且保持当前的经营效率(销售盈利能力和资产运营效率)和财务政策(资本结构和分配政策)不变时，则可根据可持续增长率来确定股利增长率。

股利增长率=可持续增长率=留存收益比率×期初权益预期净利率

公式的推导思路为

股利增长率=净利润增长率=销售增长率=资产增长率=留存收益增长率

=Δ留存收益/期初权益=留存收益比率×当年净利润/期初权益

=留存收益比率×期初权益预期净利率

【例4-9】某公司预计未来保持经营效率、财务政策不变，预计股利支付率为20%，期初权益预期净利率为6%，试计算股利的增长率。

$$g=6\%\times(1-20\%)=4.8\%$$

根据可持续增长率估计股利增长率，实际上隐含了一些重要的假设：利润留存率不变；预期新投资的权益净利率等于当前预期报酬率；公司不发行新股；未来投资项目的风险与现有资产相同。如果这些假设与未来的状况有较大区别，则可持续增长率法不宜单独使用，需要与其他方法结合使用。

(3) 采用证券分析师的预测。证券服务机构的分析师会经常发布大多数上市公司的增长率预测值。估计增长率时，可以将不同分析师的预测值进行汇总，并求其平均值。在计算平均值时，可以给权威性较强的机构以较大的权重，而其他机构的预测值给予较小的权重。

证券分析师发布的各公司增长率预测值，通常是分年度或季度的，而不是唯一的长期增长率。对此，有两种解决办法：①将不稳定的增长率平均化：转换的方法是计算未来足够长期间的年度增长率的几何平均数。通常，只保留30年或50年的数据，舍去更远的数据，它们对计算结果的影响甚微。②根据不平均的增长率直接计算股权成本。

【例4-10】A公司的当前股利为2元/股，股票的实际价格为23元。证券分析师预测，未来5年的股利增长率逐年递减，第5年及其以后年度为5%。

(1) 计算几何平均增长率。预计未来30年的股利，如表4-5所示。

表4-5　对A公司的股利预测

年度	0	1	2	3	4	5	30
增长率		9%	8%	7%	6%	5%	5%
股利	2	2.1800	2.3544	2.5192	2.6704	2.8039	9.4950

设平均增长率为g，则

$$2\times(1+g)^{30}=9.4950$$

$$g=5.3293\%$$

如果按照g=5.3293%计算股权成本，则

$$股权成本=2\times(1+5.3293\%)/23+5.3293\%=9.15907\%+5.3293\%=14.49\%$$

(2) 根据不均匀的增长率直接计算股权成本。根据固定增长股利估价模型，设股权成本为K_s，则第4年年末的股价为

$$P_4=2.8039\div(K_s-5\%)$$

当前的股价等于前4年的股利现值与第4年年末股价现值之和，则

$$P_0=\sum_{t=1}^{4}\frac{D_t}{(1+K_s)^t}+\frac{P_4}{(1+K_s)^4}$$

$$23=\frac{2.1800}{(1+K_s)}+\frac{2.3544}{(1+K_s)^2}+\frac{2.5192}{(1+K_s)^3}+\frac{2.6704}{(1+K_s)^4}+\frac{2.8039/(K_s-5\%)}{(1+K_s)^4}$$

最后求解上述方程式

$$K_s=14.91\%$$

为了计算股权成本K_s，需要使用试误法和内插法，手工计算十分麻烦，应用Excel的“单变量求解”功能可以方便地解决这类问题，其计算结果可以通过表4-6验证。

表4-6 股权成本的验证

年度	0	1	2	3	4	5
增长率		9%	8%	7%	6%	5%
股利/元/股	2	2.1800	2.3544	2.5192	2.6704	2.8039
现值系数(14.91%)		0.8702	0.7573	0.659	0.5735	
股利现值合计	6.8716	1.8970	1.7830	1.6602	1.5315	
期末价值及其现值	16.2263				28.2934	
股票价值合计	23					

期末(第4年年末)价值=2.8039÷(14.91%−5%)=28.2934(元)

期末价值的现值=28.2934×0.5735=16.2263(元)

股票价值=4年的股利现值+期末价值=6.8716+16.2263=23(元)

计算结果与实际股价一致，说明股权成本14.91%是正确的。

两者的误差是舍去了30年以后的股利数据造成的，这种误差还是可以接受的，比起现金流量的估计误差要小得多。

在以上三种增长率的估计方法中，采用分析师的预测增长率可能是最好的方法。投资者在为股票估价时也经常采用它作为增长率，而多数投资人的预期对于实际股价有重要影响。

3. 债券报酬率风险调整模型

根据“风险越大，要求的报酬率越高”的投资原理，普通股股东的投资风险大于债券投资者，因而会在债券投资者要求的收益率上再要求一定的风险溢价。依照这一理论，权益的成本公式为

$$K_s=K_d+RP_c$$

式中：K_d——债务成本；

RP_c——股东比债权人承担更大风险所要求的风险溢价。

风险溢价是凭借经验估计的。一般认为，某公司普通股的风险溢价(对其发行的债券来讲)为3%～5%，对风险较高的股票用5%，风险较低的股票用3%。

例如，对于债券成本为9%、中等风险的企业来讲，其普通股成本为

$$K_s=9\%+4\%=13\%$$

而对于债券成本为13%的另一家中等风险企业来讲，其普通股成本则为

$$K_s=13\%+4\%=17\%$$

估计RP_c的另一种方法是使用历史数据分析，即比较过去不同年份的权益报酬率和债务收益率。通常在比较时会发现，虽然权益报酬率和债券收益率有较大波动，但两者的

差额RP_c相当稳定。正因为如此，历史的RP_c可以用来估计未来普通股成本。

前面讲述了三种计算普通股成本的估计方法，这三种方法的计算结果经常不一致，我们不知道哪一个更接近真实的普通股成本，实际上不存在一个公认的确定普通股真实成本的方法。一种常见的做法是将每种方法计算出来的普通股成本进行算术平均。有时决策者也会因为他对某种方法采用的数据更有信心，而注重其中一种方法。

此外，估计增长率需要依据经验。例如，一个公司的长期增长率不太可能与GDP的增长率相差太多。长期的市场竞争会使高增长企业的优势逐渐消失，并淘汰增长缓慢的企业。只有那些具有独特资源和垄断优势的少数公司，才可能较长时期维持高增长率。如果给一个公司较高的增长率估值，必须要知道它的长期竞争优势是如何取得和维持的。

公司的留存收益来源于净利润，归属于股东权益。从表面上看，留存收益并不花费资本成本。实际上，股东愿意将其留用于公司，是一种典型的机会成本。留存收益资本成本的估计与不考虑发行费用的普通股资本成本相同。

4.3.2 考虑发行费用的普通股资本成本的估计

公开发行普通股会发生各种筹集费用，比如发行费用(发行手续费)、律师费、公证费及广告宣传费等。公开发行普通股的成本，也被称为外部股权成本，由于需要支付发行费用，筹资成本高于内部权益筹资成本。把发行费用考虑在内，公开发行普通股资本成本的计算公式为

$$K_s = \frac{D_1}{P_0(1-F)} + g$$

式中：F——发行费用率。

【例4-11】某公司现有资产10 000万元，没有负债，全部为权益资本。其总资产净利率为15%，每年净收益1500万元，全部用于发放股利，公司的增长率为零。公司发行在外的普通股为1000万股，每股收益为1.5元(1500万元/1000万股)，股票价格为每股10元。公司为了扩大规模购置了新的资产(该资产的期望报酬率与现有资产相同)，拟以每股10元的价格增发普通股1000万股，发行费用率为10%，该增资方案是否可行？

该公司未经发行费用调整的普通股资本成本为

$$K_{s0}= D_1 \div P_0+g=1.5 \div 10+0=15\%$$

该公司经发行费用调整的普通股资本成本为

$$K_s= D_1 \div P_0(1-F)+g=1.5 \div 10(1-10\%)+0=16.67\%$$

由于资产净利率仅为15%，因此该增资方案不可行。

实际上，在股利增长率为0的情况下，计算扣除发行费用的普通股资本成本，可以采用以下公式计算，计算结果与上述方法相同，具体的公式为

$$K_s=K_{s0} \div (1-F)=16.67\%$$

式中：Ks_0——单位股权投资需要的报酬，即公司单位股权筹资支付的成本；

F——单位股权筹资支付的发行费用，单位股权筹资净额为$(1-F)$。

但是，【例4-10】是以每年股利相同作为假设条件的，如果每年股利不同，则上述方法同样存在缺陷。

由于资产报酬率只有15%，因此该增资方案不可行。该结论的正确性可以通过每股收益和股价的变化来验证，则

$$增发获得的资金=10\times1000\times(1-10\%)=9000(万元)$$

$$新增资产净收益=9000\times15\%=1350(万元)$$

$$每股净收益=(1500+1350)\div(1000+1000)=1.425(元/股)$$

假设市盈率不变，则股价下降为

$$股价=(10\div1.5)\times1.425=9.5(元/股)$$

为了维持现有的股价，投资的回报率必须达到筹资成本的16.67%。

$$新增资产净收益=9000\times16.67\%=150(万元)$$

$$每股收益=(1500+1500)\div(1000+1000)=1.5(元/股)$$

假设市盈率不变，则股价为

$$股价=(10\div1.5)\times1.5=10(元/股)$$

因此，外部权益筹资的成本高于来自留存收益的内部权益筹资。发行新股的公司需要赚更多的钱，才能达到投资人的要求。

4.4 加权平均资本成本的估计

4.4.1 加权平均资本成本的意义

加权平均资本成本即公司资本成本，是公司全部长期资本的平均成本，一般按各种长期资本的比例加权计算，故称加权平均资本成本。

在公司价值评估和资本结构决策中，加权平均资本成本是一种可供选择的折现率，必然会考虑加权平均资本成本的影响。

4.4.2 加权平均资本成本的计算方法

计算公司的加权平均资本成本，有三种权重依据可供选择，即账面价值权重、实际市场价值权重和目标资本结构权重。

1. 账面价值权重

账面价值权重是指根据企业资产负债表上显示的会计价值来衡量每种资本的比例。资产负债表提供了负债和权益的金额，计算时很方便。但是，账面结构反映的是历史的结构，不一定符合未来的状态；账面价值会歪曲资本成本，因为账面价值与市场价值有极大的差异。

2. 实际市场价值权重

实际市场价值权重是根据当前负债和权益的市场价值比例衡量每种资本的比例。由于市场价值不断变动，负债和权益的比例也随之变动，计算出的加权平均资本成本数额也是经常变化的。

3. 目标资本结构权重

目标资本结构权重是根据按市场价值计量的目标资本结构衡量每种资本要素的比例。

公司的目标资本结构，代表未来将如何筹资的最佳估计。如果公司向目标资本结构发展，目标资本结构权重更为合适。这种权重可以选用平均市价，回避证券市场价格变动频繁带来的不便；可以适用于公司评价未来的资本结构，而账面价值权重和实际市场价值权重仅反映过去和现在的资本结构。

【例4-12】某公司按平均市场价值计量的目标资本结构是：40%的长期债务，10%的优先股，50%的普通股。长期债务的税后成本是3.90%，优先股的成本是8.16%，普通股的成本是11.80%。

该公司的加权平均成本是

$$\begin{aligned}WACC&=40\%\times 3.9\%+10\%\times 8.16\%+50\%\times 11.80\%\\&=1.56\%+0.816\%+5.9\%\\&=8.276\%\end{aligned}$$

加权平均资本成本是公司未来全部资本的加权平均成本，而不是过去所有资本的平均成本。其中，债务成本是发行新债务的成本，而不是已有债务的利率；股权成本是新筹集权益资本的成本，而不是过去的股权成本。加权平均资本成本0.08276元是每1元新资金使用权的成本，它由0.0156元的税后债务成本、0.00816元的优先股成本和0.059元的普通股成本组成。

思考题

1. 什么是公司资本成本、项目资本成本？资本成本在公司金融决策中有哪些作用？
2. 资本成本的影响因素有哪些？
3. 债务资本成本估计的方法有哪些？普通股资本成本估计的方法有哪些？
4. 为什么用投资必要报酬率计算债务资本成本和普通股资本成本？
5. 债券的到期收益率是投资债券的必要报酬率还是内含报酬率？为什么？
6. 优先股筹资成本如何计算？
7. 为什么股利增长模型计算的折现率为普通股资本成本？
8. 使用账面价值权重、实际市场价值权重和目标资本结构权重各自有哪些优缺点？

练习题

1. 假设某公司9年前发行了面值为1000元、期限为10年的分年付息一次还本债券，票面利率为10%，目前市价为900元，公司所得税税率为25%，该债券的成本为多少？该公司计划在债券到期时，继续按面值1000元发行10年期的相同债券，票面利率仍然为10%，发行费率为1%，该债券资本成本为多少？

2. 假定市场组合风险报酬率为10%，股票市场组合的平均报酬率(必要报酬率)为14%，假设某公司普通股β值为1.2，该普通股的成本为多少？

3. 假设某企业集团为扩大经营规模，成立一家独立的新公司，采用权益筹资方式筹集资金，拟以每股10元价格发行100万股，发行费率为2%。预期报酬率(资产净利率)为15%，每年产生的净利润全部用于发放股利，拟以每股10元价格发行100万股，发行费率为10%。假设增长率g为0，该发行方案是否可行？

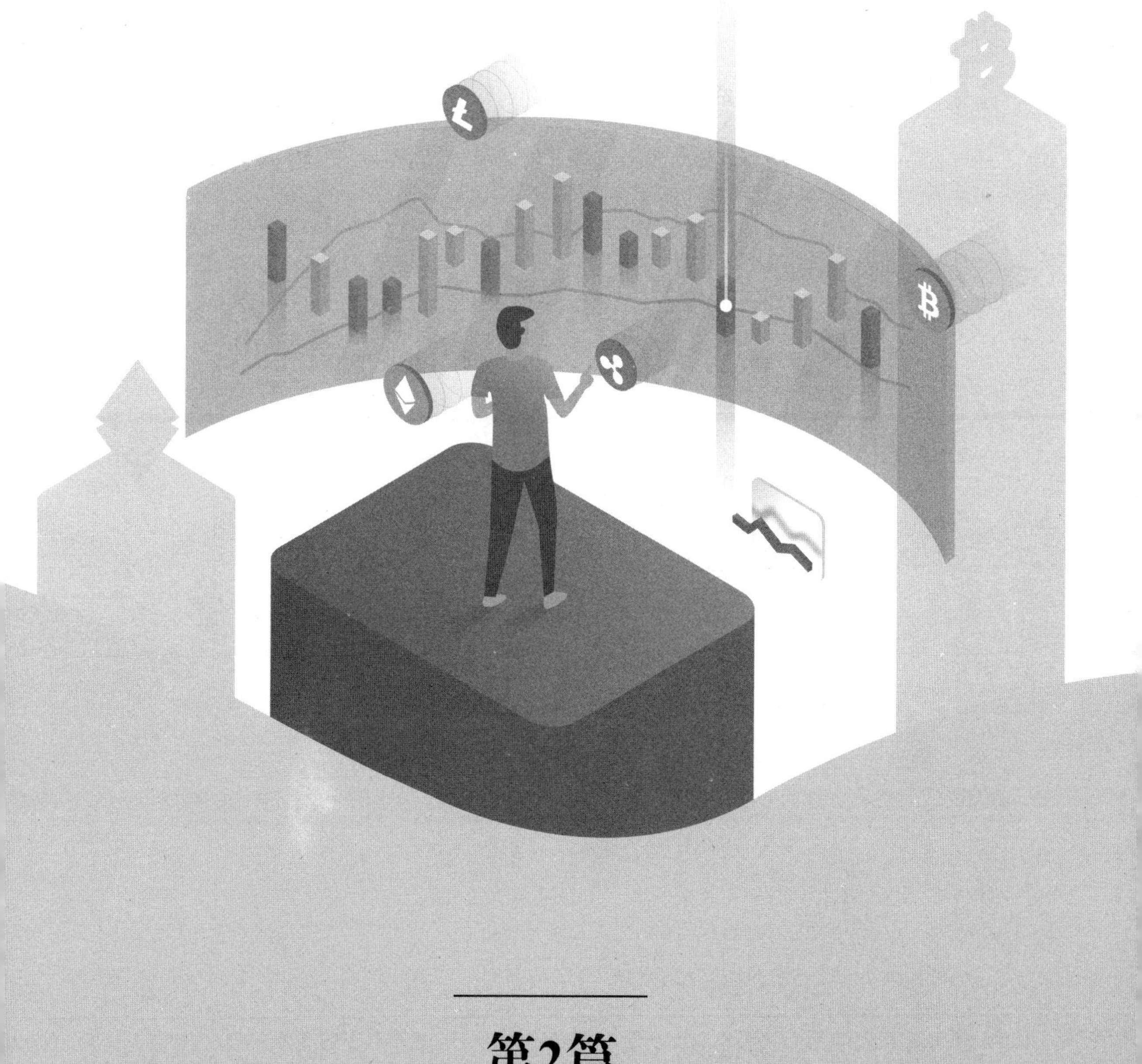

第2篇

资本预算与长期投资决策

第5章　经营项目投资决策原理与应用

5.1　经营项目投资决策概述

公司金融所讨论的公司是指从事生产经营的实业公司，而非各类金融机构。实业公司的投资主要体现为内部投资，即经营项目投资，比如建造生产线、开发新产品等。在公司金融活动中，经营项目投资是公司从事经营活动的基础，是为股东创造财富的直接手段，因而成为公司的重要金融决策。经营项目投资决策是公司资本预算的核心内容，所谓公司资本预算是指公司所进行的长期资本支出计划，又称为投资预算或建设性预算，因而经营性项目投资决策也称为公司资本预算。

5.1.1　经营性项目投资的含义、特点和类型

1. 经营性项目投资的含义

经营性项目投资是一种以特定的经营项目为投资对象的投资行为，是直接与新建项目或更新改造项目有关的经营性长期投资行为。经营性项目可以是单一投资项目，也可以是组合投资项目，甚至是整个企业。一个完整的工业投资项目不仅包括固定资产投资，而且涉及配套流动资产投资，甚至包括其他长期资产项目(如无形资产等)的投资。

在经营性项目投资中，一般而言，固定资产投资所占的比重最大，而配套的无形资产投资以及启动项目所需垫支的流动资金所占的比重通常较小，所以经营性项目投资有时专指固定资产投资。

2. 经营性项目投资的特点

经营性项目投资具有以下特点：①投资规模较大；②所形成的固定资产通常具有专属性，即只能满足特定经营领域生产能力的需要，因而通用性和变现性较差；③经营性项目的运营期(或寿命期)较长，需要通过在每期项目产生的营业现金净流量中提取折旧基金的方式来回收初始投资，因而投资回收期较长。

由于经营性项目的运营期或寿命期较长，很难准确预测项目未来运行状况或营业现金净流量，如果未来实际的营业现金净流量达不到预期的营业现金净流量，就需要及时放弃止损，但由于项目所形成的固定资产通常具有专属性，很难清理变现，加之投资规模较大，使得经营性项目投资面临很高的投资风险，一旦预测和决策失误会对企业造成长期性的不利影响。为此，公司需要准确预测经营性投资项目并进行估价，从而做出正

确的投资决策，以规避较高的项目投资风险。

3. 经营性项目投资的类型

按投资对象的不同，经营性项目投资可以分为5种类型：①新产品开发项目或现有产品的规模扩张项目。这类项目投资属于扩充生产能力的投资，通常需要添置新的固定资产，并能够增加企业的营业现金流入。②固定资产更新项目。固定资产更新项目需要更新固定资产(比如设备、厂房和建筑物等)，并通常需要追加投资，但一般不会改变企业的营业现金收入。③新产品研究与开发项目。研究与开发项目通常不直接产生现实的收入，但能够得到一项是否投产新产品的选择权，并可能增加公司未来的营业现金收入。④勘探项目。类似于研发项目，也能够使企业得到一项是否开发的选择权，也可能会增加公司未来的营业现金收入。⑤其他项目。包括劳动保护设施建设、购置污染控制装置等。这些决策虽然不直接产生营业现金流入，但使企业在履行社会责任方面的形象得到改善，有可能减少未来的现金流出。这些投资项目的现金流量分布具有不同的特征，具体的分析方法也存在差别。

此外，按投资项目之间的相互关系，还可以划分为独立项目和互斥项目：①独立项目是相容性项目，这些项目之间互不关联、互不影响，可以并存。独立项目是否具有经济可行性或是否可以采纳，需要考察其是否满足规定的评价标准。②互斥项目是非相容性投资，各投资项目之间可以相互替代，不能并存。因此，互斥投资项目决策考虑的是各方案之间的互斥性，通常需要从具有经济可行性的互斥方案中选择一个最优方案。

5.1.2 经营性项目评价和决策的一般程序

经营性投资项目的评价和决策一般包含下列基本步骤：①提出各种备选项目投资方案。通常由相关部门提出符合公司战略目标的项目投资方案。比如，新产品方案由研发部门或营销部门提出，而设备更新方案通常来自生产部门。②在经营性投资项目的评价和决策过程中，通常需要应用现金流量折现方法对各投资项目的内在价值进行估价。而项目财务估价的首要环节就是预测项目的现金流量。这里，项目的现金流量是指增量现金流量，所谓增量现金流量是指项目投资方案所引起的公司整体现金流量的变动量，只有那些由于采纳某个项目引起的公司现金流入或现金流出的增加额，才作为项目的现金流量。之所以考察项目投资方案的增量现金流量，而非项目本身的现金流量，是因为该项目只是公司整体资产的一个组成部分，经营者需要站在公司全局高度考察该项目的实施对公司价值和股东财富的影响。在项目评价和决策过程中，需要遵循增量现金流量原则，否则孤立地考察项目本身的现金流量，就会导致决策失误。③确定项目资本成本，即确定应用现金流量折现模型进行项目估价所使用的折现率。④选择项目投资方案的评价方法和评价指标，比如净现值法和净现值指标、内涵报酬率法和内涵报酬率指标等。⑤计算这些评价指标并与可接受标准进行比较，以评价项目的经济可行性。比如使用净现值法和净现值指标评价项目时，只有净现值大于0，项目才具有可行性；使用内涵报酬率法和内涵报酬率指标评价项目时，项目资本成本即为可接受标准，只有内涵报酬率指标高于项目资本成本，项目才具有可行性。⑥选择项目投资方案。

此外，在项目实施过程中，还需要对已采纳方案进行跟踪评价，以进一步评价已选择的投资决策是否合理。如果投资方案实际的现金流量与预期的现金流量存在较大差异，则需要分析差异产生的原因，比如预测在什么地方脱离了实际，并根据不同情况及时采取相应的措施，比如扩充投资或缩减投资，或者放弃投资。

5.2　经营项目投资决策的评价方法

经营项目投资决策的评价方法可以分为现金流量折现法和非现金流量折现法两大类。其中，现金流量折现法具体包括净现值法和内含报酬率法两种基本方法，净现值法所使用的评价指标包括净现值、净现值率和现值指数，内含报酬率法所使用的评价指标为内含报酬率。非现金流量折现法具体包括投资回收期法和会计报酬率法，所使用的评价指标分别为投资回收期和会计报酬率。这些评价指标是评价投资项目是否具有经济可行性以及孰优孰劣的标准。在评价经营项目投资决策的两类方法中，由于现金流量折现法考虑了项目的现金流量、资金的时间价值和投资风险价值，能够更为科学地评价投资项目的可行性和优劣，因而成为经营项目投资方案评价的基础和主要方法，而非现金流量折现法通常只是作为项目评价的辅助方法来使用。

5.2.1　净现值法

1. 净现值的经济含义

净现值通常定义为特定项目(资产)预期现金流入的现值与预期现金流出的现值之间的差额。在使用净现值法评价投资项目时，预期现金流入通常是指项目运营期的营业现金净流入量，即营业现金流入减营业现金流出；预期现金流出则通常是指项目投资的现金净流出量。从投入产出关系来说，预期项目投资的现金净流出量的现值为项目的投入价值，而预期项目的营业现金净流入量的现值则为项目的内在价值，可以视为投资项目的产出价值。预期投资项目的产出价值(项目的内在价值)与项目的投入价值的差额则构成了项目的投资回报，称为“净现值(NPV)”。

净现值的经济含义是项目为股东创造的财富。我们知道，在股权证券投资中，股权投资者是股票的投资主体，股票内在价值与购买价格的差额，即股权投资回报或股票净现值归属于股东；同理，在经营项目投资中，项目的投资主体为公司法人，投资回报或净现值也理应归属于公司。那么，如何理解项目的净现值是给股东创造的财富或者归属于股东呢？我们知道，虽然公司法人是项目投资的主体，但实际上，投资项目的出资者却来源于股东和债权人，公司法人只是项目资本提供者的受托者或代理人，而真正的投资主体为项目资本提供者(股东和债权人)。因此，从投资受益的角度来看，公司的项目投资可以还原为项目资本提供者的投资，项目的产出价值应该分属于股东和债权人。假设公司通过增发股票(或利用留存收益)和发行债券为项目筹资，项目投入价值和项目产出价值的关系可表示为

项目投入价值=股东投入价值+债权人投入价值=股票购买价格+债券购买价格

项目产出价值=归属于股东的价值+归属于债权人的价值

项目净现值为项目产出价值与项目投入价值的差额，即

项目净现值=项目产出价值-项目投入价值

=(归属于股东的价值-股东投入价值)+(归属于债权人的价值-债权人投入价值)

=项目为股东创造的财富+(归属于债权人价值-债券购买价格)

其中，项目归属于债权人的价值是债权人预期本息现金流量的现值，即债权人购买债券时债券的内在价值。由于债券本息现金流量是债务契约事先约定的，而折现率则取决于购买债券时等风险债券的市场利率，也是确定的，因此购买债券时债券的内在价值是确定的。公司在债券发行定价时，需要按照债券的内在价值确定发行价格(也就是债券的购买价格)，这样，债券的内在价值与债券购买价格相等，项目不会为债权人创造净现值或财富。因此，项目的净现值归属于股东，是项目为股东创造的财富。

值得注意的是，项目为股东创造的净现值并不专属于为项目出资的股东，因为按照同股同权的原则，公司全体股东都有权分享项目为股东创造的财富。

2.净现值的计算公式

净现值的计算公式为

$$\text{净现值}(\text{NPV})=\sum_{t=1}^{n}\frac{I_t}{(1+i)^t}-\sum_{t=0}^{n}\frac{O_t}{(1+i)^t}=\sum_{t=1}^{n}I_t(P/F,i,t)-\sum_{t=0}^{n}O_t(P/F,i,t) \tag{5-1}$$

式中：n——项目(资产)的期限；

I_t——第t年的现金流入量，通常是指项目运营期的营业现金净流入量；

O_t——第t年的现金流出量，通常是指项目投资的现金净流出量；

i——折现率或必要报酬率，为项目资本成本。

在净现值的计算公式中，第一项为项目运营期的营业现金净流入量的现值，即项目的内在价值或产出价值；第二项为项目投资的现金净流出量的现值，即项目的投入价值。第一项项目的内在价值或产出价值与第二项项目的投入价值的差额就构成了项目的净现值。

在计算营业现金净流入量的现值时，使用的折现率为项目的资本成本。由于项目的筹资结构通常需要满足公司目标资本结构的要求，如果项目对公司整体的经营风险影响不大，则项目的筹资成本与公司的资本成本(WACC)基本相同，因而可以采用公司资本成本(WACC)作为项目资本成本。而当项目筹资结构与公司当前资本结构显著不同，或者项目风险与公司整体风险差异较大时，则不能用公司资本成本作为项目资本成本。

如果项目投资是分阶段进行的，那么需要将建设起点以后的投资现金净流出量折算

为现值。值得注意的是，计算远期投资现金支出的现值采用了与计算项目内在价值相同的折现率，即项目资本成本，那么这样处理是否合理呢？将未来投资现金净流出量折算为现值，实际上就是估计未来一定的现金支出相当于现在支出多少现金。由于时间价值的存在，现在能够接受的现金支出额肯定会低于未来的现金支出额。比如，某人购货可选择即期付款和一年以后的远期付款两种方式，远期付款的价格已知为1100元。假设他没有闲置现金，无论立即付款还是远期付款，都需要借入现金付款，假设借款年利率为10%，那么该购货人能够接受的即期付款价格(P)，即远期付款的现值为多少呢？如果选择即期付款，他需要提前1年借入P，当即期借款1年后的本息和[P(1+10%)]低于远期付款额1100元时，采用提前借款立即支付比远期付款更划算；而当1年后的本息和高于远期付款额时，则不如选择远期付款。只有在提前借款1年后的本息和等于远期付款额时，提前借款立即付款和远期付款在经济上才是等效的，因而，该购货人能够接受的即期付款价格(P)，即远期付款的现值为

$$P\times(1+10\%)=1100(\text{元})$$

$$P=1100\div(1+10\%)=1000(\text{元})$$

可见，在借款支付的情况下，即期付款价格为1000元与1年后支付1100元是等效的，它是按借款利率(筹资成本)折算的远期付款额的现值。

在项目投资中，运作良好的公司通常不会保有闲置低效的资金，与上述借款付款的例子相同，也需要为项目筹集资金(包括内部筹资)，因而计算远期投资支出的现值也需要以项目筹资成本(项目资本成本)作为折现率。第t期远期投资支出现值为

$$\text{远期投资支出的现值}=\text{远期投资支出}\div(1+\text{项目资本成本})^t$$

因此，选择项目资本成本作为折现率，计算未来投资现金流出的现值是合理的。

3. 净现值法的原理

净现值是评价项目是否具有经济可行性的重要指标。如果项目净现值为正数，表明该项目可以为股东创造财富，并且项目的预期投资报酬率大于项目资本成本(投资者必要报酬率)，应予采纳；如果项目净现值为零，表明该项目不能为股东创造财富，并且项目的预期投资报酬率等于项目资本成本，运营该项目没有意义；如果项目净现值为负数，该项目不仅不能为股东创造财富，还会折损股东财富，并且项目的预期投资报酬率小于项目资本成本，应予放弃。

【例5-1】设某公司项目的资本成本为10%，有三个投资项目，有关数据见表5-1。

$$\text{净现值(A)}=(11\,800\times0.9091+13\,240\times0.8264)-20\,000=21\,669-20\,000=1669(\text{万元})$$

$$\begin{aligned}\text{净现值(B)}&=(1200\times0.9091+6000\times0.8264+6000\times0.7513)-9000\\&=10\,557-9000=1557(\text{万元})\end{aligned}$$

$$\text{净现值(C)}=4600\times2.487-12\,000=11\,440-12\,000=-560(\text{万元})$$

A、B两个项目投资的净现值都为正数，说明这两个项目都能够为股东创造财富，同时也表明这两个项目的预期投资报酬率均超过项目资本成本(10%)，都可以采纳。C项目净现值为负数，说明该项目会减损股东财富，同时也表明该项目的预期报酬率达不到项目资本成本(10%)，应予放弃。

表5-1　投资项目数据　万元

<table>
<tr><th rowspan="2">年份</th><th colspan="3">A项目</th><th colspan="3">B项目</th><th colspan="3">C项目</th></tr>
<tr><th>净收益</th><th>折旧</th><th>现金流量</th><th>净收益</th><th>折旧</th><th>现金流量</th><th>净收益</th><th>折旧</th><th>现金流量</th></tr>
<tr><td>0</td><td></td><td></td><td>(20 000)</td><td></td><td></td><td>(9000)</td><td></td><td></td><td>(12 000)</td></tr>
<tr><td>1</td><td>1800</td><td>10 000</td><td>11 800</td><td>(1800)</td><td>3000</td><td>1200</td><td>600</td><td>4000</td><td>4600</td></tr>
<tr><td>2</td><td>3240</td><td>10 000</td><td>13 240</td><td>3000</td><td>3000</td><td>6000</td><td>600</td><td>4000</td><td>4600</td></tr>
<tr><td>3</td><td></td><td></td><td></td><td>3000</td><td>3000</td><td>6000</td><td>600</td><td>4000</td><td>4600</td></tr>
<tr><td>合计</td><td>5040</td><td></td><td>5040</td><td>4200</td><td></td><td>4200</td><td>1800</td><td></td><td>1800</td></tr>
</table>

注：表内使用括号的数字为负数(下同)

下面举个简单例子说明净现值法所依据的原理。假设原始投资是按资本成本借入的，当净现值为正数时，表明偿还本息后该项目仍有剩余的收益；当净现值为零时，表明偿还本息后一无所获；当净现值为负数时，表明该项目收益不足以偿还本息。资本成本是投资人要求的必要报酬率，净现值为正数，表明项目可以满足投资人的要求。这一原理可以通过A、C两项目的还本付息表来说明，如表5-2和表5-3所示。

表5-2　A项目还本付息表　万元

年份	年初债款	年息10%	年末债款	偿还现金	借款余额
1	20 000	2000	22 000	11 800	10 200
2	10 200	1020	11 220	13 240	(2020)

表5-3　C项目还本付息表　万元

年份	年初债款	年息10%	年末债款	偿还现金	借款余额
1	12 000	1200	13 200	4600	8600
2	8600	860	9460	4600	4860
3	4860	486	5346	4600	746

A项目在第二年年末还清本息后，尚有2020万元剩余，折合成现值为1669万元(2020 × 0.8264)，即为该项目的净现值。C项目第三年年末没能还清本息，尚欠746万元，折合成现值为560万元(746 × 0.7513)，即为C项目的净现值。

净现值法在理论上比其他方法更完善，具有广泛的适用性，不仅适合于评价项目的可行性，也适用于期限相同互斥方案的选择，因为净现值越大，意味着该项目能够为股东创造的财富越多。

4. 净现值法的局限性

净现值法的局限性主要体现在以下几个方面。

(1) 净现值不能反映项目投资效益(或称为投资效率)的高低。虽然净现值反映一个项目为股东创造的财富，但是净现值是绝对数，不能反映单位投入价值为股东创造的财富，即不能反映项目的投资效益，因而净现值最大的方案未必是投资效益最好的方案，在比较投资额不同的项目时有一定的局限性。【例5-1】中，A项目和B项目相比，如果两个项目期间相同，哪一个更好？不能根据净现值直接判断。A项目用20 000万元投资取得较多的净现值，B项目用9000万元投资取得较少的净现值，两个净现值不能说明项目投资效益的高低。这就如同一个大企业2年的利润多一些，一个小企业的2年利润少一些，无法判断哪个更好。

(2) 不适于独立项目优先顺序的选择。在实务中，公司普遍存在资金约束，需要将有限的资源进行优化配置，投资于不同的独立项目，构成一个净现值最大的投资组合。为此，公司需要以投资效益的高低对各投资方案进行排序，优先选择投资效益最好的投资项目，然后选择次优方案，以此类推，从而形成净现值最大的最优投资组合。显然，由于净现值不能反映项目投资效益的高低，因而净现值法不适用于这些独立项目优先顺序的选择。

(3) 不适用于期限不同的互斥方案的选择。【例5-1】中，如果A、B项目是互斥方案，似乎选择净现值最大的A项目更为理想。A项目投资2年创造了较多的净现值，B项目投资3年创造了较少的净现值，可以肯定A项目优于B项目。但是，假如A项目投资3年创造了较多的净现值，B项目投资2年创造了较少的净现值，则两个项目的净现值没有可比性。A项目不一定比B项目好，因为在项目持续经营的条件下，B项目2年结束后收回资金重置投资还可以创造更多的价值。

5. 净现值的变换形式

为了比较不同项目的投资效益高低，出现了净现值的变换形式，包括净现值率和现值指数。

(1) 净现值率。净现值率是指投资项目净现值与现金流出现值的比率，记作NPVR，该指标能够反映项目单位投入价值为股东创造的财富，即项目的投资效益，计算公式为

$$\text{净现值率(NPVR)}=\text{NPV}\div\sum_{t=0}^{n}\frac{O_t}{(1+i)^t} \tag{5-2}$$

(2) 现值指数。现值指数是未来现金流入现值与现金流出现值的比率，亦称现值比率或获利指数，记作PI，计算公式为

$$\text{现值指数(PI)}=\sum_{t=1}^{n}\frac{I_t}{(1+\text{IRR})^t}\div\sum_{t=0}^{n}\frac{O_t}{(1+\text{IRR})^t}=\text{NPVR}+1 \tag{5-3}$$

净现值率和现值指数为相对数，具有相同的经济含义，都能够反映项目单位投入资本为股东创造的财富，即项目的投资效益。

根据表5-1的资料，三个项目的现值指数为

$$\text{现值指数(A)}=21\ 669\div20\ 000=1.08$$

$$\text{现值指数(B)}=10\ 557\div9\ 000=1.17$$

$$\text{现值指数(C)}=11\ 440\div12\ 000=0.95$$

按净现值的评价标准，A、B项目投资的现值指数大于1，说明这两个项目的净现值都大于零，投资报酬率均超过10%，都可以采纳。C项目现值指数小于1，应予放弃。

利用净现值率和现值指数可以比较不同项目的投资效益。比较A、B项目的现值指数，显然，B项目的投资效益更高。如果A、B项目为独立项目，在资本存在约束的条件下，B项目投资效益优于A项目，应优选B项目。那么，是否可以认为B项目一定比A项目好呢？答案是不确定的，因为它们持续的时间不同，现值指数虽然消除了不同项目投资额的差异，但是没有考虑不同项目期限的差异。

5.2.2 内含报酬率法

1. 内含报酬率法的含义

内含报酬率法是根据投资方案的内含报酬率来评价投资方案可行性和投资效益高低的一种方法。内含报酬率(IRR)是能够使资产未来现金流入量现值等于未来现金流出量现值的折现率，计算公式为

$$\sum_{t=1}^{n}\frac{I_t}{(1+\text{IRR})^t}=\sum_{t=0}^{n}\frac{O_t}{(1+\text{IRR})^t}$$

$$\sum_{t=1}^{n}I_t(P/F,\text{IRR},t)=\sum_{t=0}^{n}O_t(P/F,\text{IRR},t)$$

式中：IRR——内含报酬率，它是在投资现金流量预知的情况下，需要求解的折现率。

值得注意的是，按必要报酬率计算的现金流入现值和现金流出量现值分别为项目的经济价值或投入价值，两者的差额则构成了净现值；而按内含报酬率计算的现值并不是项目的经济价值和投入价值，两者的差额也不是净现值，因而一些教材将内含报酬率定义为“使项目净现值为零时的折现率”是不恰当的。

我们知道，净现值法所使用的折现率为投资必要报酬率或项目资本成本，那么能够使项目未来现金流入量现值等于未来现金流出量现值的折现率，即内含报酬率的经济含义是什么呢？内含报酬率实际上是项目本身能够实现的投资报酬率或实际投资报酬率。

【例5-2】假设某人按1000元的价格购买1年期的一次还本付息债券，债券到期本息和为1100元。我们求解债券现金流入现值等于债券现金流出量现值时的折现率，即内含报酬率。这里，由于债券是一次性购买的，因而债券现金流出量现值为债券购买价格1000元，债券现金流入现值则为按内含报酬率折算的到期本息和的现值，即

$$1100\div(1+\text{IRR})=1000$$

$$\text{IRR}=10\%$$

计算求得该债券的内含报酬率为10%。该投资者投资债券1000元，1年后的本息和为1100元，则投资的实际报酬率为10%，计算过程为[(1100−1000)/1000×100%]，与内含报酬率相同。**【例5-2】**表明内含报酬率为项目的实际投资报酬率，虽然这个结论是在上述现金流过于简单的情况下得出的，并不能说明复杂现金流的情况，但投资现金流出的现值代表“投入”，项目现金流入的现值代表“产出”，而“投入”正是基于项目本身的报酬率才实现了“产出”。因而，在投资现金流量预知的情况下，通过求解的折现率，我们可以得到项目的实际报酬率。当然，内含报酬率只反映了项目整体或平均的实际报酬率，并没有反映项目每年的实际报酬率。

2. 内含报酬率法的评价标准

与净现值法相同，内含报酬率法也能够评价投资方案的经济可行性，并且与净现值法得出的评价结论一致。内含报酬率法对投资方案可行性的评价标准为：如果项目内含报酬率大于必要报酬率(项目资本成本)，说明按项目资本成本计算的该投资项目的经济价值会大于按内含报酬率计算的未来现金流入量现值，即大于未来现金流出量现值(投入价值)，也就

是说项目有正的净现值，项目能够为股东创造财富，具有经济可行性；相反，如果项目内含报酬率小于必要报酬率(项目资本成本)，说明按项目资本成本计算的该投资项目的经济价值会小于按内含报酬率计算的未来现金流入量现值，即小于未来现金流出量现值(投入价值)，也就是说项目有负的净现值，项目会减损股东财富，不具有经济可行性。

3. 内含报酬率法的计算

内含报酬率的计算，通常需要采用“逐步测试法”。估计一个折现率，用它来计算项目的净现值。如果净现值为正数，说明项目本身的报酬率超过折现率，应提高折现率后进一步测试；如果净现值为负数，说明项目本身的报酬率低于折现率，应降低折现率后进一步测试。经过多次测试，找出使净现值接近于零的折现率，即为项目本身的内含报酬率。

根据【例5-1】的资料，已知A项目的净现值为正数，说明它的投资报酬率大于10%，因此，应提高折现率进一步测试。假设以18%为折现率进行测试，其结果净现值为-499元。下一步降低到16%重新测试，结果净现值为9万元，已接近于零，可以认为A项目的内含报酬率是16%。测试过程如表5-4所示。B项目用18%作为折现率测试，净现值为-22万元，接近于零，可认为其内含报酬率为18%。测试过程如表5-5所示。

表5-4　A项目内含报酬率的测试　　万元

年份	现金净流量	折现率=18%		折现率=16%	
		折现系数	现值	折现系数	现值
0	(20 000)	1	(20 000)	1	(20 000)
1	11 800	0.847	9995	0.862	10 172
2	13 240	0.718	9506	0.743	9837
净现值			(499)		9

表5-5　B项目内含报酬率的测试　　万元

年份	现金净流量	折现率=18%		折现率=16%	
		折现系数	现值	折现系数	现值
0	(9000)	1	(9000)	1	(9000)
1	1200	0.847	1016	0.862	1034
2	6000	0.718	4308	0.743	4458
3	6000	0.609	3654	0.641	3846
净现值			(22)		338

如果对测试结果的精确度不满意，可以使用“插值法”或“内插法”，则

$$(IRR_A-16\%)\div(0-9)=(18\%-16\%)\div(-499-9)$$

$$IRR_A=16\%+(18\%-16\%)\times 9\div(499+9)=16.04\%$$

$$(IRR_B-16\%)\div(0-338)=(18\%-16\%)\div(-22-338)$$

$$IRR_B=16\%+(18\%-16\%)\times 338\div(22+338)=17.88\%$$

C项目各期现金流入量相等，符合年金形式，内含报酬率可直接利用年金现值表来确定，不需要进行逐步测试。设现金流入的现值与原始投资相等，则

原始投资=每年现金流入量×年金现值系数

$$12\,000=4600\times(P/A,\ i,\ 3)$$

$$(P/A,\ i,\ 3)=2.609$$

查阅“年金现值系数表”，寻找n=3时的系数2.609所指向的利率。查表结果表明，与2.609接近的现值系数2.624和2.577分别指向7%和8%，用“插值法”或“内插法”确定C项目的内含报酬率为7.32%，则

$$(IRR_B-7\%)\div(2.609-2.624)=(8\%-7\%)\div(2.577-2.624)$$

$$IRR_C=7\%+(8\%-7\%)\times(2.609-2.624)\div(2.577-2.624)=7.32\%$$

计算出各项目的内含报酬率以后，可以根据项目的资本成本对方案进行取舍。假设项目的资本成本是10%，那么，A、B两个项目都可以接受，而C项目则应放弃。

内含报酬率是项目本身的盈利能力。如果以内含报酬率作为贷款利率，通过借款来投资本项目，那么，还本付息后将一无所获。这一原理可以通过C项目的数据来证明，如表5-6所示。

表5-6　C项目还本付息表　　万元

年份	年初借款	利率=7.32%	年末借款	偿还现金	借款余额
1	12 000	878	12 878	4600	8278
2	8278	606	8884	4600	4284
3	4284	314	4598	4600	−2①

注：① 第三年年末借款余额-2是计算时四舍五入所致

4. 内含报酬率法与净现值法的比较

虽然净现值法(包括净现值率法和现值指数法)可以说明投资项目的回报率是否超过项目资本成本，但不能揭示项目本身可以达到的报酬率或实际报酬率是多少。内含报酬率法能计算出项目本身预期能够达到的投资报酬率或实际报酬率。内含报酬率法与净现值法的区别还在于：在计算内含报酬率时不必事先估计项目资本成本，只是最后才需要一个切合实际的项目资本成本来判断项目是否可行；而净现值法需要事先确定项目资本成本，以便将现金流量折为现值。此外，内含报酬率的计算过程比净现值法要复杂，尤其是项目营运期各年度现金流量不同时，需要多次试算才能求得。

内含报酬率法与净现值率、现值指数法有相似之处，都是根据相对比率来评价项目，能够反映项目的投资效率的高低，而不像净现值法那样使用绝对数来评价项目，因而也适合于在资本约束条件下，对独立方案的优先排序。**【例5-1】**中，A项目和B项目相比，从投资效益来看，内含报酬率高的B项目的投资效益高于A项目，在资本约束条件下，应优先选择B项目。

5.2.3　投资回收期与回收期法

投资回收期是指投资引起的现金流入累积到与投资额相等所需要的时间，它代表收回投资所需要的年限，一般以年为单位，回收年限越短，项目越有利。

在原始投资一次支出，每年现金净流入量相等时，则

$$回收期=\frac{原始投资额}{每年现金净流入量}$$

【例5-1】的C方案属于这种情况，则

$$回收期(C)=\frac{12\ 000}{4600}=2.61(年)$$

如果现金流入每年不等或原始投资是分几年投入的，则

$$\sum_{t=1}^{n} I_t = \sum_{t=0}^{n} O_t \tag{5-4}$$

根据【例5-1】的资料，A、B项目的回收期分别为1.62年和2.30年，如表5-7所示。

表5-7　A、B项目回收期计算表　　万元

A项目	现金流量	回收额	未回收额
原始投资	(20 000)		
现金流入			
第一年	11 800	11 800	8200
第二年	13 240	8200	0
回收期=1+(8200÷13 240)=1.62(年)			
B项目	现金流量	回收额	未回收额
原始投资	(9000)		
现金流入			
第一年	1200	1200	7800
第二年	6000	6000	1800
第三年	6000	1800	O
回收期=2+(1800÷6000)=2.30(年)			

利用回收期法评价投资项目的标准是回收期的长短。一般说来，回收期越短的项目风险越低，因为时间越长越难以预计，风险越大。

在采用投资回收期法进行决策时，需要事先确定一个企业要求达到的回收期，作为项目可行性的标准。在多个互斥方案中，应选择回收期最短的项目。

回收期法的优点是：①计算简便，决策人容易正确理解。②回收期可以大体上衡量项目的流动性和风险。回收期越短的短期项目流动性越好、风险越低，而且能够给企业提供较大的经营灵活性，快速收回的资金可用于更有利的项目。但是这种方法存在很多缺陷：①未考虑货币收支的时间性，把不同时间的货币收支看成等效的。②没有考虑回收期以后的现金流量状况，可能导致公司急功近利，优先考虑短期项目，放弃有战略意义的长期项目。事实上，有战略意义的长期投资往往早期的现金流入和收益较低，而在中后期才能体现收益。下面举例说明回收期法的不足。

【例5-3】A、B两个投资方案的预计现金流量如表5-8所示。

表5-8　A、B两个投资方案的预计现金流量　　万元

时间	0	1	2	3	4	5
A方案	−600	100	200	300	200	100
B方案	−600	200	200	200	300	300

两个方案的投资回收期都是3年，但是B方案显然优于A方案。首先，B方案第一年现金流入较多，而A方案第3年现金流入较多。其次，在初始投入回收后，B方案营业现金流入明显多于A方案。利用投资回收期法进行分析时就不会考虑这两个因素。

为了克服回收期法不考虑时间价值的缺点，人们提出了折现回收期法。折现回收期是指在考虑资金时间价值的情况下以项目现金流量流入抵偿全部投资所需要的时间，它是使式(5-5)成立的n。

$$\sum_{t=0}^{n}\frac{\left(I_t-O_t\right)}{\left(1+i\right)^t}=0 \tag{5-5}$$

根据【例5-1】的资料，A项目折现回收期为1.85年，计算过程如表5-9所示。

表5-9　A项目投资回收期计算表　　万元

A项目	现金流量	折现系数(10%)	净现金流现值	累计净现金流现值
原始投资	(20 000)	0	(20 000)	(20 000)
第一年流入	11 800	0.9091	10 727	(9273)
第二年流入	13 240	0.8264	10 942	1669
折现回收期=1+(9273÷13 240)=1.7(年)				

折现回收期也被称为动态回收期，折现回收期法出现以后，传统的回收期被称为非折现回收期或静态回收期，以便区分两者。

5.2.4　会计报酬率与会计报酬率法

会计报酬率是指投资项目寿命期内平均的年投资报酬率，也称为平均投资报酬率。这种方法计算简便，应用范围很广，在计算时使用会计报表上的数据以及会计的收益和成本观念，计算公式为

$$\text{会计报酬率}=\frac{\text{年平均净收益}}{\text{初始投资额}}\times 100\% \tag{5-6}$$

仍以【例5-1】的资料计算，则

$$\text{会计报酬率(A)}=\frac{\left(1800+3240\right)\div 2}{20000}\times 100\%=12.6\%$$

$$\text{会计报酬率(B)}=\frac{\left(-1800+3000+3000\right)\div 3}{9000}\times 100\%=15.6\%$$

$$\text{会计报酬率(C)}=\frac{600}{12\,000}\times 100\%=5\%$$

在采用会计报酬率这一指标进行决策时，需要事先确定一个必要平均投资报酬率，作为项目可行性的标准。在多个互斥方案的选择中，应选择平均投资报酬率最高的项目。

会计报酬率法是一种衡量盈利性的简单方法，其优点在于：①会计报酬率与投资回收期类似，其概念易于理解；②在计算时可以直接使用会计报表上的数据，容易取得，计算简便；③考虑了整个项目寿命期的全部利润，而回收期只考虑回收投资前的现金流

量；④该方法揭示了采纳一个项目后财务报表将如何变化，使经理人员知道业绩的预期，也便于项目的后评价。

会计报酬率法的缺点：①使用会计利润而非现金流量，忽视了折旧对现金流量的影响；②忽视了净收益的时间分布对于项目经济价值的影响。

在20世纪50年代之前，西方各国企业在投资决策时多采用非现金流量折现方法。20世纪50年代以后，现金流量折现方法得到越来越广泛的应用。从20世纪70年代开始，现金流量折现方法已占据主要地位，成为主流的项目评价方法。现金流量折现方法相对于非现金流量折现方法的优势之所以越来越明显，原因在于：①非现金流量折现方法没有考虑资金的时间价值，同等看待不同时点的现金流量，从而夸大了远期现金流量的价值。现金流量折现方法则考虑资金的时间价值，将不同时点的现金流量按照一定的折现率折算为决策时的现金流量，这样更具可比性，因而更加科学。②电子计算机的广泛应用使现金流量折现的复杂计算变得容易，从而使非现金流量折现方法的优势不复存在。

虽然非现金流量折现评价指标和方法存在很多缺陷，但在实践中，也经常会被作为项目评价的辅助指标。现金流量折现方法是评价项目是否具有可行性的基础方法，一个投资项目首先需要采用现金流量折现方法进行评价或检验。在项目通过检验的基础上，如果公司还有回收期或会计报酬率的要求，则它们也会成为项目是否具有可行性的辅助评价指标。比如，在多个互斥方案的选择中，假设各个方案都有正的净现值，而且净现值和内含报酬率也相同，应选择回收期最短或会计报酬率更好的项目。

5.3　经营性投资项目现金流量的估计

现金流量折现评价方法是资产估价基础和重要的评价方法，而预测投资项目的现金流量是投资项目估价的首要环节。

5.3.1　经营性投资项目现金流量的构成

1. 现金流量

现金流量是指投资决策所引起的公司整体现金流量的变动量。这里，现金是广义的现金概念，不仅包括货币资金，还包括非货币经济资源的经济价值。例如，一个新项目需要使用公司原有的未使用和不需用的厂房、设备、材料等，或者对原有项目进行改造升级时，会涉及原有厂房、设备、材料的清理变现，这些厂房、设备、材料的机会成本或变现净值(而不是其账面价值)应计入投资该项目的现金流量。

2. 经营性投资项目现金流量的计算期

项目现金流量的计算期是指投资项目从投资建设开始到最终清理结束整个过程的全部时间，一般包括建设期和运营期，表达式为

$$项目现金流量的计算期=建设期+运营期$$

建设期是指正式投入资金开始到项目建成投产为止所需要的时间，建设期的第一年年初称为建设起点，建设期的最后一年年末称为投产日。运营期是从投产日到终结点之间的时间间隔，一般应根据项目主要设备的经济使用寿命确定。运营期的最后一年年末称为项目终结点。

3. 经营性投资项目现金流量的构成

不同投资项目的现金流量分布具有不同的特征，而最具一般意义的是新增固定资产投资。以新建固定资产为例，经营性投资项目现金流量可以分为项目投资期现金流量和项目营运期现金流量。在投资建设期，现金净流量往往为负值，即表现为净现金流出；而在经营期或运营期(比如一个会计年度)，现金净流量往往表现为正值，即表现为净现金流入。

(1) 项目投资期现金流量。在项目投资建设阶段，现金流量是指投资方案所引起的公司整体现金流出的净增加额。例如，企业增加一条生产线，通常会引起的现金流出一般包括以下几方面：①增加生产线的价款。包括设备购置、安装费用和建筑工程费等，增加生产线的价款可能是一次性支出，也可能分几次支出。②原有固定资产的变现净流入。③垫支营运资本。由于该生产线扩大了企业的生产能力，引起对流动资产需求的增加。企业需要追加的营运资本，也是增加该生产线引起的，应列入该方案的现金流出量。由于这部分垫支的营运资本一般要到该生产线营业终了或出售(报废)时才能收回，所以这种投资应视为长期经营性投资。

(2) 项目营运期现金流量。在项目营运期，现金流量是指投资方案所引起的营运期(每个会计年度)公司整体现金流入的净增加额。例如，企业增加一条生产线，通常会引起下列营运期现金净流入：①增加生产线扩大了企业的生产能力，企业销售收入增加，扣除有关的付现成本增量后的余额，是该生产线引起的一项营运期现金净流入。②项目终结时，该生产线清理出售(报废)时的残值变现净收入(指扣除所需上缴税金等费用后的净收入)，应当作为投资方案的一项现金流入。③项目终结时，企业原垫支在各种流动资产上的长期资本(营运资本)可以相应收回，因此应将其作为该方案的一项现金流入。其中，第一项称为营业现金净流量，第二项、第三项称为终结点现金净流量。

假设营运期年销售收入等于年营业现金收入，不考虑所得税，则

$$年营业现金净流量=年营业收入-年付现成本$$

公司营运期的成本费用包括付现成本和非付现成本。付现成本是指每年需要支付现金的成本，不需要支付现金的部分则称为非付现成本，其中主要是折旧费，有时还包括其他摊销费用。所以，付现成本可以用全部成本费用减折旧来估计，相关的关系式为

$$年付现成本=年成本费用-年折旧$$

$$\begin{aligned}年营业现金净流量&=年营业收入-年付现成本\\&=年营业收入-(年成本费用-年折旧)\\&=年利润+年折旧\end{aligned}$$

5.3.2　项目现金流量估计的原则和应注意的问题

估计经营性投资方案所需的投资额以及该方案营运期每年能产生的现金净流量，会涉及很多变量，需要企业有关部门参与。诸如，销售部门负责预测售价和销量，涉及产品价格弹性、广告效果、竞争者动向等；产品开发和技术部门负责估计投资方案的净经营性长期资产总投资，涉及研制费用、设备购置、厂房建筑等；生产和成本部门负责估计制造成本，涉及原材料采购价格、生产工艺安排、产品成本等。财务人员的主要任务是：为销售、生产等部门的预测建立共同的基本假设条件，如物价水平、折现率、可供资源的限制条件等；协调参与预测工作的各部门人员，需要相互衔接与配合，防止预测者因个人偏好或部门利益而高估或低估收入和成本。

1. 现金流量估计的原则

在估计投资方案相关的现金流量时，应遵循公司整体增量现金流量原则，即只有增量现金流量才是与项目相关的现金流量。所谓增量现金流量，是指所采纳的投资方案所引起的公司整体现金流量的变动量。只有所采纳的投资方案引起的公司整体现金流出的增加额，才视为该投资项目的现金流出量；只有所采纳的投资方案引起的公司整体现金流入的增加额，才确定为该项目的现金流入量。

2. 现金流量估计应注意的问题

为遵循公司整体增量现金流量原则，正确计算投资方案的现金流量，需要注意以下4个问题。

(1) 在利用非货币经济资源投资时，只有相关成本才构成项目投资的现金流出。公司使用某项非货币经济资源投资时，虽然公司取得非货币经济资源发生了成本费用支出，但是如果该非货币经济资源的取得不是项目投资引起的，非货币经济资源的取得成本便是与投资项目无关的成本(非相关成本)，不构成项目投资的现金流出。只有该非货币经济资源的取得是由项目投资决策引起的，取得成本才是与投资项目相关的成本(相关成本)，应作为投资该项目的一项现金流出。比如，为投资某项目研发新产品或新技术所发生的成本费用支出是该投资项目引起的，属于相关成本，应作为项目投资的一项现金流出加以考虑；而如果企业为其他目的发生研发费用支出，虽然新项目需要使用该研发技术，但研发费用支出不是由企业新项目投资引起的，与企业新项目投资决策无关。因为无论新项目是否采纳，该费用支出都已经发生，原来发生的费用已经属于沉没成本。显然，这里的研发费用支出属于非相关成本，在项目估价时不应作为项目投资的现金流出。再如，某公司曾经打算新建一个车间，并请一家会计公司做过可行性分析，支付咨询费。后来由于公司有了更好的投资机会，该项目被搁置下来，该笔咨询费作为费用已经入账了。几年后旧事重提，在进行投资分析时，这笔咨询费不能作为相关成本，因为该笔支出已经发生，不管公司是否采纳新建一个车间的方案，它都已无法收回。还比如，企业为其他项目构建了厂房，后因项目终止而闲置，企业新项目投资刚好可以使用该厂房，但该厂房构建支出并不是企业新项目投资引起的，也属于非相关成本，也不能作为该项目投资的现金流出。

(2) 在利用非货币经济资源投资时，估计投资现金流出不要忽视机会成本。如果公司使用原有非货币经济资源投资于某特定项目，且该非货币经济资源还可以投资其他经济用途，则公司必须放弃投资于其他经济用途可能取得的收益或现金净流入，这是将该非货币经济资源用于该项目的一种代价。该非货币经济资源投资其他经济用途可能取得的现金净流入的现值，即用于其他经济用途的经济价值，就是将其用于该投资项目的机会成本，按增量现金流量原则，应视为该投资项目的一项投资现金流出。例如，上述公司新建车间的投资方案，需要使用公司拥有的一块土地。在进行投资分析时，该土地用于新建车间并没有发生现金流出，因为公司并没有动用资金去购置土地。如果该公司不利用这块土地来兴建车间，则可将这块土地出售，并取得一定的收入。正因为在这块土地上兴建车间才放弃了这笔收入，而这笔收入正是兴建车间使用土地的机会成本。

(3) 需要考虑投资方案对公司整体现金流量的影响。当公司采纳一个新的项目后，该项目可能对公司的其他项目现金流量造成有利或不利的影响，进而影响公司整体现金流量。例如，若新建车间生产的新产品上市后，原有其他产品的销量可能减少，整个公司的销售额增长会低于新产品销售额。因此，公司在进行投资分析时，不应将新车间的销售收入作为增量收入来处理，而应扣除其他项目因此减少的销售收入。当然，也可能发生相反的情况，新产品上市后将促进其他项目的销售增长，这要看新项目和原有项目是竞争关系还是互补关系。

可见，按增量现金流量原则，需要考虑投资方案对企业整体现金流量的影响，而不能孤立地考察项目本身的现金流量。

(4) 需要考虑项目对公司营运资本的影响。一般而言，当公司启动一个新项目，公司产销规模会增加，对于存货和应收账款等经营性流动资产的需求也会增加。虽然随着采购规模的扩大，应付账款等经营性流动负债也会同步增加，但并不能充分满足经营性流动资产增加的需要，为此公司需要筹集长期资本追加流动资产投资(营运资本投资)，新项目导致公司这部分的投资支出增加，按增量现金流量原则，应将其列入该投资方案的现金流出量。

当投资方案的寿命周期结束时，公司将与项目有关的存货出售，应收账款变为现金，应付账款等商业流动负债也随之偿付，公司流动资产恢复到原有水平，投资在流动资产上的长期资本(营运资本)得以收回，按增量现金流量原则，应将其列入该投资方案的终结现金流入量。通常，在进行投资分析时，假定开始投资时筹措的营运资本在项目结束时收回。

3. 所得税和折旧对现金流量的影响

现在进一步讨论所得税对投资决策的影响。所得税是企业的一种现金流出，它取决于利润大小和税率高低，而利润大小受折旧方法的影响。因此，讨论所得税问题必然会涉及折旧问题。我们在前文中未讨论所得税问题，在那种情况下，折旧与现金流量无关，自然也不可能讨论折旧问题。折旧对投资决策产生影响，实际上是由所得税引起的。因此，这两个问题要放在一起讨论。

(1) 税后成本和税后收入。如果有人问你，你租的宿舍房租是多少，你一定会很快将你每月付出的租金说出来。如果问一位企业家，他的工厂厂房租金是多少，他的答案比实际每个月付出的租金要少一些。因为租金是一项可以减免所得税的费用，所以应以税后的基础来观察。凡是可以减免税负的项目，实际支付额并不是真实的成本，而应将因此而减少的所得税考虑进去。扣除所得税影响以后的费用净额，称为税后成本。

【例5-4】某公司目前的损益状况见表5-10。该公司正在考虑一项广告计划，每月支付2000元，假设所得税税率为25%，该项广告的税后成本是多少？

表5-10 公司利润数据

元

项目	目前(不做广告)	做广告方案
销售收入	15 000	15 000
成本和费用	5000	5000
新增广告		2000
税前净利	10 000	8000
所得税费用(25%)	2500	2000
税后净利	7500	6000
新增广告税后成本	1500	

从表5-10可以看出，该项广告的税后成本为每月1500元，两个方案(不做广告与做广告)的唯一差别是广告费2000元，对净利的影响为1500元。

税后成本的一般公式为

$$税后成本=支出金额\times(1-税率) \tag{5-7}$$

据公式(5-7)计算广告的税后成本为

$$税后成本=2000\times(1-25\%)=1500(元)$$

与税后成本相对应的概念是税后收入。如果有人问你，你每月工资收入是多少，你可能很快回答工资单上的合计数。如果你刚刚出版了一本书，有人问你得到多少稿酬，你的答案比出版社计算的稿酬要少一些。因为通常一本书的稿酬会超过征税的起点，而你的工资可能并不征税。

由于所得税的作用，企业营业收入的金额有一部分会流出企业，企业实际得到的现金流入是税后收入，计算公式为

$$税后收入=收入金额\times(1-税率)$$

(2) 折旧的抵税作用。加大成本会减少利润，从而使所得税减少。如果不计提折旧，企业的所得税将会增加许多。折旧可以起到减少税负的作用，这种作用称为“折旧抵税”。

【例5-5】假设有甲公司和乙公司，全年销货收入、付现费用均相同，所得税税率为25%。两者的区别是甲公司有一项可计提折旧的资产，每年折旧额相同。两家公司的现金流量如表5-11所示。

表5-11　两家公司的现金流量

元

项目	甲公司	乙公司
销售收入	20 000	20 000
费用：		
付现营业费用	10 000	10 000
折旧	3000	0
合计	13 000	10 000
税前净利	7000	10 000
所得税费用(25%)	1750	2500
税后净利	5250	7500
营业现金流入：		
税后净利	5250	7500
折旧	3000	0
合计	8250	7500
甲公司比乙公司拥有较多现金	750	

甲公司利润虽然比乙公司少2250元，但现金净流入却多出750元，其原因在于有3000元的折旧计入成本，使应税所得减少3000元，从而少纳税750(3000×25%)元。这笔现金保留在企业里，不必缴出。从增量分析的观点来看，由于增加了一笔3000元折旧，企业获得750元的现金流入。折旧对税负的影响为

$$税负减少额=折旧额\times税率=3000\times25\%=750(元)$$

(3) 税后现金流量。在加入所得税因素以后，现金流量的计算方法有以下三种。

第一种是直接法。根据现金流量的定义，所得税是一种现金支付，应当作为每年营业现金流量的一个减项，计算公式为

$$营业现金流量=营业收入-付现成本-所得税 \tag{5-8}$$

这里的营业现金流量是指未扣除营运资本变动的营业现金毛流量。在项目营业现金流量估计中，假设营业收入与销售商品、提供劳务所收到的现金相同，原因在于应收挂账情况无法准确预计，所以假设项目每年的营业收入能够全额收现。接下来需要估计付现成本，在产销平衡的情况下，项目每年的营业收入决定了项目的生产规模，而生产规模决定了成本费用及付现部分。付现成本包括购买商品、接受劳务支付的现金，支付给职工以及为职工支付的现金，还有付现的管理费用和销售费用等，这里同样不需要考虑赊购所形成的应付账款的影响，因为无法准确预计。此外，通常假设项目每年营业收入相同，因为年度间营业收入的变动也难以准确估计。

第二种是间接法，计算公式为

$$营业现金流量=税后净利润+折旧 \tag{5-9}$$

公式(5-8)和(5-9)的结果是一致的，推导过程为

$$\begin{aligned}营业现金流量&=营业收入-付现成本-所得税\\&=营业收入-(营业成本-折旧)-所得税\\&=营业利润+折旧-所得税\\&=税后净利润+折旧\end{aligned}$$

第三种是根据所得税对收入、成本和折旧的影响来计算。

根据前文讲到的税后成本、税后收入和折旧抵税可知，由于所得税的影响，现金流量并不等于项目实际的收支金额，相关的计算公式为

税后成本=支出金额×(1−税率)

税后收入=收入金额×(1−税率)

折旧抵税=折旧×税率

因此，现金流量的计算公式还可以为

营业现金流量=税后收入−税后付现成本+折旧抵税

=收入×(1−税率)−付现成本×(1−税率)+折旧×税率 (5-10)

公式(5-10)也由式(5-9)推导出来，推导过程为

营业现金流量=税后净利润+折旧

=(收入−成本)×(1−税率)+折旧

=(收入−付现成本−折旧)×(1−税率)+折旧

=收入×(1−税率)−付现成本×(1−税率)−折旧×(1−税率)+折旧

=收入×(1−税率)−付现成本×(1−税率)−折旧+折旧×税率+折旧

=收入×(1−税率)−付现成本×(1−税率)+折旧×税率

在式(5-8)、(5-9)、(5-10)中，较为常用的是式(5-10)，因为企业的所得税是根据企业总利润计算的。在确定某个项目是否值得投资时，我们往往使用差额分析法确定现金流量。不知道整个企业的利润及与此有关的所得税会妨碍式(5-8)和式(5-9)的使用，而式(5-10)并不需要知道企业的利润是多少，使用起来比较方便。尤其是有关固定资产更新的决策，我们没有办法计量某项资产给企业带来的收入和利润，以至于无法使用式(5-8)和式(5-9)。

5.4 经营性项目投资折现率的估计

在使用现金流量折现方法对经营性投资项目进行估价和决策时，需要使用项目资本成本作为折现率，而项目资本成本是根据项目资本提供者所承担的风险进行估计的。在实践中，通常采用以下方法估计项目资本成本。

5.4.1 使用公司当前的资本成本作为项目的资本成本

在经营项目投资中，运作良好的公司通常不会保有闲置的高成本资本，需要为新项目进行筹资。在项目筹资中，为维持目标资本结构，公司要求项目筹资来源结构与目标资本结构保持一致，因而项目筹资不会改变公司的目标资本结构，公司的财务风险和公司资本成本也不会发生改变。假设项目加入不会影响公司的经营风险，由于公司的资本结构和筹资风险不会因为项目筹资发生改变，项目出资者(包括股东和债权人)所面临的投资总风险也没有发生变动，因而项目出资者投资的必要报酬率也不会发生变化，则项

目的筹资成本与公司当前的资本成本(WACC)相同。但是采用当前的公司资本成本作为项目资本成本隐含一个重要假设：新项目只是企业现有资产的复制品，它们的经营风险相同。这种情况经常会出现，例如，固定资产更新、现有生产规模的扩张等。如果新项目的经营风险和现有资产的平均风险有显著差别，即使项目筹资没有改变公司的目标资本结构，使用公司目前的资本成本作为折现率也不合适。例如，北京首钢公司是个传统行业企业，其经营风险较小，最近进入了经营风险较大的信息产业。在评价其信息产业项目时，使用公司目前的资本成本作为必要报酬率显然就不合适了。

可见，使用公司当前资本成本作为项目资本成本，除了公司继续采用相同的资本结构为新项目筹资以外，还要求项目的经营风险与企业当前资产的平均风险相同。

5.4.2 运用可比公司法估计投资项目的资本成本

在考虑项目经营风险对公司总风险的影响以后，我们根据项目筹资结构与公司资本结构是否一致，分两种情况讨论项目资本成本的估计。

1. 项目筹资结构与公司资本结构相同

在项目筹资结构与公司资本结构相同的情况下，如果新项目的经营风险与现有资产的平均风险基本相同，我们可以使用公司当前资本成本作为项目资本成本。但是，如果新项目的经营风险与现有资产的平均风险显著不同，使用公司当前的加权平均资本成本作为项目的资本成本就不恰当了。从理论上说，项目的资本成本应该根据项目出资者的必要报酬率来确定。项目资本成本可以表示为

$$项目资本成本=权益必要报酬率\times权益比重+债务必要报酬率\times(1-T)\times债务比重$$

式中：权益比重=项目权益资本/项目筹资额；债务比重=项目债务资本/项目筹资额。

公司投资一个新项目，实际上是将该项目加入公司原有的项目组合中，符合投资组合的假设，因而可以根据项目(可以理解为一只股票)的系统风险程度，应用资本资产定价模型估计项目权益投资者的必要报酬率。但问题在于，估算项目系统风险(β系数)十分困难，经营项目市场或实业市场不同于股票市场，股票市场提供了股票市价，为计算某公司股票的β值提供了数据，而项目没有充分的交易市场，没有可靠的市场数据可依赖。因而，应用资本资产定价模型估算项目的必要报酬率，首先需要解决项目β系数估算的难题，解决办法是运用可比公司法。

我们可以将项目独立化为一家公司，然后寻找一家经营业务与该项目类似的上市公司作为可比公司，因为经营业务类似的公司，它们的经营风险也相近。比如，某公司计划投资一个房地产项目，则找一家房地产公司作为可比公司。根据股票交易市场提供的市场数据，计算得到可比公司的β系数，然后将这家公司的β系数作为投资项目的β系数。但这样做的问题在于没有考虑项目筹资结构与可比公司资本结构的差异，也就是说，没有考虑财务风险和财务杠杆差异对权益必要报酬率的影响。实际上，股东收益波动的风险(股东面临的总风险)不仅受与该项目类似经营业务带来的经营风险的影响，也受财务风险和财务杠杆的影响，而可比公司股票的β系数还内含资本结构和财务杠杆的因素。如果

项目筹资结构或项目所在公司资本结构与可比公司的资本结构显著不同，则不能采用可比公司股票的β系数作为项目的β系数。

实际上，找到与项目所在公司资本结构和财务杠杆相同的可比公司十分困难，解决问题的方法是先将可比公司的资本结构和财务杠杆因素排除，重新计算可比公司股票的β系数，并将这家公司无负债的β系数作为项目无负债的β系数，之后再根据项目所在企业的资本结构做出相应调整，基本步骤如下所述。

(1) 计算可比公司的β系数。一项资产的风险定义为投资报酬的不确定性，公司作为一项整体资产，其风险也是指投资报酬的不确定性。由于公司整体资产是由股东和债权人共同投资形成的，投资报酬体现为息前税后利润，息前税后利润为税后利润和债务利息之和，反映了公司投资者的投资报酬。其中，净利润属于股东的报酬，而债务利息为债权人的报酬。公司整体资产的风险是指资产息前税后利润的不确定性，也称为经营风险。

由于投资项目与可比公司属于“同业企业”，具有相似的风险特征，因而我们可以用可比公司的风险来估计项目的风险。但是，投资项目与可比公司的风险并不完全相同，虽然两者面临相同的系统风险，但各自也存在异质性产生的特有风险。因此，可比公司法只是在无法直接估计项目风险情况下的一种次优选择，只能得到近似的结果，并不是一个完美的方法，但这并不影响利用可比公司间接估计项目风险的有效性，因为我们可以根据项目的风险特征进行调整。

公司息前税后利润的不确定性(经营风险)受多种因素的影响，既包括同质的系统风险，也包括异质的特有风险。其中，系统风险主要体现为市场需求波动的影响，市场变动所引起的投资收益波动越大，公司的经营风险越高。运用可比公司法时，我们应忽略可比公司异质的特有风险，只考虑同质的系统风险，以使可比公司法能够得到应用。我们可以将公司整体资产的系统风险(β资产)定义为市场需求波动引起的公司整体资产的经营风险，即息前税后利润对销售量的敏感程度，用公式表示为

$$\beta\text{资产}=(\Delta\text{息前税后利润}\div\text{息前税后利润})\div(\Delta Q\div Q) \tag{5-11}$$

式中：Δ息前税后利润=Δ税后利润+Δ债务利息。

由于债权投资的收益相对稳定，基本不会受市场变动的影响，因而可以不考虑销售量变动引起的债务利息变动，即Δ债务利息为零，这样息前税后利润的变动率为

$$\begin{aligned}\Delta\text{息前税后利润}/\text{息前税后利润}&=\Delta\text{税后利润}\div\text{息前税后利润}\\&=(\Delta\text{税后利润}\div\text{税后利润})\div(\text{税后利润}\div\text{息前税后利润})\\&=\text{净利润变动率}\div(\text{税后利润}\div\text{息前税后利润})\end{aligned}$$

税后利润和息前税后利润可以推导为

$$\text{税后利润}=\text{股东权益}\times\text{权益净利率}$$

$$\text{息前税后利润}=\text{资产}\times\text{资产息前税后利润率}$$

在可比公司没有负债的情况下，权益净利率等于资产息前税后利润率，可得

$$\text{税后利润}\div\text{息前税后利润}=\text{股东权益}\div\text{资产}$$

这样，β资产可推导为

$$\beta资产=净利润变动率\div(\Delta Q\div Q)\times(股东权益\div资产)$$
$$=\beta权益\times(股东权益\div资产)$$

β权益代表市场变动引起股东收益的波动性，为股东所承受的系统风险，推导得出

$$\beta权益=\beta资产\div(1+负债/股东权益) \tag{5-12}$$

式(5-12)要表达的是：β资产是没有区分权益和负债，或没有考虑负债情况下的公司整体资产的系统风险，也称为“不含负债”的β资产。而β权益反映的是股东所承受的系统风险，负债会加剧股东收益的波动性或风险，因此确定β权益时必须考虑企业的负债情况，β权益是“含有负债”的系统风险，也就是说，β权益不仅包括公司的经营风险，还包含财务风险和财务杠杆。这里“不含负债”可以理解为不考虑资本结构因素和财务风险，而“含有负债”则可以理解为考虑资本结构因素和财务风险。

式(5-12)还表明：在存在负债的情况下，股东收益的风险(β权益)要大于公司整体资产的风险(β资产)，原因在于公司投资者的息前税后收益仅受经营风险的影响，而股东收益(税后利润)的波动性不仅受经营风险的影响，而且固定的债务利息的税前支付会导致股东收益进一步的波动，这是财务风险和财务杠杆作用的结果。

我们可以根据股票交易市场提供的市场数据，利用资本资产定价模型计算可比公司的β权益，进而根据资本结构计算可比公司“不含负债”的系统风险(β资产)。

(2) 卸载可比公司的财务杠杆。由于可比公司的资本结构与项目所在企业不同，需要将资本结构和财务杠杆(负债)因素排除，计算可比公司不含财务杠杆的β权益。在式(5-12)中，β资产就是在计算可比公司的β权益的基础上，根据资本结构计算的可比公司整体资产“不含负债”的系统风险。由于需要排除财务杠杆因素，则在可比公司的资本结构中全部为权益资本，没有负债，股东收益的风险(β权益)只受可比公司经营风险的影响，没有负债引发的财务风险，因而不含财务杠杆的股东收益风险(β权益)与公司整体资产的经营风险(β资产)相同。也就是说，可比公司股东权益的风险(β权益)可以用“不含负债”的β资产表示，该过程通常叫“卸载财务杠杆”，关系式为

$$“卸载财务杠杆”的\beta权益=“不含负债”的\beta资产$$
$$=\beta权益\div(1+负债价值/股东权益价值)$$

【例5-6】某大型联合企业A公司，拟开始进入飞机制造业。飞机制造业的代表企业是B公司，其资本结构债务/权益成本为7/10，股东权益的β值为1.2。我们首先需要将B公司的β权益转换为无负债的β权益，则

$$“卸载财务杠杆”的\beta权益=“不含负债”\beta资产=1.2\div(1+7/10)=0.7058$$

由于项目与可比公司的经营业务相同，或者说两者的经营风险相同，我们可以将卸载财务杠杆后可比公司的β权益，即可比公司的经营风险(β资产)作为项目无负债或无财务杠杆的β项目。

(3) 加载项目所在企业的财务杠杆。根据项目所在企业的资本结构调整项目无负债或无财务杠杆的β项目，该过程称“加载财务杠杆”。由于我们将项目视为一家独立企业，前文可比公司整体资产系统风险的计算公式同样适用于计算项目“不含负债”的系统风险(β项目)，即

$$“不含负债”\beta项目=\beta项目权益\div(1+负债价值/权益价值)$$

这里，“不含负债”β项目为可比公司“卸载财务杠杆”的β权益，可以推导出

“加载财务杠杆”的β项目权益=“卸载财务杠杆”的β权益×(1+负债价值/权益价值) (5-13)

这里，负债与股东权益的对比关系为项目所在企业的资本结构或项目筹资结构。

续【例5-6】，假设A公司目前负债/股东权益为2/3，进入飞机制造业后仍维持该目标结构。根据公式(5-13)，加载财务杠杆，还原计算A公司飞机制造业项目含有负债的β项目权益，计算过程为

“加载财务杠杆”的β项目权益=0.7058×(1+2/3)=1.1763

(4) 根据项目股东的β值计算项目股东要求的报酬率。此时项目“加载财务杠杆”的β项目权益既包含项目的经营风险，也包含项目所在公司的财务杠杆，可据以计算项目股东权益成本，计算公式为

项目股东权益成本=无风险报酬率+β项目权益×市场风险溢价

市场风险溢价为经营业务与该项目类似的上市公司股票的市场风险溢价。

(5) 计算项目的资本成本，计算公式为

项目加权平均成本=负债成本×(1−税率)×负债/资本+股权成本×股东权益/资本

续【例5-6】，假设A公司在该目标资本结构下，债务税前成本为6%。已知无风险报酬率为5%，市场风险溢价为8%。根据β项目权益计算A公司的项目股权成本，则

项目股权成本=5%+1.1763×8%=5%+9.4104%=14.41%

计算项目加权平均资本成本，则

项目资本成本=6%×(1−30%)×(2/5)+14.41%×(3/5)=1.68%+8.65%=10.33%

总之，在等风险假设明显不能成立时，即使项目筹资结构与公司资本结构相同，公司资本成本也不能作为项目资本成本，要按可比公司法重新估计项目资本成本。

2. 项目筹资结构与公司资本结构不同

以上我们假设项目筹资结构与公司目前的资本结构一致，而实际上，项目筹资结构未必经常会与公司资本结构保持一致，即使新项目的经营风险与现有资产的平均风险相同，但是如果项目筹资结构使公司资本结构和财务风险发生较大的改变，项目出资者的风险就会发生较大变动，公司当前的平均资本成本也就不适于作为项目资本成本，需要重新估计。那么，在项目筹资结构变动的情况下如何估计项目资本成本呢？解决办法是将投资和筹资分开，或者说将项目经营风险与筹资风险分开。如果项目的经营风险与公司总体经营风险一致，我们先假设项目的筹资结构不变，用公司当前的资本成本作为项目的资本成本评价项目，如果项目通过检验，具有可行性，再考虑筹资结构变化带来的财务影响。如果项目筹资结构对公司资本结构和财务风险项目影响不大，可以以公司当前的资本成本作为项目资本成本。例如，在公司当前的资本结构中，债务占总资本60%，而在新项目筹资中债务占总资本70%，虽然会导致公司总体的负债比重和财务风险有所上升，但如果新项目债务筹资规模不大，对公司的资本结构和财务风险影响也不大，则可以选择当前的资本成本作为项目资本成本。但是如果在新项目筹资中债务占90%，筹资规模也较大，使公司总体的负债比重上升至80%，则项目出资者所面临的财务风险会迅速上升，项目筹资成本就会显著升高，采用公司当前的资本成本作为项目资本成本显然就不合适了。

可见，在项目筹资结构对公司资本结构影响较大的情况下，无论项目经营风险是否对公司整体经营风险产生较大影响，都需要重新估计项目的资本成本。我们仍然可以采用可比公司法确定项目权益资本成本，而且由于财务风险上升，项目债权人的必要报酬率必然上升，项目债务资本成本需要重新估计。比如，可以采用与本公司资本结构类似的可比公司债务成本的平均数，或者等风险公司债券市场利率确定。

仍然沿用【例5-6】提供的资料，假设A公司飞机制造项目的筹资结构为债务与权益成本的比例为2/1，使A公司资本结构的债务对权益的比例上升到1/1，与A公司飞机制造项目负债筹资的等风险公司债券市场利率为8%。

前文计算的可比公司B公司无负债的β权益为0.7058。由于A公司飞机制造项目与可比公司的经营风险相同，我们将可比公司B公司卸载财务杠杆后的β权益作为A公司飞机制造项目无负债的β项目。

项目筹资后，由于公司的资本结构发生变动，项目股东收益的波动性加大，加载财务杠杆后，A公司飞机制造业项目含有负债的β项目股东为

$$\text{“加载财务杠杆”的}\beta\text{项目权益}=0.7058\times(1+1/1)=1.4116$$

根据“加载财务杠杆”的β项目权益计算A公司飞机制造业项目的股东权益成本为

$$\text{项目的股东权益成本}=5\%+1.4116\times8\%=5\%+11.29\%=16.29\%$$

采用等风险债券市场利率作为项目债务税前成本，计算项目加权平均资本成本为

$$\text{项目资本成本}=8\%\times(1-30\%)\times(1/2)+16.29\%\times(1/2)=10.95\%$$

尽管可比公司法不是一种完美的方法，但估算项目系统风险还是比较有效的。

5.5 经营项目投资决策方法的基本应用

这里，我们主要介绍如何利用现金流量折现方法的一些主要项目进行决策，包括互斥项目的优选问题、固定资产的更新决策以及总量有限时的资本分配决策。

5.5.1 互斥项目的优选问题

互斥项目，是指接受一个项目就必须放弃另一个项目的情况。通常，它们是为解决一个问题设计的两个备选方案。例如，为了生产一个新产品，可以选择进口设备，也可以选择国产设备，它们的使用寿命、购置价格和生产能力均不同。企业只需购买其中之一就可满足目前的需求，而不会同时购置。

对于互斥项目，当评价的基本指标净现值和内含报酬率出现矛盾时，我们应该如何选择呢？评价指标出现矛盾的原因有两种：一是投资额不同；二是项目寿命期不同。如果这种矛盾是由投资额不同引起的(项目的寿命相同)，对于都具有正净现值的互斥项目通常应当以净现值优先，因为净现值最大的方案可以给股东带来更多的财富，股东需要的是实实在在的报酬，而不是报酬的比率。但是，如果净现值与内含报

酬率的矛盾是由项目有效期不同引起的，我们有两种解决办法，一个是共同年限法，另一个是等额年金法。

如果互斥项目的期限不同，则其所创造的净现值并不具有可比性，不能成为优选的比较标准。例如，一个项目3年创造的净现值较少，另一个项目6年创造的净现值较多，不能确定后者优于前者。因为在持续经营的假设下，短期项目投资回收后存在重置投资问题，仍然可以为股东创造净现值。

1. 共同年限法

共同年限法的原理是：假设投资项目可以在终止时进行重置，通过重置使两个项目达到相同的年限，然后比较其净现值，该方法也被称为重置价值链法、项目复制法。就上例这两个项目而言，假设3年期的短期项目结束后，收回资金重置投资相同的项目，这时该项目的性质并没有改变，还可以创造相同的净现值。通过重置使两个项目达到相同的年限，然后比较其净现值。

【例5-7】假如公司资本成本是10%，有A和B两个互斥的投资项目，A项目的年限为6年，净现值为12 441万元，内含报酬率为19.73%；B项目的年限为3年，净现值为8324万元，内含报酬率为32.67%。两个指标的评估结论有矛盾，A项目净现值大，B项目内含报酬率高。此时，如果认为净现值法更可靠，A项目一定比B项目好，其实是不对的。

我们用共同年限法进行分析：假设B项目终止时可以进行重置一次，该项目的期限延长到了6年，与A项目相同。两个项目的现金流量分布如表5-12所示。其中重置B项目第3年年末的现金流量-5800万元是重置初始投资-17 800万元与第一期项目第3年年末现金流入12 000万元的合计。经计算，重置B项目的净现值为14 577万元，因此，B项目优于A项目。

表5-12　项目的现金流量分布　　万元

项目		A		B		重置B	
时间	折现系数	现金流	现值	现金流	现值	现金流	现值
0	1	-40 000	-40 000	-17 800	-17 800	-17 800	-17 800
1	0.9091	13 000	11 818	7000	6364	7000	6364
2	0.8264	8000	6612	13 000	10 744	13 000	10 744
3	0.7513	14 000	10 518	12 000	9016	-5800	-4358
4	0.6830	12 000	8196			7000	4781
5	0.6209	11 000	6830			13 000	8072
6	0.5645	15 000	8467			12 000	6774
净现值			12 441		8324		14 577
内含报酬率		19.73%		32.67%			

应用共同年限法有一个问题：共同比较期的时间可能很长。例如，一个项目周期为7年，另一个项目周期为9年，就需要以63年作为共同比较期。虽然计算机能够胜任复杂的计算，但63年的现金流量难以预计。尤其是重置时的原始投资，因技术进步或通货膨胀等原因总会发生变化，更难以预计。

2. 等额年金法

等额年金法是用于比较年限不同的互斥项目的一种简易方法。等额年金法假设项目可以无限重置，在一定程度上，能够解决在共同年限较长的情况下，难以应用共同年限法的问题，计算步骤为：①计算两个项目的净现值；②计算净现值的等额年金额；③假设项目可以无限重置，并且都在该项目的终止期，等额年金的资本化就是项目的净现值。

沿用【例5-7】的数据，则

A项目的净现值=12 441万元

A项目的净现值的等额年金=12 441 ÷ 4.3553=2857(万元)

A项目的永续净现值=2857 ÷ 10%=28 570(万元)

B项目的净现值=8324万元

B项目的净现值的等额年金=8324 ÷ 2.4869=3347(万元)

B项目的永续净现值=3347 ÷ 10%=33 470(万元)

比较永续净现值，B项目优于A项目，结论与共同年限法相同。

其实，等额年金法最后一步计算永续净现值并非必要。在资本成本相同时，等额年金额大的项目，永续净现值一定大，根据等额年金大小就可以直接判断项目的优劣。

以上两种分析方法有所区别。共同年限法理论上相对完善，也比较直观，易于理解，但是预计现金流的工作很困难。等额年金法应用简单，但不便于理解。

两种方法存在共同的缺点：①有的领域技术进步快，目前就可以预期升级换代不可避免，不可能原样复制；②如果通货膨胀比较严重，必须考虑重置成本的上升，这是一个非常具有挑战性的任务，对此两种方法都没有考虑；③从长期来看，竞争会使项目营业现金净流量下降，甚至会导致项目被淘汰，对此这两种方法都没有考虑。

在实务中，通常只有重置概率很高的项目才适宜采用上述分析方法。对于预计项目年限差别不大的项目，例如，8年期限和10年期限的项目，直接比较净现值即可，不需要做重置现金流分析，因为预计现金流量和资本成本的误差比年限差别还大。预计项目的有效年限本来就很困难，技术进步和竞争随时会缩短一个项目的经济年限，不断维修和改进也会延长项目的有效年限。有经验的分析人员历来不重视10年以后的数据，因其现值已经很小，往往直接舍去10年以后的数据，只进行10年内的重置现金流分析。

5.5.2 固定资产的更新决策

固定资产更新是指对技术上或经济上不宜继续使用的旧资产用新的资产更换或用先进的技术对原有设备进行局部改造。固定资产更新决策主要研究两个问题：一个是决定是否更新，即继续使用旧资产还是更换新资产；另一个是决定选择什么样的资产来更新。实际上，这两个问题是结合在一起考虑的，如果市场上没有比现有设备更适用的设备，那么就继续使用旧设备。由于旧设备在修理后可以继续使用，所以更新决策是对继续使用旧设备与购置新设备的选择。

固定资产更新决策方法主要有差量分析决策方法、期限不同互斥方案决策方法和平均年成本法。

1. 差量分析决策方法

固定资产更新决策可以视为对互斥项目的选择，即继续使用旧资产还是采用新资产。在新旧设备可使用年限相同的情况下，为简化起见，继续使用旧资产和采用新资产可以转化为单一的“用新设备代替旧设备”特定决策方案，并采用“差量分析方法”进行决策。

(1) 现金流量分析。“用新设备代替旧设备”决策方案的现金流出为新设备购置费用与旧设备变现净收入的差额，称为差量投资现金净流量，表达式为

差量投资现金净流量=新设备购置费用-旧设备变现净收入 (5-14)

这里，旧设备的残值变现净收入作为新设备购置费用的抵减。差量投资现金净流量反映了“用新设备代替旧设备”决策方案的净投资支出。

“用新设备代替旧设备”决策方案的现金流出为新设备营业现金净流量与旧设备营业现金净流量的差额，称为差量营业现金净流量，表达式为

差量营业现金净流量=新设备营业现金净流量-旧设备营业现金净流量 (5-15)

差量营业现金净流量反映了“用新设备代替旧设备”决策方案的营业现金净流量。固定资产更新决策不同于一般的投资决策。一般说来，更换设备并不会改变企业的生产能力和产销量，不增加企业的营业现金流入，但可能因设备维护保养支出减少等而降低营业付现成本，从而使新、旧设备的营业现金净流量不同。

(2) 评价固定资产更新方案的经济可行性。利用现金流量折现模型，可以用更新决策方案的净现值(也称为差量净现值)或内含报酬率(也称为差额投资内部收益率)来进行决策。当差量净现值大于0时，或差额投资内部收益率大于设定折现率时，更新决策具有经济可行性。

【例5-8】某公司有一台旧设备，工程技术人员提出更新要求，有关数据如表5-13所示。假设不考虑新旧设备终结现金流量，该公司要求的必要报酬率为10%，企业所得税税率为25%，请计算差量净现值并确认更新方案是否可行。

表5-13 新旧设备的现金流情况 万元

项目	旧设备	新设备	差量
原值	50 000	60 000	
尚可使用年限	3	3	
初始投资	30 000	60 000	30 000
营业现金流量			
销售收入	40 000	40 000	0
付现成本	30 000	12 000	−18 000
折旧额	10 000	20 000	10 000
年营业现金净流量	10 000	26 000	16 000
差量净现值			9792

注：旧设备初始投资30 000万元为旧设备的清理变现净值

第一步，计算差量投资现金净流出量现值。

$$差量投资现金净流出量现值=60\,000-30\,000=30\,000(万元)$$

第二步，计算年差量营业现金净流入量。

$$\begin{aligned}差量营业现金流量&=\Delta税后收入-\Delta税后付现成本+\Delta折旧抵税\\&=-\Delta税后付现成本+\Delta折旧抵税\\&=-\Delta付现成本\times(1-税率)+\Delta折旧\times税率\\&=18\,000\times(1-25\%)+10\,000\times25\%=13\,500+2500=16\,000(万元)\end{aligned}$$

第三步，计算差量净现值(ΔNPV)。

$$\Delta NPV=16\,000\times(P/A，10\%，3)-30\,000=16\,000\times2.487-30\,000=9792(万元)$$

可见，设备更新决策方案可行。

2. 期限不同互斥方案决策方法

前面我们使用差额分析法，对继续使用旧设备和采用新设备进行决策。但是使用差额分析法的前提是旧设备和新设备的未来使用年限相同，这种情况十分罕见，新设备使用年限通常会长于旧设备，因为旧设备报废时，新设备仍可使用，因而不适于采用差量分析方法。在新、旧设备使用年限不同的情况下，固定资产更新决策可以视为继续使用旧资产和采用新资产这两个期限不同的互斥方案的决策问题。对于使用年限不同的互斥项目，不能采用净现值法直接比较和选择，而应该采用前文中讨论的共同年限法或等额年金法进行决策。

【例5-9】某公司有一台旧设备，工程技术人员提出更新要求，有关数据如表5-14所示。假设不考虑新旧设备终结现金流量，该公司要求的必要报酬率为10%，企业所得税税率为25%，请确认设备更新方案是否可行。

表5-14　新旧设备的现金流情况　　万元

项目	旧设备	新设备
原值	50 000	60 000
尚可使用年限	3	6
初始投资	15 000	60 000
年营业现金流量		
销售收入	40 000	40 000
付现成本	31 000	8000
折旧额	5000	10 000
年营业现金净流量	8000	26 500
净现值	4896	5905.5

注：旧设备初始投资15 000万元为旧设备的清理变现净值

在例**【5-9】**中，如果采用差量分析方法，两个方案投资相差45 000万元(60 000−15 000)，每年差量营业现金流量为18 500万元，是设备更新带来的成本节约额，视同现金流入。问题在于旧设备第3年报废，新设备仍可继续使用3年，后3年无法确定差量营业现金流量，因此，不能根据各年现金流量的差额计算净现值或内含报酬率， 也就无法使用差量分析方法，应该采用共同年限法或等额年金法进行决策。

(1) 采用共同年限法进行分析。假设旧设备终止时可以进行重置投资一次，旧设备的期限就延长到了6年，与新设备相同。假设重置旧设备投资仍然为15 000万元。

旧设备年营业现金净流量=税后销售收入−税后付现成本+折旧抵税

=(40 000−31 000)(1−25%)+5000×25%=8000(万元)

旧设备的净现值(NPV)= 8000×(*P*/*A*，10%，3)− 15 000=4896(万元)

计算重置投资后旧设备的净现值

NPV= 8000×(*P*/*A*，10%，6)− 15 000 ×(*P*/*F*，10%，3) − 15 000

= 8000×4.355−15 000 ×0.751−15 000 =8575(万元)

新设备年营业现金净流量=税后销售收入−税后付现成本+折旧抵税

=(40 000−8000)×(1−25%)+10 000×25%=26 500(万元)

采用新设备的净现值为

NPV= 26 500×(*P*/*A*，10%，6)−60 000= 26 500×4.355−60 000=55 407.5(万元)

继续使用旧设备的净现值小于采用新设备的净现值，因此，设备更新方案可行。

(2) 采用等额年金法进行分析，则

旧设备净现值的等额年金=旧设备的净现值÷(*P*/*A*，10%，3)

= 4896÷2.487=1968.64(万元)

新设备净现值的等额年金=新设备的净现值÷(*P*/*A*，10%，6)

=55 407.5÷4.355=12 722.73(万元)

因此，应采用新设备，设备更新方案可行。

3. 平均年成本法

上述期限不同互斥方案决策方法过于复杂，我们还可以采用比较平均年成本的方法进行更新决策。通常，在收入相同时，我们认为成本较低的方案是好方案。但是对于期限不同的互斥方案，不同方案总成本不具有可比性，因此，我们应当比较其每年的平均成本，即获得每年的生产能力所付出的平均代价，据以判断方案的优劣。因此，较好的分析方法是比较继续使用旧设备和更新新设备的平均年成本，以较低者作为好方案，这种方法称为平均年成本法。固定资产的平均年成本是指该资产引起的现金流出的年平均值，它是未来使用年限内现金流出总现值与年金现值系数的比值，即平均每年的现金流出。

【例5-10】某企业有一旧设备，工程技术人员提出更新要求，有关数据如表5-15所示。

表5-15　新旧设备数据　　万元

项目	旧设备	新设备
原值	2200	2400
预计使用年限	10	10
变现净值	600	2400
已经使用年限	4	0
年运行成本	700	400
最终残值净收入	200	300

假设该企业要求的必要报酬率为15%，需要计算新旧设备现金流出的总现值，然后分摊到每年。

$$旧设备现金流出的总现值=600+700\times(P/A，15\%，6)-200\times(P/F，15\%，6)$$
$$=600+700\times3.784-200\times0.432=3162.4(元)$$

$$旧设备平均年成本=旧设备现金流出的总现值\div(P/A，15\%，6)$$
$$=3162.4\div3.784=836(元)$$

同理

$$新设备平均年成本=[2400+400\times(P/A，15\%，6)-300\times(P/F，15\%，6)]\div(P/A，15\%，6)$$
$$=1000(元)$$

通过上述计算可知，使用旧设备的平均年成本较低，不宜进行设备更新。

我们再沿有【例5-9】的数据，计算新旧设备平均年成本。

$$旧设备现金流出的总现值=15\ 000+[31\ 000\times(1-25\%)-5000\times25\%]\times(P/A，10\%，3)$$
$$=15\ 000+22\ 000\times2.487=69\ 714(万元)$$

$$新设备现金流出的总现值=60\ 000+[8000\times(1-25\%)-10\ 000\times25\%]\times(P/A，10\%，6)$$
$$=60\ 000+3500\times4.355=75\ 242.5(万元)$$

$$旧设备平均年成本=旧设备现金流出的总现值\div(P/A，10\%，3)$$
$$=69\ 714\div2.487=28\ 031.36(万元)$$

$$新设备平均年成本=新设备现金流出的总现值\div(P/A，10\%，6)$$
$$=75\ 242.5\div4.355=17\ 277.27(万元)$$

新设备平均年成本低于旧设备平均年成本，因此，设备更新方案可行。

实际上，平均年成本法与上述的期限不同互斥方案决策方法的原理是相同的，由于平均年成本法不需要计算互斥方案的净现值，计算更为简单。

使用期限不同互斥方案决策方法和平均年成本法时要注意以下几个问题：①这两种决策方法是把继续使用旧设备和购置新设备看成两个互斥的方案，而不是差量分析法将其作为单一的“用新设备代替旧设备”特定决策方案。②这两种决策方法的假设前提是将来设备再更换时，可以按原来的平均年成本找到可代替的设备。例如，旧设备6年后报废时，仍可找到使用年成本为836元的可代替设备。如果有明显证据表明，6年后可替换设备平均年成本会高于当前更新设备的市场年成本(1000元)，则需要把6年后更新设备的成本纳入分析范围，合并计算当前使用旧设备及6年后更新设备的综合平均年成本，然后与当前更新设备的平均年成本进行比较。这就会成为多阶段决策问题。由于未来数据的估计有很大的主观性，时间越长越靠不住，因此，这两种决策方法通常以旧设备尚可使用年限为“比较期”，一般情况下不会有太大误差。如果以新设备可用年限为比较期，则要有旧设备报废时再购置新设备的可靠成本资料。另一种替代方法是预计当前拟更换新设备6年后的变现价值，计算其6年的平均年成本，与旧设备的平均年成本进行比较。不过，预计6年后尚可使用设备的变现价值也是很困难的，其实际意义并不大。

5.5.3　总量有限时的资本分配决策

前述内容都是互斥投资项目的优选问题，现在讨论独立投资项目组合决策问题。从理论上说，凡是净现值为正数的项目，或者内含报酬率大于项目资本成本的项目，都可以增加股东财富，都应被采纳。但是，在现实世界中会有许多总量资本受到限制的情况出现，无法为全部净现值为正数的项目筹资。

一个有效的做法是，按投资效益对独立项目进行排序。首先选择投资效益最好的项目，然后选择可行的次优项目，依此类推，通常会构成净现值最大的投资组合。

【例5-11】甲公司可以投资的资本总量为10 000万元，资本成本为10%。现有三个投资项目，有关数据如表5-16所示。

表5-16　投资项目净现值与现值指数　　万元

项目	时间(年末)	0	1	2	现金流入现值	净现值	现值指数
	现值因数(10%)	1	0.9091	0.8264			
A	现金流量	−10 000	9000	5000			
	现值	−10 000	8182	4132	12 314	2314	1.23
B	现金流量	−5000	5057	2000			
	现值	−5000	4597	1653	6250	1250	1.25
C	现金流量	−5000	5000	1881			
	现值	−5000	4546	1554	6100	1100	1.22

根据净现值分析：三个项目的净现值都是正数，它们都可以增加股东财富。由于可用于投资的资本总量限定为10 000万元。按照净现值的一般排序规则，应当优先安排净现值最大的项目。A项目的净现值最大，优先被采用，B和C项目只能放弃。这个结论其实是不对的。因为B项目和C项目的总投资是10 000万元，总净现值为2350(1250+1100)万元，大于A项目的净现值2314万元。

那么，应当如何选出最优项目呢？首先，计算项目的现值指数(或者净现值率、内含报酬率)并排序，其优先顺序为B、A、C。其次，在资本限额内优先安排现值指数高的项目。优先安排B项目，用掉5000万元；下一个应当是A项目，但是剩余5000万元，无法安排；接下来安排C项目，全部资本使用完毕。因此，应当选择B项目和C项目，放弃A项目。

实务中，选择项目比上述举例复杂得多。例如，C项目的投资需要6000万元如何处理？具有一般意义的做法是：首先，将全部项目排列出不同的组合，保证每个组合的投资需要不超过资本总量，计算各项目的净现值以及各组合的净现值合计；其次，选择净现值最大的组合作为采纳的项目。

投资资本总量受限本身并不符合资本市场原理，按照资本市场原理，好的项目是能够筹到所需资金的。公司有很多良好投资机会的时候，经理的责任是到资本市场去筹资，并且应该可以筹到资金，而不管其规模有多大。如果有了好的项目，但筹集不到所需资金，只能说明资本市场有缺点，合理分配资源的功能很差。这种状况将会阻碍公司接受净现值为正的项目，无法实现股东财富最大化的目标。

不过，现实中确实存在一些公司筹不到盈利项目所需资金的情况，还有一些公司只愿意在一定限额内筹资。此时，按现值指数排序并寻找净现值最大的组合就成为一个有用的工具，有限资源的净现值最大化成为具有一般意义的原则。

值得注意的是，这种资本分配法仅适用于单一期间的资本分配，不适用于多期间的资本分配问题。所谓多期间的资本分配，是指资本的筹集和使用涉及多个期间。例如，今年筹资的限额是10 000万元，明年又可以筹资10 000万元。与此同时，已经投资的项目可不断收回资金并及时用于另外的项目。此时，需要进行更复杂的多期间规划分析，不能用现值指数排序这种简单方法解决。

5.6 经营投资项目的敏感分析

5.6.1 敏感分析的含义及作用

1. 敏感分析的含义

敏感分析是投资项目评价中常用的一种研究不确定性的方法。它在确定性分析的基础上，进一步分析不确定性因素对投资项目的净现值(或内含报酬率)指标的影响及影响程度。

敏感因素一般可选择主要参数(如销售收入、经营成本、生产能力、初始投资、寿命期、建设期、达产期等)进行分析。若某参数的小幅度变化能导致项目净现值(或内含报酬率)指标的较大变化，则称为敏感因素，反之则称为非敏感因素。

2. 敏感分析的作用

(1) 确定影响项目净现值(或内含报酬率)的敏感因素。寻找影响最大、最敏感的主要变量因素，并进一步分析、预测或估算其影响程度，找出产生不确定性的根源，采取相应的有效措施。

(2) 计算主要变量因素的变化引起项目净现值(或内含报酬率)变动的范围，使决策者全面了解项目投资方案可能出现的净现值(或内含报酬率)变动情况，以减少和避免不利因素的影响，改善和提高项目的投资效果。

(3) 通过对比各种方案敏感度的高低，区别敏感度高或敏感度低的方案，选择敏感度低的，即风险小的项目投资方案。

(4) 通过分析可能出现的最有利与最不利的净现值(或内含报酬率)的变动范围，为决策者预测可能出现的风险程度，并对原方案采取某些控制措施或寻找可替代方案，为最后确定投资方案提供可靠的决策依据。

5.6.2 敏感分析的方法

投资项目的敏感分析，通常是在假定其他变量不变的情况下，测定某一变量发生特定变化时对净现值(或内含报酬率)的影响。敏感分析方法主要有最大最小法和敏感程度法。

1. 最大最小法

最大最小法的分析步骤如下所述。

(1) 给定计算净现值的每个变量的预期值。计算净现值时需要使用预期的投资现金流量、营业现金流入、营业现金流出等变量，这些变量都是最可能发生的数值，称为预期值。

(2) 根据变量的预期值计算净现值，由此得出的净现值称为基准净现值。

(3) 选择一个变量并假设其他变量不变，令净现值等于零，计算选定变量的临界值。如此往复，测定每个变量的临界值。

通过上述步骤，可以得出使基准净现值由正值变为负值(或相反)的各变量最大(或最小)值，可以帮助决策者认识项目的特有风险。

【例5-12】 A公司拟投产一个新产品项目，预期每年增加税后营业现金流入100万元，增加税后营业现金流出69万元。预计需要初始投资90万元，项目寿命为4年，公司的所得税税率为20%。有关数据如表5-17所示。

表5-17　最大最小法敏感分析表　　万元

项目	预期值	税后营业流入最小值	税后营业流出最大值
每年税后营业现金流入	100	92.89	100.00
每年税后营业现金流出	69	69	76.11
折旧抵税(20%)	4.5	4.5	4.5
每年税后营业现金净流量	35.5	28.39	28.39
年金现值系数(10%，4年)	3.1699	3.1699	3.1699
营业现金净流量现值	112.53	90.00	90.00
初始投资	90.00	90.00	90.00
净现值	22.53	0.00	0.00

表5-17中，我们根据预期的新产品项目现金流量计算的净现值为22.53万元。由于预期的项目现金流量具有不确定性，据此计算的净现值也具有不确定性。假设主要的不确定性来自营业现金流量，我们只分析营业流入和流出变动对净现值的影响。

(1) 分析营业流入变动的影响。令净现值等于零，其他因素不变，求解此时的税后营业现金流入。

$$\text{NPV}=(\text{税后营业现金流入}-\text{税后营业现金流出}+\text{折旧抵税})\times\text{年金现值系数}-\text{初始投资}$$

$$0=(\text{税后营业现金流入}-69+4.5)\times 3.1699-90$$

求得：税后营业现金流入=92.89(万元)

这表明，如果每年税后营业现金流入下降到92.89万元，则净现值变为0，该项目不再具有投资价值。

(2) 分析营业流出的影响。令净现值为0，其他因素不变，求解税后营业现金流出，其结果为76.11万元。

计算结果表明，税后营业现金流出上升至76.11万元，则项目不再具有投资价值。如果决策者对于上述最小营业流入和最大营业流出有信心，则项目是可行的；如果相反，决策者认为现金流入很可能低于上述最小值，或者现金流出很可能超出上述最大值，则项目风险很大，应慎重考虑该项目是否具有可行性。

还可分析初始投资额等的临界值，或者进一步分析营业现金流量的影响因素，如销量最小值、单价最小值、单位变动成本最大值等，以更为全面地认识项目风险，做出正确的项目投资决策。

2. 敏感程度法

敏感程度法的主要步骤如下所述。

(1) 计算项目的预期净现值，方法与最大最小法相同。

(2) 选定一个变量，如每年税后营业现金流入，假设其发生一定程度的变化，而其他因素不变，重新计算净现值。

(3) 计算选定变量的敏感系数，计算公式为

$$敏感系数=目标值变动百分比\div选定变量变动百分比$$

目标值通常为净现值或内含报酬率，它表示选定变量变化1%时导致目标值变动的百分数，可以反映净现值或内含报酬率对于选定变量变化的敏感程度。

(4) 根据上述分析结果，对项目的敏感系数做出判断。

依照【例5-12】的数据，先计算税后营业现金流入增减5%和增减10%(其他因素不变)的净现值，以及税后营业现金流入变动净现值的敏感系数，如表5-18所示。

表5-18 每年税后营业现金流入变化 万元

变动百分比	−10%	−5%	预期值	+5%	+10%
每年税后营业现金流入	90	95	100	105.00	110.00
每年税后营业现金流出	69	69	69	69	69
每年折旧抵税(20%)	4.5	4.5	4.5	4.5	4.5
每年税后营业现金净流量	25.5	30.5	35.5	40.5	45.5
年金现值系数(10%，4年)	3.1699	3.1699	3.1699	3.1699	3.1699
现金流入总现值	80.83	96.68	112.53	128.38	144.23
初始投资	90.00	90.00	90.00	90.00	90.00
净现值	−9.17	6.68	22.53	38.38	54.23

首先，计算营业现金流入减少10%时营业现金流入的敏感系数，则

$$\begin{aligned}营业现金流入的敏感系数&=净现值变动百分比\div营业现金流入变动百分比\\&=[(-9.17-22.53)/22.53]\div(-10\%)=140.7\%\div10\%=14.07\end{aligned}$$

当营业现金流入减少5%、增加10%和5%时，我们计算的营业现金流入敏感系数也为14.07。

其次，按照同样方法，分别计算税后营业现金流出和初始投资变动对净现值的影响，如表5-19和表5-20所示。

表5-19 每年税后营业现金流出变化

万元

变动百分比	-10%	-5%	预期值	+5%	+10%
每年税后营业现金流入	100	100	100	100	100
每年税后营业现金流出	62.10	65.55	69	72.45	75.9
每年折旧抵税(20%)	4.50	4.50	4.50	4.50	4.50
每年税后营业现金净流量	42.40	38.95	35.50	32.50	28.60
年金现值系数(10%，4年)	3.1699	3.1699	3.1699	3.1699	3.1699
营业现金流入总现值	134.40	123.47	112.53	101.60	90.66
初始投资	90.00	90.00	90.00	90.00	90.00
净现值	44.40	33.47	22.53	11.60	0.66
税后营业现金流出的敏感系数	[(0.66-22.53)÷22.53]÷10%=-97.07%÷10%=-9.71				

表5-20 初始投资变化

万元

变动百分比	-10%	-5%	预期值	+5%	+10%
每年税后营业现金流入	100	100	100	100	100
每年税后营业现金流出	69	69	69	69	69
每年折旧抵税(20%)	4.05	4.275	4.5	4.725	4.95
每年税后现金净流量	35.05	35.275	35.5	35.725	35.95
年金现值系数(10%，4年)	3.1699	3.1699	3.1699	3.1699	3.1699
现金流入总现值	111.10	111.82	112.53	113.24	113.96
初始投资	81	85.5	90	94.5	99
净现值	30.10	26.32	22.53	18.74	14.96
初始投资的敏感系数	[(14.96-22.53)÷22.53]÷10%=-33.60%÷10%=-3.36				

表5-18、表5-19和表5-20分别计算了三个变量变动一定的百分比对净现值的影响。计算结果表明，营业收入每减少1%，项目净现值就会损失14.07%；或者税后营业现金流入每增加1%，净现值就会提高14.07%。而税后营业现金流出每变动1%，项目净现值变动9.71%；初始投资每变动1%，净现值就会变动3.36%。这说明项目净现值对营业收入的变动较为敏感，营业收入是引发净现值变化的主要敏感因素，次要敏感因素是税后营业现金流出，相对不敏感的因素是投资额，但都有一定的影响，因此，从总体上看该项目风险较大。公司应重点关注营业收入的变动对项目可行性的影响，尤其是在本例中，当税后营业现金流入降低10%时，项目净现值为负值，该项目失去投资价值，若这种可能性较大就应考虑放弃项目，或者重新设计项目，至少要有应对的预案。

敏感分析是一种较为常用的投资风险分析方法，计算过程简单，易于理解，但也存在局限性，主要有：①在进行敏感分析时，只允许一个变量发生变动，而假设其他变量保持不变，但在实务中这些变量通常是相互关联的，会一起发生变动，但是变动的幅度不同；②每次测算一个变量变化对净现值的影响，可以提供一系列分析结果，但是没有给出每一个数值发生变动的可能性。

思考题

1. 经营性投资项目按所投资对象和按项目之间的关系可以分为哪些类型？
2. 净现值法评价项目可行性的标准是什么？净现值法存在哪些局限性？
3. 内含报酬率法评价项目可行性的标准是什么？与净现值法的联系和区别是什么？
4. 哪些指标和方法适合于资本约束条件下独立项目优先顺序的选择？
5. 内含报酬率法与现值指数法有哪些联系和区别？
6. 项目营运期现金流量包括哪些内容？应如何计算？
7. 项目现金流量估计的原则和应注意的问题是什么？
8. 相关成本和机会成本是否构成项目投资的现金流出？为什么？
9. 在什么情况下适合使用公司当前的资本成本作为项目的资本成本？
10. 如何运用可比公司法估计投资项目的资本成本？

练习题

1. 某公司现有A、B两个互斥投资方案，其现金流量的分布情况如表5-21所示，假设两个方案的项目资本成本都为10%。试计算两个方案的净现值和内含报酬率并解释两者的差异，做出投资决策。

表5-21　某公司A、B投资方案的现金流量分布　　万元

年份	0	1	2	3	4	5	6
A方案	-500	200	200	150	150	100	50
B方案	-500	100	100	150	200	200	250

2. 某公司拟进行一项投资，有A、B两个互斥投资方案。A方案初始投资20万元，项目寿命期为5年，预计净残值为2万元，每年带来营业现金净流量为9万元。B方案初始投资40万元，项目寿命期为8年，预计净残值为0，每年营业现金净流量为11万元。项目资本成本为10%。试采用共同年限法和等额年金法判断该公司应选择哪个投资方案。

3. 某公司考虑用一台效率更高的新设备替换旧设备，旧设备原值为80 000元，已计提折旧40 000元，已使用5年，还可以使用5年，预计使用期满无残值。旧设备每年带来营业收入90 000元，每年需耗费付现成本60 000元。如果现在出售该设备可得价款30 000元。新设备的购置成本为100 000元，估计可使用5年，预计净残值为10 000元。新设备每年带来营业收入也为90 000元，每年需耗费付现成本50 000元。新旧设备均采用直线法计提折旧。项目资本成本为10%，公司所得税税率为25%。试用平均年成本法做出该公司是否更新设备的决策。

4. 某公司有A、B、C、D、E共5个投资项目，有关资料如表5-22所示。求各项目的现值指数，按投资效率进行排序，应如何优选？假设投资总额受到限制，分别为200、300、400、500、600、700、800万元，其最优投资组合分别是什么？

表5-22 投资项目情况 万元

项目	初始投资	净现值	现值指数
A	300	120	
B	200	40	
C	200	100	
D	100	22	
E	100	30	

5. A公司计划投资房地产项目，目前的资本结构为负债/股东权益为2/3，进入房地产业后仍维持该目标结构。在该目标资本结构下，债务税前成本为6%。房地产业的代表企业是B公司，其资本结构为债务/权益成本为5/3，股东权益的β值为1.2。已知无风险报酬率为5%，市场风险溢价为10%，两个公司的所得税税率均为25%，计算该项目的资本成本。

6. A公司拟投产一个新产品项目，预期每年增加税后营业现金流入100万元，增加税后营业现金流出70万元。预计需要初始投资90万元，项目寿命为4年。公司的所得税税率为25%。要求：①计算项目预期净现值和税后营业现金流入变动10%时的净现值；②补充表5-23的内容，计算净现值分别对税后营业现金流入的敏感系数；③当税后营业现金流入很可能降低到10%时，该项目是否具有可行性？

表5-23 每年税后营业现金流入变化 万元

变动百分比	−10%	预期值	+10%
每年税后营业现金流入	90	100	110.00
每年税后营业现金流出	70	70	70
每年折旧抵税(25%)	4.5	4.5	4.5
每年税后营业现金净流量			
年金现值系数(10%，4年)	3.1699	3.1699	3.1699
现金流入总现值			
初始投资	90.00	90.00	90.00
净现值			

第6章　期权估价与经营项目投资决策

期权是不附带义务的选择权利，这种选择权利是广泛存在的。公司许多经营性投资项目都存在隐含的期权，比如在投资项目实施后，公司不一定坚持按原计划经营到项目结束。如果在项目建设过程中发现项目并没有原来设想得好，公司决策者就会收缩项目甚至放弃，以减少损失。期权是一项权利资产，同样也具有经济价值。一般来说，能够进行后续灵活调整的项目，比没有灵活性的项目更有价值，这种灵活性使公司具有项目后期做出改变的选择权，这种选择权是有价值的，甚至有时一项资产附带的期权比该资产本身更有价值。期权估价在公司经营项目投资决策中的意义在于：公司在进行资产估价时，不仅需要估计经营项目本身的价值，还需要评价其隐含的期权价值，这样才能做到准确估价和科学决策。

6.1　期权估价

6.1.1　期权的概念和种类

1. 期权概念

期权是一种交易合约，投资者在支付期权费或选择权价格后，成为该合约的买方或持有人，该合约赋予期权买方在未来的特定日期或该日期之前的任何时间以约定的价格购进或售出标的资产的选择权利。如果该期权只能在到期日执行，则称为欧式期权；如果在到期日或到期日之前的任何时间执行，则称为美式期权。期权的标的资产包括股票、政府债券、货币、股票指数、商品期货等。期权到期时双方不一定进行标的物的实物交割，而只需按价差补足价款即可。例如，王先生于20×0年以100万元的价格购入一处房产，同时与房地产商A签订了一项期权合约。合约赋予王先生享有在20×2年8月16日或者此前的任何时间，以120万元的价格将该房产出售给A的权利。如果在到期日之前该房产的市场价格高于120万元，王先生不会执行期权，而选择在市场上出售或者继续持有。如果该房产的市价在到期日之前低于120万元，则王先生可以选择执行期权，将房产出售给A并获得120万元现金。

2. 期权种类

按期权合约赋予期权持有人的权利类别，可将期权分为看涨期权和看跌期权两大类。

(1) 看涨期权。看涨期权是指期权赋予购买者或持有人可以获得在到期日或到期日以前，根据约定的价格(执行价格)购买期权标的资产的权利，也称为买入期权。看涨期权执行的前提是执行日标的资产价格高于执行价格。投资购买看涨期权的期权费，是投资的现金流出；而看涨期权投资者执行期权取得的差价收入(执行日标的资产价格与执行价格的差额)，是期权投资者取得的现金流入，称为看涨期权的到期日或执行日价值。如果执行日金融资产价格低于或等于执行价格，投资者则不会行使购买权，这时，看涨期权的现金流入或执行日价值为零。

(2) 看跌期权。看跌期权是指期权赋予购买者或持有人可以获得在到期日或到期日以前，根据约定的价格(执行价格)出售期权标的资产的权利(可以是卖空)，也称为卖出期权。看跌期权执行的前提是执行日金融资产价格低于执行价格。投资购买看跌期权的期权费，是投资的现金流出；而看跌期权投资者执行期权取得的差价收入(执行价格与执行日金融资产价格的差额)，是看跌期权投资所取得的现金流入，称为看跌期权的到期日或执行日价值。如果执行日金融资产价格高于或等于执行价格，看跌期权持有人就不会行使出售权，这时，看跌期权执行价值为零。

6.1.2　金融期权的估价方法

从20世纪50年代开始，现金流量折现法成为资产估值的主流方法，任何资产的价值都可以用其预期未来现金流量的现值来估计。金融期权也是一项重要的金融资产，理论上可以采用现金流量折现法进行估价，人们也曾使用现金流量折现法解决期权估值问题，但是一直没有成功。原因在于期权的必要报酬率非常不稳定，期权的风险依赖于标的资产的市场价格，而市场价格是随机变动的，期权投资的必要报酬率也处于不断变动之中。既然找不到一个适当的折现率，现金流量折现法就无法使用。因此，理论上和实践上都需要开发新模型，才能解决期权定价问题。直到1973年，布莱克-斯科尔斯期权定价模型(BS模型)问世，期权定价才取得突破性进展，成为实用的期权定价方法，并有效地解决了公司金融的实物期权估价问题，得到广泛采用。1973年，由于对期权定价问题研究的杰出贡献，斯科尔斯和默顿获得了诺贝尔经济学奖。此后有关期权的理论和估价方法的研究方兴未艾，成为公司金融学的重要组成部分。出于本教材的编写目的，我们不打算全面介绍复杂的期权估价模型，而主要通过举例的方法介绍期权估值的基本原理和主要模型的使用方法。

1. 期权估价原理

(1) 复制原理。根据现金流量折现模型的基本理念，预期未来现金流量概率分布完全相同的金融资产，其现金流的期望值和风险程度相同，进而它们的价值也相同。复制原理的基本思想是构建一个与金融期权具有相同现金流概率分布的某种金融资产，则这种金融资产的价值就是金融期权的价值。因而，如何构造一项与金融期权预期现金流量概率分布完全相同的金融资产成为期权估价的关键。

由于期权的标的金融资产(比如某种股票)价格并不能完全反映和模拟期权的现金流，

因而还不能直接利用标的股票投资模拟期权投资。但是金融期权到期日价值与标的金融资产价格之间存在某种函数关系，比如对于看涨期权而言，期权现金流分布为Max(标的金融资产价格−执行价格，0)。到期标的金融资产价格高于执行价格时，期权现金流等于金融资产价格高于执行价格(常数)的差额；到期标的金融资产价格低于或等于执行价格时，期权现金流等于0。这表明短期股票投资到期现金流总是高于期权到期日价值，但是，如果在到期日投资者有一笔固定支出刚好能够抵销股票变现收入，也许在投资期满时能够取得与期权到期一样的现金流。复制原理的基本思想是构造一个股票和借款的适当组合，由于到期借款本息的固定支出，使得无论股价如何变动，这一组合的现金流的概率分布都与股票期权相同，那么，创建该投资组合的成本支出就是期权的价值。下面我们通过一个例子来说明复制原理。

【例6-1】假设某公司股票现在的市价为50元/股。有1股以该股票为标的资产的看涨期权，执行价格为52.08元，到期时间为6个月。6个月后股价有两种可能：上升33.33%，或下降25%。无风险利率为每年4%。假设建立一个用定量自有资金加一部分借款组成的资金组合，投资于某公司的1股股票，以使得无论股价如何变动，该组合6个月后的损益与该看涨期权相同。我们可以通过下列过程来确定该投资资金组合。

1. 确定6个月后可能的股票价格分布

假设股票当前价格为S_0，未来变化有两种可能：上升后股价S_u和下降后股价S_d。为便于用当前价格表示未来价格，设：$S_u=uS_0$，u称为股价上行乘数；$S_d=dS_0$，d为股价下行乘数。用二叉树图形表示的股价分布如图6-1所示，图的左侧是一般表达式，右侧是将数据带入的结果。其中，S_0=50元，u=1.3333，d=0.75。

$$S_0 \begin{cases} S_u=S_0u \\ S_d=S_0d \end{cases} \qquad 50 \begin{cases} 66.66=50\times1.3333 \\ 37.50=50\times0.75 \end{cases}$$

图6-1 股票价格分布

2. 确定看涨期权的到期日价值

由于执行价格X=52.08元，到期日看涨期权的价值如图6-2所示。左边是一般表达式，右边是代入数据后的结果。

$$\text{期权到期价值} \begin{cases} \text{Max}(0，S_u-X)=C_u \\ \text{Max}(0，S_d-X)=C_d \end{cases} \qquad C_0 \begin{cases} \text{Max}(0，66.66-52.08)=14.58 \\ \text{Max}(0，37.50-52.08)=0 \end{cases}$$

图6-2 看涨期权到期日价值分布

3. 建立模拟组合

我们已经知道期权的到期日价值(现金流入)有两种可能：股价上行时为14.58元，股价下行时为0。我们要构建一个“自有资金+借款”的资金组合投资于标的股票，使得无论股价如何变动，该投资组合到期的现金流概率分布都与购进该看涨期权相同，以下为模拟过程。

组合现金流量模型为

组合现金流量= 购买股票数量×到期股票价格-借款到期本息和

为模拟看涨期权的现金流，在初始投资时，组合现金流量应等于看涨期权价格；在到期日时，组合现金流量应等于看涨期权期权现金流分布，即

组合现金流量=Max(到期股票价格-执行价格，0)

6个月以后，股价有高于执行价格或低于执行价格两种可能。当到期股票价格高于执行价格时，要求看涨期权期权现金流(期权到期日价值)与组合投资的现金流相等，即

到期股票价格-执行价格=购买股票数量×到期股票价格-借款到期本息和

当到期股票价格低于执行价格，这时期权现金流为0，要求组合投资的现金流也为0，即

购买股票数量×到期股票价格-借款到期本息和=0

求解：购买股票数量×66.66-借款到期本息和=66.66-52.08=14.58

0=购买股票数量×37.50- 借款到期本息和

由此得出：购买股票数量为0.5股，借款到期本息和为18.75元。也就是说，投资0.5股股票，同时借款在到期日时的债务本息为18.75元，借款本金为18.38(18.75/1.02)元，组合投资标的股票的到期现金流与期权到期现金流完全一致。借款利率之所以选择无风险利率(2%)，是因为无论估价是66.66元还是37.50元，股票投资在到期日都足以偿还本息18.75元，不存在违约风险，因此借款利率只能是无风险利率。这样，该投资组合为：购买0.5股的股票，同时借入18.38元，购买股票的净支出为50×0.5 -18.38=6.62元。这个组合投资的现金流分布如表6-1所示。

表6-1　投资组合的收入　　元

股票到期日价格	66.66	37.50
组合中股票到期日收入	66.66×0.5=33.33	37.5×0.5=18.75
组合中借款本息偿还	18.38×1.02=18.75	18.75
到期日收入合计	14.58	0

根据现金流量折现模型的基本理念，在有效市场中，预期未来现金流量概率分布完全相同的两项金融资产，它们的价值也相同。该组合投资的到期日净收入分布与购入看涨期权一样，看涨期权的价值就应当与组合投资的净支出(组合价值)相等，也为6.62元，如图6-3所示。

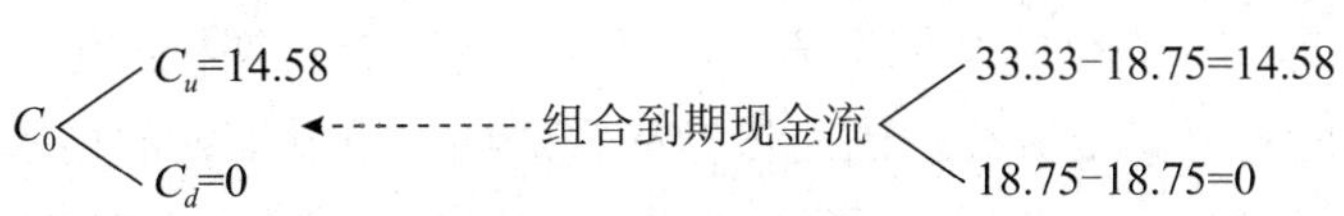

图6-3　看涨期权的价值

(2) 套期保值原理。在实践中，要估计期权价值，还可以直接利用套期保值原理求解，而不需要模拟一个组合投资。套期保值是通过构造一个金融期权和金融标的资产的组合，来规避价格波动的风险，稳定现金流。以抛补套期保值组合为例，在卖出看涨期权的同时，购入一定比例的股票，以实现风险对冲的套期保值，这个比例称为套期保值

比率(或称对冲比率)。通过上述分析过程求解的股票购买数量，实际上就是套期保值交易中求解的套期保值率，以下为套期保值比率(H)的推导过程。

在到期日股价高于执行价格时，期权持有者会执行期权，看涨期权卖出方的到期现金流出(到期日价值)为C_u：$C_u=S_0u-$执行价格。同时，卖出现货股票的现金流入为C_d：$C_d=S_0uH$。要实现套期保值，则需要到期现金流出与现金流入实现对冲，并获得确定的无风险现金流量B，即

$$B=S_0uH-C_u \tag{6-1}$$

当到期日股价低于执行价格时，期权持有者会放弃期权，套期保值者到期的现金流出为0，同时卖出现货股票的现金流入为S_0dH。要实现套期保值，则需要到期现金流出与现金流入实现对冲，并获得确定的无风险现金流量，即

$$B=S_0dH \tag{6-2}$$

由式(6-1)减去式(6-2)，得

$$0=S_0uH-C_u+C_d-S_0dH=S_uH-C_u+C_d-S_dH$$

套期保值比率为

$$H=\frac{C_u-C_d}{S_u-S_d}=\frac{C_u-C_d}{S_0(u-d)}$$

确定的无风险现金流量现值$=B(1+i)^{-n}$

将上例数据带入，求解

$$H=\frac{14.58-0}{50\times(1.3333-0.75)}=0.5$$

既然**【例6-1】**中的两个方案在经济上是等效的，那么，购入0.5股股票，同时卖空1股看涨期权，就应该能够实现完全的套期保值，即获得未来确定的无风险现金流量，我们可以通过表6-2加以验证。

表6-2　股票和卖出看涨期权　　元

套期保值组合策略	现金流量		
	当前(0时刻)	到期日价格S_u=66.66	到期日价格S_d=37.50
购入0.5股股票	$-HS_0=-25$	现金流入HS_u=33.33	现金流入HS_d=18.75
抛出1股看涨期权	$+C_0$	现金流出C_u=14.58	现金流出C_d=0
合计净现金流量	现金净流出25−C_0	现金净流入18.75	现金净流入18.75

从表6-2中可以看出，无论股价上升还是下跌，抛补看涨期权都将获得确定的未来现金流量18.75元，即实现完全的套期保值。可见，只有股票与期权的比例适当才能完全对冲风险。由于风险可以完全对冲，因而该抛补看涨期权投资组合的要求报酬率应为无风险收益率2%，由此推出该抛补看涨期权组合投资的现金流量现值为18.38元(18.75/1.02)。

由于在有效市场上，无风险金融资产的收益率应为无风险必要报酬率，即该抛补看涨期权组合投资并不能为投资者创造超过必要报酬的额外报酬，即净现值等于0，到期现金净流入现值等于初始现金净流出现值，而初始现金净流出现值为购买股票的支出与卖出看涨期权收入(期权价值)的差额，则

$$25-C_0=18.38\text{，解得：}C_0=6.62\text{元}$$

在本例中，期权的公平市场价值只能是6.62元，任何偏离6.62元的期权价值都将使无风险套利行为的收益率偏离无风险收益率，而这在有效市场中是不可能成立的。例如，若期权价值C_0=7元(高估)，则上述抛补看涨期权的初始现金流出量为：7−25=−18元，预期收益率为：18.75=18×(1＋r)，解得：r=4.17%，大于无风险利率2%。

我们将该抛补看涨期权组合视为一项投资：最初投资于0.5股股票，需要投资25元，而出售1股看涨期权只收取6.62元的期权价格，抛补看涨期权组合投资净支出为18.38元。半年到期后，如果股价上涨到66.66元，在到期日股票价值为33.33元(0.5×66.66)，减去投资净支出到期日价值18.75元(18.38×1.02)，到期日盈余价值为14.58元。由于在到期日股价上涨，看涨期权持有者会执行期权，期权约定出售股价为52.08元，期权出售人需要支付给持有者价差14.58元(66.66−52.08)，因而在到期日投资者的盈余价值为0，或者说投资者只能获得2%的净投资收益。相反，如果股价下降到37.5元，在到期日股票价值为18.75元(0.5×37.5)，减去投资净支出到期日价值18.75元(18.38×1.02)，到期日盈余价值为0元。由于在到期日股价下跌，看涨期权持有者不会执行期权，期权出售人不需要支付给持有者价差，因而在到期日投资者的盈余价值为0，或者说投资者只能获得2%的净投资收益。利用套期保值原理估计期权价格是以套利理论为基础的，由于任何偏离6.62元的期权价值都将使无风险的套利行为的收益率偏离无风险收益率，而这在有效市场中是不可能成立的。因此，该看涨期权的公平价值就是6.62元。

可见，估计期权价格，还可以直接利用套期保值原理求解，套期保值原理与复制原理本质上是一致的，或者说套期保值原理就是利用复制原理实现套期保值，可以统称为复制原理。

(3) 风险中性原理。从【例6-1】中可以看出，运用财务杠杆投资股票来复制期权是很麻烦的，如果是复杂期权或涉及多个期间，复制就成为令人苦恼的工作。好在有一个替代办法可使我们无须在每一步计算中复制投资组合。

所谓风险中性原理，是指假设投资者对待风险的态度是中性的，所有证券的预期报酬率都应当是无风险利率。风险中性的投资者不需要额外的收益补偿其承担的风险。在风险中性的世界里，将期望值用无风险利率折现，可以获得现金流量的现值。在这种情况下，期望报酬率应符合下列公式

期望报酬率=上行概率×上行概率+下行概率×下行概率

假设公司不派发股票红利，股票价格的上升百分比就是股票投资的报酬率，则

期望报酬率=上行概率×股价上升百分比+下行概率×股价下降百分比

根据这个原理，在期权定价时只要先求出期权执行日的期望值，然后用无风险利率折现，就可以求出期权的现值。

续【例6-1】中的数据，则有

期望回报率=2%=上行概率×33.33%+下行概率×(−25%)

2%=上行概率×33.33%+(1−上行概率)×(−25%)

上行概率=0.4629

下行概率=1−0.4629=0.5371

期权6个月后的期望价值=0.4629 × 14.58+0.5371 × 0=6.75(元)

期权的现值=6.75/1.02=6.62(元)

期权定价以套利理论为基础。如果期权的价格高于6.62元，就会有人购入0.5股股票，卖出1股看涨期权，同时借入18.38元，肯定可以盈利。如果期权价格低于6.62元，就会有人卖空0.5股股票，买入1股看涨期权，同时借出18.38元，他也肯定可以盈利。因此，只要期权定价不是6.62元，套利活动会促使期权只能定价为6.62元。

风险中性原理的本质是将期权的现金流量进行去风险化处理，即将原始的现金流量转化为无风险的现金流量，然后能够用无风险利率来折现确定的现金流量，从而得到期权的价值。应用风险中性原理只能解决两个确定结果的分布，否则不适用。

2. 二叉树期权定价模型

二叉树期权定价模型是套期保值定理和风险中性定理的具体应用形式，其主要优势体现在期权估价的多期模型中。

(1) 单期二叉树定价模型。二叉树期权定价模型建立在以下假设基础上：①市场投资没有交易成本；②投资者都是价格的接受者；③允许完全使用卖空所得款项；④允许以无风险利率借入或贷出款项；⑤未来股票的价格将是两个可能值中的一个。

二叉树模型的推导始于建立一个投资组合：①一定数量的股票多头头寸；②该股票的看涨期权的空头头寸。股票的数量要使头寸足以抵御资产价格在到期日的波动风险，即组合能实现完全套期保值，产生无风险利率(r)，推导过程为

$$\text{初始投资}=\text{股票投资}-\text{期权收入}=HS_0-C_0$$

$$\text{投资到期日终值}=(HS_0-C_0)\times(1+r)$$

无论价格是上升还是下降，该投资组合的收入都一样。我们采用价格上升后的收入，即股票出售收入减去期权买方执行期权的支出，则有

$$\text{投资组合到期日价值}=HS_u-C_u$$

令到期日投资终值等于投资组合到期日价值，则有

$$(1+r)(HS_0-C_0)=HS_u-C_u$$

$$C_0=HS_0-(HS_u-C_u)/(1+r)$$

由于套期保值比率的公式为

$$H=(C_u-C_d)/(u-d)S_0$$

将其代入上述化简后的等式，并再次化简得

$$C_0=\left(\frac{1+r-d}{u-d}\right)\times\frac{C_u}{1+r}+\left(\frac{u-1-r}{u-d}\right)\times\frac{C_d}{1+r}$$

如果根据公式直接计算【例6-1】的期权价格，则有

$$C_0=\left(\frac{1+2\%-0.75}{1.3333-0.75}\right)\times\frac{14.58}{1+2\%}+\left(\frac{1.3333-1-2\%}{1.3333-0.75}\right)\times\frac{0}{1+2\%}=6.62(\text{元})$$

我们利用【例6-1】的数据回顾一下公式的推导思路。最初，投资于0.5股股票，需要投资25元；收取6.62元的期权价格，尚需借入18.38元资金。半年后，如果股价涨到66.66元，投资人的0.5股股票收入33.33元；借款本息为18.75元(18.38×1.02)，看涨期权持有人

会执行期权，期权出售人补足价差14.58元(66.66−52.08)，投资人的净损益为0。半年后，如果股价跌到37.50元，投资人的0.5股股票收入18.75元；支付借款本息18.75元，看涨期权持有人不会执行期权，期权出售人没有损失，投资人的净损益为0。因此，该看涨期权的公平价值就是6.62元。

(2) 两期二叉树定价模型。单期的定价模型假设本来股价只有两个可能，对于时间很短的期权来说是可以接受的。若到期时间很长，如【例6-1】中的半年时间，就与事实相去甚远。改善办法是把到期时间分割成两部分，每期3个月，这样就可以增加股价的选择。还可以进一步分割，如果每天为一期，情况就好多了。如果每个期间无限小，股价就呈现连续分布状态，布莱克-斯科尔斯模型就诞生了。

简单地说，由单期模型向两期模型的扩展，不过是单期模型的两次应用。

【例6-2】继续采用【例6-1】中的数据，把6个月的时间分为两期，每期3个月。变动以后的数据如下：某公司的股票现在的市价为50元/股，看涨期权的执行价格为52.08元/股。每期股价有两种可能：上升22.56%或下降18.4%。无风险利率为每3个月1%。

为了直观地显示有关数量关系，我们仍然使用二叉树图示。两期二叉树的一般形式如图6-4所示。将【例6-2】中的数据填入后，如图6-5所示。

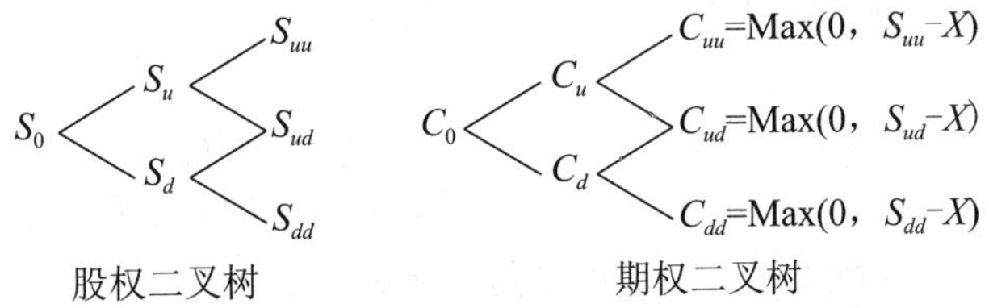

图6-4　两期二叉树

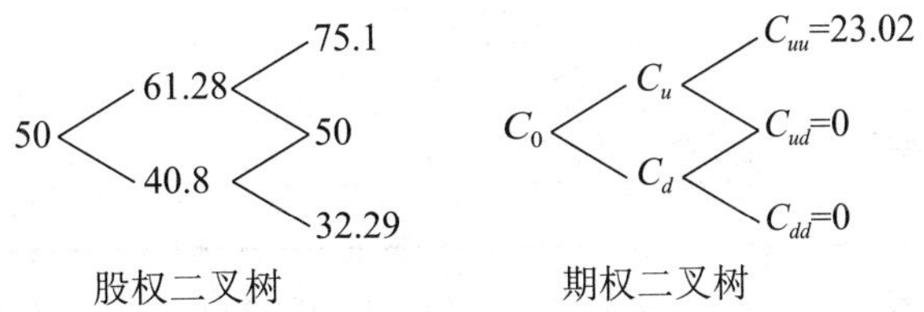

图6-5　代入数据后

我们解决问题的办法是：首先，利用单期定价模型，根据C_{uu}和C_{ud}计算节点C_u的价值，利用C_{ud}和C_{dd}计算C_d的价值；其次，再次利用单期定价模型，根据C_u和C_d计算C_0的价值；最后，从后往前推进。

1. 计算C_u的价值

计算C_u的价值，我们有两种办法。

(1) 复制组合定价。

$$H=(23.02-0)\div(75.10-50)=0.91713$$

$$借款=(50\times0.91713)\div1.01=45.855\div1.01=45.40(元)$$

组合收入的计算如表6-3所示。

表6-3　投资组合的收入

元

股票价格	6个月后股价=75.10	6个月后股价=50
组合中股票到期日收入	75.10 × 0.91713=68.88	50 × 0.91713=45.86
组合中借款本利和偿还	45.86	45.86
组合的收入合计	23.02	0

3个月后股票上行的价格是61.28元。

C_u=投资成本=购买股票支出−借款=61.28 × 0.91713−45.40=10.80(元)

由于C_{ud}和C_{dd}的值均为0，所以C_d的值也为0。

(2) 风险中性定价。

期望回报率=1%=上行概率 × 22.56%+下行概率 × (−18.4%)

1%=上行概率 × 22.56%+(1−上行概率) × (−18.4%)

上行概率=0.47363

期权价值6个月后的期望值=0.47363 × 23.02+(1−0.47363) × 0

=10.9030(元)

C_u=10.9030 ÷ 1.01=10.80(元)

2. 根据C_u和C_d计算C_0的价值

(1) 复制组合定价。

H=期权价值变化 ÷ 股价变化=(10.80−0) ÷ (61.28−40.80)

=10.80 ÷ 20.48=0.5273

借款=(40.80 × 0.5273) ÷ 1.01=21.3008(元)

组合收入的计算如表6-4所示。

表6-4　投资组合的收入

元

股票价格	3个月后股价=61.28	3个月后股价=40.80
组合中股票到期日收入	61.28 × 0.5273=32.31	40.80 × 0.5273=21.51
组合中借款本利和偿还	21.30 × 1.01=21.51	21.51
收入合计	10.80	0

C_0=投资成本=购买股票支出−借款=50 × 0.5273−21.3008=5.06(元)

(2) 风险中性定价。

C_0=0.47363 × 10.80 ÷ 1.01=5.06(元)

两期二叉树模型的公式推导过程如下，设C_{uu}=标的资产两个时期都上升的期权价值，C_{dd}=标的资产两个时期都下降的期权价值，C_{ud}=标的资产一个时期上升，另一个时期下降的期权价值，其他参数使用的字母与单期定价模型相同。

利用单期定价模型，计算C_u和C_d，则有

$$C_u=(\frac{1+r-d}{u-d})\times\frac{C_u}{1+r}+(\frac{u-1-r}{u-d})\times\frac{C_d}{1+r}$$

根据公式计算【例6-2】中的期权价值，则有

$$C_u=(\frac{1+1\%-0.8160}{1.2256-0.8160})\times\frac{23.02}{1+1\%}+(\frac{1.2256-1-1\%}{1.2256-0.8160})\times\frac{0}{1+1\%}=10.8(\text{元})$$

$$C_d=(\frac{1+r-d}{u-d})\times\frac{C_d}{1+r}+(\frac{u-1-r}{u-d})\times\frac{C_d}{1+r}=0$$

计算出C_u和C_d后，再根据单期定价模型计算出C_0，则有

$$C_0=0.47363\times 10.80\div 1.01=5.06$$

(3) 多期二叉树定价模型。如果继续增加分割期数，就可以使期权价值更接近实际。从原理上看，多期模型与两期模型一样，从后向前逐级推进，只不过多了个层次。期数增加以后带来的主要问题是股价上升与下降的百分比如何确定的问题。期数增加以后，要调整价格变化的升降幅度，以保证年报酬率的标准差不变。把年报酬率标准差和升降百分比联系起来的公式是

$$u=1+\text{上升百分比}=e^{\sigma\sqrt{t}}$$
$$d=1-\text{下降百分比}=1\div u$$

式中：e——自然常数，约等于2.7183；

σ——标的资产连续复利收益率的标准差；

t——以年表示的时段长度。

在【例6-1】中采用的标准差σ=0.4068，$u=e^{0.4068\times\sqrt{0.5}}=1.3333$。

该数值可以利用函数计算器直接求得，或者使用Excel的EXP函数功能，输入0.2877，就可以得到以e为底数、指数为0.2877的值，即1.3333，则有

$$d=1\div 1.3333=0.75$$

如果间隔期为1/4年，u=1.2256，即上升22.56%；d=0.816，即下降18.4%，这正是我们在【例6-2】中采用的数据。如果间隔期为1/6年，u=1.1807，即上升18.07%；d=0.847，即下降15.30%。如果间隔期为1/52年，u=1.058，即上升5.8%；d=0.945，即下降5.5%。如果间隔期为1/365，u=1.0215，即上升2.15；d=0.9790，即下降2.1%。

【例6-3】利用【例6-1】中的数据，将半年的时间分为6期，即每月1期。已知：股票价格S_0=50元，执行价格52.08元，年无风险利率为4%，股价波动率(标准差)为0.4068，到期时间为6个月。

确定每期股价变动乘数，则有

$$u=e^{0.4068\times\sqrt{1/2}}=1.1246$$
$$d=1\div 1.1246=0.8892$$

建立股票价格二叉树模型。

见表6-5的“股票价格”部分，第一行从当前价格50元开始，以后是每期上升12.46%的价格路径，6期后为101.15元。第二行为第1期下降、第2期～第6期上升的路径，以下各行依此类推。

根据股票价格二叉树模型和执行价格，构建期权价值的二叉树模型。

见表6-5中的“买入期权价格”部分，构建顺序为由后向前，逐级推进。

(1) 确定第6期的各种价格下的期权价值，则有

$$C_{u6}=S_{u6}-X=101.15-52.08=49.07(\text{元})$$
$$C_{du5}=S_{du5}-X=79.98-52.08=27.90(\text{元})$$
$$C_{d2u4}=S_{d2u4}-X=63.24-52.08=11.16(\text{元})$$

以下4项的股票价格均低于或等于执行价格，所以期权价值为0。

(2) 确定第5期的期权价值，则有

$$上行百分比=u-1=1.1246-1=12.46\%$$

$$下行百分比=1-d=1-0.8892=11.08\%$$

$$4\%\div 12=上行概率\times 12.46\%+(1-上行概率)\times(-11.08\%)$$

$$上行概率=0.4848$$

$$下行概率=1-0.4848=0.5152$$

$$C_{u5}=(上行期权价值\times 上行概率+下行期权价值\times 下行概率)\div(1+r)$$

$$=(49.07\times 0.4848+27.90\times 0.5152)\div(1+4\%\div 12)=38.04(元)$$

$$C_{u4d}=(27.90\times 0.4848+11.16\times 0.5152)\div(1+4\%\div 12)=19.21(元)$$

$$C_{u3d2}=(11.16\times 0.4848+0\times 0.5152)\div(1+4\%\div 12)=5.39(元)$$

以下各项，因为第6期上行和下行的期权价值均为0，第5期价值也为0。

第4期、第3期、第2期和1期的期权价值依此类推。

(3) 确定期权的现值，则有

$$期权现值=(8.52\times 0.4848+2.30\times 0.5152)\div(1+4\%\div 12)=5.30(元)$$

表6-5　股票期权的6期二叉树模型数据　　元

序号	0	1	2	3	4	5	6
时间/年	0	0.083	0.167	0.250	0.333	0.417	0.500
上行乘数	1.1246						
下行乘数	0.8892						
股票价格	50	56.23	63.24	71.12	79.98	89.94	101.15
		44.46	50.00	56.23	63.24	71.12	79.98
			39.53	44.46	50.00	56.23	63.24
				35.15	39.53	44.46	50.00
					31.26	35.15	39.53
						27.80	31.26
							24.72
执行价格							52.08
上行概率							0.4848
下行概率							0.5152
买入期权价格	5.30	8.52	13.26	19.84	28.24	38.04	49.07
		2.30	4.11	7.16	12.05	19.21	27.90
			0.61	1.26	2.61	5.39	11.16
				0	0	0	0
					0	0	0
						0	0
							0

二叉树模型是一种近似的计算方法。期数划分不同，可以得到不同的近似值。期数越多，计算结果与布莱克-斯科尔斯期权定价模型的计算结果的差额越小。

3. 布莱克-斯科尔斯期权定价模型

布莱克-斯科尔斯期权定价模型(简称B-S模型)是理财学中较为复杂的公式之一，其证明和推导过程涉及复杂的数学问题，但是用起来并不麻烦。该公式有非常重要的意义，它对理财学具有广泛的影响，是近代理财学不可缺少的内容。该模型具有很强的实用性，实际的期权价格与模型计算结果接近，而且使用简单，应用较为广泛。

布莱克-斯科尔斯期权定价模型建立在以下假设条件基础上：①在期权寿命期内，买方期权标的股票不发放股利，也不做其他分配；②股票额期权的买卖没有交易成本；③短期的无风险利率是已知的，并且在期权寿命期内保持不变；④任何金融资产投资者都能够以短期无风险利率借得任何数量的资金；⑤允许卖空，卖空者能够立即得到相应的资金(按所卖空股票当天的价格计算)；⑥看涨期权只能在到期日执行(欧式看涨期权)；⑦所有证券交易都是连续发生的，股价随机变动。布莱克-斯科尔斯模型的公式为

$$C_0 = S_0[N(d_1)] - X\mathrm{e}^{-r_c t}[N(d_2)]$$

$$或C_0 = S_0[N(d_1)] - \mathrm{PV}(X)[N(d_2)]$$

式中：PV(*X*)——执行价格的连续复利现值，则有

$$d_1 = \frac{\ln(S_0/X) + \left[r_c + \dfrac{\sigma^2}{2}\right]t}{\sigma\sqrt{t}} = \frac{\ln(S_0/\mathrm{PV}(X)}{\sigma\sqrt{t}} + \frac{\sigma\sqrt{t}}{2}$$

$$d_2 = d_1 - \sigma\sqrt{t}$$

式中：

C_0——看涨期权的当前价值；

S_0——标的股票的当前价格；

$N(d)$——标准正态分布中离差小于d的概率；

X——期权的执行价格；

e≈2.7183；

r_c——连续复利年度的无风险利率；

t——期权到期日前的时间(年)；

$\ln(S_0/X)$=S_0/X的自然对数=连续复利的以年计的股票回报率的方差。

从直观上来解释，期权价值公式的第一项是最终股票价格的期望现值，第二项是期权执行价格的期望现值，两者之差是期权价值。公式的第一项是当前股价和概率$N(d_1)$的乘积，股价越高，第一项的数值越大，期权价值C_0越大。公式的第二项是执行价格的现值和概率$N(d_2)$的乘积，是按连续复利计算的执行价格X的现值，也可以写成PV(X)。执行价格越高，第二项的数值越大，期权的价值C_0越小。

概率$N(d_1)$还可以大致看成看涨期权到期时处于实值状态的风险调整概率。当前股价和$N(d_1)$的乘积是股价的期望现值，执行价格的现值与它的乘积是执行价格的期望现值。在股价上升时，d_1和d_2都会上升，$N(d_1)$和$N(d_2)$也都会上升，股票价格越是高出执行价格，期权越有可能被执行。简而言之，当$N(d_1)$和接近1时，期权肯定被执行。此时期权价值等

于$S_0-X_e-r_ct$。前一项是期权持有者拥有的对当前价格为S_0的要求权，后一项是期权持有者的义务的现值。反过来看，$N(d_1)$和$N(d_2)$接近0时，意味着期权几乎不会被执行，看涨期权的价值C_0接近0。如果$N(d_1)$和等于0～1之间的数值，看涨期权的价值是其潜在收入的现值。

【例6-4】沿用**【例6-1】**的数据，某股票当年的价格为50元/股，执行价格为52.08元/股，期权到期前的时间为0.5年。每年复利一次的无风险利率为4%，相当于连续复利的无风险利率为r_c=ln(1.04)=3.9921%，连续复利的标准差σ=0.4068，即σ^2=0.1655。

根据以上资料计算期权价格为

$$d_1=\{\ln(50\div 52.08)+[0.039221+(0.1655\div 2)]\times 0.5\}\div(0.4068\times 0.51\div 2)$$
$$=(-0.04076+0.061)\div 0.2877=0.07$$
$$d_2=0.07-0.4068\times 0.51\div 2=0.07-0.2877=-0.217$$
$$N(d_1)=N(0.070)=0.5280$$
$$N(d_2)=N(-0.217)=0.4140$$
$$C_0=50\times 0.5280-52.08e^{-3.9921\%\times 0.5}\times 0.4140=26.40-21.14=5.26(元)$$

根据【例6-1】的资料，采用单期二叉树模型计算的期权价值是6.62元，采用两期二叉树模型计算的期权价值是5.06元，采用6期二叉树模型计算的期权价值是5.30元，采用B-S模型计算的期权价值是5.26元。随着二叉树模型设置期数的增加，其计算结果不断逼近B-S模型。

通过该模型可以看出，决定期权价值的因素有5个，即股价、股价的标准差、利率、执行价格和到期时间。它们对期权价值的影响，可以通过敏感分析表来观察(见表6-6)。

表6-6 期权价值的敏感分析

项目	基准	股价提高	σ增大	利率提高	执行价格X提高	时间延长
当前股价(S)	50	60	50	50	50	50
标准差	0.4068	0.4068	0.4068	0.4068	0.4068	0.4068
连续复利率(r)	3.9921%	3.9921%	3.9921%	4.7065%	3.9921%	3.9921%
执行价格(X)	52.08	52.08	52.08	52.08	62.50	52.08
到期时间(t)	0.50	0.50	0.50	0.50	0.50	0.60
d_1	0.0703	0.7041	0.1113	0.0839	-5637	0.1029
d_2	-0.2173	0.4165	-0.2339	-0.2037	-0.8514	-0.2122
$N(d_1)$	0.5280	0.7593	0.5443	0.5334	0.2865	0.5410
$N(d_2)$	0.4140	0.6615	0.4075	0.4193	0.1973	0.4160
期权价值	5.26	11.78	6.40	5.34	2.23	5.89
期权价值增长率		123.92%	21.73%	1.58%	-57.55%	11.95%

(1) 当前股票价格。如果当前股票价格提高20%，由50元/股提高到60元/股，期权价值由5.26元提高到11.78元，提高123.92%。可见，期权价值的增长率大于股价增长率。

(2) 标准差。如果标准差提高20%，期权价值提高21.73%。可见，标的股票的风险越大，期权的价值越高。

(3) 利率。如果利率提高20%，期权价值提高1.58%。可见，虽然利率的提高有助于期权价值的提高，但是期权价值对于无风险利率的变动并不敏感。

(4) 执行价格。执行价格提高20%，期权价值降低57.55%。可见，期权价值的变化率大于执行价格的变化率。值得注意的是，此时期权价值的下降额(5.26−2.23=3.03)小于执行价格的上涨额(62.50−52.08=10.42)。

(5) 期权期限。期权期限由0.5年延长到0.6年，期权价值由5.26元提高到5.89元。可见，期权期限的延长增加了股票上涨机会，有助于提高期权价值。

前文中的讨论主要针对看涨期权，那么如何对看跌期权估价呢？

在套利驱动的均衡状态下，看涨期权价格、看跌期权价格和股票价格之间存在一定的依存关系。对于欧式期权，假定看涨期权和看跌期权有相同的执行价格和到期日，则有

看涨期权价格(C)−看跌期权价格(P)=标的资产价格(S)−执行价格现值PV(X)

这种关系，被称为看涨期权-看跌期权平价定理(关系)。利用该定理，已知等式中的4个数据中的3个，就可以求出另外1个，则有

$$C=S+P-\mathrm{PV}(X)$$

$$P=-S+C+\mathrm{PV}(X)$$

$$S=C-P+\mathrm{PV}(X)$$

$$\mathrm{PV}(X)=S-C+P$$

该公式的有效性，可以通过表6-7验证。

表6-7　看涨和看跌期权的平价关系

交易策略	现金流量		
	购买日	到期日	
		$S_t \geqslant X$	$S_t < X$
购入1股看涨期权	$-C_0$	S_t-X	0
卖空1股股票	$+S_0$	$-S_t$	$-S_t$
借出$X/(1+r)^t$	$-X/(1+r)^t$	X	X
抛出1股看跌期权	$+P_0$	0	$-(X-S_t)$
净现金流量合计	$-C_0+S_0-X/(1+r)^t+P_0$	0	0

【例6-5】两种期权的执行价格均为30元，6个月到期，6个月的无风险利率为4%，股票的现行价格为35元，看涨期权的价格为9.20元，则看跌期权的价格为

$$P=-S+C+\mathrm{PV}(X)=-35+9.20+30/(1+4\%)=-35+9.20+28.8=3(\text{元})$$

布莱克-斯科尔斯期权定价模型假设在期权寿命期内买方期权标的股票不发放股利。那么，在标的股票派发股利的情况下应如何对期权估值呢？

股利现值是股票价值的一部分，但是只有股东可以享有该收益，期权持有人不能享有。因此，在期权估值时要从股价中扣除期权到期日前所派发的全部股利的现值。也就是说，把所有到期日前预期发放的未来股利视同已经发放，将这些股利的现值从现行股票价格中扣除。此时，模型建立在调整后的股票价格而不是实际价格的基础上。

考虑派发股利的期权定价公式为

$$C_0=S_0\mathrm{e}^{-\delta t}[N(d_1)]-X\mathrm{e}^{-r_c t}[N(d_2)]$$

$$d_1 = \frac{\ln(S_0/X) + (r_c - \delta + \frac{\sigma^2}{2})t}{\sigma\sqrt{t}}$$

$$d_2 = d_1 - \sigma\sqrt{t}$$

式中：δ表示标的股票的年股利报酬率(假设股利连续支付，而不是离散分期支付)，如果标的股票的年股利报酬率δ为0，则与前文介绍的布莱克-斯科尔斯模型相同。

布莱克-斯科尔斯期权定价模型假设看涨期权只能在到期日执行，即模型仅适用于欧式期权，那么美式期权如何估值呢？美式期权在到期前的任意时间都可以执行，除享有欧式期权的全部权利之外，还有提前执行的优势。因此，美式期权的价值应当至少等于相应的欧式期权的价值，在某种情况下比欧式期权的价值更高。

6.2 实物期权估价与经营项目投资决策

6.2.1 实物期权与估价概述

1. 实物期权的内涵

对于金融资产投资和经营项目投资，企业在对投资现金流的控制方面存在较大差异。对于金融资产投资，由于企业不能直接参与被投资对象的经营，一旦购买了证券，一般情况下只能被动地等待而无法影响它所产生的现金流入，对现金流不具有可控性，因而可以称之为“被动性投资资产”。而投资经营资产或实物资产则情况有所不同，企业对经营资产投资的现金流具有较强的可控性，能够通过投资或经营策略的调整影响经营资产的现金流，企业对经营资产投资具有一定的策略选择权，因此可以称为“主动性投资资产”。投资经营性资产通常会同时获得未来特定的选择权，而这种选择权可以增加现金流，因而是有价值的。相对于投资金融资产，投资经营性资产则属于实体资产，也称为实体投资选择权或实物期权。

2. 实物期权的意义

传统的项目投资评价方法属于静态分析，在应用现金折现方法评估项目价值时，通常假定项目立刻按既定方案执行，在执行过程中企业没有权利做重大调整和修改以改善现金流。但实际上，公司的经营和投资环境会随时发生改变，而且在很多情况下，项目本身也具有调整的弹性和空间。管理者会随时关注各种环境的变化，并根据环境的变化按有利原则利用拥有的实物期权对投资方案进行调整，比如增加投资或降低投资。如果事态发展表明未来前景比最初设想得更好，就会加大投资力度；反之，则会设法减少损失，或者修改投资方案，而不是被动地接受既定方案。这说明公司具有一定的对以前决策的调整权，称为实际选择权(Real Option)。这样，投资项目执行未必保持不变，企业按有利原则所进行的调整能够增加现金流和项目价值。但是，传统折现现金流量法也有其局限性，它忽视了项目本身的实物期权。

可见，在投资项目存在实物期权的情况下，仅仅依靠项目预测正常现金流信息，利用折现现金流量技术，有时会导致错误的投资决策。因此，近些年来，人们逐渐认识到，评价存在特定期权的经营项目的可行性和价值，不仅需要利用现金流贴现方法评估净现值，而且必须估计项目的实物期权价值。

3. 实物期权的估价方法

实物期权实际上增加了投资项目的价值，在存在选择权的情况下，投资项目净现值是按照传统方法计算出来的项目净现值和选择权价值(期权净现值)之和，也称为“期权调整净现值”，公式为

$$期权调整净现值=投资项目的净现值+选择权价值$$

实物期权隐含在投资项目中，一个重要的问题是将其识别出来。但并不是所有项目都含有值得重视的实物期权，有的项目实物期权价值很低，有的项目实物期权价值很高。具体要看项目不确定性的高低，不确定程度越高，则实物期权价值就越高。

实物期权使用的模型主要是B-S模型和二叉树模型，通常首选B-S模型，优点是使用简单并且计算精确。采用B-S模型计量实物期权价值适用于符合B-S模型假设条件的情景，或者说该实体期权与典型的股票期权相似。二叉树模型是一种替代模型，虽然它没有B-S模型精确，但比较灵活，在特定情况下优于B-S模型。二叉树模型可以根据特定项目模拟现金流的情景，使之适用于各种复杂情况。例如，处理到期日前支付股利的期权，可以提前执行的美式期权，停业之后重新开业的多阶段期权，事实上不存在最后到期日的期权等复杂情况。二叉树模型可以扩展为三叉树、四叉树模型等，通常在B-S模型无法应用的复杂情况下，二叉树模型往往能够解决问题。

6.2.2　经营项目实物期权估价

在这里，我们主要探讨三种常见的实物期权，即扩张期权、时机选择期权和放弃期权，并对这三种常见的实物期权进行估价。

1. 扩张期权估价

扩张期权是项目执行选择权，或者投资规模调整选择权，这种选择权允许公司在情况好时执行或扩大投资规模，在情况变差时不执行或缩小投资规模。但是拥有这种选择权必须进行必要的投资，否则会失去未来的选择权。比如，采矿公司只有拥有投资采矿权，才能获得开发或者不开发的选择权；房地产开发商只有储备一定规模的土地，才能根据市场状况决定是否开发，以及确定开发规模；医药企业需要控制药品专利，不一定马上投产，而是根据市场需求情况决定是否推出新药。再如，制造业企业小规模推出新产品，抢先占领市场，以后会根据市场反应再决定是否扩大规模等。可见，如果现在不进行这种权利的投资，就会失去未来扩张的选择权。

【例6-6】某公司计划引进具有市场前景的项目，但考虑市场接受和需求扩张需要一定的时间，计划该项目分两期进行。第一期投资规模较小，目的是率先占领市场、减少风险，大约需要投资1000万元。第一期投资项目于2017年年底开建并投产，预计税后营

业现金流量如表6-8所示。第二期投资项目于2020年年底开建，2021年年初建成并投产，生产能力是第一期项目的2倍，需要投资2000万元，预计税后营业现金流量如表6-9所示。由于该项目风险较大，假设投资者要求的报酬率为20%。计算结果：项目第一期投资的净现值为-39.87万元，第二期投资的净现值为-118.09万元。

表6-8 项目一期评价 万元

时间(年末)	2017	2018	2019	2020	2021	2022
税后营业现金流量		200	300	400	400	400
折现率(20%)		0.8333	0.6944	0.5787	0.4823	0.4019
各年营业现金流量现值		166.67	208.33	231.48	192.90	160.75
营业现金流量现值合计	960.13					
投资	1000					
NPV	-39.87					

表6-9 项目二期评价 万元

时间(年末)	2017	2020	2021	2022	2023	2024	2025
税后营业现金流量			800	800	800	800	800
折现率(20%)			0.8333	0.6944	0.5787	0.4823	0.4019
各年营业现金流量现值			666.67	555.56	462.96	385.80	321.50
营业现金流量现值合计	1384.54	2392.49					
投资(按10%折现)	1502.63	2000.00					
NPV	-118.09						

从表6-8、表6-9可以看出，项目第一期、第二期投资都没有给股东创造价值，但是这里没有考虑实物期权价值的影响。这里的实物期权是指公司可以根据市场发展状况再决定是否上马第二期项目，只有投资第一期项目，公司才具有是否开发第二期项目的选择权，而公司可以利用这种选择权改变原有方案的现金流量、增加股权价值。

第一期项目给股东造成的价值损失(39.87万元)可以视为获得第二期开发选择权的价格，因为只有投资项目第一期，公司才能获得第二期扩大开发的选择权。为此，需要计量该扩张期权的价值，以确定第一期项目投资是否可行，以下为计算扩张期权价值的有关数据。

(1) 第二期项目投资决策通常会在2020年底做出，也就是说，这是一项到期时间为3年的期权。如果第二期项目的价值(预计营业现金流量的现值)超过第二期项目投资额，则选择执行(实施第二期项目投资计划)，否则就应该放弃，因此，这是一个看涨期权。

(2) 第二期项目的投资额为2000万元，也就是期权的执行价格，第二期项目营业现金流量在期权执行时点的价值(期权标的资产价格)为2392.49万元，高于执行价格(2000万元)，因此第二期项目是有利可图的。这表明公司的期权投资是有价值的，能够在一定程度上弥补第一期项目投资的损失(期权价格)。由于第二期项目的投资额是确定的现金流量，因此应使用无风险报酬率(10%)作为折现率，期权执行价格(投资额)折算到2017年年底为1502.63万元。第二期项目营业现金流量的现值为2392.49万元，折算到2017年年底为1384.54万元，这是期权标的资产在投资者看来的当前价值。

(3) 扩张期权与典型的股票期权类似，可以使用B-S模型，计算结果为

$$d_1=[\ln(S_0/X)+[r_c+\sigma^2/2]t]/\ \sigma t^{1/2}=\ln(S_0/\mathrm{PV}(X))/\ \sigma\times t^{1/2}+\sigma\times t^{1/2}/2$$

$$=\ln(1384.54/1502.63)\ /\ 0.35\times 3^{1/2}+0.35\times 3^{1/2}/2=0.1682$$

$$d_2=d_1-\sigma t^{1/2}=0.1682-0.6062=-0.438$$

$$N(d_1)=N(0.1682)=0.5667$$

$$N(d_2)=N(-0.438)=0.3307$$

根据d求解$N(d)$时，可以上网查阅“正态分布下的累积概率”表。由于表中数据是不连续的，有时需要使用插值方法计算。当d为负值时，如$d=-0.438$，按其绝对值0.438查表，0.43对应的$N=0.6664$，0.44对应的$N=0.6700$，得出

$$(0.6700-0.6664)\times 0.8-0.6664=0.6693,\ N=1-0.6693=0.3307$$

$$C_0=S_0[N(d_1)]-\mathrm{PV}(X)[N(d_2)]$$

$$C_0=1384.54\times 0.5667-1502.63\times 0.3307=784.62-496.91=287.71(\text{万元})$$

该扩张期权价值为287.71万元。

(4) 第二期扩张期权投资为39.87万元，该扩张期权价值为287.71万元，考虑扩张期权的投资项目净现值为

考虑扩张期权的投资项目净现值(期权调整净现值)=第一期项目净现值(期权价格)+选择权价值
=−39.87+287.71=247.84(万元)

第一期投资使得公司具有是否开发第二期项目的扩张期权，而且扩张期权价值高于第一期的投资损失，因此，投资第一期项目是有利的，可以采纳。

2. 时机选择期权估价

实际上，任何投资项目都具有期权的性质。如果一个项目执行不能延迟，只能立即投资或放弃，则可以理解为到期的看涨期权。项目投资成本为行权价格(执行价格)，项目未来现金流量的现值为期权标的资产的现行价格。如果项目现值高于投资成本，看涨期权的收益就是项目的净现值；如果现值低于投资成本，则看涨期权不被执行，应放弃该项投资。

时机选择权也称为延期选择权，企业的一些项目往往存在投资延期选择权，如某产品专利权的所有者可以选择推出该产品的时间。如果一个项目在时间上可以延迟，则该项目就是未到期的看涨期权，这种投资时机选择权是有价值的，因为前景不明朗的项目大多需要观望，看看未来是更好还是更差。下面我们通过一个例子来说明时机选择期权的分析方法。

【例6-7】某公司拟投资一个新产品，预计需要1050万元，估计每年税后永续营业现金流量为100万元，项目的资本成本为10%，无风险利率为5%，风险补偿率为5%。由于每年的现金流量100万元是预期的平均数，并不确定。假设一年后可以判断出市场对产品的需求，如果新产品受市场欢迎，预计现金流量为120万元；如果不受欢迎，预计现金流量为80万元。根据题意，则有

项目价值=永续现金流/折现率=100÷10%=1000(万元)

净现值(NPV)=项目价值−投资成本=1000−1050=−50(万元)

由于未来现金流量是不确定的，应当考虑期权的影响。

时机选择权大多使用二叉树模型。虽然本例假设一年后可以判断需求情况，实际上

也可能需要继续等待。具有时间选择灵活性的项目，本身并没有特定的期权执行时间，并不符合典型股票期权的特征。

以下为利用二叉树方法进行分析的主要步骤。

1. 构造现金流量和项目价值二叉树

项目价值=永续现金流/折现率

上行项目价值=120 ÷ 10%=1200(万元)

下行项目价值=80 ÷ 10%=800(万元)

2. 构造净现值二叉树

上行净现值=1200−1050=150(万元)

下行净现值=800−1050=−250(万元)

3. 根据风险中性原理计算上行概率

报酬率=(本年现金流量+期末项目价值) ÷ 期初项目价值−1

上行报酬率=(120+1200) ÷ 1000−1=32%

下行报酬率=(80+800) ÷ 1000−1=−12%

无风险报酬率=上行概率 × 上行报酬率+下行概率 × 下行报酬率

5%=上行概率 × 32%+(1−上行概率) × (−12%)

上行概率=0.38636

下行概率=1−0.38636=0.61364

4. 计算含有期权的项目净现值

含有期权的项目净现值(终值)=0.38636 × 150+0.61364 × 0=57.954(万元)

含有期权的项目净现值(现值)=57.954 ÷ 1.05=55.19(万元)

以上计算结果，用二叉树表示，如表6-10所示。

表6-10　投资成本为1050万元的期权价值

时间	0	1	注释
不考虑期权的净现值	−50		
现金流量二叉树	100	120	P=0.5
		80	P=0.5
项目资本成本	10%	10%	
项目价值二叉树	1000	1200	
		800	
项目投资成本	1050	1050	
项目净现值二叉树	−50	150	
		−250	
上行报酬率		0.32	(120+1200) ÷ 1000−1
下行报酬率		−0.12	(80+800) ÷ 1000−1
无风险报酬率		5%	
上行概率		0.38636	(5%+12%) ÷ (32%+12%)
下行概率		0.61364	1−0.38636
考虑期权的净现值	55.19	150	(0.38636×150) ÷ 1.05

5. 判断是否应延迟投资

如果立即投资该项目，由于其净现值为负值，不具有吸引力；如果等待，考虑期权后的项目净现值为正值，可确定是个有价值的投资项目，因此应当等待。此时的净现值的增加是由考虑期权引起的，实际上就是期权的价值。

等待不一定总是有利的，等待期权的价值受投资成本、未来现金流量的不确定性、资本成本和无风险报酬率等多种因素的影响。

假设其他因素不变，如果投资成本降低，则项目的预期净现值增加，含有期权项目的净现值也增加，但是后者增加较慢，并使两者的净差额(期权现值)逐渐缩小。

就本例题而言，两者的增量之比为

$$上行概率/(1+无风险报酬率)=0.38636\div 1.05=0.3680$$

该项目的投资成本由1050万元降低为883.56万元，预期净现值由-50万元增加到116.44万元，增加净现值166.44万元。含有期权的项目净现值从55.19万元增加到116.44万元(见表6-11)，只增加61.25万元。两者增量的差额为105.19万元，即期权价值完全消失。在这种情况下，期权价值为0，等待已经没有意义。因此，如果投资成本低于883.56万元，立即执行项目更有利。

表6-11　投资成本为883.56万元的期权价值

时间	0	1
不考虑期权的净现值	116.44	
现金流量二叉树	100	120
		80
项目资本成本	10%	10%
项目价值二叉树	1000	1200
		800
项目投资成本	883.56	883.56
项目净现值二叉树	116.44	316.44
		-83.56
上行报酬率		0.32
下行报酬率		-0.12
无风险报酬率		5%
上行概率		0.38636
下行概率		0.61364
考虑期权的净现值	116.44	316.44
		0
净差额(期权价值)	0.00	

计算投资成本临界值的方法为

$$项目预期净现值=项目预期价值-投资成本=1000-投资成本$$

$$考虑期权的项目净现值=[上行概率\times(上行项目价值-投资成本)+下行概率\times(下行项目价值-投资成本)]\div(1+无风险报酬率)$$

投资成本高于或等于下行价值时放弃项目，则有

考虑期权的项目净现值=[0.38636×(1200−投资成本)]÷1.05

令预期净现值与考虑期权的净现值相等，则有

1000−投资成本=[0.38636×(1200−投资成本)]÷1.05

投资成本=883.56(万元)

3. 放弃期权估价

在传统的项目评估中，通常假定项目的寿命期一定，投资者持有至到期，即假定寿命周期结束。但这一假设未必符合实际，因为如果项目执行一段时间后，发现实际现金流量远低于预期，投资者就会放弃该项目的经营。因此，在评估投资项目时，还需要事先考虑在项目存续期间，项目前景堪忧，投资者为避免进一步损失而放弃的情形。通常，投资者在项目存续期间有放弃的权利和理由，因为只有一个项目的继续经营价值(续营价值)大于等于清算价值，继续经营在经济上才是划算的，否则继续经营会损害投资者价值。这里的清算价值，不仅指残值清算价值，也可能指资产经过重组和重新发掘所体现的价值，可以定义为继续经营的机会成本价值。放弃项目意味着止损(即避免清算价值高于续营价值)，未来放弃，可以理解为看跌期权的行权，其标的资产的实际价格为续营价值。而执行价格(合约价格)为项目的清算价值，当清算价值(执行价格)高于续营价值(实际价格)时，放弃项目意味着出售项目，能够获利；而当清算价值低于续营价值时，应放弃期权，继续经营。

一个项目在启动后，往往会面临放弃的风险，同时执行人也拥有放弃的权利，也就是说，投资一个项目，评价其可行性或净现值还需要考虑期权的价值。虽然在项目分析时可以假设一个项目的有效期，但由于存在放弃的可能性，实际上我们无法明确项目的寿命。有的项目投产后很快碰壁，短于预定寿命，甚至只有一两年的现金流；有的项目很成功，不断改进的产品使该项目可以持续几十年。一个项目应当何时放弃，在项目启动时并不明确。缺少明确的到期期限的实物期权，不便于应用B-S模型。在评估放弃期权时，需要预测很长时间的现金流，逐一观察历年放弃或不放弃的项目价值，才能明确放弃期权的价值。下面，我们通过一个例子来说明其评估方法。

【例6-8】公司拟开发一个贵金属采矿项目，预计需要投资1200万元，假设矿山的产量每年约29吨，该矿藏只有5年开采量，目前矿石价格为每吨10万元，预计每年上涨11%，但是很不稳定，其标准差为35%。因此，销售收入应当采用含有风险的必要报酬率10%作为折现率。营业固定成本支出每年100万元，为简便起见，忽略其他成本和税收问题。由于固定成本支出比较稳定，可以使用无风险报酬率5%作为折现率。预计1～5年后矿山的残值分别为530万元、500万元、400万元、300万元和200万元。放弃期权的分析程序如下所述。

1. 计算项目的净现值

不考虑放弃期权的价值，用现金流折现法计算项目的净现值为−19万元。如果不考虑期权，即放弃项目止损，这时项目净现值为负值，是不可行项目，如表6-12所示。

表6-12　项目净现值　　万元

年份	0	1	2	3	4	5
收入增长率		11%	11%	11%	11%	11%
预期收入		322	357	397	440	489
各年收入现值		293	295	298	301	303
收入现值合计	1490					
残值						200
残值现值	124					
固定成本支出		-100	-100	-100	-100	-100
固定成本支出现值		-95	-91	-86	-82	-78
固定成本支出现值合计	-433					
投资	-1200					
净现值	-19					

2. 构造二叉树

(1) 确定上行乘数和下行乘数。由于矿石价格的标准差为35%，则有

$$上行乘数：u=e^{\sigma\sqrt{t}}=e^{0.35\times 1}=1.419068$$

$$下行乘数：d=1\div u=1/1.419068=0.704688$$

(2) 构造销售收入二叉树。按照计划产量和当前价格计算，销售收入为

$$销售收入=29\times 10=290$$

不过，目前还没有开发，明年才可能有销售收入，则有

$$第一年的上行收入=290\times 1.419068=411.53$$

$$第一年的下行收入=290\times 0.704688=204.36$$

以后各年的二叉树依此类推，如表6-13所示。

表6-13　放弃期权的二叉树　　万元

年份	0	1	2	3	4	5
销售收入	290	411.53	583.99	828.72	1176.01	1668.83
		204.36	290.00	411.53	583.99	828.72
			144.01	204.36	290.00	411.53
				101.48	144.01	204.36
					71.51	101.48
						50.39
固定成本	100	100	100	100	100	100
营业现金流量=销售收入-固定成本	190	311.53	483.99	728.72	1076.01	1568.83
		104.36	190.00	311.53	483.99	728.72
			44.01	104.36	190.00	311.53
				1.48	44.01	104.36
					-28.49	1.48
						-49.61
期望收益率	5%					
上行报酬率(u-1)	41.9068%					

(续表)

年份	0	1	2	3	4	5
下行报酬率(d−1)	−29.5312%					
上行概率	0.483373					
下行概率	0.516627					
未修正项目价值=[p×(后期上行营业现金+后期上行期末价值)+(1−p)×(后期下行营业现金+后期下行期末价值)]/(1+r)，从后向前推	1173.76	1456.06	1652.41	1652.90	1271.25	200
		627.38	770.44	818.52	679.23	200
			332.47	404.18	385.24	200
				198.43	239.25	200
					166.75	200
						200
清算价值		530	500	400	300	200
修正项目现值(清算价值高于经营价值时，用清算价值取代经营价值，并重新从后向前推)	1221	1463.30	1652.41	1652.90	1271.25	200
		716.58	785.15	818.52	679.23	200
			500.00	434.08	385.24	200
				400	300	200
					300	200
						200

(3) 构造营业现金流量二叉树。由于固定成本为每年100万元，销售收入二叉树各节点减去100万元，可以得出营业现金流量二叉树。

(4) 确定上行概率和下行概率，公式为

$$期望收益率=上行百分比\times上行概率+(-下行百分比)\times(1-上行概率)$$

$$上行概率=0.483373$$

$$下行概率=1-0.483373=0.516627$$

(5) 确定未调整的项目价值。首先，确定第5年各节点未经调整的项目价值。由于项目在第5年年末终止，无论哪一条路径，最终的清算价值均为200万元。然后，确定第4年年末的项目价值，顺序为先上后下。最上边的节点价值取决于第5年的上行现金流量和下行现金流量，它们又都是第5年年末的残值，则有

$$第4年年末的项目价值=[p\times(第5年上行营业现金+第5年期末价值)+(1-p)\times(第5年下行营业现金+第5年期末价值)]/(1+r)=[0.483373\times(1569+200)+0.516627\times(729+200)]/(1+5\%)=1271.25(万元)$$

其他各节点依此类推。

(6) 确定调整的项目价值。各个路径第5年年末的价值均为200万元，不必调整，填入“调整后的项目价值”二叉树的相应节点。

第4年各节点由上而下进行，检查项目价值是否低于同期清算价值(300万元)。该年第4个节点数额为239.25万元，低于清算价值300万元，清算比继续经营更有利，因此该项目应放弃，将清算价值填入“调整后的项目价值” 二叉树相应节点。此时，相应的销售收入为144.01万元。需要调整的还有第4年最下方的节点166.75万元，用清算价值300万

元取代；第3年最下方的节点198.43万元，用清算价值400万元取代；第2年最下方的节点332.47万元，用清算价值500万元取代。

完成以上4个节点的调整后，重新计算各节点的项目价值。计算顺序仍然是从后向前、从上到下、依次进行，并将结果填入相应的位置。最后，得出0时点的项目价值为1221万元。

3. 确定考虑看跌期权的净现值和最佳放弃策略

由于考虑看跌期权的现值为1221万元，投资为1200万元，所以

$$调整后NPV=1221-1200=21(万元)$$

$$未调整NPV=-19(万元)$$

$$期权价值=调整后NPV-未调整NPV=40(万元)$$

因此，因此公司应该接受该项目。但是，当价格下行使得销售收入低于144.01万元时(即清算价值高于继续经营价值)，应行权放弃清算。那么，公司是否应当立即投资该项目呢？答案是不一定，还需要进行时间选择权的分析才能知道。

可见，由于放弃选择权的存在，使得原来不能接受的投资项目成为可以接受的项目，这就是放弃选择权的价值。公司通过不断跟踪评价，可以淘汰在经济上不再可行的项目。

无论是改变投资规模选择权、延期选择权、放弃选择权还是其他选择权，都有一个共同之处，就是限制未来不利情况的发生。未来的不确定性越大，选择权的价值就越高。实际选择权为投资决策提供了灵活性，而这种灵活性可能会使决策者接受当初认为应该拒绝的项目或者拒绝当初应该接受的项目。但是，实际选择权也存在局限性，就是判断选择权的存在以及对其进行估值比较困难，有时一项或多项不明确的选择权价值可能会使项目变得可行而被采纳，因而必须谨慎使用投资决策中的选择权。

思考题

1. 期权的概念是什么？有哪些种类？
2. 举例说明期权估值的复制原理和套期保值原理。
3. 简述风险中性原理。
4. 简述单期二叉树定价模型。
5. 布莱克-斯科尔斯期权定价模型是什么？
6. 什么是实物期权？它在经营项目估价中的意义是什么？
7. 在经营项目估价中，什么是期权调整净现值？它是如何构成的？
8. 使用账面价值权重、实际市场价值权重和目标资本结构权重各自有哪些优缺点？

练习题

1. 某公司计划启动某个项目，分两期进行。第一期投资规模较小，目的是率先占领市场以减少风险，大约需要投资1000万元。第一期投资项目于2017年年底开建并投产，

项目为期5年，预计每年税后营业现金流量为200万元。第二期投资项目于2019年年底开建并投产，需要投资2000万元，由于市场已经被打开，预计第二期项目每年税后营业现金流量可达800万元。假设投资者要求的报酬率为10%，无风险报酬率为5%，请问该公司是否能够启动该项目？

2. 某公司拟投资一个新产品，预计投资需要1050万元，估计每年税后永续营业现金流量为100万元，项目的资本成本为10%，无风险利率为5%，风险补偿率为5%。由于每年的现金流量100万元是预期的平均数，并不确定。假设一年后可以判断出市场对产品的需求，如果新产品受市场欢迎，预计现金流量为120万元；如果不受欢迎，预计现金流量为80万元。考虑期权的影响，使用二叉树模型，判断是否应延迟投资。

第7章　公司价值评估

7.1　公司价值评估概述

公司价值评估简称公司估值，目的是分析和估算一家公司的内在价值，并提供有关信息协助决策者改善决策。虽然公司估值是一种定量分析，使用许多定量分析模型，具有一定的科学性和客观性，但是公司估值并不能做到完全客观和科学，原因在于它需要使用许多主观估计的数据，带有一定的主观性。

7.1.1　公司价值评估的作用

公司价值评估主要有以下几个作用。

1. 公司价值评估可以用于证券投资决策

价值评估是证券投资基础分析的核心内容。证券投资者信奉不同的投资理念，有的人相信技术分析，有的人相信基本分析。相信基本分析的投资者认为，企业价值或股权价值与财务数据之间存在函数关系，这种关系在一定时间内是稳定的，证券价格与其内在价值的偏离经过一段时间的调整会向其内在价值回归。他们据此原理运用财务分析等基本分析手段估算证券或企业的内在价值，寻找并且购进被市场低估的证券，以期获得高于必要报酬率的收益。

2. 公司价值评估可以用于公司的并购决策

在公司兼并收购和控股权交易中，投资企业需要估计目标企业的内在价值或市场公平价值，以确定合理的交易价格。比如，公司在确定收购价格时，不仅需要评估目标企业的价值，还需要对收购后的企业价值变动情况进行评估，以制定能增加股东财富并且能被收购企业接受的收购价格。

3. 可以用于一切以价值为基础的公司决策

如果把公司的目标设定为增加股东财富，而股东财富的增加就是企业价值的增加，那么，企业决策正确性的根本标志是能够增加企业价值。如果不能清晰描述一项决策和企业价值之间的关系，不了解其对企业价值的影响，就无法对该决策进行评价。从这种意义上说，价值评估是改进企业一切重大决策的手段。

4. 企业价值评估过程能够产生大量有价值的信息

企业价值评估的意义不仅在于能提供企业价值的评估结果，还在于评估过程能够产生大量有价值的信息。例如，企业价值是由哪些因素驱动的；销售净利率如何影响营业现金流量，进而对企业价值产生影响；公司资本结构是如何影响企业价值的，影响有多大。即使企业的最终估值不是很准确，这些中间信息也是很有意义的。因此，不能只关注企业价值评估的最终结果，评估过程产生的其他信息也不能忽视。

7.1.2 公司价值评估的对象

1. 内在价值

公司价值评估的一般对象是公司整体资产的内在价值(Intrinsic Value)。资产的内在价值是指资产本身所固有的一种客观存在，是由其内在的投资品质(现金流量和风险)所决定的。现金流量折现方法是估计资产内在价值的科学方法，一项资产的内在价值就是该资产未来可以产生的现金流量的现值。资产的内在价值也称为资产的经济价值，资产的经济价值是经济学家所持的价值观念，强调的是资产在特定经济用途中所体现的价值。

理解和掌握公司内在价值的概念，需要树立整体价值的观念，公司的整体价值观念主要体现在以下4个方面。

(1) 公司整体资产是各部分资产的有机组合，公司整体价值并不是构成企业整体的各项资产市场价值或出售价值之和。从形式上看，公司整体资产是由构成公司整体的各部分资产组合而成的，这种组合是根据公司所从事的特定经营领域的客观要求所进行的有机组合，这就如同汽车是由特定的零件按照一定的比例和程序组装而成一样。这种有机组合使得企业总体资产具有各部分资产所没有的整体性功能，就如同汽车是各种零件的有序组合，使得汽车具有整体功能，这种功能是任何一个零件都不具备的。企业的整体性功能，表现为从事特定领域的生产经营活动为股东增加财富，这是任何单项资产所不具有的。如果单独考察构成企业整体的单项资产，而不是将其放在企业整体组合使用中考察，这些单项资产的价值则表现为市场价值或出售价值。但是企业取得单项资产并不是用来出售，而是作为企业整体资产的一个有机组成部分来使用，它在企业整体资产的使用中体现的价值并不是其市场价值。企业作为一项整体资产，之所以具有经济价值，就在于它能够给投资者带来营业现金流量，是各项资产组合起来运用的结果，而不是单项资产出售所获得的现金流量，公司整体资产的价值则是这些营业现金流量的现值。可见，企业整体价值并不是各部分资产市场价值或出售价值之和，这就如同汽车的价值不等于零件的价格之和。

(2) 资产组合的有效性是决定企业整体价值的重要因素。虽然公司是各项资产的有机组合，但即使是处于相同行业的企业，它们的资产组合的有效性或者资产组合的有机程度也会有所不同，从而产生不同效率的企业或整体功能不同的企业。如同房地产商使用相同的建筑材料，但由于设计等原因，开发建设的商品房的特点和质量却存在较大差异。由于企业的整体功能和效率在很大程度上是由资产组合的有效性决定的，而企业的整体功能和效率直接影响企业的营业现金净流量，因而资产组合的有效性是决定企业整体价值的重要因素。在实践中，企业的资产重组就是试图通过调整资产组合的方式来增加资产组合的有效性，来改善企业的整体功能和效率、提升企业的价值。

(3) 单项资产只有在企业整体中才能体现其经营价值。单项资产具有在公司运行中被使用和被剥离出售这两项经济用途。作为企业整体的组成部分，在公司运行中所体现的价值可以称为经营价值，在被剥离出售时的价值则体现为出售价值。单项资产只有在企业整体中才能体现出它的经营用途和经营价值，一旦将其从整体中剥离，它的经济价值就会转变为出售价值。企业的有些资产可以单独剥离出售，如一台设备或企业的一个部门；而有些资产不能单独剥离出售，比如商誉等无形资产，也就是说，这些资产不具有独立的出售价值。单项资产的出售价值不同于作为整体一部分的经营价值，因为它们的经济用途和功能是不同的。从理论上说，如果一项资产或一个部门的经营价值低于剥离出售的价值，剥离出售是最优的策略选择。需要注意的是，剥离后的企业整体价值也会因为资产组合的变动而发生改变。

(4) 企业整体价值只有在运行中才能体现出来。公司的整体功能，只有在运行中才能得以体现。企业是一个运行着的有机体，一旦成立就有了独立的"生命"和特征，并维持它的整体功能。如果企业停止运行，整体功能就会随之丧失，也就不再具有整体价值，它就只剩下一堆机器、存货和厂房，此时企业的价值是这些财产的变现价值，即清算价值。

2. 市场价值

与资产内在价值密切关联的概念是资产的市场价值，市场价值是指一项资产在市场上的交易价格，它是买卖双方竞价后都能够接受的价格。在交易市场上，投资者评估一项资产的内在价值并与市场价值进行比较，如果内在价值高于市场价值则认为该资产被市场低估了，投资者就会买进，使该资产的价格上升，回归到资产的内在价值；相反，如果市场价格高于内在价值则认为该资产被高估了，投资者就会卖出，导致该资产的价格下降，也会回归到资产的内在价值。市场价值与内在价值是否一致取决于市场的有效性，如果市场是完全有效的，即所有资产在任何时候的价格都能够迅速反映公开可得的信息，则一项资产的内在价值与市场价值会时刻保持一致；如果市场不是完全有效的，一项资产的内在价值与市场价值就会在一段时间内不相等。此外，资产市场价值向其内在价值回归的速度也取决于市场的有效程度，市场越有效，市场价值向内在价值回归越迅速。

公司作为一项整体资产，它的内在价值是指其在剩余的寿命期内可以产生的现金流量的现值。如果市场是完全有效的，公司的市场价值与其内在价值保持一致，这时的市场价值称为"公平市场价值"(Fair Market Price)。公平市场价值是指在完全有效的市场上，买卖双方根据充分、对称的与价值相关的信息，按照自愿原则和自身利益在公开竞价交易中所产生的双方都能够接受的价格。公司的市场价值可能是公平的，也可能是不公平的，这取决于企业市场的有效程度，市场越有效，市场价值越公平，越能够反映企业的内在价值。

需要指出的是，评估企业整体的内在价值是以市场不完善为前提的。因为在完善的资本市场中，企业的市场价值为"公平市场价值"，与内在价值相等，因而价值评估会失去存在的理由。而且在完善有效的市场上，不可能寻找到价值被低估的企业，价值评估也会失去决策意义。价值评估理论不否认市场的有效性，但不承认市场的完善性，认为市场只在一定程度上有效，并非完全有效，也就是说，企业的市场价值不一定是公平市场价值。原因在于：首先，作为交易对象的企业，通常没有完善的市场。对没有上市交易的企业而言，没有公开竞价的市场价格可供参考；对于上市企业来说，每天参加交易的只是少数股权，多数股权不参加日常交易。因此，市价也只是少数股东认可的价格，未必代表公平市场价值。其次，以企业为交易对象的买卖双方存在比较严重的信息不对称，对企业的估价存在很大的差异，成交的价格未必是公平的。最后，企业股票价格是经常变动的，很难找到哪个交易价格能代表企业的公平市场价值。

企业价值评估正是以市场不完善为前提，利用市场价值与内在价值(公平市场价值)的不一致，寻找价值被低估的企业，以实现为股东创造财富的投资目标。

值得注意的是，企业内在价值受企业状况和市场状况变动的影响，也是动态变化的。价值评估依赖的企业信息和市场信息也在不断变动，新信息的出现随时可能改变评估的结论，因此，企业价值评估提供的结论具有很强的时效性。

7.1.3 公司价值评估的类别

公司价值评估的一般对象是公司整体资产的内在价值，也称为公司实体价值。但在实践中，公司价值不仅指公司实体价值，还可能指公司的股权价值。其中，公司实体价值还可以区分为持续经营价值和清算价值；公司股权价值也可以划分为少数股权价值和控股权价值，等等。至于具体评估哪一种公司价值，则取决于评估目的。

1. 实体价值与股权价值

假设作为整体资产的企业可以在公开市场上出售。当一家企业收购另一家企业的时候，通常是以购买股份的形式进行的，即表现为收购公司按市值收购目标企业的股权，这时目标企业的价值表现为购买股权的价格。例如，A企业以10亿元的价格收购了B企业的全部股份，或者向B企业的股东定向发行价值为10亿元的股票筹资，以购买B企业的全部股票(换股收购)，通常会被认为A企业以10亿元买下了B企业，B企业的价值体现为10亿元，但这种观念其实是错误的。原因在于，收购一家公司是购买这家公司的全部资产，而公司的全部资产一部分归股东所有，另一部分归债权人所有，收购股权只是购买了属于股东的资产，收购价格表现的只是B企业的股权价值，而非B企业全部资产价值。实际上，A企业以10亿元的价格取得B企业所有权(股权)的同时，还需要以书面契约形式承担B企业的应付债务(假设为5亿元)。也就是说，A企业购买B企业全部资产的所有权需要支付15亿元的经济成本，其中，10亿元现在支付，5亿元未来支付，企业的整体资产价值是由15亿元的全部成本体现的，而不仅仅是10亿元的股权成本。由于购买企业整体资产的所有权不仅需要按股票市值收购全部股权，还需要承继全部应付债务，因而，企业的股权价值与企业的整体资产价值是不同的。

公司的实体价值是公司整体资产的内在价值，公司的股权价值则是公司全部股权的内在价值，公司实体价值和公司股权价值都是依据现金流量折现方法所计算的现值，而不是公司资产负债表中总资产和所有者权益的账面价值。由于企业的全部资产是由股东

和债权人共同出资形成的，公司的实体价值应分属于股东和债权人，因而可以将公司实体价值分解为股权价值与债务价值，则有

实体价值=股权价值+债务价值

购买公司整体资产的所有权是以购买股份的形式进行的，对上市公司而言，卖方企业的股权价值可以通过股权交易市场的股权市值直接表现出来，而公司的实体价值并不能通过交易市场直接表现出来，而是通过股权市值和承继应付债务的成本间接表现出来，除非公司营业终止清算。这里，承继债务的成本为应付债务未来本息支出的现值，即债务价值。如果收购企业想真正拥有卖方公司全部资产的现实所有权，不仅需要按市值在股权市场上收购公司的全部股权，还需要一次性按市值在债务市场上回购公司的全部债务，因而公司的购买价格为股权市值和债务市值之和。问题是公司的购买价格能否体现为公司的实体价值呢？在有效市场条件下，公司股票市值为公平市场价值，能够反映公司全部股权的内在价值；债务市值也为公平市场价值，也能够反映公司债务的内在价值，即债务的内在价值就是现在一次性了结债务支出，即按市值在债务市场上回购债务支出。

2. 持续经营价值与清算价值

公司实体价值可以划分为持续经营价值与清算价值。企业能够给所有者提供价值的方式有两种：一种是由营业所产生的未来现金流量的现值，称为持续经营价值(简称续营价值)；另一种是停止经营，出售资产产生的现金流的现值，称为清算价值。这两者的评估方法和评估结果有明显区别。我们必须明确拟评估的企业是一个持续经营的企业还是一个准备清算的企业，评估的价值是其持续经营价值还是其清算价值。在大多数情况下，评估的是企业的持续经营价值。

一家企业的内在价值，应是其持续经营价值与清算价值中较高的一个，如图7-1所示。

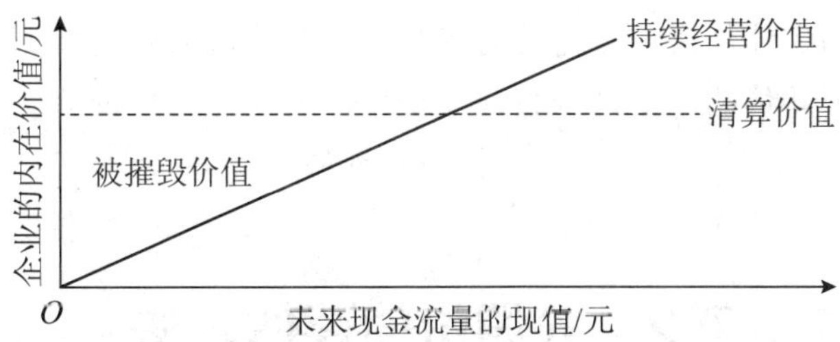

图7-1　持续经营价值与清算价值下的公平市场价值

一家企业持续经营的基本条件，是其持续经营价值超过清算价值。按经济性原则，当未来营业现金净流量的现值(持续经营价值)高于清算价值时，投资者会选择持续经营；如果未来营业现金净流量下降，或者资本成本提高，使得持续经营价值低于清算价值，则投资者选择清算为最优的策略选择。一家企业的持续经营价值已经低于其清算价值，本应当进行清算。但是，也有例外，那就是公司控制人拒绝清算，企业会得以持续经营。但这种持续经营，摧毁了股东本来可以通过清算得到的价值。

虽然公司实体价值的评估对象包括持续经营价值与清算价值，但除非特别指明，通常是指持续经营价值。

3. 少数股权价值与控股权价值

公司股权价值可以区分为少数股权价值与控股权价值。属于中小股东的少数股权和属于大股东的控股权具有完全不同的性质和效用。首先，买入少数股权的中小股东，承认企业现有的管理和经营战略，对于企业决策的影响无足轻重，或者只作为一个财务投资者，并不是公司的真正主人；而买入控股权的大股东则成为公司真正的主人，可以获得改组企业和做出公司战略决策的充分权利。我国的多数上市公司“一股独大”，大股东决定公司的重大事务，少数股权基本上没有影响力。其次，从世界范围看，多数上市公司的股权高度分散化，没有哪一个股东可以控制企业，此时有效控制权被授予董事会和高层管理人员，所有股东只是“搭车的乘客”，不满意的乘客可以“下车”，但是无法控制“方向盘”。

少数股权价值与控股权价值存在很大差异。少数股权价值是企业在现有管理和战略条件下能够给股票投资人带来的现金流量现值；而控股权价值是通过企业重组，改进管理和经营战略后可以为投资人带来的未来现金流量的现值。获得控股权，不仅意味着取得了未来现金流量的索取权，还意味着获得了改组企业的特权，以此增加控股权的现金流量和价值，因而控股权价值大大高于少数股权价值。虽然从形式的角度来说，少数股权和控股权都是同一企业相同权利的股票，但是它们具有不同的实际权利和现金流量，甚至可以认为它们是在两个分割开来的市场上交易的不同资产。在股票市场上交易的只是属于少数股权的流通股，而掌握控股权的股东，不参加日常交易。交易市场上股价通常只是少数参与交易的股票价格，它反映的只是少数股权的价值。控股权价值高于少数股权价值最明显的例证是收购交易。一旦控股权参加交易，股价会飙升，甚至达到少数股权价值的数倍。

总之，在评估企业价值时，要明确拟评估的对象是什么，搞清楚是企业实体价值还是股权价值；在评估实体价值时，需要明确是持续经营价值还是清算价值；在评估股权价值时，必须明确拟评估的对象是少数股权价值，还是控股权价值。它们是不同的评估对象，有不同的用途，需要使用不同的方法进行评估。

7.2 公司价值评估方法

7.2.1 现金流量折现模型

现金流量折现模型是使用较为广泛、理论较为健全的企业价值评估模型，它的基本思想是增量现金流量原则和时间价值原则，即任何资产的价值是其产生的未来现金流量按照投资者必要报酬率计算的现值。

企业也是资产，具有资产的一般特征。从某种意义上来说，企业是一个由若干个投资项目组成的项目组合，这个项目组合可以作为一个整体项目，项目估价和企业估价在理论上是完全一致的，因而可以使用前文介绍过的折现现金流量法对企业价值进行评估。但是，企业资产又与项目资产有所区别，是一种特殊的资产。企业价值评估与项目价值评估既有类似之处，也有明显区别。主要体现在：①投资项目的寿命是有限的，而企业持续经营的假设，意味着公司的寿命是无限的，因此要处理无限期现金流折现问题；②典型的项目投资有稳定的或下降的现金流，而企业通常会寻找更好的投资项目，将收益再投资并产生增长的现金流，它们的现金流分布具有不同的特征；③项目产生的现金流归公司(项目投资主体)支配，而企业产生的现金流仅在管理层决定分配时才流向所有者，如果决策层决定向较差的项目投资而不愿意支付股利，则少数股东除了将股票出售外别无选择。这些差别，也正是企业价值评估比项目评价更困难的地方，或者说是现金流量折现模型用于企业价值评估需要解决的问题。

1. 企业估值的现金流量

对于投资者来说，企业现金流量有三种，即股利现金流量、股权现金流量和实体现金流量。从理论上说，现金流量的持续年数应当等于资产的寿命，而持续经营假设使企业具有永续生命，即假设企业将无限期地持续下去。预测无限期的现金流量数据是很困难的，时间越长，远期的预测越不可靠。为了避免预测无限期的现金流量，大部分企业估价将现金流量预测的时间分为两个阶段：第一阶段是有限的、明确的预测期，称为“详细预测期”，或简称预测期，在此期间需要对每年的现金流量进行详细预测，并根据现金流量模型计算其预测期价值；第二阶段是预测期以后的无限时期，称为“后续期”或“永续期”，在此期间假设企业进入稳定状态，有一个稳定的增长率，可以用简便方法直接估计后续期价值。后续期价值也被称为永续价值或残值。这样，企业价值被分为两部分，用公式表示为

$$\text{企业价值}=\text{预测期价值}+\text{后续期价值}$$

$$\text{后续期价值}=\text{现金流量}_{t+1}\div(\text{资本成本}-\text{后续期现金流量永续增长率})$$

2. 企业估值现金流量折现模型

依据现金流量的不同种类，企业估值的现金流量折现模型也可分为股利现金流量模型、股权现金流量模型和实体现金流量模型三种。

(1) 股利现金流量模型。股利现金流量模型的基本形式为

$$\text{股权价值}=\sum_{t=1}^{\infty}\frac{\text{股权现金流量}_t}{(1+\text{股权资本成本})^t}$$

式中：股利现金流量是企业分配给股东的现金流量；股权资本成本是投资必要报酬率。

(2) 股权现金流量模型。股权现金流量模型的基本形式为

$$\text{股权价值}=\sum_{t=1}^{\infty}\frac{\text{股权现金流量}_t}{(1+\text{股权资本成本})^t}$$

式中：股权现金流量是一定期间归属于股东的现金流量，也称为股权自由现金流量。股权自由现金流量体现了股东对公司现金流量的剩余要求权，但有多少股权现金流量会作为股利分配给股东，取决于企业的股利分配政策。具体来看，股权自由现金流量就是公司向债权人支付利息、偿还本金、支付优先股股利以及满足自身发展需要后的剩余现金流量。如果把股权现金流量全部作为股利分配，则上述两个模型相同。

(3) 实体现金流量模型。实体现金流量模型的基本形式为

$$实体价值=\sum_{t=1}^{\infty}\frac{实体自由现金流量_t}{(1+加权平均资本成本)^t}$$

这里需要指出的是，这里的“加权平均资本成本”，是指税前加权平均资本成本，即公司出资者(包括股东和债权人)要求的综合报酬率。

实体自由现金流量是企业息前税后现金流量扣除必要投资(包括资本性支出和营运资本增量)后的剩余部分，它是企业在一定期间可以提供给出资者(包括股东和债权人)的现金流量。实体自由现金流量的计算公式为

$$实体自由现金流量=息前税后利润+折旧-(资本性支出+营运资本增加额)$$

在企业持续经营的假设下，资本性支出至少包括每期计提的折旧，以满足重置投资的需要。由于债务契约的存在，公司计划增加必要投资(新增投资)只能留存归属于股东的现金流量，股权现金流量会减少，进而导致股权价值下降。实体自由现金流量扣除归属于债务人的本期应付利息和净债务本金以后的部分为股权现金流量，即

$$股权现金流量=实体自由现金流量-应付债务现金流量$$

$$应付债务现金流量=本期税后应付利息+本期净债务本金$$

本期税后应付利息会减少息前税后现金流量，所谓本期净债务本金是指本期新增债务本金减去本期已归还债务本金，也就是应付债务本金，即

$$本期净债务本金=新增负债-已偿还债务本金$$

本期净债务本金会增加本期的实体自由现金流量，但这部分现金流量归属于公司债权人，不归属于股东，则有

$$股权价值=实体价值-净债务价值$$

$$净债务价值=\sum_{t=1}^{\infty}\frac{偿还债务现金流量_t}{(1+等风险债务成本)^t}$$

式中：净债务价值也称为债权价值；偿还债务现金流量是指债权人每期获得的本息偿还额；等风险债务成本为税前等风险债务成本，即债权人要求的报酬率。

在数据假设相同的情况下，三种模型的评估结果是相同的。由于股利分配政策变动较大，股利现金流量很难预计，所以在实务中很少使用股利现金流量模型。股权现金流量模型可以取代股利现金流量模型，用以估计股权价值，以避免对股利政策进行估计的麻烦。因此，大多数的企业估价使用股权现金流量模型或实体现金流量模型。

3. 现金流量折现模型参数的估计

现金流量折现模型的参数包括预测期的年数、各期的现金流量和折现率。这些参数是相互影响的，需要整体考虑，不可以完全孤立地看待和处理。折现率的估计在前面的章节中已经介绍过，这里主要说明现金流量的估计和预测期的确定。

未来现金流量的数据需要通过财务预测取得。财务预测可以分为单项预测和全面预测。单项预测的主要缺点是容易忽视财务数据之间的联系，不利于发现预测假设的不合理之处。全面预测是指编制成套的预计财务报表，通过预计财务报表获取需要的预测数据。由于计算机的普遍应用，人们越来越多地使用全面预测。

(1) 预测销售收入。预测销售收入是全面预测的起点，大部分财务数据与销售收入有内在联系。销售收入取决于销售数量和销售价格两个因素，但是财务报表不披露这两项数据，企业外部的报表使用人无法得到价格和销量的历史数据，也就无法分别预计各种产品的价格和销量。他们只能直接对销售收入的增长率进行预测，然后根据基期销售收入和预计增长率计算预测期的销售收入。销售增长率的预测是以历史增长率为基础，根据未来的变化进行修正。在修正时，要考虑宏观经济、行业状况和企业的经营战略。如果预计未来在这三个方面不会发生明显的变化，则可以按上年增长率进行预测；如果预测未来有较大变化，则需要根据其主要影响因素调整销售增长率。

【例7-1】A公司2017年的销售增长了12%；2018年维持12%的增长率；2019年开始逐步下降，预计每年下降2个百分点；到2022年预计下降1个百分点，即增长率为5%；到2023年及以后各年预计按5%的比率持续增长。A公司的销售预测情况如表7-1所示。

表7-1　A公司的销售预测

年份	基期	2018	2019	2020	2021	2022	2023	2024	2025	2026	以后
销售增长率	12%	12%	10%	8%	6%	5%	5%	5%	5%	5%	5%

(2) 确定预测期间。预测的时间范围涉及预测基期、详细预测期和后续期。

① 预测基期。基期是指作为预测基础的时期，它通常是指预测工作的上一个年度。基期的各项数据被称为基数，它们是预测的起点。基期数据不仅包括各项财务数据的金额，还包括它们的增长率以及反映各项财务数据之间联系的财务比率。

确定基期数据的方法有两种：一种是以上年实际数据作为基期数据；另一种是以修正后的上年数据作为基期数据。如果通过历史财务报表分析认为，上年财务数据具有可持续性，则以上年实际数据作为基期数据；如果通过历史财务报表分析认为，上年的数据不具有可持续性，就应该适当进行调整，使之适合未来的情况。

在【例7-1】中，A公司的预测以2017年为基期，以经过调整的2017年的财务报表数据为基数。该企业的财务预测将采用销售百分比法，需要根据历史数据确定主要报表项目的销售百分比，作为对未来进行预测的假设。

② 详细预测期和后续期。实务中的详细预测期通常为5～7年，如果有疑问还应该延长，但很少超过10年。企业增长的不稳定期间有多长，预测期就应当有多长，这种做法与竞争均衡理论有关。

竞争均衡理论认为，一个企业不可能永远以快于宏观经济增长的速度发展下去。如果是这样，它迟早会超过宏观经济总规模。这里的“宏观经济”是指该企业所处的宏观经济系统，如果一个企业的业务范围仅限于国内市场，宏观经济增长率是指国内的预期经济增长率；如果一个企业的业务范围是世界性的，宏观经济增长率是指世界的经济增长速度。竞争均衡理论还认为，一个企业通常不可能在竞争的市场中长期取得超额利润，其净投资资本报酬率会逐渐恢复到正常水平。净投资资本报酬率是指税后经营净利润与净投资资本(净负债加股东权益)的比率，它反映企业净投资资本的盈利能力。如果一个行业的净投资资本报酬率较高，就会吸引更多的投资并使竞争加剧，导致成本上升或价格下降，使得净投资资本报酬率降低到社会平均水平。如果一个行业的净投资资本报酬率较低，就会有一些竞争者退出该行业，减少产品或服务的供应量，导致价格上升或成本下降，使得净投资资本回报率上升到社会平均水平。一个企业具有较高的净投资资本报酬率，往往会比其他企业更快地扩展投资规模，增加净资本总量。如果新增投资与原有投资的盈利水平相匹配，则能维持净投资资本报酬率。但是，通常企业很难做到这一点，竞争导致盈利的增长跟不上投资的增长，因而净投资资本报酬率最终会下降。实践表明，只有很少的企业能保持长时间的可持续竞争优势，它们都具有某种特殊的因素，可以防止竞争者进入，绝大多数企业都会在几年内恢复到正常的报酬率水平。在实证研究中，各企业的销售收入增长率往往趋于恢复到正常水平，拥有高于或低于正常水平的企业，通常会在3～10年中恢复到正常水平。

(3) 估计详细预测期现金流量。续【例7-1】，A公司的销售收入为1000万元，其他相关信息预测如表7-2、表7-3所示。

表7-2　A公司的相关财务比率预测

项目	预测结果
销售成本/销售收入	70%
销售和管理费用/销售收入	5%
净经营资产/销售收入	80%
净负债/销售收入	40%
债务利率	6%
所得税税率	25%

表7-3　A公司的预计现金流量

年份	基期	2018	2019	2020	2021	2022	2023
一、销售收入	1000	1120	1232	1330.56	1410.39	1480.91	1554.96
减：销售成本		784	862.4	931.39	987.28	1036.64	1088.47
销售和管理费用		56	61.6	66.53	70.52	74.05	77.75
二、税前经营利润		280	308	332.64	352.6	370.23	388.74
减：经营利润所得税		70	77	83.16	88.15	92.56	97.18
三、税后经营净利润		210	231	249.48	264.45	277.67	291.55
减：净经营资产增加		96	89.6	78.55	63.87	56.42	59.24
四、实体现金流量		114	141.4	170.63	200.58	221.26	232.32
减：税后利息费用		20.16	22.18	23.95	25.39	26.66	27.99
减：借款增加		48	44.8	39.42	31.93	28.21	29.62
五、股权现金流		45.84	74.42	107.26	143.26	166.39	174.71

以2018年为例，销售收入=1000×(1+12%)=1120(万元)

销售成本=1120×70%=784(万元)

销售和管理费用=1120×5%=56(万元)

税前经营利润=1120−784−56=280(万元)

经营利润所得税=280×25%=70(万元)

税后经营利润所得税=280−70=210(万元)

净经营资产增加=1000×12%×80%=96(万元)

实体现金流量=210−96=114(万元)

税后利息费用=1120×40%×6%×(1−25%)=20.16(万元)

借款增加=1000×12%×40%=48(万元)

股权现金流量=114−20.16−48=45.84(万元)

(4) 后续期现金流量增长率的估计。后续期价值的估算方法有很多种，包括永续增长模型、剩余收益模型、价值驱动因素模型、价格乘数模型、延长预测模型、账面价值法、清算价值法和重置成本法等，这里只讨论永续增长模型。永续增长模型为

$$后续期价值=现金流量_t+1/(资本成本-现金流量增长率)$$

现金流量的预计在前文中已经讨论过，这里主要介绍如何估计现金流量增长率。在稳定状态下，实体现金流量、股权现金流量和销售收入的增长率相同，因此，可以根据销售增长率估计现金流量增长率。为什么这三个增长率会相同呢？因为在稳定状态下，经营效率和财务政策不变，即资产税后经营净利润率、资本结构和股利分配政策不变，财务报表将按照稳定的增长率在扩大的规模上被复制。影响实体现金流量和股权现金流量的各因素都与销售额同步增长，因此现金流量增长率与销售增长率相同。那么，如何估计销售增长率呢？根据竞争均衡理论，后续期的销售增长率大体上等于宏观经济的名义增长率。如果不考虑通货膨胀因素，宏观经济的增长率大多为2%～6%。极少数企业凭借其特殊的竞争优势，可以在较长时间内超过宏观经济增长率。判定一个企业是否具有特殊的、可持续的优势，应当掌握具有说服力的证据，并且被长期的历史所验证。即使是具有特殊优势的企业，后续期销售增长率超过宏观经济的幅度也不会超过2%。绝大多数可持续生存的企业，其销售增长率可以按宏观经济增长率估计。

4. 现金流量折现模型的应用

(1) 股权现金流量模型。根据现金流量分布的特征，股权现金流量模型分为两种类型，即永续增长模型、两阶段增长模型。

① 永续增长模型。永续增长模型假设企业未来能够实现长期稳定、可持续的增长。在永续增长的情况下，企业价值是下期现金流量的函数。永续增长模型的一般表达式为

$$股权价值=\frac{下期股权现金流量}{股权资本成本-永续增长率}$$

永续增长模型的特例是永续增长率等于零，即零增长模型，则有

$$股权价值=\frac{下期股权现金流量}{股权资本成本}$$

永续增长模型的使用条件是企业必须处于永续状态。所谓永续状态是指企业有永续的增长率和净投资资本报酬率。使用永续增长模型，企业价值对增长率的估计值很敏感，当增长率接近折现率时，股票价值趋于无限大。因此，对于增长率和股权成本的预测质量要求很高。

【例7-2】B公司是一家规模较大的跨国公司，目前处于稳定增长状态。2017年，每股股权现金流量为2.5元。假设长期增长率为6%，预计该公司的长期增长率与宏观经济相同。据估计，该企业的股本成本为10%。要求：计算该企业2017年每股股权现金流量和每股股权价值。

每股股权价值=(2.5 × 1.06) ÷ (10%−6%)=66.25(元/股)

② 两阶段增长模型。两阶段增长模型的一般表达式为

股权价值=预测期股权现金流量现值+后续期价值的现值

假设预测期为n，则有

$$股权价值=\sum_{t=1}^{n}\frac{股权现金流量_t}{(1+股权资本成本)^t}+\frac{股权现金流量_{n+1}\div(股权资本成本-永续增长率)}{(1+股权资本成本)^n}$$

两阶段增长模型适用于增长趋势呈现为两个阶段的企业。第一个阶段为超常增长阶段，增长率明显快于永续增长阶段；第二个阶段具有永续增长的特征，增长率比较低，是正常的增长率。

【例7-3】某公司是一家高技术企业，具有领先同业的优势。预计2017—2023年每股股权现金流量如表7-4所示，自2023年进入稳定增长状态，永续增长率为3%。企业股权资本成本为12%。要求：计算目前的每股股权价值。

表7-4　某企业2017—2023年股票价值评估　　万元

年份	2017	2018	2019	2020	2021	2022	2023
每股股权现金流量	1.003	1.2	1.44	1.728	2.0736	2.4883	5.1011
折现系数(12%)		0.8929	0.7972	0.7118	0.6355	0.5674	
预测期现值	6.1791	1.0715	1.1480	1.2300	1.3178	1.4119	
后续期价值	32.1596					56.6789	
股权价值合计	38.3387						

后续期每股股权终值=后续期第1年每股现金流量 ÷ (资本成本−永续增长率)

=5.1011 ÷ (12%−3%)

=56.6789(元/股)

后续期每股股权现值=56.6789 × 0.5674=32.16(元/股)

$$预测期每股股权现值\sum_{t=1}^{5}=每股股权现金流_t/(1+每股股权资本成本)^t=6.18(元/股)$$

每股股权价值=32.16+6.18=38.34(元/股)

(2) 实体现金流量模型。在实务中，实体现金流量模型的应用较为广泛，主要原因是股权成本受资本结构的影响较大，估计起来比较复杂。债务增加时，风险上升，股权成本会上升，而上升的幅度不容易测定。加权平均资本成本受资本结构的影响较小，比较容易估计。债务成本较低，增加债务比重是加权平均资本成本下降。与此同时，债务增加使风险增加，股权成本上升，使得加权平均资本成本上升。在有税和有交易成本的情况下，债务成本的下降也会大部分被股权成本的上升所抵销，平均资本成本对资本结构变化不敏感，估计起来比较容易。实体现金流量模型与股权现金流量模型相同，也可分为两种类型。

① 永续增长模型，表达式为

$$实体价值=\frac{下期实体现金流量}{加权平均资本成本-永续增长率}$$

② 两阶段增长模型，表达式为

实体价值=预测期实体现金流量现值+后续期价值的现值

设预测期为n，则实体价值的公式为

$$实体价值=\sum_{t=1}^{n}\frac{实体现金流量_t}{(1+加权平均资本成本)^t}+\frac{实体现金流量_{n+1}\div(加权平均资本成本-永续增长率)}{(1+加权平均资本成本)^n}$$

下面通过一个例子说明实体现金流量模型的应用。

【例7-4】某企业预计2018—2022年实体现金流量如表7-5所示，自2023年进入稳定状态，永续增长率为5%。企业当前的加权平均资本成本为11%，2023年及以后年份资本成本降为10%。债务当前的市场价值为4650万元，普通股当前市价12元/股，流通在外的普通股股数为1000万股。要求：通过计算分析说明该股票被市场高估还是低估了。

表7-5 某企业2017—2022年股票价值评估　　万元

年份	2017	2018	2019	2020	2021	2022	2023
实体现金流量		614.00	663.12	716.17	773.46	835.34	1142.40
折现率/%		11	11	11	11	11	10
折现系数		0.9009	0.8116	0.7312	0.6587	0.5935	
成长期现值	2620.25	553.15	538.20	523.66	509.50	495.73	
后续期现值	13 559.21					22 848.05	
实体价值合计	16 179.46						
债务价值	4650.00						
股权价值	11 529.46						
股数	1000.00						
每股价值/元/股	11.53						

预测期现金流量现值合计=2620.25(万元)

后续期终值=1142.40 ÷ (10%−5%)=22 848.05(万元)

后续期现值=22 848.05 × $(1+11\%)^{-5}$=13 559.21(万元)

企业实体价值=2620.25+13 559.21=16 179.46(万元)

股权价值=实体价值−债务价值

=16 179.46−4650=11 529.46(万元)

每股价值=11 529.46 ÷ 1000=11.53(元/股)

该股票目前市价为每股12元，所以它被市场高估了。

7.2.2 相对价值评估模型

现金流量折现法在理论上很健全，但是在应用时会遇到较多的技术问题。有一种相对容易的估价方法叫相对价值法，也称价格乘数法或可比交易价值法，这种方法利用可比企业的市场定价来估计目标企业的价值。它的假设前提是存在一个决定企业市场价值的主要变量(如净利润等)，各企业市场价值与该变量的比值是类似的、可以比较的。基本做法是：首先，寻找一个决定企业价值的关键变量(如净利润)；其次，确定一组可以比较的类似企业，计算可比企业的市价/关键变量的平均值(如平均市盈率)；最后，根据目标企业的关键变量(如净利)乘以得到的平均值(平均市盈率)，计算目标企业的评估价值。

相对价值法是将目标企业与可比企业对比，用可比企业的市场价值衡量目标企业的市场价值，而非目标企业的内在价值。因为如果可比企业的价值被高估了，则目标企业的价值也会被高估。例如，某投资者准备购买商品住宅，出售者报价为50万元，你如何评估这个报价呢？一个简单的办法就是寻找一个类似地段、类似质量的商品住宅，计算每平方米的价格(价格与面积的比率)，假设是0.5万元/平方米，如果拟购置的住宅是80平方米，利用相对价值法评估它的价值是40万元，于是投资者会认为出售者的报价高了，这种判断是相对于类似商品住宅的市场价格来说的。这种做法看似简单，实际上并不简单。因为类似商品住宅与拟购置的商品住宅总有不同的地方，类似商品住宅的价格也不一定是公平市场价格。准确的评估还需要对计算结果进行另外的修正，而这种修正比一般人想像得要复杂，它涉及每平方米价格的决定因素问题。

1. 相对价值模型的原理

相对价值模型分为两大类：一类是以股权市价为基础的模型，包括每股市价/净利、股权市价/净资产、每股市价/销售额等比率模型；另一类是以企业实体价值为基础的模型，包括实体价值/息税折旧摊销前利润、实体价值/息前税后经营净利润、实体价值/实体现金流量、实体价值/净投资资本、实体价值/销售收入等比率模型。我们在这里只讨论市盈率模型、市净率模型和市销率模型这三种比较常用的股权市价比率模型。

(1) 市盈率模型。市盈率是指普通股每股市价与每股收益的比率，计算公式为

$$\text{市盈率}=\text{每股市价}\div\text{每股收益}$$

运用市盈率估价的模型为

$$\text{目标企业每股价值}=\text{可比企业市盈率}\times\text{目标企业的每股收益}$$

该模型假设每股市价是每股收益的一定倍数。每股收益越高，则每股价值越高。同类或可比企业有类似的市盈率，所以目标企业的每股价值可以用每股收益乘以可比企业的平均市盈率计算。那么，为什么平均市盈率可以作为计算股价的乘数呢？影响市盈率高低的基本因素有哪些呢？

根据股利折现模型，处于稳定状态的企业的股权价值为

$$\text{每股股权价值}(P_0)=\frac{\text{每股股利}_1}{\text{股权成本}-\text{增长率}}$$

两边同时除以“每股收益$_0$”，可以得到

$$\frac{P_0}{\text{每股收益}_0}=\frac{\text{每股股利}_1\div\text{每股收益}_0}{\text{股权成本}-\text{增长率}}$$

$$=\frac{\dfrac{\text{每股收益}_0\times(1+\text{增长率})\times\text{股利支付率}}{\text{每股收益}_0}}{\text{股权成本}-\text{增长率}}$$

$$=\frac{\text{股利支付率}\times(1+\text{增长率})}{\text{股权成本}-\text{增长率}}$$

$$=\text{本期市盈率}$$

上述根据当前市价和同期净收益计算的市盈率，称为本期市盈率，简称市盈率。这个公式表明，市盈率的驱动因素是企业的增长潜力、股利支付率和风险(股权成本的高低与其风险有关)。这三个因素类似的企业，才会具有相近的市盈率。可比企业实际上应当是这三个比率类似的企业，同业企业不一定都具有这种类似性。

如果把公式两边同除的当前“每股收益$_0$”换为预期下期“每股股利$_1$”，其结果称为“内在市盈率”或“预期市盈率”，公式为

$$\frac{P_0}{\text{每股收益}_1}=\frac{\text{每股股利}_1\div\text{每股收益}_1}{\text{股权成本}-\text{增长率}}$$

$$\text{内在市盈率}=\frac{\text{股利支付率}}{\text{股权成本}-\text{增长率}}$$

在影响市盈率的三个因素中，关键是增长潜力。所谓增长潜力类似，不仅指具有相同的增长率，还包括增长模式的类似性，例如同为永续增长，或者同为由高增长转为永续低增长。

上述内在市盈率模型是根据永续增长模型推导出来的。如果企业符合两阶段模型的条件，也可以通过类似的方法推导出两阶段情况下的内在市盈率模型，它比永续增长的内在市盈率模型形式复杂，但是仍然由这三个因素驱动。

市盈率模型的优点在于：首先，计算市盈率的数据容易取得，并且计算简单；其次，市盈率把价格和收益联系起来，直观地反映投入和产出的关系；再次，市盈率涵盖了风险补偿率、增长率、股利支付率的影响，具有很高的综合性。

市盈率模型的局限性在于：如果收益是负值，市盈率就失去了意义。因此，市盈率模型最适合连续盈利并且β值接近于1的企业。

【例7-5】甲企业2018年的每股净利是0.5元，分配股利0.35元/股，该企业净利润和股利的增长率都是6%，β值为0.75，政府长期债券利率为7%，股票的风险补偿率为5.5%。要求：计算该企业的本期净利市盈率和预期市盈率。

另外，乙企业与甲企业是类似企业，今年每股实际净利为1元，根据甲企业的本期净利市盈率对乙企业估价，其股票价值是多少？乙企业预期明年每股净利是1.06元，根据甲企业的预期市盈率对乙企业估价，其股票价值是多少？

甲企业股利支付率=每股股利÷每股净利

=0.35÷0.5=70%

甲企业股权成本=无风险报酬率+β×市场风险溢价

=7%+0.75×5.5%=11.125%

甲企业本期市盈率=[股利支付率×(1+增长率)]÷(资本成本−增长率)

=[70%×(1+6%)]÷(11.125%−6%)=14.48

甲企业预期市盈率=股利支付率÷(资本成本−增长率)

=70%÷(11.125%−6%)=13.66

乙企业股票价值=目标企业本期每股净利×可比企业本期市盈率

=1×14.48=14.48(元/股)

乙企业股票价值=目标企业预期每股净利×可比企业预期市盈率

=1.06×13.66=14.48(元/股)

通过这个例子可知：如果目标企业的预期每股净利变动与可比企业相同，则根据本期市盈率和预期市盈率进行估价的结果相同。

值得注意的是，在估价时目标企业本期净利必须要乘以可比本期净利市盈率，目标企业预期净利必须要乘以可比企业预期市盈率，两者必须匹配。这一原则不仅适用于市盈率，也适用于市净率和市销率；不仅适用于未修正的价格乘数，也适用于后面所讲的各种修正的价格乘数。

(2) 市净率模型。市净率是指每股市价与每股净资产的比率，计算公式为

$$市净率=每股市价 \div 每股净资产$$

这种方法假设股权价值是净资产的函数，类似企业有相同的市净率，净资产越多则股权价值越高。因此，股权价值是净资产的一定倍数，目标企业的价值可以用每股净资产乘以平均市净率计算，计算公式为

$$股权价值=可比企业平均市净率 \times 目标企业每股净资产$$

市净率是由哪些因素决定的呢？如果把股利折现模型的两边同时除以同期“每股净资产$_0$”，就可以得到市净率，则

$$\frac{P_0}{每股净资产_0}=\frac{每股股利_0 \times (1+增长率) \div 每股净资产_0}{股权成本-增长率}$$

$$=\frac{\dfrac{股利_0}{每股收益_0} \times \dfrac{每股收益_0}{每股净资产_0} \times (1+增长率)}{股权成本-增长率}$$

$$=\frac{权益净利率_0 \times 股利支付率 \times (1+增长率)}{股权成本-增长率}$$

$$=本期市净率$$

该公式表明，驱动市净率的因素有权益报酬率、股利支付率、增长率和风险。其中，权益报酬率是关键因素。这4个比率类似的企业，会有相近的市净率。不同企业市净率的差别，也是由这4个比率不同引起的。

如果把公式中的“每股净资产$_0$”换成预期下期的“每股净资产$_1$”，则可以得出内在市净率，或称预期市净率，则

$$\frac{P_0}{每股净资产_1}=\frac{每股股利_0 \times (1+增长率) \div 每股净资产_1}{股权成本-增长率}$$

$$=\frac{\dfrac{每股股利_0}{每股收益_1} \times \dfrac{每股收益_1}{每股净资产_1} \times (1+增长率)}{股权成本-增长率}$$

$$=\frac{股利支付率 \times 权益净利率_1}{股权成本-增长率}$$

$$=内在市净率$$

市净率估价模型的优点：首先，净利为负值的企业不能用市盈率进行估价，而市净率极少为负值，可用于大多数企业。其次，净资产的数据容易取得，并且容易理解。再

次，净资产账面价值比净利稳定，也不像利润那样经常被人为操纵。最后，如果会计标准合理并且各企业会计政策一致，市净率的变化可以反映企业价值的变化。

市净率的局限性：首先，账面价值受会计政策选择的影响，如果各企业执行不同的会计标准或会计政策，市净率会失去可比性。其次，固定资产很少的服务性企业和高科技企业，净资产与企业价值的关系不大，比较市净率没有什么实际意义。最后，少数企业的净资产是负值，市净率没有意义，无法比较。因此，这种方法主要适用于拥有大量资产、净资产为正值的企业。

【例7-6】在表7-6中，列出了2017年汽车制造业6家上市企业的市盈率和市净率，以及全年平均实际股价。要求：用这6家企业的平均市盈率和市净率评价江铃汽车的股价。

表7-6　6家汽车制造企业的市盈率和市净率

公司名称	每股收益/元	每股净资产/元	平均股价/元	市盈率/%	市净率/%
上海汽车	0.53	3.43	11.98	22.60	3.49
东风汽车	0.37	2.69	6.26	16.92	2.33
一汽四环	0.52	4.75	15.40	29.62	3.24
一汽金杯	0.23	2.34	6.10	26.52	2.61
天津汽车	0.19	2.54	6.80	35.79	2.68
长安汽车	0.12	2.01	5.99	49.92	2.98
平均				30.23	2.89
江铃汽车	0.06	1.92	6.03		

$$按市盈率估价=0.06\times 30.23=1.81(元/股)$$

$$按市净率估价=1.92\times 2.89=5.55(元/股)$$

市净率的评价更接近实际价格，因为汽车制造业是一个需要大量资产的行业。由此可见，合理选择模型的种类对于正确估价是很重要的。

(3) 市销率模型。市销率是指每股市价与每股销售收入的比率，计算公式为

$$市销率=每股市价\div 每股销售收入$$

这种方法是假设影响企业价值的关键变量是销售收入，企业价值是销售收入的函数，销售收入越高则企业价值越高。既然企业价值是销售收入的一定倍数，那么目标企业的价值可以用销售收入乘以平均实销率估计，计算公式为

$$目标企业股权价值=可比企业平均市销率\times 目标企业的销售收入$$

市销率是由哪些财务比率决定的呢？如果将股利折现模型的两边同时除以“每股销售收入$_0$”，可以得出市销率，则

$$\frac{P_0}{每股收入_0}=\frac{每股股利_0\times(1+增长率)\div 每股收入_0}{股权成本-增长率}$$

$$=\frac{\dfrac{股利_0}{每股净利_0}\times\dfrac{每股净利_0}{每股收入_0}\times(1+增长率)}{股权成本-增长率}$$

$$=\frac{销售净利率_0\times 股利支付率\times(1+增长率)}{股权成本-增长率}$$

$$=本期市销率$$

根据上述公式可以看出，市销率的驱动因素是销售净利率、股利支付率、增长率和股权成本。其中，销售净利率是关键因素。这4个比率相同的企业，会有相近的市销率。如果把公式中的“每股收入$_0$”换成预期下期的“每股收入$_1$”，可以得出内在市销率，则

$$\frac{P_0}{\text{每股收入}_1}=\frac{\text{每股股利}_0\times(1+\text{增长率})\div\text{每股收入}_1}{\text{股权成本}-\text{增长率}}$$

$$=\frac{\dfrac{\text{每股股利}_0}{\text{每股净利}_1}\times\dfrac{\text{每股净利}_1}{\text{每股收入}_1}\times(1+\text{增长率})}{\text{股权成本}-\text{增长率}}$$

$$=\frac{\text{销售净利率}_1\times\text{股利支付率}}{\text{股权成本}-\text{增长率}}$$

$$=\text{内在市销率}$$

市销率估值模型的优点：首先，它不会出现负值，对于亏损企业和资不抵债的企业，也可以计算出一个有意义的价值乘数。其次，它比较稳定、可靠，不容易被操纵。最后，市销率对价格政策和企业战略变化较为敏感，可以反映这种变化的后果。

市销率估值模型的局限性：不能反映成本的变化，而成本是影响企业现金流量和价值的重要因素之一。因此，这种方法主要适用于销售成本率较低的服务类企业，或者销售成本率趋同的传统行业的企业。

【例7-7】甲公司是一家大型连锁超市，具有行业代表性。该公司目前每股销售收入为83.06美元，每股收益为3.82美元。公司实行固定股利支付率政策，股利支付率为74%。预期利润和股利的长期增长率为6%，该公司的β值为0.75，假设该时期的无风险报酬率为7%，必要报酬率为12.5%。乙公司也是一家连锁超市企业，与甲公司具有可比性，目前每股销售收入为50美元。要求：根据市销率模型估计乙公司的股票价值。

$$\text{净利润率}=3.82\div83.06=4.6\%$$

$$\text{股权成本}=7\%+0.75\times(12.5\%-7\%)=11.125\%$$

$$\text{市销率}=\frac{4.6\%\times74\%\times(1+6\%)}{11.125\%-6\%}=0.704$$

$$\text{乙公司股票价值}=50\times0.704=35.20(\text{美元})$$

2. 相对价值模型的应用

(1) 可比企业的选择。应用相对价值法的主要困难是如何选择可比企业。通常的做法是选择一组同行业的上市企业，计算出它们的平均市价比率，作为估计目标企业价值的乘数。根据前文的分析可知，市盈率取决于增长潜力、股利支付率和风险(股权成本)。选择可比企业时，需要先估计目标企业的这3个比率，然后按此条件选择可比企业。在3个因素中，最重要的驱动因素是增长率，应给予格外重视。处在生命周期同一阶段的同业企业，大体上有类似的增长率，可以作为判断增长率相近的主要依据。如果符合条件的企业较多，可以进一步根据规模的类似性进一步筛选，以提高可比性的质量。按照这种方法，如果能找到一些符合条件的可比企业，利用相对价值法估价就比较容易了。

【例7-8】乙企业是一家制造业企业，其股票收益为0.5元/股，股票价格为15元/股。

假设制造业上市企业中，增长率、股利支付率和风险与乙企业类似的有3家，它们的市盈率如表7-7所示。要求：用市盈率法评估乙企业的股价是被市场高估了还是低估了。

表7-7　企业市盈率

企业名称	本期市盈率/%
A	24.3
B	32.1
C	33.3
平均数	29.9

用市盈率法评估乙企业股票价值为14.95元/股(0.5×29.9)，而实际股票价格是15元/股，所以乙企业的股价被市场高估了。在使用市净率和市销率模型时，选择可比企业的方法与市盈率类似，只是它们的驱动因素有区别。

(2) 修正的市价比率。在实际应用过程中，选择可比企业往往没有像【例7-8】那么简单，经常找不到符合条件的可比企业。尤其是要求的可比条件较严格，或者同行业的上市企业很少的时候，经常找不到足够的可比企业，解决这一问题的办法之一是采用修正的市价比率。

① 修正市盈率。在影响市盈率的诸多驱动因素中，关键变量是增长率。增长率的差异是产生市盈率差异的主要驱动因素。因此，可以用增长率修正实际市盈率，把增长率不同的同业企业纳入可比范围，计算公式为

$$修正市盈率=可比企业市盈率\div(可比企业预期增长率\times 100)$$

修正的市盈率，排除了增长率对市盈率的影响，剩下的部分是由股利支付率和股权成本决定的市盈率，可以称为“排除增长率影响的市盈率”。

【例7-9】沿用【例7-8】的数据，各可比企业的预期增长率如表7-8所示。

表7-8　可比公司的预期增长率

企业名称	本期市盈率/%	预期增长率/%
A	24.3	11
B	32.1	17
C	33.3	18
平均数	29.9	15.33

乙企业的股票净利是0.5元/股，假设预期增长率是15.5%，有两种评估方法。

第一，修正平均市盈率法，则

$$修正平均市盈率=可比企业平均市盈率\div(可比企业平均预期增长率\times 100)$$
$$=29.9\div 15.33=1.95$$

$$乙企业每股价值=修正平均市盈率\times 目标企业预期增长率\times 100\times 目标企业每股净利$$
$$=1.95\times 15.5\%\times 100\times 0.5=15.11(元/股)$$

可比企业本期市盈率和预期增长率的“平均数”通常采用简单算术平均来计算。修正市盈率的“平均数”根据平均市盈率和平均预期增长率来计算。

第二，股价平均法，即根据各可比企业的修正市盈率估计乙企业的价值，则

目标企业每股价值=修正市盈率×目标企业预期增长率×100×目标企业每股收益

然后，将得出的股票估价进行算术平均，计算过程如表7-9所示。

表7-9　乙公司每股价值

企业	实际市盈率/%	预期增长率/%	修正市盈率/%	乙每股净利/元	乙预期增长率/%	乙每股价值/元
A	24.3	11	2.21	0.5	15.5	17.13
B	32.1	17	1.89	0.5	15.5	14.65
C	33.3	18	1.85	0.5	15.5	14.34
平均						15.37

这两种评估方法，同样适用于修正市净率和修正市销率估值。

② 修正市净率。市净率的修正方法与市盈率类似。市净率的驱动因素有增长率、股利支付率、权益净利率和风险。其中，关键因素是股东权益净利率。计算公式为

修正市净率=可比企业市净率÷(可比企业预期股东权益净利率×100)

目标企业每股价值=修正市净率×目标企业预期股东权益净利率×100×目标企业每股净资产

③ 修正市销率。市销率的修正方法与市盈率类似。市销率的驱动因素是增长率、股利支付率、销售净利率和风险。其中，关键的因素是销售净利率。计算公式为

修正市销率=可比企业市销率÷(可比企业预期销售净利率×100)

目标企业每股价值=修正平均市销率×目标企业预期销售净利率×100×目标企业每股收入

思考题

1. 公司价值评估的主要用途有哪些？
2. 公司价值评估的对象是什么？
3. 公司整体价值可以分为哪些类别？
4. 公司的经济价值如何衡量？公司的整体经济价值包括哪些类别？
5. 公司的经济价值在什么情况下体现为续营价值？在什么情况下体现为清算价值？
6. 企业价值评估与项目价值评估的区别体现在哪些方面？
7. 如何理解股权现金流量模型？
8. 如何理解实体现金流量模型？实体自由现金流量由什么构成？
9. 实体自由现金流量与股权现金流量有什么关系？
10. 实体现金流量模型为什么选择税前加权平均资本成本作为折现率？

练习题

1. 某公司是一家规模较大的跨国公司，目前处于稳定增长状态。2017年，每股股权现金流量为2元。假设长期增长率为7%，预计该公司的长期增长率与宏观经济相同。据估计，该企业的股本成本为10%。请计算该企业2017年每股股权现金流量和每股股权价值。

2. 某企业2017年的实体现金流量为700万元，预计2017—2021年实体现金流量增长

率为8%，自2022年进入稳定状态，永续增长率为5%。企业当前的加权平均资本成本为11%，2022年及以后年份资本成本降为10%。债务当前的市场价值为4650万元，普通股当前每股市价为12元，流通在外的普通股股数为1000万股。请通过计算分析，该股票是否具有投资价值。

3. 甲企业2017年的每股净利是1元，每股分配股利为0.5元，该企业净利润和股利的增长率都是6%，β值为0.75，政府长期债券利率为7%，股票的风险补偿率为5.5%。该企业的本期净利市盈率和预期市盈率各是多少?

4. 乙企业与甲企业是类似企业，今年实际每股净利为0.8元，根据甲企业的本期净利市盈率对乙企业估价，其股票价值是多少？乙企业预期明年每股净利是1.06元，根据甲企业的预期市盈率对乙企业估价，其股票价值是多少？

第8章　公司资产重组决策

资产重组是指对公司一定范围内的资产进行整合和优化组合的活动。资产重组的方式是多种多样的，主要有兼并与收购、资产剥离和公司分立等。兼并与收购是公司广泛采用的一种重组方式，属于对外扩张的行为，而资产剥离、公司分立则属于收缩型重组方式。目前，在我国企业重组实践中，企业重组通常被片面地理解为企业兼并与收购或企业扩张，而企业的剥离出售、分立等企业收缩却被忽视。

8.1　兼并与收购

8.1.1　兼并与收购的含义和类型

兼并与收购简称为并购，它是一种特殊的项目投资行为，也需要财务估价和决策。在公司并购决策中，并购定价是一个非常重要的决策问题。在并购定价过程中，不仅需要应用第7章的企业价值评估方法评估目标企业的价值，而且需要评估并购后并购企业的价值，并采用净现值法等方法来帮助决策。

1. 兼并与收购的含义

兼并通常是指在市场机制作用下，企业通过产权交易获得其他企业的产权，使这些企业的法人资格丧失，并获得对它们的控制权的经济行为。收购则是指对企业的资产和股份的购买行为。广义的收购涵盖的内容较广，其结果可能是拥有目标企业几乎全部的股份或资产，从而将其吞并；也可以是获得企业较大一部分股份或资产，从而控制该企业；还有可能是仅拥有一部分股份或资产，而成为该企业股东之一。狭义的收购则是指控股权的收购，即通过收购目标企业的股权，达到控制目标企业经营的目的。在兼并和收购的统一概念中，收购通常是指取得目标企业控制权的狭义收购。

兼并与收购都以企业产权为交易对象，且基本动因相似，都是为了增强企业实力的外部扩张策略和途径。但是两者也存在区别，主要体现在：①在兼并中，被兼并企业作为法人实体不复存在；而在收购中，被收购企业仍以法人实体存在，其股权通常只是部分转让。②兼并后，兼并企业成为被兼并企业新的所有者和债权债务的承担者，是资产、债权、债务的一同转换；而在收购中，收购企业是被收购企业的新股东，以收购出资的资本为限承担有限责任。③兼并多发生在被兼并企业财务状况不佳、生产经营停滞或半停滞之时，兼并后一般需调整生产经营并重新组合其资产；而收购一般发生在企业正常生产经营时。

2. 并购的类型

(1) 按并购双方所属行业的关系，可以分为横向并购、纵向并购和混合并购。

同业竞争对手之间的并购称为横向并购，通过横向并购能够扩大并购企业的产销规模，实现规模经济、节约成本；存在上下游产业关系的企业间的并购称为纵向并购，通过纵向并购能够实现纵向一体化经营，降低经营风险；产业无关联企业间的并购称为混合并购，混合并购可以实现多元化经营，分散经营风险。

(2) 按企业并购出资方式，可以分为出资购买式并购和以股票换取股票式并购。

出资购买式并购是指并购企业用现金收购目标企业股权或所有权。以股票换取股票式并购也称为换股并购，是指并购企业以本公司的股票交换目标企业的股票，通常的做法是并购企业向目标企业股东定向发行新股，目标企业的股东用其持有的本公司股票进行“购买”，即并购企业与目标企业的股东进行股权互换。为实现并购的目的，并购企业需要换取目标企业的大部分股权，甚至是全部股权，由此并购企业成为目标企业的控股股东，甚至是唯一所有者，从而拥有对目标企业进行控制和改组的权利。而换取并购企业股票的原目标企业的股东则成为并购企业的分散股东，通常不会对并购企业的决策产生重要影响。并购企业利用股票互换的方式，不需要支付现金就可以达到兼并目标公司或控股的目的，因而它是一种低成本的企业扩张方式。

8.1.2　企业并购的动因和效应

1. 获取战略机会

当一家企业决定进入或扩大其在某一特定行业的经营范围时，首选的战略就是并购该行业的现有企业。并购通常是企业进入新行业、新市场的捷径，无须依靠自身内部发展。原因在于 ：①通过并购拟进入行业的现有企业能够获得时间优势，避免工厂建设延误时间；②能够减少一个同业竞争对手，并直接获得其在行业中的位置；③能够直接获得目标企业正在经营的发展研究部门。

2. 发挥协同效应

并购的协同效应是指并购重组能够产生“1+1>2”的效果。并购协同效应主要包括经营协同效应、管理协同效应和财务协同效应。

(1) 经营协同效应。并购重组能够提升企业经营活动的效率，效率提升所产生的效益就是经营协同效应。经营协同效应主要表现为规模经济效应、纵向一体化效应、优势互补效应以及获得垄断势力等。

企业并购对企业经营效率提升最明显的作用表现为规模经济效益的取得。规模经济由工厂规模经济和企业规模经济两个基本层次组成。并购对工厂规模经济的作用体现在：①通过横向并购增强企业的生产能力，达到最佳规模经济的要求，保持尽可能低的生产成本。②横向并购可以实现产品的专业化生产，提高生产效率，降低生产成本。并购对企业规模经济的作用体现在：①节省固定费用。②包含多个工厂的企业可以对不同顾客或市场进行专门化生产和服务，更好地满足他们的不同需要。③可以集中足够的经费用于研究、发展、设计和改进生产工艺等，加快产品开发，迅速推出新产品。④企业规模的扩大，使得其直接筹资和借贷都比较容易，从而有充足的财务实力采用各种新发明、新设备、新技术，以适应宏观经济和市场环境的变化。

纵向一体化效应主要体现在：①存在上下游产业关系的企业之间的合并可以减少商品流转环节，降低供给短缺的可能性，节约交易成本。②有利于加强生产过程各环节的配合，进行协作化生产。③节约销售费用。

优势互补效应是指并购双方能够各取所长，从而提高经营能力和经济效益。比如，一家研发能力强的企业与一家市场营销能力强的企业合并，能够做到优势互补，提高企业的竞争力。美国在线和时代华纳公司的联合就是优势互补的典型案例。美国在线为互联网公司，它希望向媒体发展，而时代华纳公司想用新的互联网技术改造传统媒体，两者在合并中实现了优势互补。

垄断势力则是指通过横向并购或合并能够降低行业自由竞争程度，提高市场集中度，从而垄断市场并因此取得垄断利益。

(2) 管理协同效应。管理协同效应是指企业并购能够提高管理效率，具体体现在：①提高企业运营效率。管理效率高的企业并购管理效率低的企业，低效率企业的管理效率会得到显著提高，从而带来企业整体管理效率的提升。②节约管理费用。随着企业规模的扩大，管理费用会由更多数量的产品分摊。③随着企业规模的扩大，可以使具有专属性和整体性的过剩管理资源得到充分利用。

(3) 财务协同效应。财务协同效应是指并购能够给企业带来财务方面的利益。财务协同效应主要体现在：①实现投资机会与现金流的互补。对于一家处于成长性行业的企业而言，投资机会很多，但内部资金匮乏、外部融资能力也较差；而对于一家处于成熟或衰退行业内的企业而言，现金充沛，却没有投资机会。在这种情况下，如果两家企业通过并购合并成为一家企业，则可以互通有无，实现优势互补。并购企业往往可以利用目标企业的低成本资金，投资高效益项目，从而提高资金的使用效益。②合理避税。比如，盈利企业通过兼并亏损严重的企业，用盈余抵补亏损，可减少纳税或延迟纳税；再如，通过并购低负债率企业，可以扩大负债规模，在没有大幅度增加财务风险的同时，可以带来巨额的利息抵税利益。此外，在并购过程中，还可以利用并购的资产重估，加大折旧抵税等。③提高举债能力。通过并购能够扩大企业规模，使企业的破产风险降低，举债能力得以提高。此外，当一家信用等级较低的公司被一家信用等级较高的公司并购后，信用等级就会提高到并购企业的水平，从而提高公司整体的负债融资能力。④预期效应。预期效应是指因并购使股票市场对企业股票评价发生改变而对股票价格的影响。由于预期效应的作用，企业并购往往伴随强烈的股价波动，形成股票投机机会，增加股东的资本利得。

3. 实现多元化经营，规避经营风险

不仅横向并购、纵向并购能够带来协同效应，混合并购也同样会产生规模扩大的协

同效应，而且混合并购能够通过多元化经营来分散经营风险。

总之，并购能够产生“1+1>2”的协同效应，通常会使并购后企业的整体营业现金流大于两家企业独立存在时的现金流之和，而混合并购和纵向并购还会通过减少并购后企业的经营风险，来降低公司资本成本，从而能够有效提升企业价值，表现为并购后企业的价值高于两家独立企业的价值之和。

8.1.3 并购投资决策

从理论上说，并购企业无论是兼并目标企业资产的所有权投资，还是收购目标企业股份的控制权投资，都可以视为经营性项目投资，因而都可以应用现金流量折现方法进行财务估价，并采用净现值法或内涵报酬率法评价并购方案的可行性。但是，利用现金流量折现方法进行财务估价存在诸多困难，主要体现在两个方面：①在企业兼并的财务估价中，折现率的设定比较复杂。企业兼并在取得目标企业资产的同时，还需要承继其债务，因而在设定折现率或项目资本成本时，不仅需要考虑兼并筹资结构对企业资本结构和财务风险的影响，还需要考虑承继债务的影响，这势必会给项目资本成本或折现率的估计带来困难。②投资现金流出量的估算比较复杂。在项目投资中，投资现金流出量可以根据确定的项目要素市场价格等预先估计，而并购价格除了取决于目标企业的价值，还受并购双方讨价还价能力的影响，因而估计兼并价格不仅需要估计目标企业的价值，还需要估计目标企业所有者能够接受的价格范围。

并购目标企业既可以采用现金支付，也可以用本公司股票进行支付，即换股并购。换股并购可以理解为向目标公司股东定向增发股票筹集并购资金(权益筹资)，然后以筹集到的现金购买目标企业的股票。可见，换股并购与现金并购并无差异，因此我们主要讨论现金支付的并购决策问题，具体包括兼并决策和收购决策。

1. 兼并决策

兼并目标企业为经营性项目投资，投资项目为目标企业整体资产，可以采用现金流量折现方法进行财务估价。在兼并方案的现金流量中，兼并价格为投资现金流出量，目标企业整体资产给兼并企业带来的增量营业现金流量为营业现金净流量。但是，由于项目资本成本计算比较复杂，因而应用现金流量折现方法对兼并方案进行财务估价会比较麻烦。为此，我们可以换一种思路，将兼并理解为兼并企业使用原兼并企业资产和兼并支出取得兼并后新企业资产的投资行为，这样可避免项目资本成本的复杂计算。

(1) 兼并方案的财务估价和净现值。在新兼并方案中，原兼并企业价值和兼并价格为新企业项目的投资现金流出量(兼并投入价值)；新企业的实体自由现金流量为新企业项目的现金流入量。原兼并企业作为新企业项目的非货币资产投资，其现金流出为原兼并企业的机会成本。原兼并企业如果不用于兼并方案，即维持原来的持续经营状态，其取得的现金净流入现值，即原兼并企业的持续经营价值，就是将其用于兼并方案的机会成本，按增量现金流量原则，应视为兼并方案的一项投资现金流出。原兼并企业的持续经营价值可以用实体现金流量模型进行估计，计算公式为

$$原企业价值=\sum_{t=1}^{\infty}\frac{原企业实体自由现金流量_t}{(1+原企业加权平均资本成本)^t}$$

新企业价值(兼并方案的产出价值)也采用实体现金流量模型进行估计，计算公式为

$$新企业价值=\sum_{t=1}^{\infty}\frac{新企业实体自由现金流量_t}{(1+新企业加权平均资本成本)^t}$$

这里，新企业加权平均资本成本需要根据新企业经营风险、资本结构和财务风险的变动重新计算。

兼并价格包括兼并价款和兼并费用。对于兼并企业来说，并购净现值(NPV)为兼并后新企业价值与原企业价值和兼并价格的差额，计算公式为

$$兼并净现值(NPV)=新企业价值-原企业价值-兼并价格$$

只有兼并净现值大于零，兼并目标企业才具有经济可行性。

(2) 兼并价格的决定。由于兼并协同效应的存在，合并后公司的整体现金流不是两家企业独立存在时的现金流简单相加，而是大于两家独立企业的现金流之和，企业经营风险的降低等也会降低公司资本成本，因而兼并后企业价值能够得到较大提升，大于两家独立企业的价值之和。

假定A公司兼并B公司，兼并前A公司的价值为V_A，B公司的价值为V_B，A公司兼并B公司后价值变为V_{AB}，通常情况下，则

$$V_{AB}>V_A+V_B$$

这里，我们引入兼并协同效应的概念，兼并协同效应是指兼并后新企业的价值超过并购前各企业价值之和的差额，表达式为

$$兼并协同效应(R)=V_{AB}-(V_A+V_B)$$

如果$R>0$，说明兼并具有协同效应。

由于目标企业的所有者知晓兼并的协同效应，因而在协商兼并价格时，会与兼并方讨价还价，以获得更多协同利益。目标企业价值是兼并双方确定兼并价格的基础，但实际兼并价格还取决于兼并企业与目标企业所有者的谈判情况。在实践中，兼并价格往往会高于目标企业价值。兼并投资净现值的计算公式为

$$兼并净现值(NPV)=V_{AB}-V_A-P$$

可以推导出

$$兼并净现值(NPV)=[V_{AB}-(V_A+V_B)]-P+V_B=R-(P-V_B)$$

式中：$(P-V_B)$代表兼并溢价，它反映了兼并交易给B公司股东创造的价值，也反映了A公司改组B公司资产取得净现值所需支付的成本。兼并溢价取决于兼并前景、股市走势和对并购双方讨价还价的情况。显然，兼并协同效应越大，兼并溢价越低(或并购价格越低)，兼并净现值越高。下面我们讨论一下兼并价格应如何确定。

就A公司而言，希望并购价格越低越好，但也不能低于目标企业价值(V_B)，否则目标企业所有者不会接受；而就B公司所有者而言，兼并价格越高，其出售企业的所得越多。如果目标企业股东知晓兼并协同效应，就会提高兼并价格，以此获得更多的利益。A公司支付给B公司的兼并价格(P)的高低是由谈判与竞争决定的，但并购价格存在下限和上限。

假设P_{min}为A公司支付给B公司的价格下限，则

$$P_{min}=V_B$$

式中：P_{min}是B公司所有者能够接受的最低价格。

假定A公司支付给B公司的现金额为P_{min}，则A公司的净现值为

$$NPV=R+V_B-P_{min}=S+V_B-V_B=R$$

这表明当兼并价格(P)等于目标企业价值时，净现值体现为兼并协同效益，完全由A公司股东享有。

假设P_{max}为A公司支付给B公司的价格上限，则有

$$NPV=R+V_B-P_{max}=0，P_{max}=R+V_B$$

这表明A公司无利可图，B公司独占了兼并协同收益R。

由于B公司不可能接受低于P_{min}的价格，而A公司也不可能接受P_{max}的价格，所以实际兼并价格必定在P_{min}和P_{max}之间，由双方的谈判与竞争决定。

【例8-1】假设2018年年底A公司要兼并B公司，B公司的价值(V_B)为4000万元。假设兼并前A公司每年的实体自由现金流量为1000万元，公司税前加权资本成本为10%。由于协同效应，预计兼并后A公司2019年的实体自由现金流量为1800万元，以后每年实体现金流量的增长率为2%。由于经营风险的降低和资本结构的优化，兼并后A公司的税前加权平均资本成本降为8%。

根据实体价值模型，A公司2018年年底兼并前的公司价值为

$$V_A=\sum_{t=1}^{\infty}\frac{实体自由现金流量_t}{(1+税前加权平均资本成本)^t}=\frac{1000}{10\%}=10\,000(万元)$$

A公司2018年年底兼并B公司后的公司价值为

$$V_{AB}=\frac{兼并后第一年实体现金流量}{兼并后税前加权平均资本成本-增长率}=\frac{1800}{8\%-2\%}=30\,000$$

根据并购协同利益计算公式

$$R=V_{AB}-(V_A+V_B)=30\,000-(10\,000+4000)=16\,000(万元)$$

并购价格在下限(P_{min})和上限(P_{max})之间，A公司可以取得净现值。

P_{min}是B公司所有者能够接受的最低价格，即

$$P_{min}=V_B=4000(万元)$$

如果A公司按最低价格P_{min}支付B公司，则A公司兼并的净现值为

$$NPV=V_{AB}-V_A-P_{min}=R+V_B-P_{min}=R+V_B-V_B=R=16\,000(万元)$$

并购协同效益完全由A公司股东享有。

如果A公司按最高价格支付B公司，A公司兼并的净现值为0，则有

$$NPV=V_{AB}-V_A-P_{max}=R+V_B-P_{max}=0，P_{max}=R+V_B=16\,000+4000=20\,000(万元)$$

这表明A公司无利可图，B公司独占了兼并协同收益16 000万元。

兼并价格直接牵涉两家公司所有者对兼并利益(协同效益R)的分配或瓜分。实际上，由于协同效益R是资产组合产生的，并购双方都对协同效应做出了贡献，但还不能简单地根据双方资产比例确定分享数额，因为并购方A公司承受了兼并的风险。

2. 收购决策

(1) 控制权资产估价与净现值。收购是控股权收购，收购公司只是收购目标企业的大部分股权，目标企业法人主体仍然存在。与项目投资和兼并投资不同，在股权收购投资中，收购企业取得的是目标企业的控制权资产，而非实体资产。收购控制权投资的现金流出为收购股权的价格，而收购控制权投资的现金流入为控制权资产给收购企业带来的增量现金流量。估计控制权资产的价值时需要根据收购的筹资结构估计项目资本成本，相对比较麻烦。实际上，控制权资产的价值体现为控制权收购后收购企业价值与收购前企业价值的差额。这样，我们可以利用实体现金流量折现模型来收购前后企业的价值，进而计算出控制权资产的价值。控制权价值的计算公式为

$$控制权价值=收购后企业价值-收购前企业价值=$$

$$\sum_{t=1}^{\infty}\frac{收购后企业实体自由现金流量_t}{(1+收购后企业加权平均资本成本)^t}-\sum_{t=1}^{\infty}\frac{收购前企业实体自由现金流量_t}{(1+收购前企业加权平均资本成本)^t}$$

收购后加权平均资本成本需要根据收购后企业经营风险、资本结构和财务风险的变动重新计算，收购控制权投资的净现值为

$$收购控制权投资的净现值(NPV)=控制权价值-收购价格$$

(2) 收购价格的决定。与兼并投资相同，收购控制权投资同样具有协同效应。

假设A公司为收购公司，B公司为目标公司，A公司收购B公司比例为80%的股权，控股权收购后，A公司和B公司形成母子公司关系。

根据并购投资净现值计算公式，则有

$$A公司收购净现值(NPV)=(V_{A新}-V_{A旧})-P(控股权价格)$$

式中：$(V_{A新}-V_{A旧})$——控制权价值。如果不考虑收购的协同效应，A公司收购后的价值为原A公司价值与80%的原B公司股权价值$(80\%S_{B旧})$之和，即

$$V_{A新}=V_{A旧}+80\%S_{B旧}$$

实际上，控股权收购后，A公司可以通过企业重组、改进管理和经营战略等手段增加现金流量，降低经营风险，从而A公司价值和B公司的股权价值都会有所提升。也就是说，收购的协同效应会使A公司收购后的价值$(V_{A新})$得到提升，收购净现值可以推导为

$$收购净现值(NPV)=[V_{A新}-(V_{A旧}+80\%S_{B旧})]-P+80\%S_{B旧}=R-(P-80\%S_{B旧})$$

式中：R——收购的协同效益；

$(P-80\%S_{B旧})$——收购溢价。

收购溢价的高低反映了并购交易给B公司出售股东创造的财富，也反映了A公司取得B公司控制权所支付的成本，取决于收购前景、股市走势和双方讨价还价的情况。

显然，收购协同效应越大，收购溢价越低(或收购价格越低)，并购净现值越高。那么，收购价格(P)如何确定呢？A公司当然希望收购价格越低越好，但不能低于目标企业控股权价值$(80\%S_{B旧})$，否则收购不会成功。假设P_{min}为A公司支付给B公司的价格下限，则$P_{min}=80\%S_{B旧}$。如果收购价格为价格下限(P_{min})，则A公司的净现值为

$$收购净现值(NPV)=V_{A新}-V_{A旧}-80\%S_{B旧}-0=R$$

这表明，当收购价格(P)等于80%的目标企业控股权价值时，净现值体现为收购协同效益，完全由A公司股东享有。

就B公司股权出售者而言，当然希望收购价格越高越好，但价格上限至少要保证收购企业的净现值不能为负。假设P_{max}为A公司支付给B公司的价格上限，则

$$收购净现值(NPV)=V_{A新}-V_{A旧}-80\%S_{B旧}-P_{max}+80\%S_{B旧}=V_{A新}-V_{A旧}-P_{max}=0$$

$$P_{max}=V_{A新}-V_{A旧}$$

这表明，当收购价格为($V_{A新}-V_{A旧}$)时，A公司将无利可图，B公司股权出售者独占了并购协同效应R。

由于B公司股权出售者不可能接受低于P_{min}的价格，而A公司也不可能接受高于P_{max}的价格，所以实际价格必定在P_{min}和P_{max}之间，由双方的谈判与竞争决定。

【例8-2】假设A公司收购B公司80%的股权，2018年年底收购前B公司的股权价值($S_{B旧}$)为3000万元。A公司2018年收购前预期每年的实体现金流量为1000万元，公司税前资本成本为10%。预计收购后A公司2019年的实体现金流量为1200万元，以后每年实体现金流量增长率为2%。收购后税前加权平均资本成本降为8%。

根据前例，A公司2018年年底收购前的公司价值为10 000万元。

A公司2018年年底收购后的价值为

$$V_{A新}=\frac{收购后第一年实体现金流量}{收购后税前加权平均资本成本-增长率}=\frac{1200}{8\%-2\%}=20\,000\,(万元)$$

根据并购协同效应计算公式，则有

$$R=V_{A新}-V_{A旧}80\%S_{B旧}=20\,000-10\,000-2400=7600(万元)$$

A公司支付给B公司的收购价格也存在下限(P_{min})和上限(P_{max})。

P_{min}是B公司所有者能够接受的最低价格，即

$$P_{min}=80\%\ S_{B旧}=2400(万元)$$

如果A公司按最低价格支付B公司，则A公司收购的净现值为

$$NPV=R+80\%S_{B旧}-P_{min}=R+80\%S_{B旧}-80\%S_{B旧}=R=7600(万元)$$

并购协同收益完全由A公司股东享有。

如果A公司按最高价格支付B公司，A公司兼并的净现值为0，则

$$NPV=R+80\%S_{B旧}-P_{max}=0，P_{max}=R+80\%S_{B旧}=7600+2400=10\,000(万元)$$

这表明A公司无利可图，B公司出售股东独占了并购协同收益7200万元。实际收购价格介于最高价格和最低价格之间，由双方的谈判与竞争情况决定。

8.2 资产剥离

8.2.1 资产剥离的概念与种类

1. 资产剥离的概念

资产剥离是指上市公司将其自身的一部分出售给目标公司的行为，是上市公司资

产重组的一个重要方式。在实践中，资产剥离通常是指出售具有整体经济价值的资产组合，比如一家子公司或经营部门，而非场地、设备等单项资产。国外学术界对于公司剥离有两种不同的界定方法：一种是狭义的剥离，也称为资产剥离，是指企业将其所拥有的资产、产品线、经营部门、母公司的子公司出售给第三方，以获取现金或股票或现金与股票混合形式的回报的一种资产出售商业行为；另一种是广义的剥离，即公司剥离除了资产出售这一种形式以外，还包括企业分立等形式。本教材采用剥离的狭义概念，即资产剥离出售。

2. 资产剥离的种类

根据剥离出售标的的差异，资产剥离可以划分为以下两种。

(1) 出售资产。出售资产指仅出售企业的部分场地、设备和生产线等固定资产。出售生产线指出售生产某种产品的全套生产设备。一般来说，被出售的资产为不适合企业发展战略目标的资产或闲置的不良资产。

(2) 出售子公司或分公司。出售子公司或分公司是指将独立、持续经营的子公司或分公司整体出售给其他企业，剥离出售的资产不仅包括产品生产线，而且包括相关职能部门和职能人员。出售的主体是母公司或总公司。与公司的主营业务相关性较低、协同效应差、经济效益差的子公司或分公司，往往成为剥离出售方案的首选目标，除非这些子公司或分公司能满足公司长期发展战略的需要。

8.2.2 资产剥离的动因和效应

资产剥离出售的动因主要在于以下几个方面。

1. 收缩经营规模

资产剥离通常表现为公司经营规模的收缩。在行业产能过剩、竞争激烈的情况下，公司急需通过资产剥离来收缩产业战线和经营规模，降低产能。根据实体自由现金流量的计算公式，我们可以推导出

实体自由现金流量=息前税后利润+折旧-(资本性支出+营运资本增加额)
=税后利润+债务利息+折旧-(折旧+新增资本性支出+营运资本增加额)
=税后利润+债务利息-(新增资本性支出+营运资本增加额)
=税后收入-税后成本+债务利息-新增资本性支出-营运资本增加额

由于在产能过剩的情况下，资产剥离通常是对闲置资产的剥离，资产规模收缩并不会降低公司的市场份额和营业收入，税后收入保持不变。由于资产剥离往往是整体资产的剥离，不仅会减少固定资产和折旧费用，还会减少被剥离部门的业务开支，因而会降低公司整体的成本费用。在资产剥离没有改变负债规模的情况下，债务利息也保持不变。公司的新增资本性支出与资产剥离行为无关，可以视为常量。在资产剥离的情况下，营运资本增加额由新增投资的营运资本增量和资产剥离的营运资本减量共同决定，由于新增投资引起的营运资本增量与资产剥离行为无关，也作为常量，而资产剥离和经营规模缩减会导致营运资本减少，因而剥离后营运资本增加额会有所减少。可见，基于

经营规模收缩的资产剥离通常会增加公司的实体自由现金流量，从而使企业价值得到极大提升。

从表面上看，资产剥离表现为经营规模的收缩，但实际上，它还是一种有目的的筹资行为。在实践中，资产剥离往往与减资或降低负债相结合。在权益资本所占比重较高的情况下，规模收缩的资产剥离往往与公司减资同步进行。具体做法是：通过资产剥离出售取得回购股票的现金，然后回购部分股票并注销，以此达到减资和优化资本结构的目的。这样一方面降低了公司的产能，提高资产的盈利能力；另一方面也实现了资本结构的优化，降低了公司的加权平均资本成本，因而资产剥离与减资相结合会进一步提升企业的价值。此外，由于股份数量的减少，单位股权价值也得到极大提升。在高杠杆经营和存在财务风险的情况下，公司还会在利用资产剥离收缩经营规模的同时，主动偿还或回购债务，以降低负债比率和财务杠杆，从而达到改善资本结构和降低公司资本成本的目的，以提升企业价值，而且由于债务价值的降低，剥离后的股权价值也会提升。

2. 优化资产和业务结构

在实践中，资产剥离往往与资产置换相结合。公司某些资产不仅自身的经济效益较差，还会通过负的协同效应干扰其他资产或业务的运行。通过剥离出售这些低效资产获得资金，以换取高效或具有协同效应的资产，不仅能够取得“2-1>1”的正逆协同效应，还能通过引入新资产，取得“1+1>2”的协同效应。这时，剥离出售是企业存量资源的优化调整，有利于提高企业整体资产的经济效益。此外，市场环境的变化也可能使原来合理的资产和业务结构安排成为低效率的组合，为了适应经营环境的变化，公司的经营方向和战略目标也要随之做出调整和改变，如退出竞争过于激烈的市场等，为此，公司也需要调整现有不合理的资产和业务结构，而剥离与置换正是实现这种调整和改变的有效手段。

基于资产优化重组的资产剥离有利于消除负协同效应、发挥正协同效应，从而能够有效地增加重组后的实体现金流量，从而提升企业价值。此外，由于资产优化重组实际上是业务结构的调整，而业务的有效组合也有利于降低企业的经营风险，从而增加企业价值。

3. 聚焦和扩张主营业务

20世纪60年代至90年代初，全球企业界盛行多元化发展思路，认为多元化投资可以有效地分散投资风险，发掘新的市场机会。管理效率学说认为，当公司所控制的资产规模和差异性增加时，即使是最好的管理队伍也会达到一个报酬递减的临界点。实践表明，许多跨行业经营的企业在日后发展中遇到了很多问题，特别是高层管理人员对非本行业的业务领域缺乏经验，难以有效经营或控制，致使企业经营风险加大。作为认真反思的结果，许多企业开始将不符合企业发展战略，没有成长潜力或影响企业主营业务发展的部门、产品生产线剥离出售。这样做可以收缩业务战线，聚焦主导产业，使公司经营重点集中于擅长和熟悉的主营业务，实现管理的专业化，从而更好地把握行业及市场状况，规避经营风险，有效提高企业管理效率。

资产剥离通过聚焦和扩张主营业务，不仅能够提升公司的管理效率，也能够提高企业资产的利用效率。通过剥离出售部分非核心或非相关业务的低效资产，将支持这部分业务的资源转移到需要重点发展的主营业务中，不仅能够满足主营业务扩张的需要，还能够提高公司资产的利用效率。随着管理效率、资产利用效率的提高，实体现金流量和企业价值也会得到显著提升。

4. 清偿债务

一些处于偿债高峰期的企业，由于流动性或支付能力不足，不得不出售一些资产来偿还债务，以避免陷入财务危机和破产清算的境地。基于偿债需要的资产剥离往往属于被动剥离，典型案例是美国的大陆伊利诺斯公司的资产剥离。大陆伊利诺斯公司是美国规模较大的银行控股公司之一，由于轻率地向一些石油公司和发展中国家提供贷款，曾使该公司面临破产的威胁。在此情况下，大陆伊利诺斯公司采用剥离的方式出售了一些能够盈利的部门，如租赁和信用卡业务，以便筹集资金来弥补坏账损失和满足储户提取存款的需要。在这一案例中，大陆伊利诺斯公司出售资产的目的是获得足够的现金，使公司能够继续存活下去。

5. 提升股票的市场价值

一些集团公司由于实行多元化经营，其业务涉及的领域往往非常广泛，使得市场投资者和证券分析人员对其所涉及的复杂业务可能无法做到正确地理解，因此其股票的市场价值可能会被严重低估。比如，美国的埃斯马克(Esmark)公司是一家拥有快餐、消费品生产和石油生产等业务的集团公司，但在投资者的印象中，它仅仅是一家快餐和消费品生产企业，而该公司所拥有的大量的有价值的石油储备却被忽视，使得这些石油储备在资产负债表上以较低的价值反映出来，该公司的股票价格因此被市场低估。公司管理人员认为，按照目前公司的状况来看，可能会面临被其他公司接管的危险，因此决定将其拥有的包括石油生产在内的非消费品生产部门出售给美孚石油公司，由此获得了11亿美元的现金收入，公司股票的市场价格也因此从19美元上升到45美元。

6. 资产剥离是实施并购纠偏和并购整合的需要

在完成对目标企业的并购之后，由于种种原因出现了这样或那样的问题，并购公司需要重新审视这种战略投资行为是否合理，并采取措施加以纠正。比如，一家被并购的企业虽然具有一定的盈利能力，但由于并购企业管理或实力方面的原因，无法有效利用，这时将其剥离出售给其他有能力挖掘其盈利潜力的企业，对于买卖双方都是有利的。此外，许多资产剥离发生在并购交易之后，资产剥离出售往往是企业并购一揽子计划的组成部分。在并购整合过程中，被并购企业总有一部分资产不适应企业总体发展战略的需要，甚至会带来亏损，需要剥离出售。

7. 迫于政府压力

在西方国家，政府可能根据反托拉斯法强制公司出售一部分资产或业务。比如，美国电话电报公司是美国电信业中最大的公司。该公司除在全国各地拥有22个地方营业公司外，还拥有一家大规模制造业子公司(西方电气公司)、一所著名的电子研究机构(贝尔实验所)、一家规模庞大的长途通信网络系统(作为母公司的一个部门)。根据美国最高法院的裁决和该公司与美国司法部在1982年达成的协议，该公司自1984年起进行改组，法院撤销了根据反托拉斯法对该公司的起诉。通过这次改组，公司放弃了对全国22个地方营业公司的所有权，仅保留西方电气公司、贝尔实验所和长途电信业务。

从我国目前的资本市场来看，兼并与收购在资产重组中扮演着重要的角色，资产剥离是中国公司实践中出现的新现象。近年来，上市公司的资产剥离也在证券市场上频繁出现。我国上市公司资产剥离也存在与西方市场经济发达国家公司资产剥离相同的经济动机，其中主要是对以前年度过度或盲目扩张的一种纠正。比如，中远在公告中指出剥离外高桥发展公司的原因是："由于目前受经济宏观调控的影响，公司规模经济的优势无法进一步体现。"但是，也存在一些上市公司为"重组报表"所进行的策略性资产剥离。通常的做法是，上市公司将其一部分不良资产和负债剥离出售给其母公司，然后再以一个相对较低的价格对被剥离的有效资产进行回购。这种资产剥离虽然有利于上市公司消化巨额不良资产，甩掉债务负担，但也有报表重组包装的嫌疑，其财务报表容易被会计师事务所出示保留意见或带有说明段的审计报告。

8.2.3　资产剥离决策

资产剥离一般是指剥离出售具有独立业务的经营性资产，比如分公司或部门，剥离后与该资产有关的业务不再进行。在利用净现值法评价资产剥离方案的可行性时，剥离前企业价值可以视为剥离方案的"投入价值"，而剥离后企业价值和剥离出售收入则作为"产出价值"。资产剥离出售的净现值为

$$\text{NPV}=\text{剥离后企业价值}+\text{剥离出售价格}-\text{剥离前企业价值}$$

剥离前后的企业价值需要应用实体现金流量模型进行估价，则有

$$\text{剥离前企业价值}=\sum_{t=1}^{\infty}\frac{\text{剥离前企业实体自由现金流量}_t}{(1+\text{剥离前加权平均资本成本})^t}$$

$$\text{剥离后企业价值}=\sum_{t=1}^{\infty}\frac{\text{剥离后企业实体自由现金流量}_t}{(1+\text{剥离后加权平均资本成本})^t}$$

在剥离后企业实体现金流量模型中，剥离后企业实体现金流量取决于剥离资产与未剥离资产是否存在协同关系，以及协同关系的性质和协同效应的大小。如果剥离资产与未剥离资产不存在关联关系，比如一个业务独立的经营部门，那么对剥离后企业现金流量的影响就是与剥离资产相关的现金流量不再发生，剥离后实体现金流量(未剥离资产实体现金流量)为剥离前实体现金流量减去剥离资产的现金流量。如果剥离资产与未剥离资产存在关联关系，则要看这种协同关系的性质。如果两者存在正的协同关系，则未剥离资产实体现金流量就会因剥离协同资产而减少。例如，某企业剥离出售某部件加工分厂，剥离后，企业生产所需的部件将依赖外购，营业现金流量就可能因为采购价格上涨而降低。如果两者存在负的协同关系，资产剥离反而会使未剥离资产的实体现金流量增加。

估计加权平均资本成本需要考虑资产剥离方案对资本结构和财务杠杆的影响，以及经营风险的变动情况。资产剥离出售会减少公司的资产总额，相应增加负债比率和财务风险。此外，资产剥离还可能造成存续资产或业务的单一化，丧失多元化经营的风险分散的优势，增加企业的经营风险，从而增加加权平均资本成本。

对前文中的资产剥离出售的净现值进行推导，我们可以得到

NPV=剥离后企业价值+剥离净出售价格-剥离前企业价值

剥离前企业价值=剥离前未剥离资产价值+剥离前剥离资产价值

=(剥离后未剥离资产价值-剥离前未剥离资产价值)+

(剥离净出售价格-剥离前剥离资产价值)

这里，剥离前后未剥离资产价值差额体现为逆协同效应带来的剥离利益或损失，为取得更多的净现值，企业应选择能够取得最大协同效应的剥离方案。剥离净出售价格与剥离前剥离资产价值的差额是剥离出售的净损益。由于交易的摩擦性，资产剥离的过程中会发生一笔可观的交易成本，剥离净出售价格是指剥离出售价格扣除这部分成本后的余额。一般而言，只有剥离资产出售的净损益为正，剥离企业才会剥离出售。但如果剥离资产出售的损失低于通过剥离消除负协同效应取得的利益，剥离方案也会取得净现值，剥离出售也可能会发生，但剥离净出售价格一般不能低于清算价值。

8.3 公司分立

8.3.1 分立的概念和种类

与公司合并相反，公司分立是指一家公司依照有关法律、法规的规定，分成两个或两个以上独立公司的经济行为。广义上的公司分立是指在不改变现有股东持股比例的前提下，在法律层面上将一家公司分解为两个或两个以上的独立公司。在公司分立过程中，一般不会发生新增资产，但会涉及现有资产和负债在各分立实体之间的划分。这些分立公司需要向现有股东发行分立公司的新股票交换其持有的原公司股票。比如，一家公司分立为A和B两家公司，原公司股东将分别获得两家分立公司的股权，通常根据两家公司的净资产完成换股。假设原公司账面净资产为S，分立后，股东拥有A公司的账面股权价值为“A企业净资产/S”；拥有B企业的账面股权价值为“B企业净资产/S”。

对于广义的分立而言，以原有公司法人资格是否存在为标准，可分为派生分立和新设分立两种。

1. 派生分立

派生分立，又称存续分立，是指一家公司将一部分资产或业务依法分出，成立一家或多家独立的新公司。在存续分立中，原公司继续存在，原公司的债权债务可由原公司与新公司分别承担，也可按协议由原公司独立承担。新公司取得法人资格，原公司也继续保留法人资格，但注册资本会减少，原公司股东在存续公司和新公司的股权比例可以不变。在实践中，总公司为了实现资产扩张，降低投资风险，往往把其分公司改组成具有法人资格的全资子公司。此时，总公司转化为母公司，母公司仅以其投资额为限对新设子公司债务负有限责任。

2. 新设分立

新设分立，又称解散分立，是指一家公司解散并设立两个或两个以上的新公司，原有公司的法人资格消失。原公司将其全部资产和业务分别归入两个或两个以上新公司，债务也由新设立的公司分别承担。

狭义的公司分立是指在企业集团中，母公司将其拥有的某一子公司的法人股份按比例分配给母公司的股东，通过这种资本运营方式，形成了一个与母公司有着相同股东和股权结构的新公司。显然，分立后，母子公司间不再存在控股关系，从而在组织上将子公司从母公司中分立出去。由于分立的子公司分立前就存在，因而分立的子公司不需要发行新股票，也不存在股权和控制权向新股东转移的情况。

在狭义的公司分立中，虽然母公司失去了子公司的控制权，但母公司控股股东却直接取得了分立公司的控制权，分立公司仍然听命于母公司的控股股东。从理论上说，母公司股东的股权价值并不会由于公司分立而发生改变，但考虑分立可能产生的逆协同效应，即“2-1>1”的效应，比如增强了子公司的经营灵活性，可能会增加母公司股东的股权价值，这也是分立重要的动因之一。

8.3.2 分立的动因和效应

1. 提升管理激励和管理效率

管理激励假说认为，管理者的激励和责任与绩效考核机制有关。对于综合性公司，由于财务上的统一核算或合并会计报表，个别部门的业绩往往无法体现，因此难以对部门的经营业绩进行有效考核。如果将个别部门分立出来成为独立的上市公司，使上市公司的股价与管理者的业绩直接挂钩，则有利于公司激励机制的建立，降低代理成本。尤其是企业经营者的收入大部分来自期权时，激励作用会更大。

一家企业的某些业务对实现企业整体战略目标来说，可能是不重要的，或者不适合于企业其他业务的发展，这时就会产生所谓的“负协同效应”，即“1+1<2”的效应。比如，对一家规模较大的多元化经营企业来说，由于其经营的各种业务各具特点，不适合按照同样的管理模式来经营，因此，如果按照业务特点将企业划分成两个或更多不同的独立实体，配备不同类型的管理人员进行经营，则能够发挥各自的专业化优势，减少甚至消除因管理原因造成的低效率。此外，公司分立以后，分立公司的规模较小，企业组织形式相对简单，管理层级较少，也有利于提高管理效率。

2. 提升股价

一些集团公司由于实行多元化经营，其业务范围往往涉及广泛的领域。例如，某国际公司为降低经营风险，稳定收益，相继并购了远洋运输、金矿开采等业务来实现多元化经营。虽然达到了多元化经营的战略目标，但在资本市场上，由于主业不明确难以被市场理解和接受，使其股票价格和市盈率较低。鉴于此，该公司决定将其分立为三家公司，即从事石油运输的远洋运输公司、电子设备公司和金矿开采公司。企业分立后，股票价格大幅上涨。据美国证券资料公司的数据显示，在AT& T 宣布“一分为三”的消息后，其股价迅速上涨11%。

3. 实现企业扩张

分立是企业扩张的一种重要手段。在通常情况下，企业作为一个整体要扩张进入其他经营地区或经营领域难度较大，而采取派生分立的方式，在目标地区或目标领域内设立一个新企业，就能够比较容易地渗透进去，达到预期目的。

4. 提高企业经营的灵活性

对于规模较大的企业，由于其运转不如小企业灵活，如果不能随经营环境的变化而适时改变战略安排，可能会带来不可估量的损失。因而，当企业规模超过适度的标准时，采取分立的策略，可在保证取得规模效益的前提下增强企业的灵活性。

5. 降低风险

公司分立后，原公司股东拥有两家或多家分立公司的股权，而只对两家或多家分立公司各自的债权承担有限责任，而且这些分立公司之间不存在连带责任关系，从而能够降低股东的投资风险，投资价值也随之提高。

6. 作为企业反并购的一项策略

并购企业可能因为看好目标公司的某项特定资产实施并购策略。如果目标公司清楚地意识到这一点，就可以将这一部分资产甚至某一子公司分立出去，以此避免整个公司被并购的风险。

7. 可以使企业避免反垄断诉讼

与资产剥离相同，在西方国家，也有不少企业的分立是被迫的。为了保护充分的市场竞争，许多国家都制定了反托拉斯法。当企业规模达到一定程度、销售额占同行业的比例过大时，就有可能因涉嫌垄断而遭到管制。1982年，美国电话电报公司就是为了平息反垄断诉讼而宣布分立成8个独立的公司，即新的美国电话电报公司和7个区域性的电话公司。

分立有时比剥离更有意义，因为如果公司没有很好的投资机会，剥离可能会造成资金闲置，而采用分立方式则可以继续经营拟剥离的资产。

8.3.3 公司分立决策

企业分立能够产生逆协同效应，即分立双方都能够实现“2-1>1”的效应。比如，分立企业会获得提高管理效率和企业经营灵活性等利益。评价公司分立决策方案的可行性，需要估算决策方案的净现值，即考察其是否能够给股东创造财富，同时需要选择净现值最高的分立决策方案。在企业分立决策中，设计和选择净现值最大化的分立方案是一个重要的决策问题。在这里，我们将股东拥有的各家分立企业的股权价值之和作为分立决策的“产出价值”，将股东拥有的原企业的股权价值作为分立决策的“投入价值”，净现值则为两者的差额，反映了分立决策方案为股东创造的价值。

假设一家公司分立为A和B两家公司，分立前原公司股东的股权价值为S，分立后两家分立企业的股权价值分别为S_A和S_B，则分立决策的净现值为

$$\text{分立决策的净现值(NPV)}=(S_A+S_B)-S$$

分立的净现值是分立决策方案逆协同效应作用的结果，只有分立决策具有一定的正逆协同效应，分立决策方案才可能为股东创造财富，才具有经济可行性。这里，需要采用股权现金流量折现模型估计分立前后的股权价值，则

$$原企业股权价值(S)=\sum_{t=1}^{\infty}\frac{原企业股权现金流量_t}{(1+原企业股权资本成本)^t}$$

$$A企业股权价值(S_A)=\sum_{t=1}^{\infty}\frac{A企业股权现金流量_t}{(1+A企业股权资本成本)^t}$$

$$B企业股权价值(S_B)=\sum_{t=1}^{\infty}\frac{B企业股权现金流量_t}{(1+B企业股权资本成本)^t}$$

根据实体现金流量和股权现金流量的关系估计股权现金流量，则

$$股权现金流量=实体自由现金流量-应付债务现金流量$$

企业分立后，A企业和B企业的实体现金流量和股权现金流量都会发生变化，这取决于逆协同效应的性质和大小，而应付债务现金流量则取决于分立方案的债务划分。折现率根据股权资本成本确定。分立企业的资产和业务划分取决于企业战略决策，原企业、各分立企业的经营风险(资产风险)会因资产和业务的不同而不同，因而在分立企业资本结构与原企业保持一致的情况下，应根据各分立企业经营风险的变动情况调整股权资本成本。虽然分立企业的资产划分具有主动性，但债务划分往往具有被动性，需要征求债权人同意，所以是债权约束下的分立重组。企业分立很可能造成分立企业资本结构的变化，因而，还需要考虑资本结构变动对股权资本成本的影响。

思考题

1. 并购的含义是什么？有哪些类型？
2. 企业并购的动因和效应是什么？
3. 如何进行兼并投资决策？
4. 简述剥离的概念和种类。
5. 企业剥离的动因和效应是什么？
6. 简述企业分立的概念和种类。
7. 企业分立的动因和效应是什么？

练习题

假设A公司收购B公司，收购80%的B公司股权，目标公司的价值为400万元，预计收购后A公司价值增加了500万元。要求：①预测并购协同效益。②预测A公司收购价格区间。

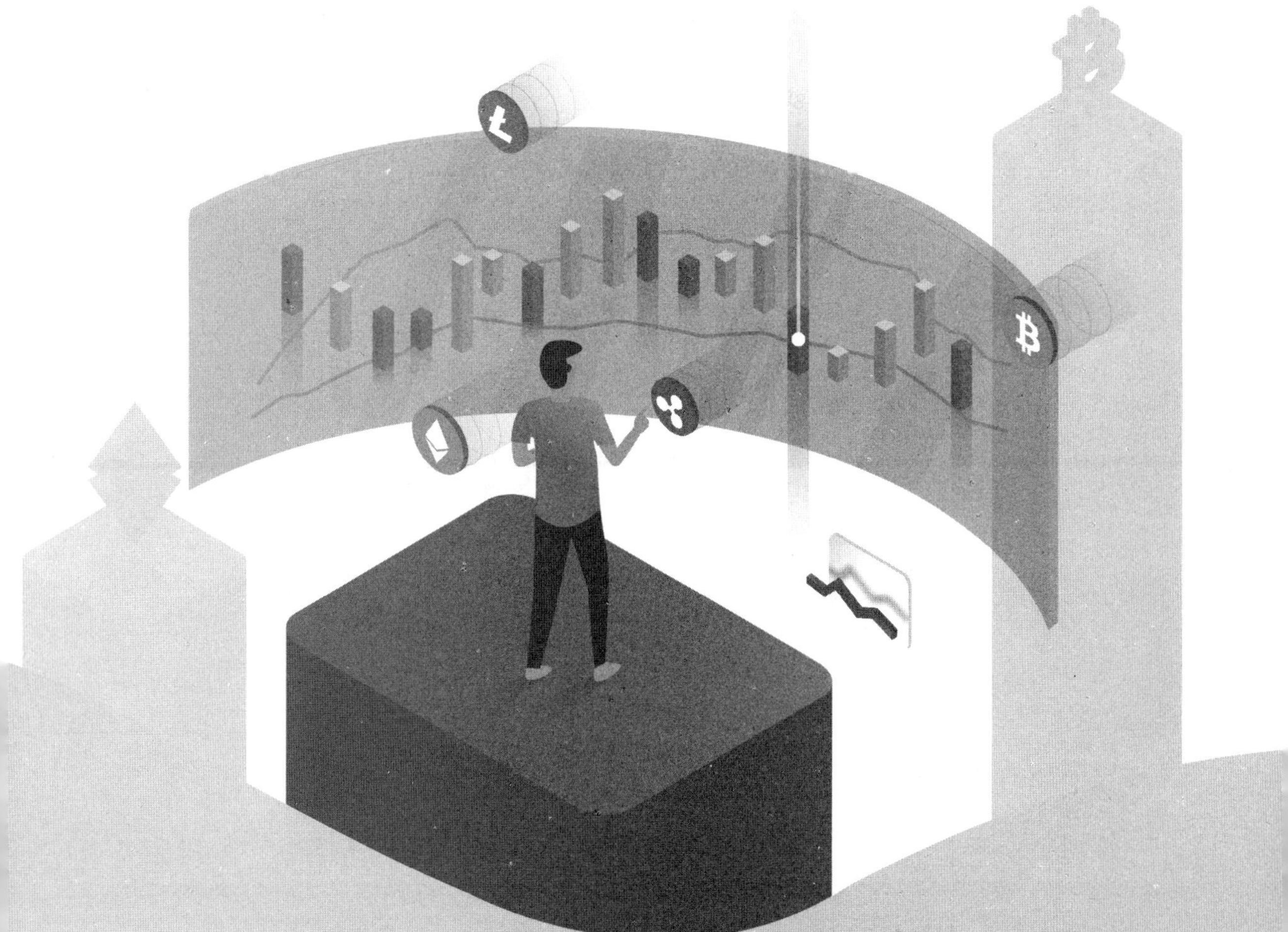

第3篇

长期筹资决策

第9章　筹资预测与资本需求

9.1　筹资预测概述

9.1.1　筹资预测的内涵和意义

筹资预测也称为财务预测，是指估计公司未来的筹资需求，它是公司制订筹资计划的前提。当预计公司销售增加时，就要相应增加流动资产，甚至还可能需要增加固定资产等长期资产。为了取得扩大销售所需增加的资产，企业需要筹措资本，一部分来自留存收益，另一部分来自外部融资。通常，销售增长率较高时，留存收益并不能满足企业的需要，即使获利良好的企业也需外部筹资。对外筹资需要寻找资本提供者，并向其做出还本付息的承诺或预测盈利前景，使之相信其投资安全而且能够确定必要的报酬，这个过程往往需要较长时间。因此，公司需要预先知道自己的筹资需求，提前安排筹资计划，否则就可能发生资金短缺的问题。

筹资预测有助于改善经营和投资决策。根据销售前景估计的融资需要不一定总能被满足，因此，需要根据可能筹措到的资金来安排产销增长以及有关的投资项目，使经营和投资决策建立在可行的基础上。

筹资预测还有助于公司应对环境的变化。筹资预测与其他预测一样都不可能很准确。从表面上看，不准确的预测只能导致不准确的计划，从而使预测和计划失去意义。其实并非如此，预测给人们展现了未来各种可能的前景，促使人们制订出相应的应急计划。预测和计划是超前思考的过程，其结果并非仅仅是一个资金需要量的数字，还包括对未来各种可能前景的认识和思考。预测可以提高企业对不确定事件的反应能力，从而减少不利事件出现带来的损失，增加利用有利机会带来的收益。

9.1.2　筹资预测的步骤

筹资预测的基本步骤如下所述。

1. 销售预测

筹资预测的起点是销售预测，销售预测是筹资预测的基础，销售预测完成后才能开始筹资预测。一般情况下，筹资预测把销售数据视为已知数。销售预测的准确性对筹资预测的质量具有重大影响。如果销售的实际状况超出预测很多，企业没有准备足够的资金添置设备或储备存货等，由于生产能力或产量不足而无法满足市场需要，不仅会失去盈利机会，并且会丧失原有的市场份额。相反，销售预测过高，筹集大量资金购买设备并储备存货等，则会造成设备闲置和存货积压，导致资产利用效率和周转速度下降，从而导致权益净利率降低，股价下跌。

2. 估计经营资产和经营负债

通常，经营资产是产销量或销售收入的函数，根据历史数据可以分析出该函数关系。根据预计销售收入以及经营资产与销售收入的函数，可以预测所需经营资产的数额。大部分经营负债也是销售收入的函数，也应预测经营负债的自发增长，这种增长可以减少企业外部融资的数额。

3. 估计各项费用和留存收益

假设各项费用也是销售收入的函数，可以根据预计销售收入估计费用和损失，并在此基础上确定净利润。而净利润和股利支付率(对应的是留存比率)共同决定了公司所能提供的内部权益筹资数额。

4. 估计所需融资

根据预计经营资产总量，减去已有的经营资产、自发增长的经营负债、可动用的金融资产和内部提供的利润留存，即可计算出外部融资的需求量。

9.1.3 筹资预测的方法

1. 销售百分比法

销售百分比法是根据财务报表中有关项目与销售收入之间的依存关系预测融资需要量的一种方法，即假设相关资产、负债与营业收入存在稳定的百分比关系，然后根据预计销售收入和相应的百分比预计相关资产、负债，最后确定融资需求。

运用销售百分比法预测的步骤如下所述。

(1) 确定资产和负债项目的销售百分比。确定资产和负债项目的销售百分比，可以根据通用的财务报表数据预计，也可以使用经过调整的管理用财务报表数据预计，后者更方便，也更合理。资产和负债项目占销售收入的百分比，可以根据基期的数据确定，也可以根据以前若干年度的平均数确定。

【例9-1】假设某公司2017年实际销售收入3000万元，假设2017年的各项销售百分比在2018年可以持续，2018年预计销售收入为4000万元。以2017年为基期，采用销售百分比法预计各项经营资产及销售百分比。

各项目销售百分比=基期资产(负债)÷基期营业收入

根据2017年营业收入(3000万元)计算的各项经营资产和经营负债的百分比，如表9-1所示。

表9-1　各项经营资产及销售百分比的预计　　万元

项目	2017年实际	销售百分比	2018年预测
营业收入	3000		4000
货币资金(经营)	44	1.47%	59
应收票据(经营)	14	0.47%	19
应收账款	398	13.27%	531
预付账款	22	0.73%	29
其他应收款	12	0.40%	16
存货	119	3.97%	159
一年内到期的非流动资产	77	2.57%	103
其他流动资产	8	0.27%	11
长期股权投资	30	1.00%	40
固定资产	1238	41.27%	1651
在建工程	18	0.60%	24
无形资产	6	0.20%	8
长期待摊费用	5	0.17%	7
其他非流动资产	3	0.10%	4
经营资产合计	1994	66.47%	2659
应付票据(经营)	5	0.17%	7
应付账款	100	3.33%	133
预收账款	10	0.33%	13
应付职工薪酬	2	0.07%	3
应交税费	5	0.17%	7
其他应付款	25	0.83%	33
其他流动负债	53	1.77%	71
长期应付款(经营)	50	1.67%	67
经营负债合计	250	8.33%	333
净经营资产总计	1744	58.13%	2325

(2) 预计各项经营资产和经营负债。各项经营资产的计算公式为

各项经营资产(或负债)=预计营业收入×各项目销售百分比

根据2018年预计营业收入(4000万元)和各项目销售百分比计算的各项经营资产和经营负债，如表9-1所示。

融资总需求=预计经营资产增加额−预计经营负债增加额

=(预计经营资产合计−基期经营资产合计)−(预计经营负债合计−基期经营负债合计)

=2325−1744

=581(万元)

该公司2018年需要融资581万元，如何筹集该笔资金取决于它的融资政策。

通常，筹资的优先顺序如下：第一，动用现存的现金等金融资产；第二，增加留存收益；第三，增加金融负债；第四，增加权益资本。

(3) 预计可动用的金融资产。

假设该公司2017年年底有现金等金融资产6万元，为可动用的现金等金融资产，则有

尚需融资=581−6=575(万元)

(4) 预计增加的留存收益。留存收益是企业内部的筹资来源。只要企业有盈利并且不全部支付股利，留存收益就会使股东权益增长，可以全部或部分满足企业的融资需求。这部分资金的多少，取决于净利润的多少和股利支付率的高低。留存收益增加的计算公式为

留存收益增加=预计营业收入×计划营业净利率×(1−股利支付率)

假设【例9-1】中的公司2018年计划营业净利率为4.5%，由于需要的融资额较大，2018年该公司不支付股利，则有

增加留存收益=4000×4.5%=180(万元)

需要外部融资=575−180=395(万元)

这里需要注意一个问题：该留存收益增加额的计算隐含了一个假设，即计划营业净利率可以涵盖增加的利息。提出该假设的目的是摆脱筹资预测的数据循环。在筹资预测时，需要先确定留存收益的增加额，然后确定需要增加的借款，但是借款的改变反过来又会影响留存收益，其数据关系如下：股利支付率确定后，留存收益受净利润的影响；净利润受利息费用的影响；利息费用受借款数额的影响；借款增加数额要视留存收益增加额而定。为了解决该数据循环问题，一种办法是使用多次迭代法，逐步逼近可以使数据平衡的留存收益和借款数额；另一个简单的办法是假设计划营业净利率不变，即其他利润表项目可以涵盖新增借款增加的利息，故先确定留存收益，然后确定借款增加额。此处使用的是后一种处理办法。

(5) 预计增加的借款。需要的外部融资额可以通过增加借款或增发股本筹集，这涉及资本结构决策问题。通常，在目标资本结构允许的情况下，企业会优先使用借款筹资。如果不宜再增加借款，则需要增发权益资本。

假设【例9-1】中的某公司可以通过借款筹集资金395万元，则有

筹资总需求=动用现金等金融资产+增加留存收益+增加借款

=6+180+395

=581(万元)

销售百分比法是一种比较简单、粗略的预测方法。首先，该方法假设各项经营资产和经营负债与营业收入保持稳定的百分比，可能与事实不符。其次，该方法假设计划营业净利率可以涵盖借款利息的增加，也未必合理。

2. 回归分析法

筹资预测的回归分析法首先利用一系列的历史资料求得各资产负债表项目和销售收入的函数关系，然后基于计划销售收入预测资产、负债数量，最后预测筹资需求。

通常假设销售收入与资产、负债等存在线性关系。例如，假设存货与销售收入之间存在直线关系，其直线方程为“存货=a+b销售收入”，根据历史资料和回归分析的最小二乘法可以求出直线方程的系数a和b，然后根据计划销售收入和直线方程预计存货的金额。完成资产、负债项目的预计后，其他的计算步骤与销售百分比法相同。

3. 运用电子系统预测

对于大型企业来说，无论是销售百分比法还是回归分析法都有些过于简化。实际上

影响筹资需求的变量很多，如产品组合、信用政策、价格政策等。把这些变量纳入预测模型后，计算量大增，手工处理已很难胜任，需要使用计算机方可完成。

比较简单的计算机财务预测，是使用“电子表软件”，如Excel。使用电子表软件时，计算过程和手工预测几乎没有差别。相比之下，主要好处是：如果预测期间是多年或者要分月预测时，计算机要比手工快得多；如果改变一个输入参数，软件能自动重新计算所有预测数据。

比较复杂的预测是使用交互式财务规划模型，它比电子表软件功能更强，其主要好处是能通过“人机对话”进行“反向操作”。例如，不但可以根据既定的销售水平预测融资需求，还可以根据既定资金限额来预测可达到的销售收入。

还有一种比较复杂的预测是使用综合数据库财务计划系统。该系统建有企业的历史资料库和模型库，用以选择适用模型并预测各项财务数据。它通常是一个联机实时系统，可随时更新数据，可以使用概率技术，分析预测的可靠性。它还是一个综合规划系统，不仅可用于资金的预测和规划，而且包括需求、价格、成本及各项资源的预测和规划。该系统通常也是规划和预测结合的系统，能快速生成预计财务报表，以支持筹资决策。

9.2 增长率与外部资本需求的测算

公司增长主要表现为产销规模的扩大，公司销售的增长往往需要补充资本，这主要是因为销售增加通常会引起存货和应收账款等流动资产的增加，甚至需要固定资产等长期经营性资产的增长，以扩大企业产销能力。销售增长得越多，需要的资本越多。从资本来源上看，公司实现销售增长有三种方式：一是完全依靠内部资本积累的增长。有些小企业无法取得借款，有些大企业不愿意借款，它们主要是靠内部积累实现增长，但是内部有限的资本积累往往会限制公司的发展。二是主要依靠外部资本增长。从外部筹资，包括增加债务和股东投资，也可以实现增长。但主要依靠外部资本实现增长是不能持久的，增加负债会使企业的财务风险增加，筹资能力下降，最终会使负债能力完全丧失；通过增发股票等方式增加股东投资，不仅会分散控制权，而且会稀释每股收益，除非追加投资有更高的报酬率，否则不能增加股东财富。三是平衡增长。保持目前的资本结构和与此有关的筹资风险，按照股东权益的增长比例增加借款，以此支持销售增长，这种增长是一种可持续增长。

9.2.1 内含增长率

销售增长引起的资本需求增长可通过三种途径来满足：一是动用现金等金融资产；二是增加留存收益；三是外部融资(包括借款和股权筹资，但不包括经营负债的自发增长)。其中，只靠内部积累(即增加留存收益)实现的销售增长，其销售增长率被称为“内含增长率”。

既然销售增长会带来资本需求的增加，那么销售增长和筹资需求之间就存在某种函数关系，根据这种关系，就可以直接计算特定销售增长下的筹资需求。假设它们之间成正比例关系，我们可以计算外部筹资额占销售增长的百分，计算公式为

外部筹资额占销售增长的百分比=外部融资额÷销售增长额

外部筹资额占销售增长的百分比简称为“外部融资销售增长比”，代表每增加1元销售收入需要追加的外部融资额。

假设可动用的金融资产为0，经营资产销售百分比、经营负债销售百分比保持不变，计算公式为

外部筹资额=经营资产增加额−经营负债增加额−留存收益增加额
=(经营资产销售百分比×营业收入增加额)−(经营负债销售百分比×营业收入增加额)−预计营业收入×预计税后经营净利率×(1−预计股利支付率)

两边同除“营业收入增加额”，则

外部融资销售增长比=经营资产销售百分比−经营负债销售百分比−[(1+增长率)÷增长率]×预计税后经营净利率×(1−预计股利支付率)

假设外部融资额为0，则公式中的增长率转变为不依赖外部筹资的内含增长率，即

0=经营资产销售百分比−经营负债销售百分比−[(1+内含增长率)÷内含增长率]×预计税后经营净利率×(1−预计股利支付率)

内含增长率=(税后经营净利润÷净经营资产)×利润留存率÷[1−(税后经营净利润÷净经营资产)×利润留存率]

【例9-2】某公司上年营业收入为3000万元，经营资产为2000万元，经营资产销售百分比为66.67%，经营负债为185万元，经营负债销售百分比为6.17%，税后经营净利润为135万元。假设经营资产销售百分比和经营负债销售百分比保持不变，可动用的金融资产为0，税后经营净利率保持4.5%不变，预计股利支付率为30%。要求：计算内含增长率。

0=0.6667−0.0617−[(1+内含增长率)÷内含增长率]×4.5%×(1−30%)

内含增长率=[135÷(2000−185)×70%]÷[1−135÷(2000−185)×70%]=5.49%

9.2.2 可持续增长率

1. 可持续增长率的概念

可持续增长率是指不发行新股、不改变经营效率(销售净利率和资产周转率)和财务政策(资本结构和利润留存比率)时，其销售所能达到的增长率。

可持续增长率的假设条件如下：①公司销售净利率将维持当前水平，并且可以涵盖新增债务增加的利息；②公司总资产周转率将维持当前水平；③公司目前的资本结构是目标资本结构，并且计划继续维持下去；④公司目前的利润留存率是目标利润留存比率，并且打算继续维持下去；⑤不增发新股。

由于公司经营业务的盈利能力和资产的利用效率短期内不可能得到很大的改善，最

优资本结构和股利分配政策也不宜调整，增发新股有可能遭到原有股东的反对，而且增发新股条件比较苛刻，因而上述假设条件比较符合企业实际。

在上述假设条件下，销售的增长率称为可持续增长率。由于资本结构不变，其资产、负债和股东权益同比例增长，如表9-2所示。

表9-2　资产、负债和股东权益增长情况

年初资产100万元	年初负债40万元
	年初股东权益60万元
新增资产10万元	新增负债4万元
	新增股东权益6万元

2. 可持续增长率的计算

(1) 根据期初股东权益计算可持续增长率。公司销售规模增长取决于资产规模增长，而资产规模增长又取决于筹资规模(包括负债和股东权益)的增长。在不增发新股、不改变经营效率和财务政策的情况下，销售增长率等于股东权益(留存收益)增长率，基本逻辑为：在经营效率或资产周转率一定的情况下，销售增长率等于资产增长率；在目标资本结构或权益乘数一定的情况下，资产增长率等于股东权益增长率。因此，可持续增长率的公式可推导为

可持续增长率=股东权益增长率=股东权益本期增加额÷期初股东权益

=(本期净利润×本期利润留存率)÷期初股东权益

=(本期净利润÷期初股东权益)×本期利润留存率

=(本期净利润÷本期营业收入)×(本期营业收入÷期末总资产)

×(期末总资产÷期初股东权益)×本期利润留存率

=营业净利率×总资产周转次数×期初权益期末总资产乘数×本期利润留存率

应注意，期初权益期末总资产乘数用“期初股东权益”而非“期末股东权益”计算，其余比率均采用本期发生额或期末数计算。

【例9-3】某公司2012—2017年的主要财务数据如表9-3所示。

表9-3　根据期初股东权益计算的可持续增长率　　万元

项目	2012年	2013年	2014年	2015年	2016年	2017年
营业收入	909.09	1000	1100	1650	1375	1512.5
净利润		50	55	82.5	68.75	75.63
现金股利		20	22	33	27.5	30.25
利润留存		30	33	49.5	41.25	45.38
股东权益	300	330	363	412.5	453.75	499.13
负债		60	66	231	82.5	90.75
总资产		390	429	643.5	536.25	589.88
可持续增长率的计算：						
营业净利率		5%	5%	5%	5%	5%
总资产周转次数		2.56	2.56	2.56	2.56	2.56
期末总资产/期初股东权益		1.3	1.3	1.77	1.3	1.3
利润留存率		0.6	0.6	0.6	0.6	0.6
可持续增长率		10%	10%	13.64%	10%	10%
实际增长率		10%	10%	50%	−16.67%%	10%

根据可持续增长率公式(期初股东权益)计算，则

2013年可持续增长率=营业净利率×期末总资产周转次数

×期末总资产期初权益乘数×利润留存率

=5%×2.56×1.3×0.6=10%

2014年实际增长率=(本年营业收入-上年营业收入)÷上年营业收入

=(1000-909.09)/909.09=10%

2014年可持续增长率=营业净利率×期末总资产周转次数

×期末总资产期初权益乘数×利润留存率

=5%×2.56×1.3×0.6=10%

2014年实际增长率=(本年营业收入-上年营业收入)÷上年营业收入

=(1100-1000)÷1000=10%

其他年份的计算方法与此相同。

(2) 根据期末股东权益计算可持续增长率。可持续增长率也可以全部用期末数和本期发生额计算，而不使用期初数，其推导过程为

可持续增长率=股东权益增长率=股东权益本期增加额÷期初股东权益

由于在可持续状态下，企业股东权益增加只能靠内部留存，所以

股东权益本期增加额=期末权益-期初权益=本期留存收益增加=本期净利润×本期利润留存率

可持续增长率=(本期净利润×本期利润留存率)÷期初股东权益=(本期净利润×本期利润留存率)÷(期末股东权益-本期净利润×本期利润留存率)

将分子和分母同时除以期末股东权益，则有

$$可持续增长率=\frac{本期净利润÷期末股东权益\times本期利润留存率}{1-本期净利润÷期末股东权益\times本期利润留存率}$$

$$=\frac{期末权益净利率\times本期利润留存率}{1-期末权益净利率\times本期利润留存率}$$

$$=\frac{营业净利率\times期末总资产周转次数\times期末权益乘数\times本期利润留存率}{1-营业净利率\times期末总资产周转次数\times期末权益乘数\times本期利润留存率}$$

使用【例9-3】的数据，计算可持续增长率，如表9-4所示。

表9-4　根据期末股东权益计算的可持续增长率

万元

项目	2013年	2014年	2015年	2016年	2017年
营业收入	1000	1100	1650	1375	1512.5
净利润	50	55	82.5	68.75	75.63
现金股利	20	22	33	27.5	30.25
利润留存(留存收益)	30	33	49.5	41.25	45.38
股东权益	330	363	412.5	453.75	499.13
负债	60	66	231	82.5	90.75
总资产	390	429	643.5	536.25	589.88
可持续增长率的计算：					

(续表)

项目	2013年	2014年	2015年	2016年	2017年
营业净利率	5%	5%	5%	5%	5%
期末总资产周转次数	2.56	2.56	2.56	2.56	2.56
期末总资产/期末股东权益	1.18	1.18	1.56	1.18	1.18
利润留存率	0.6	0.6	0.6	0.6	0.6
可持续增长率	10%	10%	13.64%	10%	10%
实际增长率	10%	10%	50%	-16.67%	10%

根据可持续增长率(期末股东权益)公式计算得到

$$2013年可持续增长率=\frac{5\%\times2.56\times1.18\times0.6}{1-5\%\times2.56\times1.18\times0.6}=10\%$$

其他年份的计算方法与此相同。

通过比较表9-3和表9-4可以看出，通过两个公式计算的可持续增长率一致。

3. 可持续增长率与实际增长率

实际增长率和可持续增长率经常不一致。通过分析两者差异，可以了解企业经营业绩和财务政策的变化。

(1) 经营效率和财务政策的变化。基于【例9-3】说明该公司经营效率和财务政策发生了如下变化。

① 2013年的经营效率和财务政策保持了年初的状态(即2012年的状态)。2013年的实际增长率和可持续增长率均为10%，公司处于均衡增长状态。2014年年初的股东权益为330万元(与2013年年末相同)，当年创造了税后净利润55万元，公司留存了33万元，以22万元发放股利。因此，股东权益增加到363万元，增加了10%。由于资本结构不变，负债也增加10%。由于负债和所有者权益均增加10%，使得总资产增加10%。在资产周转率不变的情况下，资产增加10%可以支持销售额增加10%。

② 2015年权益乘数提高，另外3个财务比率保持不变。可持续增长率上升为13.64%，实际增长率上升为50%。提高财务杠杆，提供了高速增长所需的资金。

③ 2016年权益乘数降为高速增长前的水平，另外3个财务比率保持不变。本年的可持续增长率恢复为10%，实际增长率下降为-16.67%。归还借款，使财务杠杆恢复到历史正常水平，同时使总资产减少。在资产周转率不变的情况下，资产减少使销售额下降。

④ 2017年的经营效率和财务政策保持年初状态(2016年状态)，销售增长率与可持续增长率均为10%。

(2) 可持续增长率和实际增长率的关系。通过上述分析可知，可持续增长率是企业当前经营效率和财务政策决定的内在增长能力，它和实际增长率之间有如下关系。

① 如果某一年的经营效率和财务政策与上年相同，在不增发新股的情况下，则实际增长率、上年的可持续增长率以及本年的可持续增长率三者相等，这种增长状态称为平衡增长。当然，外部条件是公司不断增加的产品能被市场接受。

② 如果某一年的4个财务比率有一个或多个比率提高，在不增发新股的情况下，则实际增长率就会超过上年的可持续增长率，本年的可持续增长率也会超过上年的可持续增

长率。由此可见，超常增长是“改变”财务比率的结果，而不是持续当前状态的结果。企业不可能每年提高这4个财务比率，也就不可能使超常增长继续下去。

③ 如果某一年的4个财务比率有1个或多个下降，在不增发新股的情况下，则实际增长率就会低于上年的可持续增长率，本年的可持续增长率也会低于上年的可持续增长率。这是超常增长之后的必然结果，企业对此应事先有所准备。如果不愿意接受这种现实，继续勉强冲刺，现金周转的危机很快就会来临。

④ 如果公式中的4个财务比率已经达到企业的极限，只有通过发行新股增加资金，才能提高销售增长率。

9.2.3 外部资本需求

1. 外部筹资需求的测算

沿用【例9-3】的数据，假设该公司本年计划营业收入为4000万元，销售增长率为33.33%，则

$$外部筹资销售增长比=0.6667-0.0618-1.3333\div 0.3333\times 4.5\%\times (1-30\%)$$
$$=0.605-0.126=0.479$$

$$外部筹资额=外部筹资销售增长比\times 销售增长额$$
$$=0.479\times 1000$$
$$=479(万元)$$

如果销售增长500万元(即销售增长率为16.7%)，则

$$外部筹资额=500\times [0.6667-0.0618-1.167\div 0.167\times 4.5\%\times (1-30\%)]$$
$$=500\times 0.3849=192.45(万元)$$

外部筹资销售增长比不仅可以预计外部筹资额，还可用于调整股利政策和预计通货膨胀对筹资的影响。

例如，该公司预计销售增长5%，则

$$外部筹资销售增长比=0.6667-0.0618-1.05\div 0.05\times 4.5\%\times (1-30\%)$$
$$=0.605-0.6615=-5.65\%$$

这说明企业不仅没有外部融资需求，还有剩余资金8.475万元(即3000×5%×5.65%)，可用于增加股利或进行短期投资。

又如，预计明年通货膨胀率为10%，公司销量增长5%，则销售额含有通货膨胀的增长率为15.5%，即(1+10%)×(1+5%)-1=15.5%，则

$$外部筹资销售增长比=0.6667-0.0618-1.155\div 0.155\times 4.5\%\times (1-30\%)$$
$$=0.605-0.2347=37.03\%$$

企业要按销售名义增长额的37.03%补充资金，才能满足需要。

即使销量增长为0，也需要补充资金，以弥补通货膨胀造成的货币贬值损失，即因通货膨胀带来的名义销售增长10%，则

$$外部筹资销售增长比=0.6667-0.0618-1.1\div 0.1\times 4.5\%\times (1-30\%)$$

$$=0.605-0.3465=25.85\%$$

$$外部筹资额=3000\times10\%\times25.85\%=77.55(万元)$$

2. 外部筹资需求的敏感分析

外部筹资需求的多少，不仅取决于销售增长，还要看营业净利率和股利支付率。在股利支付率小于1的情况下，营业净利率越大，外部筹资需求越小；在营业净利率大于0的情况下，股利支付率越高，外部筹资需求越大。

在【例9-4】中，企业股利支付率是30%，营业净利率为4.5%，外部筹资需求为479万元。假设预计营业收入仍为4000万元，若股利支付率为100%，则

$$外部筹资额=1000\times[0.6667-0.0618-1.3333\div0.3333\times4.5\%\times(1-100\%)]=605(万元)$$

若股利支付率为0，则

$$外部筹资额=1000\times[0.6667-0.0618-1.3333\div0.3333\times4.5\%\times(1-0)]=425(万元)$$

在【例9-3】中，企业的营业净利率是4.5%，股利支付率是40%，外部筹资需求为479万元。假设预计营业收入仍为4000万元，营业净利率为10%，则

$$外部筹资额=1000\times[0.6667-0.0618-1.3333\div0.3333\times10\%\times(1-30\%)]=325(万元)$$

思考题

1. 筹资预测的步骤有哪些？
2. 运用销售百分比法预测的步骤有哪些？
3. 何为内含增长率和可持续增长率？如何测算可持续增长率？
4. 如何测算外部筹资需求？

练习题

假设某公司2017年销售收入为4000万元，2018年预计销售收入为5000万元，2017年的各项销售百分比如表9-5所示，在2018年可以持续。为扩大生产经营规模，该公司决定于2018年年初购建价值300万元的厂房和机器设备，公司股利分配率为60%，假设该公司2018年计划营业净利率为5%，2017年年底没有可动用的金融资产。要求：①预计公司2018年的外部筹资需求，并编制预计资产负债表。②假设公司2018年不发行新股，经营效率和财务政策保持不变，总资产周转次数为2.5次，根据期初所有者权益计算该公司的可持续增长率。

表9-5 预计资产负债表 万元

项目	2017年实际	销售百分比	2018年预测
资产			
货币资金(经营)	80	2%	
交易性金融资产	80	—	
应收票据(经营)	90	2.25%	

(续表)

项目	2017年实际	销售百分比	2018年预测
应收账款	360	9%	
存货	280	7%	
其他流动资产	10	—	
固定资产等长期资产	1400	—	
资产合计	2300		
负债和所有者权益			
应付账款	240	6%	
短期借款	150	—	
应付职工薪酬	82	2.05%	
应交税费	60	1.5%	
其他应付款	40	—	
其他流动负债	18	1.77%	
长期借款(经营)	330	1.67%	
股本	700	—	
资本公积	260	—	
留存收益	420		
追加外部筹资额	—		
负债和所有者权益总计	2300		

第10章　财务杠杆与资本结构决策

10.1　杠杆效应

在财务学中，杠杆效应是指业务量(比如销售量)较小的变动导致盈利产生较大幅度的变动。企业经营同时存在经营杠杆和财务杠杆两种杠杆效应，经营杠杆是指销售量等市场因素变动引起企业盈利更高程度的变动，而财务杠杆则是指负债进一步放大了市场波动对公司盈利的影响。

10.1.1　经营风险与经营杠杆

1. 经营风险

公司经营受许多外部和内部因素变动的影响，经营风险定义为这些因素变动导致的企业盈利的不确定性。影响企业经营风险的因素有很多，主要有以下几个方面。

(1) 产品需求。市场对企业产品的需求稳定，则经营风险小；反之，经营风险大。

(2) 产品售价。产品售价变动稳定，则经营风险小；反之，则经营风险大。

(3) 产品成本。产品成本是收入的抵减，成本不稳定，会导致利润不稳定，因此产品成本变动大的，经营风险就大；反之，经营风险就小。

(4) 企业调整价格的能力。当产品成本变动时，若企业具有较强的调整价格的能力，经营风险就小；反之，则经营风险较大。

(5) 固定成本的比重。在企业全部成本中，固定成本所占比重较大时，单位产品分摊的固定成本额较大，若产品数量发生变动则单位产品分摊的固定成本会随之变动，最后会导致利润更大幅度变动，经营风险就大；反之，经营风险就小。

在导致公司盈利波动的外部因素中，市场需求的可控性最差，是导致经营风险的主要因素，因而在财务学中，经营风险通常是指市场需求波动导致的公司盈利的不确定性，并且在固定成本的作用下，公司盈利的不确定性被进一步扩大。此外，公司负债筹资和资本结构是导致股东收益波动的重要因素，会进一步放大市场波动对股东收益的影响，而这种影响也是建立在市场波动基础上的。

2. 经营杠杆

经营杠杆定义为销售变动(表现市场需求波动)对息税前利润(EBIT)变动的影响程度，即销售量(或销售额)一定程度的变动会引起公司息税前利润的变动程度，用以表现经营风险的大小。股东和公司经营者关注的是股东收益的波动(即公司总风险)，它不仅受经营风险的影响，还受筹资风险(负债)的影响。其中，经营杠杆考察的是经营风险对股东收益波动的影响，而税后利润(EAT)包含负债利息(筹资因素)的影响，因而在经营杠杆的计算公式中，分子采用不包含负债利息的EBIT(而非EAT)才能准确估计经营风险对股东收益波动的影响。基本的逻辑关系是：首先经营风险导致息税前利润以及税后利润发生波动，而后在筹资风险的作用下，股东收益波动被进一步放大。

(1) 息税前利润与盈亏平衡分析。息税前利润的计算公式为

$$\mathrm{EBIT}=Q(P-V)-F$$

式中：EBIT——息税前利润；

Q——产品销售数量

P——单位销售价格；

V——单位变动成本；

F——经营性固定成本总额。

当企业的营业收入总额与成本总额相等时，即当息税前利润等于0时，达到盈亏平衡点，此时的产品销售数量为Q_{BE}，则

$$\mathrm{EBIT}=Q_{\mathrm{BE}}(P-V)-F=0$$

$$Q_{\mathrm{BE}}=\frac{F}{(P-V)}$$

【例10-1】某企业生产A产品，销售单价为50元，单位变动成本为25元，固定成本总额为100 000元，求盈亏平衡点。

$$Q_{\mathrm{BE}}=\frac{F}{(P-V)}=\frac{100\,000}{50-25}=4\,000$$

达到盈亏平衡点以上的额外销售量时，企业处于盈利状态，此时距离盈亏点越远，利润增加越多；销售量跌到盈亏平衡点以下时，企业处于亏损状态，此时距离盈亏点越远，亏损将越大。

(2) 经营杠杆系数。经营杠杆表现的销售变化会对息税前利润变动产生一定的影响，这种影响程度一般用经营杠杆系数量化表示，它是息税前利润变动率与销售量(营业收入)变动率之间的比率。经营杠杆系数的表达式为

$$\mathrm{DOL}=\frac{\Delta\mathrm{EBIT}/\mathrm{EBIT}}{\Delta Q/Q}=\frac{\Delta\mathrm{EBIT}/\mathrm{EBIT}}{\Delta S/S}$$

式中：DOL——经营杠杆系数；

ΔEBIT——息税前利润变动额；

EBIT——息税前利润；

$\Delta Q(\Delta S)$——销售量(营业收入)变动量；

$Q(S)$——变动前销售量(营业收入)。

经营杠杆系数能够反映企业经营风险程度的高低。经营杠杆系数越大，表明经营杠杆作用越大，经营风险也就越大；经营杠杆系数越小，表明经营杠杆作用越小，经营风

险也就越小。

假定企业的“成本、销量、利润”保持线性关系，单位变动成本和固定成本保持不变，通过前文中的表达式可以推导出经营杠杆系数计算公式为

$$\mathrm{DOL}_Q=\frac{Q(P-V)}{Q(P-V)-F}=\frac{S-\mathrm{VC}}{S-\mathrm{VC}-F} \tag{10-1}$$

式中：DOL_Q——销售量为Q时的经营杠杆系数；

P——产品单位销售价格；

V——产品单位变动成本；

F——经营性固定成本；

S——营业收入；

VC——变动成本总额。

$$\mathrm{DOL}_s=\frac{S-\mathrm{VC}}{S-\mathrm{VC}-F}=\frac{\mathrm{EBIT}+F}{\mathrm{EBIT}} \tag{10-2}$$

式中：DOL_S——营业收入为S时的经营杠杆系数。

在实际工作中，式(10-1)可用于计算单一产品的经营杠杆系数；式(10-2)除了适用于单一产品外，还可用于计算公司整体的经营杠杆系数。如果固定成本等于0，则经营杠杆系数为1，销量变动引起息税前利润同样程度的变动，这表明经营风险虽然存在，但不存在经营杠杆效应。当固定成本不为0时，则经营杠杆系数大于1，即显现经营杠杆效应，而且固定成本越高，销售变动引起的息税前利润变动程度越高，经营风险越大。

由此可见，经营杠杆效应实际上是由固定性经营成本(比如折旧费用)引起的。在一定的销售量范围内，固定成本总额是不变的，随着销售量的增加，单位固定成本就会降低，从而使单位产品的利润提高，息税前利润的增长率将大于销售量的增长率；相反，销售量下降会提高产品单位固定成本，从而使单位产品的利润减少，则息税前利润的下降率将大于销售量的下降率。固定性经营成本具有放大销售波动对息税前利润波动的作用。在资本密集型产业中，由于经营性固定资产规模和固定性经营成本较高，因而经营风险和经营杠杆效应也较大；而在劳动密集型产业中，由于经营性固定资产规模较小、固定性经营成本较低，因而经营风险和经营杠杆效应也较小。

需要指出的是，经营杠杆与经营风险不是相同的概念，即使不存在经营杠杆效应，企业仍然存在经营风险，只不过经营风险不会引起企业盈利波动的放大效应。

【例10-2】A、B、C为经营性固定成本结构不同的企业，它们的有关情况如表10-1所示。需要分析的问题是：假设下一年度A、B、C3家企业的经营性固定成本保持不变，当销售量均增加50%时，3家企业息税前利润的变动幅度分别是多少？

表10-1　3家企业的经营杠杆效应　　万元

项目	A企业	B企业	C企业
营业收入(S)	3000	3000	3000
营业成本			
变动成本(VC)	1800	1800	1800
固定成本(F)	0	600	800
息税前利润(EBIT)	1200	600	400

(续表)

项目	A企业	B企业	C企业
固定成本/总成本	0	0.25	0.308
下一年度数据			
营业收入(S)	4500	4500	4500
营业成本			
变动成本(VC)	2700	2700	2700
固定成本(F)	0	600	800
息税前利润(EBIT)	1800	1200	1000
ΔEBIT/EBIT	50%	100%	150%

表10-1中的分析结果可以说明两个现象。

第一，当3家企业预计下年度营业收入均增长50%时，A企业由于没有固定经营成本，其息税前利润变动的百分比也是50%，即没有经营杠杆效应。而B企业、C企业由于固定成本的存在，其息税前利润分别增长了100%和150%，这说明是固定成本引起了经营杠杆效应。

第二，C企业相对于B企业而言，固定成本总额与所占总成本的比率均较大，因此息税前利润的变化程度也最高。

虽然固定成本是引发经营杠杆效应的根源，但企业销售量水平与盈亏平衡点的相对位置决定了经营杠杆的大小，即经营杠杆的大小是由固定性经营成本和息税前利润共同决定的。

【例10-3】某企业生产A产品，固定成本为60万元，变动成本率为40%，当企业的销售额分别为400万元、200万元、100万元时，求经营杠杆系数。

$$\mathrm{DOL}_1=\frac{400-400\times40\%}{400-400\times40\%-60}=1.33$$

$$\mathrm{DOL}_2=\frac{200-200\times40\%}{200-200\times40\%-60}=2$$

$$\mathrm{DOL}_3=\frac{100-100\times40\%}{100-100\times40\%-60}\to\infty$$

以上计算结果说明，在固定成本不变的情况下，经营杠杆系数说明了营业收入增长(减少)所引起息税前利润增长(减少)的幅度。营业收入越多，经营杠杆系数越小，经营风险也就越小；反之，营业收入越少，经营杠杆系数越大，经营风险也就越大。比如，DOL_1说明在营业收入为400万元时，营业收入的增长(减少)会引起息税前利润1.33倍的增长(减少)；DOL_2说明在营业收入为200万元时，营业收入的增长(减少)将引起利润2倍的增长(减少)；而如果营业收入为100万元时，恰好处于盈亏平衡点，DOL_3为∞。显然，企业盈利状况越靠近盈亏平衡点，盈利的不稳定性越强，表明经营风险也越大。

经营杠杆有助于企业管理层在控制经营风险时，不再简单考虑固定成本的绝对量，而是关注固定成本与盈利水平的相对关系。企业一般可以通过增加营业收入、降低产品单位变动成本、降低固定成本比重等措施使经营杠杆系数下降，降低经营风险，但这往往要受到客观条件的制约。

10.1.2　负债筹资与财务杠杆

公司在经营中经常会发生借入资本负债经营的情况，而负债筹资不仅会引发无法偿债的财务风险，也会放大股东收益的波动性。

1. 负债筹资与股东收益的波动性

为实现股东财富最大化目标，公司更为关注市场波动对股东收益波动性的影响。因为股东收益波动性越强，其要求的报酬率越高，企业价值或股权价值越低。

税后利润受市场波动影响的程度可以表现为

$$\frac{\Delta \mathrm{EAT}/\mathrm{EAT}}{\Delta Q/Q}=\frac{\Delta \mathrm{EAT}/\mathrm{EAT}}{\Delta \mathrm{EBIT}/\mathrm{EBIT}}\times\frac{\Delta \mathrm{EBIT}/\mathrm{EBIT}}{\Delta Q/Q}=\frac{\Delta \mathrm{EAT}/\mathrm{EAT}}{\Delta \mathrm{EBIT}/\mathrm{EBIT}}\times \mathrm{DOL}$$

式中：EAT——税后利润；

ΔEAT——税后利润变动额。

由此可以推导出

$$\frac{\Delta \mathrm{EAT}/\mathrm{EAT}}{\Delta \mathrm{EBIT}/\mathrm{EBIT}}=\frac{\mathrm{EBIT}}{\mathrm{EBIT}-I}$$

$$\mathrm{EAT}=(\mathrm{EBIT}-I)(1-T)；\ \Delta \mathrm{EAT}=\Delta \mathrm{EBIT}(1-T)$$

式中：I——负债规模决定的固定性融资费用(利息等)。

可见，税后利润受市场波动影响的程度不仅受经营杠杆的影响，还受公司筹资的影响，公司负债筹资会发生债务利息等固定性融资费用，负债筹资规模决定了固定性融资费用的高低。如果企业不负债，没有利息支出，股东收益(EAT)和息税前利润受市场波动影响的程度相同，即股东收益只受经营风险和经营杠杆的影响。而在公司负债经营的情况下，由于固定性融资费用的存在，税后利润受市场变动影响的波动程度被进一步放大，投资风险进一步上升。也就是说，股东收益的波动性不仅受经营杠杆的影响，也受企业负债规模和固定性融资费用的影响。负债规模和固定性融资费用越高，股东收益的波动性越强。

可见，股东收益除了受经营风险的影响以外，还受公司负债筹资引发的财务风险(或筹资风险)的影响。通常，财务风险定义为负债筹资导致的公司无法偿还债务的风险，风险的直接承受人为债权人。而在这里，财务风险是指负债筹资引起的股东收益的不确定性(或风险)，风险的直接承受人为股东。

2. 负债筹资与财务杠杆的特征

根据上述分析，负债所产生的债务利息等固定性融资成本是导致股东收益波动性被进一步放大的根源。如果不存在负债和固定性融资费用，则普通股股东税后利润的变动率将与息税前利润的变动率保持一致。这种在某一固定的债务与权益融资结构下，由债务利息等固定性融资成本引起的，市场波动使股东收益产生比息税前利润更高变动程度的现象称为财务杠杆效应，它表现的是股东所承受的财务风险的大小。财务杠杆效应越强，股东所承受的财务风险越大；反之，股东承受的财务风险越小。如不存在财务杠杆效应，即债务利息等固定性融资成本为0时，股东就不会承受财务风险，所以财务杠杆与财务风险具有相同的内涵。负债规模和固定性融资成本通过财务风险和财务杠杆效应进一步加大了市场波动对股东收益波动的影响，从而使股东所承受的风险被进一步放大。

需要指出的是，财务风险和财务杠杆效应表现的是企业负债所产生的固定性融资成本对股东收益不确定性的影响程度，而这种股东所承受的财务风险是建立在公司经营风险的基础上的。因为如果公司没有经营风险，公司的息税前利润就不会发生变动，而由于固定性融资费用是一定的，所以负债和固定性融资成本就不会引起股东收益的变动。可见，财务风险或财务杠杆的本质是建立在经营风险基础之上的，由负债引起的股东收益波动的放大效应。在市场波动的情况下，由于固定性经营成本和固定性融资成本的存在，股东收益不仅受经营风险和经营杠杆的影响，也受财务风险或财务杠杆的影响，因而会导致股东收益比息税前利润更高程度的波动。

3. 财务杠杆系数

财务杠杆效应可以用财务杠杆系数量化表示，它是企业计算每股收益的变动率与息税前利润的变动率之间的比率。每股收益的变动率与税后利润的变动率相同。

财务杠杆系数的表达式为

$$DFL = \frac{\Delta EPS / EPS}{\Delta EBIT / EBIT}$$

式中：DFL——财务杠杆系数；

ΔEPS——普通股每股收益的变动额；

EPS——变动前的普通股每股收益；

ΔEBIT——息税前利润的变动额；

EBIT——变动前的息税前利润。

财务杠杆系数反映了公司息税前利润一定程度的变动所引起每股收益(或税后利润)变动的程度。在市场波动的情况下，息税前利润变动体现了经营风险对股东收益的影响程度。如果企业没有负债和固定利息费用，息税前利润变动率与股东收益的变动率相同，也就是说，股东收益只受经营风险的影响。而在公司负债筹资的情况下，由于债务融资的利息成本是不变的，随着息税前利润的增加，单位息税前利润所负担的固定性利息费用会相对减少，从而导致单位息税前利润中归属于股东的税后利润部分增加幅度更大，普通股股东每股收益的增加率将会大于息税前利润的增长率。反之，当息税前利润减少时，单位利润所负担的固定利息费用将会相应增加，从而导致单位利润中归属于股东的税后利润部分减少幅度更大，普通股股东每股收益的下降率将会大于息税前利润的下降率。可见，由于负债和固定性融资费用的存在，市场波动引发的息税前利润的变动会引起股东收益发生更高程度的变动，而且固定性融资费用支出越多，股东收益的变动幅度越大。

可见，财务杠杆系数反映了负债和固定性融资费用所引起的，股东收益比息税前利润更高程度的变动，这种更高程度的变动正是股东所承受的财务风险的写照。财务杠杆系数越大，表明股东所承受的财务风险越大，股东收益波动的风险也就越大；财务杠杆系数越小，表明股东所承受的财务风险越小，股东收益波动的风险也就越小。

由于优先股的股息具有债券利息的特征，也是一种固定性融资成本，因而根据上述表达式应该加入优先股的股息，根据财务杠杆系数的原始表达式，可以推导出财务杠杆系数的计算公式为

$$\text{DFL}=\frac{\Delta\text{EPS}/\text{EPS}}{\Delta\text{EBIT}/\text{EBIT}}=\frac{\Delta\text{EAT}/\text{EAT}}{\Delta\text{EBIT}/\text{EBIT}}$$

$$\text{EAT}=[\text{EBIT}-I](1-T)-\text{PD}$$

$$\Delta\text{EAT}=\Delta\text{EBIT}(1-T)$$

求得

$$\text{DFL}=\frac{\text{EBIT}}{\text{EBIT}-I-\text{PD}/(1-T)}$$

式中：I——债务利息；

PD——优先股股息；

T——公司所得税税率。

从公式中可以看出：①如果固定性融资成本(债务利息和优先股股利)等于0，则财务杠杆系数为1，即不存在财务杠杆效应和财务风险。当债务利息成本或优先股股利不为0时，则通常财务杠杆系数是大于1的，即显现财务杠杆效应和财务风险。当市场波动时，每股收益会比息税前利润呈现更高程度的变动。这时，股东不仅承受经营风险，还承受财务风险，股东收益的不确定性或股东的投资风险被进一步放大。②财务杠杆是由负债规模(优先股可以视为无期限债券)决定的，负债规模越大，固定性融资成本越高，财务杠杆和财务风险越高。③当息税前报酬等于固定性融资成本时，即公司处于盈亏临界点时，杠杆系数为无穷大，即股东承受的财务风险和收益不确定性也无限大。

在实际工作中，还可以用下述公式计算财务杠杆系数

$$\text{DFL}=\frac{S-\text{VC}-F}{S-\text{VC}-F-I-\text{PD}/(1-T)}$$

利用财务杠杆系数计算公式，分别计算【例10-2】中A、B、C三家公司在息税前利润均是200 000元时的财务杠杆系数，假设三家公司固定利息费用分别为0、40 000元和80 000元，则财务杠杆系数分别为

$$\text{DFL}_{\text{A}}=\frac{200\ 000}{200\ 000-0}=1$$

$$\text{DFL}_{\text{B}}=\frac{200\ 000}{200\ 000-40\ 000}=1.25$$

$$\text{DFL}_{\text{C}}=\frac{200\ 000}{200\ 000-80\ 000}=1.67$$

计算结果表明，除A公司外，B、C两家公司的财务杠杆系数随着债务利息的增大而增加。如果三家公司的负债规模保持不变，当息税前利润增加1倍时(从200 000元增加到400 000元)，用同样的计算方法，A公司仍维持财务杠杆系数是1，而B、C两家公司的财务杠杆系数分别为1.11和1.25。这说明，当盈利水平提高时，固定性利息成本占全部盈利的比重下降，导致股东收益波动的风险下降，表现为财务杠杆系数下降。

虽然固定性融资成本是引发财务杠杆效应的根源，但根据财务杠杆系数的第二个表达式，即

$$\text{DFL}=\frac{\text{EBIT}}{\text{EBIT}-I-\text{PD}/(1-T)}$$

可知，息税前利润与税前固定性融资成本之间的相对水平也决定了财务杠杆的大小，即财务杠杆的大小是由固定性融资成本和息税前利润共同决定的。

10.1.3 资本结构与财务杠杆

假设不考虑优先股股息，对上述财务杠杆系数公式做进一步推导，可以得出

$$DFL=\frac{\text{EBIT/总资本}}{\text{EBIT/总资本}-I\text{/总资本}}=\frac{\text{息税前资产报酬率}}{\text{息税前资产报酬率}-\text{利息率}\times\text{资产负债}}$$

$$DFL=\frac{1}{1-\text{利息率}\times\text{资产负债率/资产息税前报酬率}}$$

$$\text{资产息税前报酬率}=\text{息税前利润/总资产}$$

根据上述推导后的公式，我们可以看出：①资本结构(资产负债率)是影响财务杠杆效应的重要因素，在息税前资产报酬率一定的情况下，资产负债率或负债比例越高，财务杠杆效应越大，股东所承受的财务风险和股东收益的波动性越大；②从分母来看，利息率可以作为常量，这样资产负债率与资产息税前报酬率的比率越小，财务杠杆系数越小，反之则越大。也就是说，在资本结构(资产负债率)一定的情况下，盈利能力越强的企业，财务杠杆效应越小，股东所承受的财务风险越小，股东收益的不确定程度越低。政策含义是：盈利能力强的企业财务风险小，则可以更多地借助于杠杆经营，增加负债比例；反之，盈利能力差的企业财务风险大，则不适合大规模实行杠杆经营，应在资本结构中适度减小债务比例。

综上所述，固定性融资成本、息税前利润水平、资本结构(资产负债率)和资产息税前报酬率都是影响财务杠杆效应的重要因素，这些因素共同决定了财务杠杆效应和财务风险的大小。

【例10-4】A、B、C为3家经营业务内容相同的公司，它们的有关情况如表10-2所示。

表10-2 各公司的融资方案

元

项目	A公司	B公司	C公司
普通股本	2 000 000	1 500 000	1 000 000
发行股数/股	20 000	15 000	10 000
债务(利率8%)	0	500 000	1 000 000
债务利息	0	40 000	8 0000
资本总额	2 000 000	2 000 000	2 000 000
资产负债率	0	25%	50%
息税前资产报酬率	10%	10%	10%
息税前利润(EBIT)	200 000	200 000	200 000
税前利润	200 000	160 000	120 000
所得税(税率为25%)	50 000	40 000	30 000
税后盈余	150 000	120 000	90 000

(续表)

项目	A公司	B公司	C公司
普通股每股收益/元	7.5	8.00	9.00
息税前利润增加:			
息税前利润增加额	200 000	200 000	200 000
税前利润	400 000	360 000	320 000
所得税(税率为25%)	100 000	90 000	80 000
净利润	300 000	270 000	240 000
普通股每股收益/元	15.00	18.00	24.00
ΔEPS/EPS	(15−7.5)/7.5=100%	(18−8)/8=125%	(24−9)/9=167%
财务杠杆系数	0	125%/1=125%	167%/1=167%

通过对表10-2的分析，可以得出以下结论。

第一，完全没有负债融资的A公司相对于具有债务融资的B公司、C公司而言，在息税前利润增加1倍的情况下(从200 000元增加到400 000元)，每股收益也增加1倍，说明每股收益与息税前利润同步变化，即没有显现出财务杠杆效应。而B公司、C公司每股收益的变化率则分别为125%和167%，变动幅度均超过息税前利润所增加的1倍，显现出财务杠杆效应。由于B公司和C公司息税前利润相同，C公司的负债规模和利息成本高于B公司，因而，C公司的财务杠杆效应更大。

第二，在B公司、C公司的利息成本保持不变的条件下，当息税前利润增加时(从200 000元增加到400 000元)，B公司、C公司的财务杠杆系数分别从20%与40%下降到10%与20%，表明公司息税前利润相对于税前固定性融资成本越多，财务杠杆效应越小。因而，对财务杠杆的管理不能简单考虑负债融资的绝对量，而应关注固定性融资成本与盈利水平的相对关系。

第三，从资本结构来看，除A公司没有负债外，B公司、C公司的资产负债率分别为25%和50%。当B公司、C公司各自的资产负债率保持不变时(其资产负债率分别为25%、50%)，由于原息税前资产报酬率相同，在息税前利润均增加1倍的情况下(从200 000元增加到400 000元)，B公司、C公司的每股收益变化率则分别为125%和167%。结果表明：在息税前资产报酬率相同的情况下，资产负债率越高的公司显现出每股收益的变化程度越高，说明财务杠杆效应越明显。由于负债比率是可以控制的，企业可以通过合理安排资本结构、适度负债，来降低财务杠杆带来的不利影响。

10.1.4　联合杠杆

前述内容提到，明确市场波动(销售变动)对税后利润(EAT)或每股收益(EPS)不确定性的影响程度，对公司管理者和股东具有决策意义。如果直接考察销售变动对每股收益波动的影响程度，则可以用系数(DTL)表示，表达式为

$$\mathrm{DTL}=\frac{\Delta \mathrm{EPS}/\mathrm{EPS}}{\Delta Q/Q}$$

依据经营杠杆系数与财务杠杆系数的表达式，以上杠杆系数可以进一步分解为经营杠杆系数和财务杠杆系数的乘积，所以称为联合杠杆系数或总杠杆系数，表达式为

$$\text{DTL}=\frac{\Delta\text{EPS}/\text{EPS}}{\Delta Q/Q}=\frac{\Delta\text{EPS}/\text{EPS}}{\Delta\text{EBIT}/\text{EBIT}}\times\frac{\Delta\text{EBIT}/\text{EBIT}}{\Delta Q/Q}=\text{DFL}\times\text{DOL}$$

总杠杆系数表现为经营杠杆系数和财务杠杆系数的乘积，反映了公司经营杠杆和财务杠杆共同作用的组合效果。其中，经营杠杆系数衡量销售变化对息税前利润的影响程度，而财务杠杆系数则用于衡量息税前利润变化对每股收益的影响程度。

联合杠杆系数也可以推导出以下两个具体的计算公式

$$\text{DTL}=\frac{Q(P-V)}{Q(P-V)-F-I-\dfrac{\text{PD}}{1-T}}$$

$$\text{DTL}=\frac{\text{EBIT}+F}{\text{EBIT}-I-\text{PD}/(1-T)}$$

联合杠杆系数对公司管理层具有以下意义：①在固定性经营成本和固定性融资成本一定的条件下，当销售发生变化时，能够对每股收益的影响程度做出判断，即能够估计出营业收入变动对每股收益造成的影响。例如，如果一家公司的总杠杆系数是3，则说明销售量或营业收入每增长(减少)1倍，就会造成每股收益增长(减少)3倍。②总杠杆系数可以估计市场波动对股东收益的影响程度，即能够反映企业总风险，即股东收益的总风险的大小。股东收益变动的风险越大，股权价值越低。③由于总杠杆是经营杠杆与财务杠杆的联合作用，公司为了控制股东收益的总风险，可以为经营杠杆和财务杠杆安排不同的组合。政策含义是：经营风险和经营杠杆系数较高的公司只能在较低的程度上使用财务杠杆，不适合于大规模负债或增加负债比例；而经营风险和经营杠杆较低的公司则可以在较高的程度上使用财务杠杆，适度增加负债规模和负债比例等。在实践中，这有待公司在考虑各相关因素之后做出选择。

10.2 资本结构理论

资本结构，是指企业各种长期资本来源的构成和比例关系。在通常情况下，企业的长期资本由长期债务资本和权益资本构成，资本结构指的就是长期债务资本和权益资本各占多大比例。一般来说，在资本结构概念中不包含短期负债，原因在于：在企业运营中，满足短期资产需要的短期负债的需要量是经常变化的，难以事先规划和控制。具体来看，短期负债中的商业信用属于自发性筹资，企业难以控制和规划；短期借款主要用于补充流动资金的临时性、季节性缺口的需要，而流动资金的波动性难以预测，也使得短期借款具有很强的波动性和被动适应性特征，难以预测和事先规划安排。因此，通常不将短期负债列入资本结构决策范畴。

10.2.1 资本结构的MM理论

现代资本结构理论是由莫迪格利安尼与米勒(简称MM)基于完美资本市场的假设条件提出的，MM资本结构理论依据以下假设条件：①经营风险可以用息税前利润的方差来衡量，具有相同经营风险的公司称为风险同类(Homogeneous Risk Class)。②投资者等市场参与者对公司未来的收益与风险的预期是相同的(Homogeneous Expectations)。③完善的资本市场(Perfect Capital Markets)，即在用股票与债券进行交易的市场中没有交易成本，且个人与机构投资者的借款利率与公司相同。④借债无风险，即公司或个人投资者的所有债务利率均为无风险报酬率，与债务数量无关。⑤全部现金流是永续的，即公司息税前利润具有永续的零增长特征，债券也是永续的。

在上述假设的基础上，MM首先研究“没有企业所得税”情况下的资本结构理论，之后又研究了“有企业所得税”情况下的资本结构理论。因此，MM资本结构理论可以分为“无税MM理论”和“有税MM理论”。

1. 无税MM理论

在不考虑企业所得税的情况下，MM理论研究了两个命题。

(1) 命题Ⅰ。在没有企业所得税的情况下，有负债企业的价值与无负债企业的价值相等，即无论是否有负债，企业的资本结构与企业价值无关，其表达式为

$$V_L=\frac{\text{EBIT}}{K_{\text{WACC}}}=V_U=\frac{\text{EBIT}}{K_e^u}$$

式中：V_L——有负债企业的价值；

V_U——无负债企业的价值；

EBIT——企业全部资产的预期收益(永续)；

K_{WACC}——有负债企业的加权资本成本；

K_e^u——既定风险等级的无负债企业的权益资本成本。

命题Ⅰ的表达式说明了无论企业是否有负债，加权平均资本成本都将保持不变，企业价值仅由预期收益决定，即全部预期收益(永续)按照与企业风险等级相同的必要报酬率(市场利率)计算现值。如果有负债企业的价值等于无负债企业的价值，就说明有负债企业的加权平均资本成本，而且无论债务是多少，都与风险等级相同的无负债企业的权益资本成本相等。企业加权资本成本与其资本结构无关，仅取决于企业的经营风险。

(2) 命题Ⅱ。有负债企业的权益资本成本随着财务杠杆的提高而增加。权益资本成本等于无负债企业的权益资本成本加上风险溢价，而风险溢价与以市值计算的债务与股东权益的比例(D/E)成正比，其表达式为

$$K_e^{\,L}=K_e^{\,u}+\text{风险溢价}=K_e^{\,u}+\frac{D}{E}\left(K_e^{\,u}-K_d\right)$$

式中：K_e^L——有负债企业的权益资本成本；

K_e^u——无负债企业的权益资本成本；

D——有负债企业的债务市场价值；

E——权益市场价值；

K_d——税前债务资本成本。

风险报酬是对有负债企业财务风险的补偿，其大小由无负债企业的权益资本成本与债务资本成本之差以及债务权益价值比决定。

在不考虑所得税的情形下，命题Ⅰ的一个推论是有负债企业的加权平均资本成本与无负债企业的资本成本相同，即$K_{WACC}=K_e{}^u$。企业的加权平均资本成本的表达式为

$$\frac{E}{E+D}K_e{}^L+\frac{D}{E+D}K_d=K_{WACC}=K_e{}^u$$

上式变形后可以得出：$K_e{}^L=K_e{}^u+\frac{D}{E}\left(K_e{}^u-K_d\right)$，即MM命题Ⅱ。

命题Ⅱ的表达式说明：有负债企业的股权成本随着负债程度增大而增加。

无企业所得税条件下的MM理论的命题Ⅰ和命题Ⅱ可用图10-1来表示。

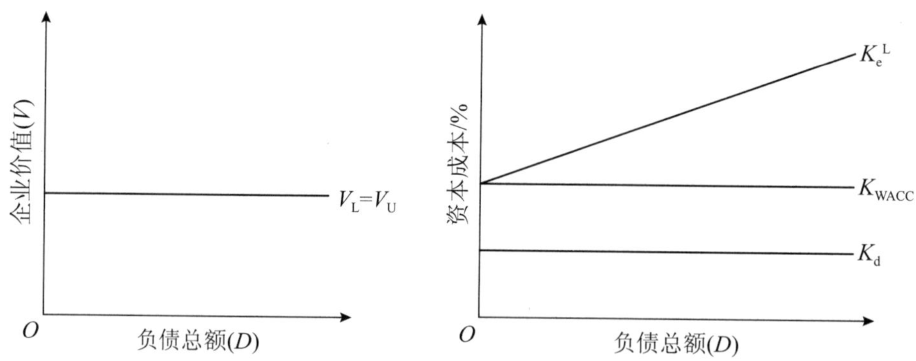

图10-1 无企业所得税条件下MM理论的命题Ⅰ和命题Ⅱ

2. 有税MM理论

有税MM理论也研究两个基本命题。

命题Ⅰ：有负债企业的价值等于具有相同风险等级的无负债企业的价值加上债务利息抵税收益的现值，表达式为

$$V_L=V_u+TD$$

式中：V_L——有负债企业价值；

V_u——无负债企业价值；

T——企业所得税税率；

D——企业债务数量。

债务利息的抵税价值TD又称为杠杆收益，是企业为支付债务利息从实现的所得税抵扣中获取的所得税支出节省，等于抵税收益的永续年金现金流的现值，即债务金额与所得税税率的乘积(将债务利息率作为贴现率)。

命题Ⅰ的表达式说明了由于债务利息可以税前扣除，形成了债务利息的抵税收益，相当于增加了企业的现金流量，增加了企业的价值。随着企业负债比例的提高，企业价值也随之提高，在理论上全部融资源于负债时，企业价值将达到最高。

命题Ⅱ：有债务企业的权益资本成本等于相同风险等级的无负债企业的权益资本成

本加上与以市值计算的债务与权益比例成正比的风险报酬，且风险报酬取决于企业的债务比例以及所得税税率，表达式为

$$K_e^{L} = K_e^{u} + \text{风险报酬} = K_e^{u} + (K_e^{u} - K_d)\frac{D}{E}(1-T)$$

式中：K_e^L——有负债企业的权益资本成本；

K_e^u——无负债企业的权益资本成本；

D——有负债企业的债务市场价值；

E——权益市场价值；

K_d——不变的税前债务资本成本；

T——企业所得税税率。

风险报酬等于无负债企业股权成本与债务成本之差、负债权益比率以及所得税税后因子$(1-T)$相乘。

有税条件下MM命题Ⅱ和无税条件下MM命题Ⅱ所表述的有负债企业权益资本成本的基本含义是大体一致的，仅有的差异是由$(1-T)$引起的。由于$(1-T)<1$，使有负债企业的权益资本成本比无税时要小。

有企业所得税条件下的MM理论的两个命题如图10-2所示。

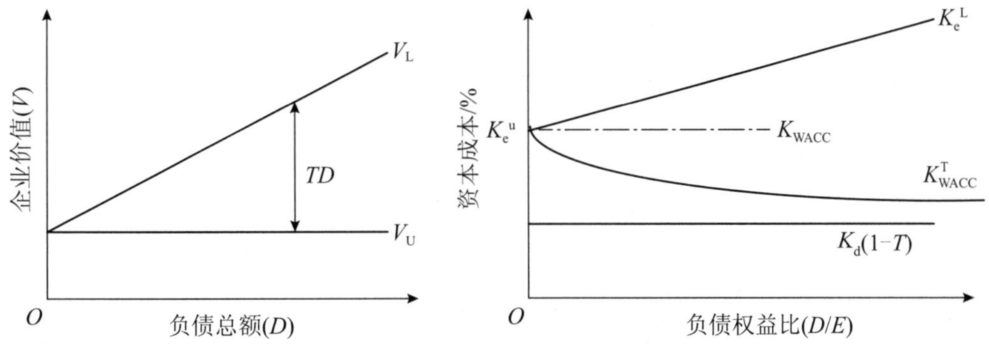

图10-2　有企业所得税条件下的MM理论的命题Ⅰ和命题Ⅱ

考虑所得税条件下的MM理论，其显著特征是债务利息抵税对企业价值有影响。企业使用债务时，给投资者(股东和债权人)的现金流量要比无债务时多，多出的部分就是利息抵税。企业每年因利息抵税形成的所得税支出节省，等于抵税收益年金现金流的现值，即用债务数量、债务利息率以及所得税税率的乘积作为抵税收益的永续年金现金流的现值，再以债务利息率作为贴现率计算的现值。有负债企业的现金流量等于(除资本结构不同外所有其他方面完全相同)无负债企业的现金流量与利息抵税现金流之和，根据无套利原理，这些现金流量的现值也必定相同。据此，考虑所得税条件下的有负债企业的价值，即有税条件下的MM命题Ⅰ也可表示为

$$V_L = V_U + PV_{\text{利息抵税}}$$

为了计算由利息抵税引起的企业总价值的增加，需要预测企业各期的债务利息现金流以及是否受风险因素的影响，再用与其风险相适应的折现率将各期债务利息的抵税收

益现金流进行贴现，其现值即为利息抵税对企业价值的影响。

在考虑所得税的条件下，有负债企业的利息抵税收益可以用加权平均资本成本来表示。在企业使用债务筹资时所支付的利息成本中，有一部分被利息抵税所抵销，使实际的债务利息成本为$K_d(1-T)$。考虑所得税时的负债企业加权平均资本成本为

$$K_{\text{WACC}}^{T}=\frac{E}{E+D}K_{e}^{\text{L}}+\frac{D}{E+D}K_{d}(1-T)=\frac{E}{E+D}K_{e}^{\text{L}}+\frac{D}{E+D}K_{d}-\frac{D}{E+D}K_{d}T$$

上式表明，在考虑所得税的条件下，有负债企业的加权平均成本K_{WACC}^{T}随着债务筹资比例的增加而降低。

如果企业想通过调整债务结构来维持目标债务与股权比率，并计算债务利息抵税对企业价值的影响，可以利用公式$V_L=V_U+\text{PV}$(利息抵税)来计算有负债与无负债企业的价值之差(V_L-V_U)求得。由无税条件下MM理论可知，资本结构与企业价值无关，有负债企业的加权平均资本成本与无负债企业的资本成本相同。显然，在预期目标债务与权益结构下，可以通过计算税前加权平均资本成本贴现企业的自由现金流，得出无负债企业的价值。最后，利用有负债企业的加权平均资本成本贴现企业的自由现金流，得出企业有负债的价值，并计算价值之差。

上述修正的MM理论考虑了企业所得税，但并没有考虑个人所得税对债务比例与企业价值之间关系的影响。米勒在1977年进一步提出了同时考虑个人所得税和企业所得税的资本结构理论模型。他认为：在其他条件不变时，个人所得税会降低无负债公司的价值，并且当普通股投资收益的有效税率通常低于债券投资的有效税率时，有负债的企业的价值会低于MM理论考虑所得税时有负债企业的价值。

10.2.2 资本结构的其他理论

现代资本结构研究的起点是MM理论。在完美资本市场的一系列严格假设条件下，得出资本结构与企业价值无关的结论。在现实世界中，这些假设难以成立，最初MM理论推导出的结论并不完全符合现实情况，但已成为资本结构研究的基础。此后，在MM理论的基础上不断放宽假设，从不同的视角对资本结构进行了大量研究，推动了资本结构理论的发展。这其中比较有代表性的是权衡理论、代理理论与优序融资理论。

1. 权衡理论

未来现金流量不稳定以及对经济冲击高度敏感的企业，如果使用过多的债务，会导致其陷入财务困境(Financial Distress)，出现财务危机甚至破产。企业陷入财务困境后所引发的成本分为直接成本与间接成本。财务困境的直接成本是指企业因破产、进行清算或重组所发生的法律和管理费用等；间接成本的范围则通常比直接成本大得多，是指因财务困境引发企业资信状况恶化以及持续经营能力下降而导致的企业价值损失，具体表现为企业客户、供应商、员工的流失，投资者的警觉与谨慎导致的融资成本增加等。因此，负债在为企业带来抵税收益的同时，也给企业带来了陷入财务困境的成本。所谓权衡理论(Trade-off Theory)，就是强调在平衡债务利息的抵税收益与财务困境成本的基础

上，实现企业价值最大化时的最佳资本结构。此时所确定的债务比率是债务抵税收益的边际价值等于增加的财务困境成本的价值。

基于修正的MM理论的命题，有负债企业的总价值是无负债价值加上债务抵税收益的现值，再减去财务困境成本的现值，表达式为

$$V_L=V_U+PV_{利息抵税}-PV_{财务困境成本}$$

式中：V_L——有负债企业的价值；

V_U——无负债企业的价值；

$PV_{利息抵税}$——利息抵税的现值；

$PV_{财务困境成本}$——财务困境成本的现值。

权衡理论的表述如图10-3所示。

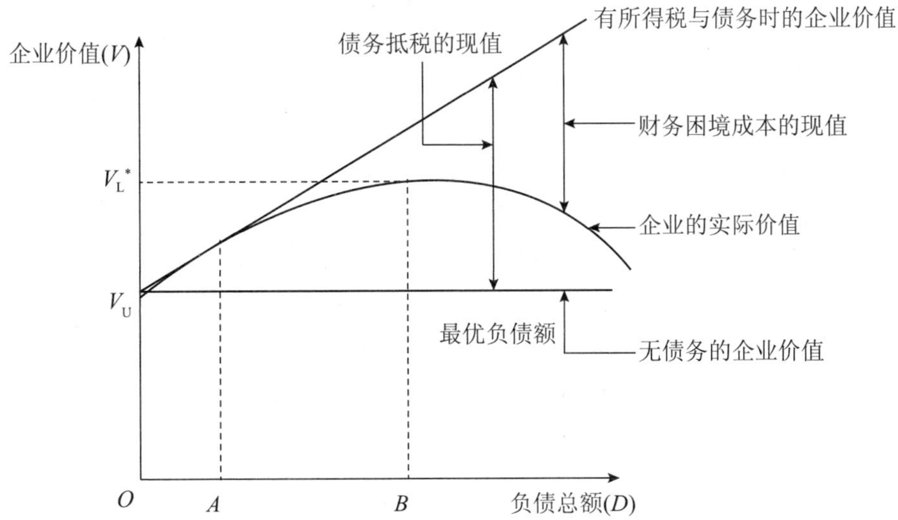

图10-3　基于权衡理论的企业价值与资本结构

由于债务利息的抵税收益，负债增加会增加企业的价值。随着债务比率的增加，财务困境成本的现值也会增加。在图10-3中，负债总额达到*A*点前，债务抵税收益起主导作用；达到*A*点后，财务困境成本的作用逐渐加强，直到*B*点，债务抵税收益现值与财务困境成本现值相平衡，企业价值达到最大V_L^*，因此，*B*点的债务与权益比率为最佳资本结构。超过*B*点，财务困境的不利影响超过抵税收益，企业价值可能下降。

财务困境成本的现值由两个重要的定量因素决定：①发生财务困境的可能性；②企业发生财务困境的成本高低。一般情形下，发生财务困境的可能性与企业收益现金流的波动程度有关。现金流与资产价值稳定程度低的企业，因违约无法履行偿债义务而发生财务困境的可能性相对较高；而现金流稳定可靠的资本密集型企业，如公共事业公司，就能利用较高比率的债务融资，且债务违约的可能性很小。财务困境成本的高低取决于这些成本来源的相对重要性以及行业特征。如果高科技企业陷入财务困境，由于潜在客户和核心员工的流失以及缺乏容易清算的有形资产，招致的财务困境成本可能会很高；相反，不动产密集性高的企业的财务困境成本可能会较低，因为企业价值大多来自相对容

易出售和变现的资产。

权衡理论有助于解释有关企业债务的难解之谜。财务困境成本的存在有助于解释为什么有的企业负债水平很低而没有充分利用债务抵税收益。财务困境成本的高低和现金流量的波动性有助于解释不同行业之间的企业杠杆水平的差异。

2. 代理理论

在资本结构决策中，不完全契约、信息不对称以及经理、股东与债权人之间的利益冲突将影响投资项目的选择，特别是企业陷入财务困境时，更容易引起过度投资问题与投资不足问题，导致发生债务代理成本。债务代理成本损害了债权人的利益，降低了企业价值，最终将由股东承担这种损失。

(1) 过度投资问题。过度投资问题，是指因企业投资不盈利项目或高风险项目而产生的损害股东以及债权人的利益并降低企业价值的现象。过度投资问题有两种情形：一是当企业经理与股东之间存在利益冲突时，经理的自利行为产生的过度投资问题；二是当企业股东与债权人之间存在利益冲突时，经理代表股东采纳成功率低甚至净现值为负的高风险项目产生的过度投资问题。

当企业的所有权与控制权发生分离时，经理与股东之间的利益冲突会表现为经理的机会主义行为。具体表现形式为：如果企业的自由现金流相对充沛，即使在企业缺乏可以获利的投资项目和成长机会时，经理也会倾向于通过扩大企业规模实现扩大自身对企业资源的控制权，表现为随意支配企业自由现金流投资于净现值甚至为负的投资项目，而不是向股东分配股利。有时经理也会过分乐观，并自信地认为其行为有助于提升股权价值，如果在没有真正认识到项目投资风险与价值的情况下进行投资，也会导致过度投资行为。企业经理这种随意支配自由现金流的行为是以损害股东利益为代价的，为抑制这种过度投资带来的对股东利益以至最终对企业价值的损害，可提高债务筹资比例，增加债务利息固定性支出在自由现金流中的比例，以实现对经理的自利性机会主义行为的制约。

有时股东也倾向于选择高风险的投资项目，特别是当企业遇到财务困境时，即使投资项目的净现值为负，股东也有动机投资于这类高风险项目。这是因为公司股东与债权人之间存在潜在的利益冲突，表现为在信息不对称的条件下，如果高风险投资项目最终成功了，股东将获得全部剩余收益；但如果该项目失败了，股东也只承担有限责任，主要损失将由债权人承担。显然，企业股东选择高风险项目会提高债权人的风险水平，降低债权人的投资价值，这种通过高风险项目的过度投资把债权人的财富转移到股东手中的现象被称为“资产替代问题”(Asset Substitution)。

【例10-5】A公司有一笔100万元年末到期的债务。如果公司的策略不变，年末的资产市值仅为90万元，公司资不抵债，将发生违约。公司经理正在考虑一项新高风险策略，假设这一策略不需要预先投资，假定成功的可能性只有50%。如表10-3所示，如果成功，公司的预期价值为80万元(50%×130+50%×30)，与原先90万元的企业价值相比，减少了10万元，债权人利益会遭到进一步损失；如果公司不实施新策略，公司最终将违约，股东也一无所获。如果公司尝试这个风险策略且取得成功，公司在偿付100万元的债务后，股东将得到30万元；如果不成功，股东也不会发生额外损失。

表10-3 两项策略下债务与股权的价值 万元

项目	原策略	新的风险策略		
		成功	失败	期望值
资产价值	90	130	30	80
债务价值	90	100	30	65
股权价值	0	30	0	15

虽然新策略的公司期望价值(80万元)低于原策略(90万元)，但股东的期望所得为15万元(50%×0+50%×30)，仍可以从实施新项目中获利，因此股东倾向于采纳这一新策略。而债权人的总体期望所得(债务价值)为65万元(50%×100+50%×30)，与原策略将会收到90万元相比，损失了25万元，债权人将遭受损失。若公司采取新策略，债权人损失的25万元，相应地包含股东得到的15万元，以及因新策略的风险加大而导致的预期损失10万元。实际上，公司经理和股东是在用债权人的资金冒险，即如果该公司在财务困境时不冒险投资，债务价值仍然是90万元；而冒险投资后，债务价值将降低为65万元，债权人损失的15万元转移给了股东。

这个例子表明了一个基本观点：在企业遭遇财务困境时，即使投资了净现值为负的投资项目，股东仍可能从企业的高风险投资中获利，说明股东有动机投资于净现值为负的高风险项目，并伴随风险从股东向债权人的转移，即会产生过度投资问题。

(2) 投资不足问题。投资不足问题是指企业放弃净现值为正的项目而使债权人利益受损，进而降低企业价值的现象。投资不足问题发生在企业陷入财务困境并且债务比例较高时，如果用股东的资金去投资一个净现值为正的项目，可以在增加股东权益价值的同时，增加债权人的债务价值。但当债务价值的增加超过权益价值的增加时，即从企业整体角度而言是净现值为正的新项目，而对股东而言则成为净现值为负的项目，投资新项目后将会导致财富从股东转移到债权人。因此，如股东预见到投资新项目后的大部分收益将由债权人获得并导致自身价值下降时，就会拒绝为净现值为正的新项目投资。

【例10-6】沿用【例10-5】的数据，假设A公司放弃高风险项目，选择一个更有吸引力的投资项目。该投资项目要求投资10万元，预期将产生50%的无风险回报，这项投资明显能够为股东创造财富。问题是公司已陷入财务困境，没有剩余现金也无法发行新股为这一新项目筹资。假设现有股东向公司提供项目所需的10万元，股东和债权人在年末的所得如表10-4所示。

表10-4 有新项目和无新项目时债权人和股东的所得 万元

项目	无新项目	有新项目
公司价值	90	105
债务价值	90	100
股权价值	0	5

如果股东为项目提供10万元，那他们只能收回5万元，其投资的10万元流向债权人，

债权人的所得从90万元增加到100万元。尽管该项目为股东提供了正的净现值，但对股东来说却是一项净现值为负的投资回报(5−10=−5)。

该例表明：企业面临财务困境时，股东拒绝投资净现值为正的项目，放弃投资机会的净现值，会产生投资不足的问题。股东主动放弃净现值为正的投资项目，将对债权人和企业价值造成损失。对于那些未来可能有大量盈利性增长机会需要投资的企业而言，这种成本将更高。

(3) 债务的代理收益。债务的代理成本既可以表现为因过度投资使债权人价值向股东转移，也可以表现为因投资不足而发生的股东为避免价值损失而放弃给债权人带来价值增值。然而，债务在发生代理成本的同时，也会伴生相应的代理收益，具体表现为债权人保护条款引入、对经理提升企业业绩的激励措施以及对经理随意支配现金流浪费企业资源的约束等。债务的代理收益将有利于减少企业的价值损失或增加企业价值。

当债权人意识到发生债务代理成本可能产生自身价值的损失时，会采取必要措施保护自身利益，通常会在债务合同中加入一些限制性条款，如提出较高的利率要求以及对资产担保能力的要求。此外，法律以及资本市场的相关规定也会出于保护债权人利益的目的对发生债务做出一些限制性规定，这些保护债权人利益的措施有效地抑制了债务代理成本。例如，企业发生新债务时，理性的投资者会谨慎地关注企业的资信状况、盈利能力、财务政策、成长机会以及投资的预期收益与风险，新投资者、现有债权人与股东均会对新发生的债务的预期收益以及对原有债务的影响做出合理判断，以避免发生企业价值受损的潜在危险。

债务利息支付的约束性有利于激励企业经理尽力实现营业现金流的稳定性，保证履行偿付的义务，在此基础上，进一步提高企业创造现金流的能力，提高债权人与股东的价值，维护自身的职业声誉。与此同时，因经理与股东之间的潜在利益冲突，从资本结构的设计角度出发，可适当增加债务，提高债务现金流的支付比率，约束经理随意支配企业自由现金流的浪费性投资与在职消费行为，抑制以损害股东利益为代价的机会主义行为所引发的企业价值下降。

(4) 债务代理成本与收益的权衡。企业负债引发的代理成本以及相应的代理收益，最终均反映在对企业价值产生的影响中。在考虑债务的代理成本和代理收益后，资本结构的权衡理论模型可以扩展为如下形式

$$V_L=V_U+\mathrm{PV}_{利息税盾}-\mathrm{PV}_{财务困境成本}-\mathrm{PV}_{债务的代理成本}+\mathrm{PV}_{债务的代理收益}$$

代理理论对资本结构如何影响企业价值的主要因素以及内在逻辑关系提供了一个基本分析框架，但这些结论并非与企业的实际做法完全一致。如同投资等其他决策一样，资本结构决策也是由公司在符合自身基本动机的基础上并综合考虑其他多种因素做出的。

3. 优序融资理论

优序融资理论(Pecking Order Theory)是指当企业存在融资需求时，首先选择内源融资，其次选择债务融资，最后选择股权融资。优序融资理论解释了当企业内部现金流不

足以满足经营性长期资产投资需求时，更倾向于债务融资而不是股权投资。优序融资理论揭示了企业筹资时对不同筹资方式选择的顺序偏好。

优序融资理论是在信息不对称框架下研究资本结构的一种分析思路。这里的“信息不对称”，是指企业内部管理层通常要比外部投资者拥有更多、更准确的企业信息。在这种情况下，企业的许多决策，如筹资方式选择、股利分配等，不仅具有财务上的意义，还向市场和外部投资者传递着信号。外部投资者只能通过管理层的这些决策所传递出的信息了解企业对未来收益的预期和投资风险，间接地评价企业价值。企业的债务比例或资本结构就是一种把内部信息传递给市场的工具。

在信息不对称的条件下，如果外部投资者掌握的关于企业价值的信息比企业管理层掌握得少，那么，企业权益的市场价值就可能被错误地定价。当企业股票价值被低估时，管理层将避免增发新股，而采取其他融资方式筹集资金，如内部融资或发行债券；而在企业股票价值被高估的情况下，管理层将尽量通过发行新股为新项目融资，让新的股东分担投资风险。这一结论可通过下面的例子证明。

【例10-7】如表10-5所示，情况一是在企业前景较好而股票价值被低估时发行股票，新投资者将获得超额收益，而现有股东将蒙受损失；相反，情况二是在企业前景看淡而股票价值被高估时发行新股，能维护现有股东的利益。如果企业管理层站在现有股东的立场，代表现有股东的利益，只有当企业预期业绩并不乐观且股票价值又被高估时，才会为了新项目进行外部股权融资。如果企业股票价值被低估，将会偏好使用留存收益或债务为投资项目筹资，而不是依赖外部股权融资。由此，外部投资者会产生逆向选择的心理：认为当企业预期业绩好并且确定性程度较高时，才会选择债务方式融资，以增加现有股东的每股收益；而一旦企业对外宣称拟发行新股，实际上是在向市场传递其股价被高估，或对未来收益实现预期目标没有把握的信号。这种信号传递的结果是降低投资者对该公司股权价值的预期，导致股票市价下跌。

表10-5　优序融资理论

情况	当前股价/元/股	管理层预期/元/股	按当前股价定价	增发新股票结果
情况一	50	60	股票价值被低估	新投资者仅支付50元便可获得价值60元/股的股票
情况二	50	40	股票价值被高估	新投资者支付50元却只能获得价值40元/股的股票

既然投资者担心企业在发行股票时其价值被高估，为摆脱利用价值被高估进行外部股权融资的嫌疑，企业会尽量以内源融资方式从留存收益中筹措项目资金。如果留存收益的资金不能满足项目资金需求，有必要进行外部融资，在外部债务融资和股票融资之间总是优先考虑债务融资。因此，企业在筹集资金的过程中，遵循先内源融资后外源融资的基本顺序。在需要外源融资时，优先考虑债券融资(先普通债券后可转换债券)，不足时再考虑外部权益融资。

优序融资理论只是在考虑信息不对称与逆向选择行为的影响下，解释了企业筹资时对选择不同筹资方式的顺序偏好，并不能解释现实生活中所有资本结构决策。

10.3 资本结构决策

资本结构决策是指确定企业的最优资本结构，在公司长期筹资管理中至关重要，一直以来都是理论界的研究热点，也是一个难点。

10.3.1 资本结构决策与企业价值

根据现金流量折现模型，公司资本成本是决定企业价值的重要因素，而从筹资决策角度来看，资本结构是决定公司加权平均资本成本的重要因素。

从构成资本结构的资本要素来看，由于债务资本的成本要显著低于权益资本的成本，因而在资本结构中，增加债务比例能够降低公司资本成本。但这一结论是错误的，因为它是以资本要素成本不变为前提的。实际上，在公司的资本结构中，随着债务比例增加，债权人和股东所承受的财务风险都会加大，从而导致债务资本成本和权益资本成本上升。这样增加负债比例会带来两种效应：一方面，会通过改变资本要素的比例，即增加低成本的债务资本、减少高成本的权益资本来降低公司资本成本；另一方面，负债比例的增加也会增加财务风险和资本要素成本，从而导致公司资本成本增加。至于增加负债比例能否降低公司资本成本则取决于这两个方面的综合效应。图10-4描述了公司加权平均资本成本与资本结构(负债比例)的动态关系。当一家公司的负债比例过低时，高成本的权益资本在资本结构中所占比重过大，因而公司加权平均资本成本较高。而在这种资本结构下，财务风险很小，这时提高负债比例，因此带来的成本节约效应非常显著，而财务风险增加带来的成本上升效应并不明显。所以在这个阶段，随着负债比例的增加，资本成本曲线会呈现不断下降的趋势。但是当债务比率达到一定程度时，财务风险和财务杠杆会变得非常显著，这时财务风险和财务杠杆增加带来的成本上升与负债比例增加带来的成本节约相同，即图10-4中公司资本成本曲线的最低点，这时再增加负债比例会导致公司资本成本由下降转为上升。

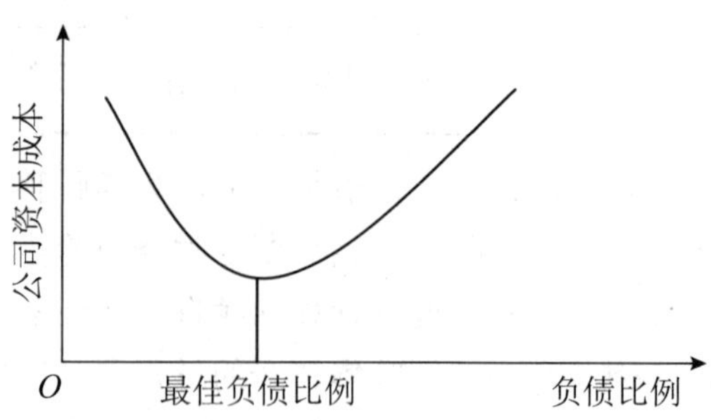

图10-4　最佳负债比例

图10-4中公司资本成本曲线的最低点对应的负债比例就是最佳负债比例，即最佳资本结构。理论和实证分析表明存在资本成本最低的公司资本结构，资本结构决策目标就是确定最佳的债务比率或资本结构，以实现加权平均资本成本最低、企业价值最高。

10.3.2 资本结构决策分析方法

由于每家企业都处于不断变化的经营条件和外部经济环境中，使得确定最佳资本结构十分困难。资本结构决策分析有不同的方法，常用的简单方法有资本成本比较法、每股收益无差别点法、公司价值比较法。

1. 资本成本比较法

资本成本比较法，是指在不考虑各种融资方式在数量与比例上的约束以及财务风险差异时，通过计算各种基于市场价值的长期融资组合方案的加权平均资本成本，并根据计算结果选择加权平均资本成本最低的方案，确定为相对最优的资本结构。

【例10-8】某企业初始成立时需要资本总额为7000万元，有以下三种筹资方式，如表10-6所示。

表10-6　三种筹资方案基本数据　　万元

筹资方案	方案一		方案二		方案三	
	筹资金额	资本成本	筹资金额	资本成本	筹资金额	资本成本
长期借款	500	4.5%	800	5.25%	500	4.5%
长期债券	1000	6%	1200	6%	2000	6.75%
优先股	500	10%	500	10%	500	10%
普通股	5000	15%	4500	14%	4000	13%
负债比率	21.43%		28.57%		35.71%	
资本合计	7000		7000		7000	
其他资料：表中债务资本成本均为税后资本成本，所得税税率为25%						

依据表10-6中的数据计算三种不同筹资方案的加权平均资本成本。

方案一：

$$K_{WACC}=500/7000\times4.5\%+1000/7000\times6\%+500/7000\times10\%+5000/7000\times15\%=12.61\%$$

方案二：

$$K_{WACC}=800/7000\times4.5\%+1200/7000\times6\%+500/7000\times10\%+4500/7000\times14\%=11.34\%$$

方案三：

$$K_{WACC}=500/700\times4.5\%+2000/7000\times6.75\%+500/7000\times10\%+4000/7000\times13\%=10.39\%$$

通过比较不难发现，方案三的加权平均资本成本最低。因此，企业应按照方案三的各种资本比例筹集资金，由此形成的资本结构为相对最优的资本结构。

资本成本比较法仅以资本成本最低为选择标准，测算过程简单，是一种比较便捷的方法。但这种方法没有考虑不同资本结构(负债比例)对资本要素成本和加权资本成本的影响，因而，计算的综合资本成本未必准确，所选择的资本结构也未必恰当。

2. 每股收益无差别点法

当企业因扩大生产经营规模需要追加筹集长期资本时，一般可供选择的筹资方式有普通股融资、优先股融资与长期债务融资。在追加筹资决策中，需要解决筹资方式的选择问题。每股收益无差别点法，也称为EBIT-EPS分析法，是追加筹资方式决策的一种重要方法。所谓每股收益无差别点是指不同融资方案下公司的每股收益(EPS)相等时所对应的盈利水平(EBIT)，即每股收益不受筹资方案影响的盈利水平。该方法通过计算每股收益无差别点的盈利水平，可以在预期的盈利水平下，选择每股收益较大的融资方案作为追加筹资方案。显然，每股收益无差别点分析法是以普通股的每股收益(EPS)作为选择融资方式的决策标准。

【例10-9】某企业目前已有1000万元长期资本，均为普通股，股数为100万股，目前股价为10元/股。现企业希望再实现500万元的长期资本融资以满足扩大经营规模的需要。有三种筹资方案可供选择：方案一，发行年利率为10%的长期公司债券；方案二，采用股利率为12%的优先股筹资；方案三，全部依靠发行普通股股票筹资，按照目前的股价，需增发50万股新股。假设企业预期的息税前利润为210万元，企业所得税税率为25%。要求：在预期的息税前利润水平下选择筹资方案。

三种筹资方案的每股收益计算公式为

$$\text{EPS}_{负债}=(\text{EBIT}-I)(1-T)/N_0=(\text{EBIT}-50)(1-25\%)/100$$

$$\text{EPS}_{优先股}=[(\text{EBIT}-0)(1-T)-\text{PD}]/N_0=[\text{EBIT}(1-25\%)-60]/100$$

$$\text{EPS}_{普通股}=(\text{EBIT}-0)(1-T)/(N_0+N)=\text{EBIT}(1-25\%)/150$$

式中：PD——优先股筹资支付的优先股股利；

N_0——筹资前发行在外的普通股股数；

N——新增发行的普通股股数。

这样建立了三种筹资方式的EBIT-EPS函数，画出每股收益无差别点图，如图10-5所示。

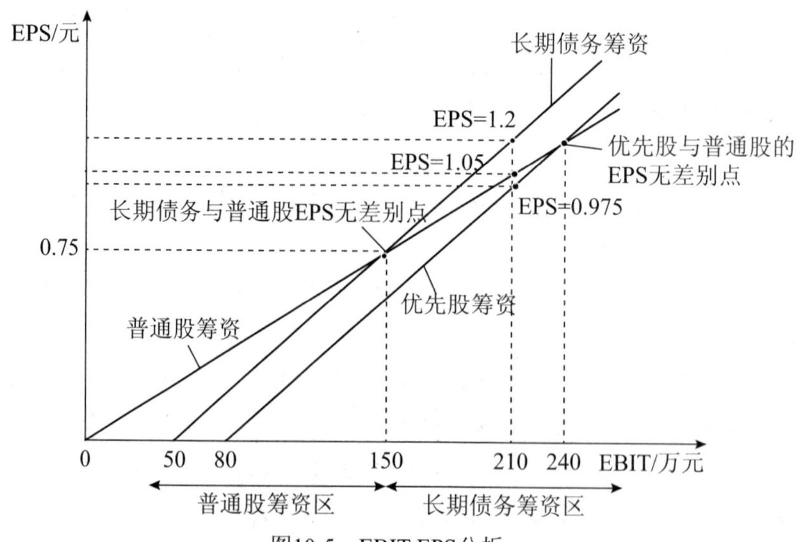

图10-5　EBIT-EPS分析

横轴为EBIT，纵轴为EPS，每条直线代表一个筹资方案的EBIT-EPS关系。

如果采用债券筹资方案，则必须有息税前利润50万元(即500×10%)，才能够支付长期债务利息。因此，50万元就是债务融资与横轴(息税前利润)的交点，也是长期债务线的起点；若采用优先股筹资方案，优先股股利=500×12%=60万元。由于优先股股利在税后支付，所以应以优先股股利除以(1−税率)，才能得出足以支付优先股股利的息税前利润，60/(1−25%)=80万元，即为优先股股线与横轴的交点，也是优先股的起点。普通股筹资没有固定性筹资费用，因此以0为起点。

在每股收益无差别点图中，能够找到债务筹资与普通股筹资、优先股筹资与普通股筹资两个每股收益无差别点的息税前利润(EBIT)。

首先，计算债务筹资与普通股每股收益无差别点的息税前利润(EBIT)，则

$$EPS_{负债} = EPS_{普通股}$$

$$(EBIT-50)(1-25\%)/100=(EBIT-0)(1-25\%)/150$$

债务筹资与普通股筹资的每股收益无差别点为：EBIT=150(万元)

从图10-5中可以看出，债务筹资线与普通股筹资线相交于息税前利润为150万元的点上。此时，这两种筹资方式带来的每股收益是相同的，此为长期债务与普通股筹资的每股收益无差别点。如果预期的EBIT高于150万元，运用负债筹资可获得较高的每股收益，应采用债务筹资；当EBIT低于150万元时，则普通股筹资比长期债务筹资能提供更高的每股收益，应采用普通股筹资。

其次，计算优先股筹资与普通股筹资每股收益无差别点的息税前利润(EBIT)，则

$$EPS_{优先股} = EPS_{普通股}$$

$$[EBIT(1-25\%)-60]/100=(EBIT-0)(1-25\%)/150$$

优先股筹资与普通股筹资每股收益无差别点为：EBIT=240(万元)

从图10-5中可以看出，普通股线与优先股线相交于息税前利润为240万元的点上。此时，这两种筹资方式带来的每股收益是相同的，此为优先股和普通股的每股收益无差别点。如果预期的EBIT低于此点，增发普通股为更好的筹资方案；如果预期的EBIT高于此点，则发行优先股能提供更高的每股收益。但在本例中，由于负债筹资能够取得更高的每股收益，所以应该选择负债筹资。

这样，可以将预期息税前利润划分为两个筹资优势区，预期息税前利润在150万元以下为普通股筹资区，预期息税前利润在150万元以上为长期债券筹资区。由于预期息税前利润为210万元，故应选择长期债券筹资，才能实现最大的每股收益。从图10-5中可以看出，长期债务线与优先股线是平行的，不会产生每股收益无差别点，这说明债务融资在任何同一预期条件下均能比发行优先股提供更高的每股收益。

企业预期息税前利润为210万元，筹资方案的选择也可通过表10-7计算验证。

表10-7 三种筹资方案每股收益(EPS)比较 元

项目	方案一(债务筹资)	方案二(优先股筹资)	方案三(普通股筹资)
EBIT	2 100 000	2 100 000	2 100 000
利息支出	500 000		
税前收益	1 600 000	2 100 000	2 100 000
所得税25%	400 000	525 000	525 000
税后收益	1 200 000	1 575 000	1 575 000
优先股股利		600 000	
普通股收益	1 200 000	975 000	1 575 000
普通股股数N	100万股	100万股	150万股
EPS	1.2	0.975	1.05

由表10-7可知，当息税前利润为210万元时，长期债务融资每股收益为1.2元，优先股每股收益为0.975元，普通股每股收益为1.05元。

每股收益无差别点在为企业管理层解决在某一特定预期盈利水平下应选择什么融资方式提供了一个简单的分析方法。显然，这种方法侧重于将不同筹资方式下的每股收益进行比较，但预期盈利水平与每股收益无差别点所对应的盈利水平之间的距离不同，反映的状态稳定性也不同。在上例中，长期债务与普通股筹资方式的每股收益无差别点所对应的息税前利润EBIT为150万元，当预期收益超过150万元时，债务融资方式的每股收益总是高于普通股融资方式的每股收益，且距离每股收益无差别点对应的息税前利润150万元越远，两种融资方式的每股收益差距越大，债务融资相对于普通股融资的优势越明显。

每股收益无差别点法是以每股收益的高低作为衡量标准，选择能够给股东带来更多收益的筹资方案，但是这种方法也存在一些缺陷：①没有考虑追加筹资方案可能对股东所承受的财务风险的影响。从根本上讲，公司筹资决策应符合股东财富最大化的目标。根据股权现金流量折现模型，选择每股收益最高的追加筹资方案，有利于增加每股股权自由现金流量，提高每股股权价值和股价。但是，这种方法没有考虑追加筹资方案可能对股东所承受的财务风险和股权资本成本的影响。根据上述有关财务风险和财务杠杆的分析，当企业选择具有固定性融资成本的融资方式时会显现出财务杠杆效应，导致股东收益的波动性加大。比如，在公司资产负债率很高的情况下，为增加每股收益仍然片面选择负债筹资方式，会导致股东所承受的财务风险增大，股权资本成本上升，从而使股权价值下降。因此，单纯以每股收益作为选择追加筹资方案的标准，由于没有考虑其对股东所承受的财务风险因素的影响，未必能够增加股东财富。尽管追加筹资方案会使每股收益增加，但如果其带来的股东财富增加不足以补偿风险增加导致的股东财富下降，股东财富仍然会下降。②筹资方案选择没有考虑资本结构优化的要求。每股收益无差别点法是一种追加筹资的方法，从严格意义上讲，并不是资本结构决策的方法。因而，从资本结构决策的角度来看，按照这种方法追加筹资形成的资本结构未必符合资本结构优化的要求，可能会对公司资本成本和公司价值产生负面影响。比如，在负债率很高的情况下，为增加每股收益仍然采用负债筹资，会增加公司资本成本，降低企业价值。

3. 公司价值比较法

公司价值比较法的理论依据是资本结构决策应符合公司价值最大化的目标，即应当选择能够实现公司价值最大的资本结构方案。

(1) 资本结构与公司价值的关系。考察资本结构与公司价值的关系，首先涉及公司价值的估计问题。根据实体现金流量折现模型，公司价值的计算公式为

$$\text{实体价值}=\sum_{t=1}^{\infty}\frac{\text{实体自由现金流量}_t}{\left(1+\text{加权平均资本成本}\right)^t}$$

从实体价值的公式来看，公司实体价值与加权平均资本成本成反比，实现企业价值最大化目标要求公司资本成本最小化，而资本结构是决定公司资本成本的重要因素。因此，从资本结构决策来看，公司应该选择加权平均资本成本最低的资本结构方案作为最

优资本结构方案。

(2) 公司价值的估计。由于公司价值等于股权价值和债务价值之和，因而我们可以通过估计股权价值和债务价值间接估计公司价值。

为使计算简便，设长期债务的现值(债务内在价值)等于其面值(B)。假设公司的税后利润为永续年金，没有优先股，税后利润全部用于支付普通股股利，则股票的价值(S)为

$$S=\frac{D}{K_S}=\frac{(\mathrm{EBIT}-I)(1-T)}{K_S}$$

式中：D——普通股股利；

K_S——权益资本成本。

采用资本资产定价模型计算普通股的资本成本K_S，计算公式为

$$K_S=R_F+\beta(R_M-R_F)$$

$$\text{公司价值}(V)=\text{股权价值}(S)+\text{债务价值}(B)=\frac{(\mathrm{EBIT}-I)(1-T)}{K_S}+B$$

对上市公司而言，在有效市场的条件下，由于有效市场具有价值发现功能，股票市值和债务市值能够分别反映股权价值和债务价值，因而公司价值为公司股权市场价值和债务市场价值之和，即

公司价值=股权市场价值+债务市场价值

可见，在有效市场条件下，只需要获得股权市值和债务市值的信息，而不需要利用现金流量折现模型对股权价值和债务价值进行估计，从而大大简化公司价值估计过程。

(3) 公司最优资本结构的确定。根据公司估价模型，实现公司价值的最大化要求加权平均资本最小化，最优资本结构也就是公司资本成本最低的资本结构。

【例10-10】某企业的长期资本构成均为普通股，无长期债务资本和优先股资本，股票的账面价值为3000万元。预计未来每年EBIT为600万元，税后净利润全部用于支付股利，所得税税率为25%。该企业认为目前的资本结构不合理，为改善资本结构，提高企业价值，准备通过发行债券回购部分股票的方式调整资本结构。经咨询，目前的长期债务利率和权益资本的成本情况如表10-8所示。

表10-8　不同债务水平下的公司债务资本成本和权益资本成本

债券价值B/万元	K_b/%	β值	R_F/%	R_M/%	K_S/%
0	–	1.2	8	12	12.8
300	10	1.3	8	12	13.2
600	10	1.4	8	12	13.6
900	12	1.55	8	12	14.2
1200	14	1.7	8	12	14.8
1500	16	2.1	8	12	16.4

注：K_b为税前债务资本成本

从表10-8中可以看出，随着负债规模的扩大，公司财务风险增加，公司的违约风险上升，导致债务成本上升；同时，负债规模扩大使股东收益的不确定性增加，公司的系统风险(β值)也会上升，进而导致股权成本上升。

1. 资本要素成本的计算。最优资本结构也就是公司资本成本最低的资本结构，选择最优资本结构需要测算不同方案的公司资本成本。计算公司资本成本，首先需要计算资本要素成本，根据表10-8的资料，债务资本成本是给定的，需要计算权益资本成本。这里，股权成本K_S采用资本资产定价模型进行计算，公式为

$$K_S=R_F+\beta(R_M-R_F)$$

计算结果如表10-8所示。

2. 公司资本成本的计算。计算公司资本成本，还需要计算资本要素在总资本中的比重(权数)，资本要素权数的计算公式为

$$W_S=\text{权益价值}(S)/\text{企业价值}(V)$$

$$W_B=\text{债务价值}(B)/\text{企业价值}(V)$$

$$W_S+W_B=1$$

债务价值给定，需要计算权益价值，进而确定企业价值。

公司价值为股权价值与债权价值之和，由于债务价值给定，所以只需要计算股权价值。根据题设条件，股权价值的计算公式为

$$S=\frac{(\text{EBIT}-I)(1-T)}{K_S}$$

在不同的长期债务规模下，公司的股利水平会因利息水平的不同而不同，需要分别计算，企业价值为股权价值与债权价值之和，计算结果如表10-9所示。

这样，可计算出不同长期债务规模下的债务权数和股权权数，公司的资本成本用加权平均资本成本(K_{WACC})来表示，公式为

$$K_{WACC}=K_bB/V(1-T)+K_SS/V$$

计算结果如表10-9所示。

表10-9 企业价值和加权平均资本成本

V(①=②+③)/万元	B(②)/万元	S(③)/万元	K_b/%	K_S/%	K_{WACC}/%
3515.63	0	3515.63	–	12.8	12.8
3538.64	300	3238.64	10	13.2	12.72
3577.94	600	2977.94	10	13.6	12.58
3498.59	900	2598.59	12	14.2	12.86
3389.19	1200	2189.19	14	14.8	13.28
3146.34	1500	1646.34	16	16.4	14.3

3. 最优资本结构的确定。从表10-9可以看出，初始情况下，企业没有长期债务，企业的价值$V=S=3515.63$万元，加权平均资本成本$K_{WACC}=K_S=12.8\%$。当企业开始发行债务回购股票时，企业的价值上升，加权平均资本成本降低，直到长期债务$B=600$万元，企业价值达到最大，$V=3577.94$万元，加权平均资本成本最低，$K_{WACC}=12.58\%$。若企业继续增加负债，企业价值便开始下降，加权平均资本成本上升。因此，长期债务为600万元时的资本结构为该企业的最佳资本结构。

企业价值比较法充分考虑了负债比例或资本结构对企业资本成本和企业价值的影响，符合企业价值最大化的目标。但这种方法测算复杂，通常只适用于大企业采用。

10.3.3　资本结构的影响因素

影响资本结构的因素较为复杂，大体可以分为企业的内部因素和外部因素。内部因素通常有营业收入、成长性、资产结构、盈利能力、管理层偏好、财务灵活性以及股权结构等；外部因素通常有税率、利率、资本市场、行业特征等。一般而言，收益与现金流量波动性较大的企业经营风险和流动性风险较高，要比收益与现金流量比较稳定的类似企业的负债水平低，以降低财务杠杆效应和流动性风险。成长性好的企业因其快速发展，对外部资金需求较大，而且这类企业普遍盈利性较好，财务杠杆效应并不显著，所以要比成长性差的类似企业的负债水平高。盈利能力强的企业因其内源融资的满足率较高，要比盈利能力较弱的类似企业的负债水平低。一般性用途资产比例高的企业因其资产作为债务抵押的可能性较大，要比具有特殊用途资产比例高的类似企业的负债水平高。财务灵活性强的企业要比财务灵活性差的类似企业的负债能力强。这里的“财务灵活性”是指企业利用闲置资金和剩余的负债能力应付可能发生的偶然情况和把握未预见机会的能力。

需要强调的是，企业实际资本结构往往受企业自身状况与政策条件及市场环境多种因素的共同影响，同时伴随企业管理层对控制权和风险的态度与主观判断，从而导致资本结构的决策难以形成统一的原则与模式。

思考题

1. 何为经营杠杆？产生经营杠杆效应的原因是什么？经营杠杆系数的经济含义是什么？

2. 财务杠杆的基本原理是什么？影响财务杠杆的因素有哪些？息税前利润与每股收益之间为什么会存在这种杠杆效应？

3. 什么是联合杠杆？它对公司管理具有哪些意义？

4. 什么是资本结构？影响资本结构的因素有哪些？

5. 资本结构决策分析方法有哪些？每股收益无差别点法的原理是什么？有哪些缺陷？

6. 企业价值比较法的基本原理是什么？企业价值如何估计？

练习题

1. 某公司每年固定性经营成本支出为60万元，2016—2018年的息税前利润分别为200万元、300万元和400万元，公司的长期资本为5000万元，其中债务资本占40%，平均年利率为6%。公司所得税税率为25%，每年优先股股利为20万元。公司发行在外的普通股股数为100万股。要求：分别计算公司三年的经营杠杆系数、财务杠杆系数和联合杠杆系数。

2. 某企业目前的资本结构(采用市场价值基础)为：长期负债1500万元，利率6%；普通股4500万元。公司追加筹资1500万元，目前股价为10元/股。现企业希望再实现500万元的长期资本融资以满足扩大经营规模的需要，有三种筹备方案可供选择。方案一：发行年利率为8%的长期公司债券；方案二：采用优先股股利为10%的优先股筹资；方案三：全部依靠发行普通股股票筹资，按照目前的股价，需增发150万股新股。假设企业预期的息税前利润为800万元，企业所得税税率为25%。要求：在预期的息税前利润水平下选择筹资方案。

3. 某企业的长期资本均为普通股，无长期债务资本和优先股资本，股票的账面价值为1000万元。预计未来每年EBIT为300万元，税后净利润全部用于支付股利，所得税税率为25%。该企业认为目前的资本结构不合理，没有发挥财务杠杆作用，准备通过发行债券回购部分股票的方式调整资本结构。经测算，在不同的债务规模下，长期债务资本成本和权益资本成本情况如表10-10所示。要求：测算在不同债务规模下的企业价值和综合资本成本，明确企业应发行多少债券回购股票。

表10-10　不同债务水平下的公司债务资本成本和权益资本成本

债券价值B/万元	K_b/%	β值	R_F/%	R_M/%	K_S/%
0	–	1.15	6	10	
200	7	1.25	6	10	
400	7	1.35	6	10	
600	8	1.60	6	10	
800	9	1.90	6	10	
1000	11	2.25	6	10	

第11章　基本长期筹资与证券估价

11.1　公司长期债务筹资

债务筹资是指通过负债筹集资金。负债是企业一项重要的资金来源，几乎没有一家企业只靠自有资本而不运用负债就能满足资金需要。企业资本筹资包括长期负债筹资和权益筹资，长期负债是指期限超过1年的负债。与普通股筹资相比，债务筹资的特点有：①筹集的资金具有使用上的时间性，需到期偿还；②不论企业经营好坏，需固定支付债务利息，从而形成企业固定的财务负担；③资本成本相对较低，且不会分散股东对企业的控制权；④限制较多，即债权人经常会向债务人提出一些限制性条件，以保证其能够及时、足额偿还债务本息，从而形成对债务人的种种约束。

目前，在我国，长期负债筹资主要有长期借款筹资和公司债券筹资两种方式。

11.1.1　长期借款筹资

长期借款是指企业向银行或其他非银行金融机构借入的使用期限超过1年的借款，主要用于构建固定资产和满足流动资金长期占用的需要。

1. 长期借款的种类

长期借款的种类很多，各企业可根据自身的情况和各种借款条件选用。目前，我国各金融机构的长期借款主要有以下几种。

(1) 按用途分类。按照用途，可分为固定资产投资借款、更新改造借款、科技开发和新产品试制借款等。

(2) 按贷款机构分类。按照提供贷款的机构，可分为政策性银行贷款、商业银行贷款等。此外，企业还可从信托投资公司取得实物或货币形式的信托投资贷款，从财务公司取得各种中长期贷款等。

(3) 按有无抵押分类。按照有无抵押，分为信用贷款和抵押贷款。信用贷款指不需企业提供抵押品，仅凭借款企业信用或第三方担保人信用而发放的贷款。抵押贷款指要求企业以抵押品作为担保的贷款。长期贷款的抵押品常常是房屋、建筑物、机器设备、股票、债券等。

2. 取得长期借款的条件和程序

企业申请贷款一般应具备以下条件：独立核算、自负盈亏、有法人资格；经营方向和业务范围符合国家产业政策，借款用途属于银行贷款办法规定的范围；借款企业具有一定的物资和财产保证，担保单位具有相应的经济实力；具有偿还贷款的能力；财务管理和经济核算制度健全，资金使用效益及企业经济效益良好；在银行设有账户，办理结算。

从长期借款的程序来看，企业先要向银行提出申请，陈述借款原因与金额、用款时间与计划、还款期限与计划。银行根据企业的借款申请，针对企业的财务状况、信用情况、盈利的稳定性、发展前景、借款投资项目的可行性等进行审查。银行审查同意贷款后，再与借款企业进一步协商贷款的具体条件，明确贷款的种类、用途、金额、利率、期限、还款的资金来源及方式、保护性条款、违约责任，等等，并以借款合同的形式将其法律化。借款合同生效后，企业便可取得借款。

3. 长期借款的保护性条款

由于长期借款的期限长、风险大，按照国际惯例，银行通常会在借款合同中规定一些有助于保证贷款按时足额偿还的条款，即保护性条款，大致有如下两类。

(1) 一般性保护条款。一般性保护条款应用于大多数借款合同，但根据具体情况内容有所不同，主要包括：①对借款企业流动资金保持量的规定，其目的在于保持借款企业资金的流动性和偿债能力；②对支付现金股利和再购入股票的限制，其目的在于限制现金外流；③对净经营性长期资产投资规模的限制，其目的在于降低企业日后不得不变卖固定资产以偿还贷款的可能性，仍着眼于保持借款企业资金的流动性；④限制其他长期债务，其目的在于防止其他债权人取得对企业资产的优先求偿权；⑤定期向银行提交财务报表，其目的在于及时掌握企业的财务情况；⑥不准在正常情况下出售较多资产，目的是保持企业正常的生产经营能力；⑦如期缴纳税费和清偿其他到期债务，以防被罚款而造成现金流失；⑧不准以任何资产作为其他承诺的担保或抵押，以避免企业丧失偿债能力；⑨不准贴现应收票据或出售应收账款，以避免或有负债；⑩限制租赁固定资产的规模，其目的在于防止企业负担巨额租金以致削弱其偿债能力，还在于防止企业以租赁固定资产的办法摆脱对其净经营性长期资产总投资和负债的约束。

(2) 特殊性保护条款。特殊性保护条款是针对某些特殊情况而出现在部分借款合同中的，主要包括：①贷款专款专用；②不准企业投资于短期内不能收回资金的项目；③限制企业高级职员的薪金和奖金总额；④要求企业主要领导人在合同有效期间担任领导职务；⑤要求企业主要领导人购买人身保险；等等。

4. 长期借款的成本

长期借款的利息率通常高于短期借款，但信誉好或抵押品流动性强的借款企业，仍然可以争取到较低利率的长期借款。长期借款利率有固定利率和浮动利率两种。浮动利率通常有最高限、最低限，并在借款合同中明确。对于借款企业来讲，若预测市场利率将上升，应与银行签订固定利率合同；反之，则应签订浮动利率合同。

除了利息之外，银行还会向借款企业收取其他费用，如实行周转信贷协定所收取的承诺费、要求借款企业在本银行中保持补偿余额所形成的间接费用，这些费用会增加长期借款的成本。

5. 长期借款的偿还方式

长期借款的偿还方式不一，具体包括：①定期支付利息，到期一次性还本的方式；②定期等额偿还方式；③平时逐期偿还小额本金和利息，期末偿还余下大额部分的方式。采用分期付息一次还本方式会增加企业的还款压力，而定期等额偿还又会提高企业使用贷款的实际利率。

6. 长期借款筹资的优点和缺点

与债券筹资相比，长期借款筹资的优缺点主要有以下几方面。

(1) 长期借款筹资的优点。

① 筹资速度快。债券发行的准备时间和发行时间一般较长，而向金融机构借款一般所需时间较短，可以迅速获得资金。

② 借款弹性较好。企业与金融机构通过一对一的直接商谈来确定借款的时间、数量、利息、偿付方式等条件。在借款期间，如果企业情况发生了变化，也可与金融机构进行协商，修改借款合同。借款到期后，还可与银行协商展期。

(2) 长期借款筹资的缺点。

① 清偿风险较大。企业举借长期借款，必须定期还本付息。在经营不利的情况下，可能会产生不能偿付的风险，甚至会导致破产。

② 限制条件较多。企业与金融机构签订的借款合同中，一般都有较多的限制条款，这些条款可能会限制企业的经营活动。

11.1.2　公司债券筹资

1. 债券的概念和分类

(1) 债券的概念。债券是发行者为筹集资金发行的，在约定时间支付一定比例的利息，并在到期时偿还本金的一种有价证券。债券的基本要素包括：①债券面值。债券面值是指设定的票面金额，它代表发行人承诺于到期日偿付给债券持有人的金额。②债券票面利率。票面利率是计算支付利息的依据，但它不同于有效年利率。有效年利率通常是指按复利计算的一年期的利率。债券的计息和付息方式有多种，可能使用单利或复利计息，利息支付可能半年一次、一年一次或到期日一次总付，这就使得票面利率可能不等于有效年利率。③债券的到期日。债券的到期日指偿还本金的日期。

(2) 债券的分类。

① 按债券上是否记有持券人的姓名或名称，分为记名债券和无记名债券。

② 按能否转换为本公司的股票，分为可转换债券和不可转换债券。一般来讲，可转换债券的利率要低于不可转换债券。

③ 按有无特定的财产担保，分为抵押债券和信用债券。发行公司以特定财产作为抵押品的债券为抵押债券；没有特定财产作为抵押，凭信用发行的债券为信用债券。抵押债券又分为：一般抵押债券，即以公司产业的全部资产作为抵押品而发行的债券；不动产抵押债券，即以公司的不动产为抵押而发行的债券；设备抵押债券，即以公司的机器

设备为抵押而发行的债券；证券信托债券，即以公司持有的股票证券以及其他担保证书交付给信托公司作为抵押而发行的债券等。

④ 按能否上市，分为上市债券和非上市债券。可在证券交易所挂牌交易的债券为上市债券；反之为非上市债券。上市债券信用度高，且变现速度快，对投资者有吸引力，但上市条件严格，并要承担上市费用。

⑤ 按照偿还方式，分为到期一次债券和分期债券。发行公司于债券到期日一次集中清偿本息的，为到期一次债券；一次发行而分期、分批偿还的债券为分期债券。

⑥ 按照发行人的不同，债券分为：中央政府债券，信誉卓著，没有本息违约风险。但是，在市场利率上升时，二级市场的政府债券价格也会下降，因此也是有风险的。地方政府债券，即地方政府发行的债券，存在违约风险，因此利率会高于中央政府债券。公司债券，即公司发行的债券，存在违约风险，不同的公司债券违约风险有很大差别，违约风险越大，债券的利率越高。国际债券，即外国政府或外国公司发行的债券。不仅外国公司债券有拖欠风险，有些外国政府债券也有违约风险。此外，如果国际债券以国外货币结算，购买者还需要承担汇率风险。

这里所说的债券，指的是期限超过1年的公司债券，债券筹资是公司在资本市场上的主要筹资方式。

2. 债券发行价格的确定

公司债券的发行价格通常有三种，即平价、溢价和折价。

平价指以债券的票面金额为发行价格；溢价指发行价格高于债券面值；折价指发行价格低于债券面值。债券发行价格的形成受诸多因素的影响，其中主要是票面利率与市场利率的一致程度。债券的票面利率在债券发行前即已参照市场利率和发行公司的具体情况确定下来，一并载明于债券之上。但在发行债券时已确定的票面利率不一定与当时的市场利率一致，为了协调债券购销双方在债券利息上的利益，就要调整发行价格。当票面利率高于市场利率时，以溢价发行债券；当票面利率低于市场利率时，以折价发行债券；当票面利率与市场利率一致时，则以平价发行债券。

以分期付息、到期还本债券为例，债券发行价格的计算公式为

$$债券发行价格=票面金额\times票面利率\times(P/A，r_d，n)+票面金额\times(P/F，r_d，n)$$

上述债券发行价格的计算公式的基本原理是债券发行价格应与债券价值一致，因为以债券价值确定发行价格是借贷双方都可以接受的价格，而上述债券发行价格的计算公式其实就是债券的估价模型。债券的全部现金流包括债券持续期间各期的利息与债券到期支付的面值本金。

【例11-1】 某公司发行面值为1000元、票面利率为10%、期限为10年、每年年末付息的债券。在公司决定发行债券时，认为10%的利率是合理的。如果债券正式发行时，市场上的利率发生变化，那么就要调整债券的发行价格。现按以下三种情况分别讨论。

(1) 如果债券正式发行时，资金市场上的利率保持不变。

$$\begin{aligned}债券发行价格=债券价值&=1000\times(P/F，10\%，10)+1000\times10\%\times(P/A，10\%，10)\\&=1000\times0.3855+100\times6.1446=1000(元)\end{aligned}$$

公司应采用平价发行。

(2) 资金市场上的利率有较大幅度的上升，达到12%。

$$债券发行价格=1000\times(P/F,\ 12\%,\ 10)+1000\times10\%\times(P/A,\ 12\%,\ 10)$$
$$=1000\times0.322+100\times5.6502=887.02(元)$$

也就是说，只有按877.02元的价格折价出售，投资者才能获得与市场利率(12%)相同的报酬，才会购买此债券。

(3) 资金市场上的利率有较大幅度的下降，达到8%，则采用溢价发行。

$$债券发行价格=1000\times(P/F,\ 8\%,\ 10)+1000\times10\%\times(P/A,\ 8\%,\ 10)$$
$$=1000\times0.4632+100\times6.7101=1134.21(元)$$

公司应按1134.21元的价格溢价出售，投资者可以获得8%的报酬，能够接受；而发行公司的筹资成本也与同等风险债券的筹资成本相同，也能够接受。

3. 债券评级

公司公开发行债券通常需要由债券评信机构评定等级。债券的信用等级对于发行公司和购买人都有重要意义，这是因为：①债券评级是评价违约风险的一个重要指标，债券的信用等级决定了债券利率或债务成本。一般来说，信用等级高的债券，违约风险小，能够以较低的利率发行；信用等级低的债券，违约风险大，只能以较高的利率发行。另外，许多机构投资者将投资范围限制在特定等级的债券之内。②债券评级方便投资者做出债券投资决策。对广大投资者尤其是中小投资者来说，受时间、知识和信息的限制，无法对债券的信用等级和违约风险进行评价，需要专业机构对债券还本付息的可靠程度进行客观、公正和权威的评定，为投资者决策提供参考。

国际上流行的债券等级是3等9级，具体包括：AAA级为最高级，AA级为高级，A级为上中级，BBB级为中级，B级为中下级，B级为投机级，CCC级为完全投机级，CC级为最大投机级，C级为最低级。

我国的证券评价工作正在开展，但尚无统一的证券等级标准和系统评级制度。根据中国人民银行的有关规定，凡是向社会公开发行的企业债券，需要由经中国人民银行认可的资信评级机构进行评信。这些机构对发行债券企业的企业素质、财务质量、项目状况、项目前景和偿债能力进行评分，以此评定信用等级。

4. 债券的偿还

(1) 债券偿还时间。债券偿还时间按其实际发生与规定的到期日之间的关系，分为到期偿还、提前偿还与滞后偿还三类。

① 到期偿还。到期偿还又包括分批偿还和一次偿还两种。如果一家企业在发行同一种债券的当时就为不同编号或不同发行对象的债券规定了不同的到期日，这种债券就是分批偿还债券。因为各批债券的到期日不同，它们各自的发行价格和票面利率也可能不相同，从而导致发行费较高。但由于这种债券便于投资人挑选合适的到期日，因而便于发行。另外一种就是较为常见的到期一次偿还的债券。

② 提前偿还。提前偿还又称提前赎回，是指在债券尚未到期就予以偿还。只有债券契约明确规定了有关允许提前偿还的条款，企业才可以提前偿还。提前偿还所支付的

价格通常高于债券的面值，并随到期日的临近而逐渐下降。具有提前偿还条款的债券可使企业融资具有较大的弹性。当企业资金有结余时，可提前赎回债券；当预测利率下降时，也可提前赎回债券，而后以较低的利率来发行新债券。

③ 滞后偿还。债券到期日之后偿还叫滞后偿还。这种偿还条款一般在发行时订立，主要是给予持有人以延长持有债券的选择权。滞后偿还主要是转期，转期指将较早到期的债券换成到期日较晚的债券，实际上是将债务的期限延长。常用的办法有两种：一是直接以新债券兑换旧债券；二是用发行新债券得到的资金来赎回旧债券。

(2) 债券偿还形式。债券偿还形式是指在偿还债券时使用什么样的支付手段，具体包括现金、新发行的本公司债券、本公司的普通股票和本公司持有的其他公司发行的有价证券。

① 用现金偿还债券。现金是较为常见的偿还形式。为了确保在债券到期时有足够的现金偿还，有时企业需要建立偿债基金。例如，债券条款明确规定用偿债基金偿还债券，企业就必须每年提取偿债基金，且不得挪作他用，以保护债券持有者的利益。

② 债券调换，即以新债券换旧债券。企业之所以要进行债券调换，可能的原因有：原有债券契约订立较多的限制条款不利于企业的发展；合并多次发行、尚未彻底偿清的债务，以减少管理费；债券到期，但企业现金不足。

③ 用普通股偿还债券。在企业发行可转换债券的情况下，可通过转换为普通股来偿还债务。

(3) 利率形式和付息频率。

① 利息形式包括有固定利率和浮动利率。浮动利率一般指由发行人选择一个基准利息率，按基准利息率水平在一定的时间间隔中对债务的利率进行调整。

② 付息频率。付息频率越高，资金流发生的次数越多，对投资人的吸引力越大。债券付息频率主要有按年付息、按半年付息、按季付息、按月付息和一次性付息(利随本清，贴现发行)5种。

5. 债券筹资的优缺点

与长期借款相比，债券筹资主要有以下优缺点。

(1) 债券筹资的优点。

① 筹资规模较大。债券属于直接融资，发行对象分布广泛，市场容量较大，且不受金融中介机构自身资产规模及风险管理的约束，筹资规模较大。

② 具有长期性和稳定性。金融机构对期限较长借款的比例往往会有一定的限制，而债券的期限相对较长，且债券的投资者一般不能在债券到期之前向企业索取本金，因而债券筹资方式具有长期性和稳定性的特点。

(2) 债券筹资的缺点。

① 发行成本高。企业公开发行公司债券的程序复杂，需要聘请保荐人、会计师、律师、资产评估机构以及资信评级机构等中介，发行成本较高。

② 信息披露成本高。发行债券需要公开披露募集说明书、审计报告、资产评估报

告、资信评级报告等多种文件。债券上市后也需要披露定期报告和临时报告，信息披露成本高。此外，信息披露对企业的经营、财务等信息及其他商业机密不利。

③ 限制条件多。发行债券的契约书中的限制条款通常比优先股及短期债务更为严格，可能会影响企业的正常发展和以后的筹资能力。

11.2 普通股筹资

股票是股份公司发给股东的所有权凭证，是股东借以取得股利的一种证券。股票持有者即为该公司的股东，对该公司财产有要求权。股票可以按不同的方法和标准分类：按股东享有的权利，可分为普通股和优先股；按票面是否标明持有者姓名，分为记名股票和不记名股票；按股票票面是否标明入股金额，分为有面值股票和无面值股票；按能否向股份公司赎回自己的财产，分为可赎回股票和不可赎回股票。

权益资本筹资包括内部股权筹资和外部股权筹资，反映在资产负债表上，前者是指留存收益的增加，后者则表现为股本或实收资本的增加(通常伴随资本公积的增加)。

通过资本市场进行的外部股权筹资方式主要有普通股和优先股两种方式。普通股和优先股筹资通常不需要归还本金且没有固定的股利负担，相对于债券和借款的固定性利息现金流支付而言，所承担的财务风险小，但权益融资的筹资成本较高。本节重点讨论普通股融资的形式和特点。

11.2.1 普通股筹资的特点

普通股概念是相对于优先股而言的。普通股是一种基本的股票形式，具有股票的一般特征，普通股股东是股份有限公司“真正的主人”，享有公司法所赋予的各项权益。普通股筹资构成了公司的原始资本，是公司进行债务筹资的基础。

1. 普通股筹资的优点

与其他长期筹资方式相比，普通股筹资具有以下优点。

(1) 没有固定利息和股息负担。当公司有盈余并认为适合分配股利时，就可以分给股东；如公司盈余较少，或虽有盈余但资金短缺或有更有利的投资机会，就可少支付或不支付股利。

(2) 筹集的资金具有永久性。利用普通股筹集的是永久性资金，除非公司清算才需偿还。

(3) 筹资风险小。由于普通股筹集的资金具有永久性，不用支付固定利息，因此通常不会给企业带来财务负担和财务风险。

(4) 有利于增加公司信誉。公司的权益资本构成了公司债务筹资的基础，权益资本越多，债权人的权益越有保障。普通股筹资能够增加权益资本，提高公司信用价值，有利于增加公司的债务筹资能力。

(5) 筹资资金使用限制较少。利用优先股或债务筹资，通常有许多限制，这些限制往往会影响公司经营的灵活性，而利用普通股筹资则没有这种限制。

另外，由于普通股的预期收益较高并可在一定程度上抵销通货膨胀的影响(通常在通货膨胀期间，不动产升值时普通股也随之升值)，因此普通股筹资容易吸收资金。

2. 普通股筹资的缺点

运用普通股筹措资本具有以下缺点。

(1) 普通股的资本成本较高。首先，从投资者的角度讲，投资于普通股风险较高，相应地要求较高的投资报酬率；其次，对于筹资公司来讲，普通股股利从净利润中支付，不像债券利息那样作为费用从税前支付，因而不具有抵税作用；最后，普通股的发行费用一般也高于其他证券。

(2) 稀释控制权。普通股的增资发行会增加新股东，可能会稀释或分散公司原有股东的控制权，削弱原有股东对公司的控制。

(3) 需履行信息披露制度。如果公司股票上市，需要履行严格的信息披露制度，接受公众股东的监督，这会带来较高的信息披露成本，同时还会增加公司保护商业机密的难度。

(4) 股票上市会增加公司被收购的风险。公司股票上市后，尤其是在公司经营或是财务方面出现问题的时候，可能面临被收购的风险。

11.2.2 普通股筹资的首次发行

股份有限公司在设立时发行股票，即首次发行。股份的发行，实行公平、公正的原则，必须同股同权、同股同利。同次发行的股票，每股的发行条件和价格应当相同。同时，发行股票还应接受国务院证券监督管理机构的管理和监督。股票发行具体应执行的管理规定主要包括股票发行程序和方式、销售方式等。

1. 股票发行程序

首先，提出募集股份申请。

其次，公告招股说明书，制作认股书，签订承销协议和代收股款协议。

再次，招认股份，缴纳股款。

然后，召开创立大会，选举董事会、监事会。

最后，办理设立登记，交割股票。

2. 股票发行方式和销售方式

公司发行股票筹资，应当选择适宜的股票发行方式和销售方式，并恰当地制定发行价格，以便及时募足资本。

(1) 股票发行方式。股票发行方式，指的是公司通过何种途径发行股票。总体来讲，股票的发行方式可以分为以下两类。

① 公开间接发行，是指通过中介机构，公开向社会公众发行股票。我国股份有限公司采用募集设立方式向社会公开发行新股时，需由证券经营机构承销的做法，就是属于

股票的公开间接发行。这种发行方式具有以下优点：发行范围广，发行对象多，易于足额募集资本；股票的变现力强，流通性好；有助于提高发行公司的知名度，扩大其影响力。但这种发行方式也有不足，主要是手续繁杂，发行成本高。

公开发行由于发行范围广、发行对象多、对社会影响大，需要对其进行限定。《中华人民共和国证券法》(以下简称《证券法》)规定有下列情形之一者属于公开发行：向不特定对象发行证券；向累计超过200人的特定对象发行证券；法律、行政法规规定的其他发行行为。

② 不公开直接发行，是指不公开对外发行股票，只向少数特定的对象直接发行，因而不需经中介机构承销。我国股份有限公司采用发起设立方式和不向社会公开募集的方式发行新股的做法，即属于股票的不公开直接发行。这种发行方式弹性较大，发行成本低，但是发行范围小，股票变现性差。

(2) 股票销售方式。股票销售方式，指的是股份有限公司向社会公开发行股票时所采取的股票销售方法。股票销售方法有两类，即自行销售和委托销售。

① 自行销售方式。股票的自行销售方式，是指发行公司自己直接将股票销售给认购者。这种销售方式可由发行公司直接控制发行过程，可以节省发行费用；缺点是筹资时间长，发行公司要承担全部发行风险，并需要发行公司有较高的知名度、信誉和较强的实力。

② 委托销售方式。股票发行的委托销售方式，是指发行公司将股票销售业务委托给证券经营机构代理，这种销售方式是公开发行股票所普遍采用的。《中华人民共和国公司法》(以下简称《公司法》)规定，股份有限公司向社会公开发行股票，必须与依法设立的证券经营机构签订承销协议，由证券经营机构承销。委托销售又分为包销和代销两种具体办法。所谓包销，是根据承销协议商定的价格，券商一次性购进发行公司公开募集的全部股份，然后以较高的价格出售给社会上的认购者。对发行公司来说，包销的办法可及时筹足资本，免于承担股款未募足的发行风险，但股票以较低的价格出售给承销商会损失部分溢价。所谓代销，是证券经营机构代替发行公司代售股票，并由此获得一定的佣金，但不承担股款未募集的风险。

3. 普通股发行定价

股票发行价格通常有等价、时价和中间价三种。等价是指以股票面额为发行价格，即股票的发行价格与其面额等价，也称平价发行或面值发行。时价是以公司原发行同种股票的现行市场价格为基准来选择增发新股的发行价格，也称市价发行。中间价是取股票市场价格与面额的中间值作为股票的发行价格。以中间价和时价发行都可能是溢价发行，也可能是折价发行。值得注意的是，我国《公司法》规定公司发行股票不准折价发行，即不准以低于股票面额的价格发行。

根据我国《证券法》的规定，股票发行采取溢价发行的，其发行价格由发行人与承销的证券公司协商确定。发行价格通常会根据公司经营业绩、净资产、发展潜力、发行数量、行业特点、股市状态等确定。

11.2.3 普通股股权再融资

上市公司利用证券市场进行再融资是国际证券市场的通行做法，是其能够持续发展的重要动力源泉之一。再融资包括股权再融资、债券再融资和混合证券再融资等形式，其中，股权再融资的方式包括向现有股东配股和增发新股。配股是指向原普通股股东按其持股比例、以低于市价的某一特定价格配售一定数量新发行股票的融资行为。增发新股是指上市公司为筹集权益资本而再次发行股票的融资行为，包括面向不特定性对象的公开增发和面向特定对象的非公开增发，也称定向增发。其中，配股和公开增发属于公开发行，非公开增发属于非公开发行。

1. 配股

(1) 配股权。配股权是指当股份有限公司为增加权益资本而决定增加发行新的股票时，原普通股股东享有的按其持股比例、以低于市价的某一特定价格优先认购一定数量新发行股票的权利。配股的目的在于：①不改变原股东对公司的控制权和享有的各种权利；②因发行新股将导致短期内每股收益稀释和股价下跌，通过折价配售的方式可以给老股东一定的补偿；③鼓励老股东认购新股，以增加发行量。

配股权通常在某一股权登记日前发放，在此之前的股东享有配股权，即此时股票的市场价格中含有配股权的价值。配股权是普通股股东的优惠权，实际上是一种短期的看涨期权。

(2) 配股价格。配股一般采取网上定价发行的方式，配股价格由主承销商和发行人协商确定。

(3) 配股条件。上市公司向原股东配股的，除了要符合公开发行股票的一般规定外，还应当符合下列规定：①拟配售股份数量不超过本次配售股份前股本总额的30%；②控股股东应当在股东大会召开前公开承诺认配股份的数量；③采用证券法规定的代销方式发行。

(4) 除权价格。通常配股股权登记日后要对股票进行除权处理，除权后的股价(除权价)为

配股除权价格=(配股前股权市值+配股价格×配股数量)/(配股前股数+配股数量)

=(配股前每股价格+配股价格×股份变动比例)/(1+股份变动比例)

当所有股东都参与配股时，此时股份变动比例(即实际配售比例)等于拟配售比例。

除权价只是作为计算除权日股价涨跌幅度的参考基准。如果除权后股票交易市价高于该除权基准价格，这种情形使得参与配股的股东财富较配股前有所增加，一般称之为“填权”；股价低于除权基准价格则会减少参与配股股东的财富，一般称之为“贴权”。

(5) 配股权价值。一般来说，配股权的执行价格低于当前股票价格，因此配股权具有价值。配股权价值反映的是拥有现有股东1股股票含有的配股权价值。利用除权后股票的价格可以估计配股权价值，计算公式为

配股权价值=(配股后的股价-配股价格)/获得一股配股权所需的股数

【例11-2】A公司采用配股的方式进行融资。2018年3月21日为配股除权登记日，以

公司2017年12月31日总股本100 000股为基数，拟每10股配2股。配股价格为配股说明书公布前20个交易日公司股票收盘价平均值5元/股的80%，即配股价格为4元/股。

假定在分析中不考虑新募集投资的净现值引起的企业价值的变化，计算并分析：①在所有股东均参与配股的情况下，配股后每股的基准价格；②每股股票的配股权价值；③假设某股东拥有10 000股A公司股票，参与或不参与配股对其财富有哪些影响？

(1) 以4元/股的价格发行了20 000股新股，筹集80 000元，由于不考虑新投资的净现值引起的企业价值的变化，普通股总市场价值计入本次配股融资的金额，配股后股票的价格应等于配股除权价格，则有

$$配股后每股价格=(500\ 000+20\ 000\times 4)/(100\ 000+20\ 000)=4.833(元/股)$$

(2) 由于原有股东每拥有10股股票将得到2股配股权，故认购1股新股需要持有5股股票，因此每股股票的配股权价值为0.167元[(4.833−4)/5]。

(3) 该股东配股前价值为50 000元。如果所有股东都行使了配股权参与配股，该股东配股后股权总价值为58 000元。也就是说，该股东花费8000元(4×2000)参与配股，持有的股票价值增加了8000元，财富没有变化。但如果该股东没有参与配股，配股后股票的价格为4.847元/股[(500 000+18 000×4)/(100 000+18 000)]。该股东配股后仍持有10 000股A公司股票，则股票价值为48 470元(4.847×10 000)，财富损失了1530元(50 000−48 470)。

2. 增发新股

增发新股指上市公司为了筹集权益资本而再次发行股票的融资行为，包括公开增发和非公开增发(也称定向增发)。

公开增发与首次公开发行一样，没有特定的发行对象，而非公开发行的对象主要针对机构投资者与大股东及关联方。机构投资者大体可以划分为财务投资者和战略投资者。其中，财务投资者通常是以获利为目的，通过短期持有上市公司股票适时套现获利的法人，他们一般不参与公司的重大战略决策。战略投资者通常是指与发行人具有合作关系或有合作意向和潜力并愿意按照发行人配售要求与发行人签署战略投资配售协议的法人，他们与发行公司业务联系紧密且希望长期持有发行公司股票。上市公司通过非公开增发引入战略投资者，不仅能获得战略投资者的资金，还有助于引入其管理理念与经验，改善公司治理。大股东及关联方是指上市公司的控股股东或关联方。一般来说，采取非公开增发的形式向控股股东认购资产，有助于上市公司与控股股东进行股权与资产置换，进行股权和业务整合，同时进一步提高了控股股东对上市公司的控制权。

(1) 增发新股的特别规定。

① 公开增发。公开增发除应满足上市公司公开发行的一般规定外，还应当符合以下规定：最近3个会计年度加权平均净资产收益率平均不低于6%；除金融企业外，最近1期期末不存在持有金额较大的交易性金融资产和可供出售的金融资产、借予他人款项、委托理财等财务性投资的情形。

【例11-3】某上市公司2015—2017年度部分财务数据如表11-1所示，据此判断该上市公司是否满足公开增发股票的基本条件。

表11-1 某上市公司2015—2017年度部分财务数据

项目	2015年度	2016年度	2017年度
归属于上市公司股东的净利润/万元	55 000	19 000	31 000
归属于上市公司股东的扣除非经常性损益的净利润/万元	53 000	17 000	25 000
加权平均净资产收益率/%	31.75	8.57	12.46
扣除非经常性损益后的加权平均净资产收益率/%	30.96	7.91	10.28
每股现金股利(含税)/元	0.1	0.04	0.06
当年股利分配股本基数/万元	60 000	60 000	60 000
当年实现可供分配利润/万元	49 600	18 400	29 600

首先，依据中国证券监督管理委员会于2006年5月8日发行的《上市公司证券发行管理办法》，上市公司公开增发对公司盈利持续性与盈利水平的基本要求为：最近3个会计年度连续盈利(扣除非经常性损益后的净利润与扣除前的净利润相比，以低者作为计算依据)；最近3个会计年度加权平均净资产收益率平均不低于6%(扣除非经营性损益后的净利润与扣除前的净利润相比，以低者作为加权平均净资产报酬率的计算依据)。

某上市公司2015—2017年3个会计年度连续盈利，且加权平均净资产收益率均高于6%。

其次，依据中国证券监督管理委员会令第57号《关于修改上市公司现金分红若干规定的决定》(自2008年10月9日起施行)，上市公司公开增发对公司现金股利分配水平的基本要求是：最近3年以现金方式累计分配的利润不少于最近3年实现的年均可分配利润的30%，则有

该上市公司2015—2017年3个会计年度累计分配现金股利

=Σ(各年度每股现金股利×当年股利分配的股本基数)

=(0.1+0.04+0.06)×60 000=12 000(万元)

该上市公司2015—2017年3个会计年度实现的年均可分配利润

=(49 600+18 400+29 600)/3=32 533.33(万元)

该上市公司2015—2017年3个会计年度以现金方式累计分配的利润占最近3年实现的年均可分配利润的比重=12 000/32533.33=36.89%>30%。

依据上述条件，2018年该上市公司满足了公开增发再融资的基本财务条件。

② 非公开增发。相对于公开增发新股、配股而言，上市公司非公开增发新股的要求要低得多。非公开增发没有过多发行条件上的限制，除发行对象为境外机构投资者需经国务院相关部门事先批准外，只要特定发行对象符合股东大会规定的条件，在数量上不超过10名，并且不存在一些严重损害投资者合法权益和社会公共利益的情形，均可申请非公开发行股票。对于一些以往盈利记录未能满足公开融资条件，但又面临重大发展机遇的公司而言，非公开增发提供了一个关键性的融资渠道。

(2) 增发新股的定价。

① 公开增发。上市公司公开增发新股的定价通常按照“发行价格应不低于公告招股

意向书前20个交易日公司股票均价或前1个交易日的均价”的原则确定增发价格。相对于非公开增发，公开增发新股的发行价没有折价，定价基准日也固定。

② 非公开增发。非公开发行股票的发行价格应不低于定价基准日前20个交易日股票均价的90%。定价基准日可以是董事会决议公告日，也可以是股东大会决议公告日或发行日的首日。定价基准日前20个交易日股票交易均价的计算公式为

定价基准日前20个交易日股票交易均价=定价基准日前20个交易日股票交易总额/定价基准日前20个交易日股票交易总量

对于以进行重大资产重组或者引进长期战略投资为目的的非公开发行，可以在董事会、股东大会阶段事先确定发行价格；对于以筹集资金为目的的发行，应当在取得发行核准批准文后采取竞价方式定价。

(3) 增发新股的认购方式。

① 公开增发。公开增发新股的认购方式通常为现金认购。

② 非公开增发。非公开增发新股的认购方式不限于现金，还包括股权、债务、无形资产、固定资产等非现金资产。通过非现金资产认购的非公开增发往往是以重大资产重组或者引进长期战略投资为目的，因此非公开增发除了能为上市公司带来资金外，往往还能带来具有盈利能力的资产，提升公司治理水平，优化上下游业务等。但需要注意的是，使用非现金资产认购股份有可能会造成通过不公平资产定价等手段侵害中小股东利益的现象。

【例11-4】假设A公司总股本的股数为10亿股，现公开增发2亿股，增发前1个交易日股票市价为5元/股，老股东和新股东各认购了1亿股。假设不考虑新募集资金投资的净现值引起的企业价值变化，在增发价格分别为5.5元/股、5元/股、4.5元/股的情况下，老股东或新股东的财富将分别有什么变化？

以5.5元/股的价格发行2亿股新股，筹集了11亿元(2 × 5.5)，由于不考虑新投资的净现值引起的企业价值变化，则普通股总市场价值增加了11亿元，因此

增发后每股价格=(5 × 10+11)/(10+2)=5.083(元/股)

老股东财富变化：5.083 × (10+1)−(5 × 10+1 × 5.5)=0.413(亿元)

新股东财富变化：5.083 × 1−1 × 5.5=−0.417(亿元)

可见，如果增发价格高于市价，老股东的财富增加0.413亿元，新股东的财富减少0.417亿元。

同理可以计算出，增发价格为5元/股的时候，老股东和新股东的财富没有变化；增发价格为4.5元/股时，新股东的财富增加0.417亿元，老股东的财富减少0.413亿元。

【例11-5】某上市公司为扩大经营规模，解决经营项目的融资问题，决定在2017年实施股权再融资计划。一方面，拟采取支付方式取得原大股东及3家非关联方公司持有的其他公司的相关经营资产，即相当于把上述几家公司持有的相关经营资产注入该公司；另一方面，希望采取现金增发的形式补偿资金。但依据表11-2的财务数据，该公司在过去3年内的加权平均净资产收益率和现金股利分配均不满足公开募集现金的基本条件，因此，该公司拟采取资产认购与现金认购组合形式的非公开增发方案。

表11-2 某上市公司2015—2017年度部分财务数据

项目	2015年	2016年	2017年
归属于上市公司股东的净利润/万元	2832	8167	23820
归属于上市公司股东的扣除非经常性损益的净利润/万元	1 672	4 313	9 210
加权平均净资产收益率	1.82%	5.04%	11.97%
扣除非经常性损益后的加权平均净资产收益率	1.58%	3.93%	6.64%
现金股利分配	无	无	无

据该公司《非公开发行股票发行情况报告及股份变动公告书》披露的信息显示，在2017年1月份完成此次非公开增发共计12 500万股，募集资金总额89 250万元，扣除发行费用1756.5万元后，募集资金净额为87 493.5万元。其中，一部分是该公司向原控股股东及3家非关联公司以资产认购的形式发行的股份，共计80 401 951股，募集资金57 407万元；另一部分是5家机构投资者(基金公司)以现金形式认购本公司的股份，共计44 598 049股，募集现金总额31 843万元。

该公司本次非公开增发的发行价格等于发行底价，为定价基准日(本次非公开发行股份的董事会决议公告日)前20个交易日公司股票均价的90%，即7.14元/股。

本次非公开发行完成后，将会使公司的股本和资本公积发生变化。其中，采取资产认购的部分，按照1元/股的面额计入股本，其认购资产价格高出面额部分计入资本公积，即股本增加额=1×80 401 951=80 401 951(元)，资本公司增加额=(7.14−1)×80 401 951=493 667 979.14(元)。采取现金认购部分，股本增加额=1×44 598 049=44 598 049(元)。资本公司增加额=(7.14−1)×44 598 049=273 832 020.86(元)。

此次非公开增发完成后，公司股本增加额=80 401 951+44 598 049=125 000 000(元)，资本公积增加额=资产认购部分增加的资本公积+现金认购部分增加的资本公积−发行相关费用=493 667 979.14+273 832 020.86−17 565 000=749 935 000(元)。

该上市公司在完成本次非公开增发后，原控股股东的持股比例增加到26.33%，对公司的控制权进一步加强。控股股东在此次非公开增发前的持股数量为63 407 989股，占总股本的比例为19.86%，此次非公开增发认购53 531 600股，占总股本的比例为26.33%。该公司分别通过资产认购方式和现金认购方式，引入3家非关联公司(承诺此次非公开增发结束后36个月内不得转让其所持有的股份)和5家机构投资者(承诺此次非公开增发结束后12个月内不得转让其所持有的股份)成为公司股份持有者，在实现所有权结构多元化的同时，也有助于改善公司的治理结构。

3. 股权再融资对企业的影响

一般来说，股权再融资对企业产生的影响主要包括以下两方面。

(1) 对公司资本结构和企业价值的影响。一般来说，权益资本成本高于债务资本成本，采用股权再融资会降低资产负债率，并可能会使公司资本成本增加。但如果股权再融资有助于企业目标资本结构的实现，能增强企业的财务稳健性，降低债务的违约风险，就会在一定程度上降低企业的加权平均资本成本，增加企业的整体价值。

在企业营运及盈利状况不变的情况下，采用股权再融资的形式筹集资金会降低企业的财务杠杆水平，并降低净资产报酬率。但企业如果能将股权再融资筹集的资金投资于具有良好发展前景的项目，获得正的投资净现值，就有利于增加企业价值。

(2) 对控制权的影响。就配股而言，由于全体股东具有相同的认股权利，控股股东只要不放弃认购的权利，就不会削弱控制权。公开增发会引入新的股东，股东的控制权受到增发认购数量的影响。就非公开增发而言，若对财务投资者和战略投资者增发，则会降低控股股东的控股比例，但财务投资者和战略投资者大多与控股股东有良好的合作关系，一般不会对控股股东的控制权构成威胁。若面向控股股东的增发是为了获得其优质资产或实现集团整体上市，则会提高控股股东的控股比例，增强控股股东对上市公司的控制权。

11.3　证券估价

证券估价就是估计证券的经济价值，其在公司金融决策中具有重要的实际意义。在资本市场上，公司主要以筹资者的身份出现，债券和股票是基本的筹资方式。在利用债券和股票筹资时，涉及的一个重要问题就是发行定价，而投资者估计的证券价值是公司确定发行价格的依据。证券发行价格决定了投资者的投资回报率，也决定了公司的筹资成本。如果定价偏高，预期投资报酬率低于投资者必要报酬率，投资者就不会投资，从而导致发行失败；如果定价偏低，预期投资报酬率高于投资者必要报酬率，公司会因筹资成本增加而遭受损失。可见，准确估计拟发行证券的经济价值，对于公司筹资决策具有重要作用。

11.3.1　债券价值评估

按照现金流量折现模型，债券价值是指发行者按照合同规定从现在至债券到期日所支付的款项的现值。

1. 债券估值模型

(1) 债券估值的基本模型。典型的公司债券具有利率固定、每年计算并支付利息、到期归还本金的特征。按照这种模式，计算债券价值的基本模型为

债券价值=各期利息的现值+到期面值的现值

$$V_d=I(P/A,\ K,\ n)+M(P/F,\ K,\ n)$$

式中：V_d——债券价值；

I——每年的利息；

M——面值；

r_d——年折现率，一般采用当前等风险等期限债券的市场利率；

n——到期前的年数。

【例11-6】某公司拟于2018年5月1日发行面额为1000元的债券，其票面利率为8%，每年5月1日计算并支付一次利息，并于5年后的1月31日到期。等风险债券投资的必要报

酬率为10%，则债券的经济价值为多少？

$$
\begin{aligned}
V_d&=80\times(P/A,\ 10\%,\ 5)+1000\times(P/F,\ 10\%,\ 5)\\
&=80\times3.791+1000\times0.621\\
&=303.28+621\\
&=924.28(\text{元})
\end{aligned}
$$

当公司以此作为发行价格折价发行时，求解内含报酬率。

$$924.28=80\times(P/A,\ \mathrm{IRR},\ 5)+1000\times(\mathrm{P/F},\ \mathrm{IRR},\ 5),\ \mathrm{IRR}=10\%。$$

这表明公司制定的发行价格刚好满足投资者对必要报酬率的要求。

(2) 其他模型。

① 平息债券。平息债券是指在到期时间内平均支付利息的债券。支付的频率可能是一年一次、半年一次或每季度一次等。

平息债券价值的计算公式为

$$V_d=\sum_{t=1}^{mn}\frac{I/m}{(1+r_d/m)^t}+\frac{M}{(1+r_d/m)}$$

式中：V_d——债券价值；

I——每年的利息；

M——面值；

m—年付利息次数；

n——到期时间的年数；

r_d——年折现率。

【例11-7】有一债券面值为1000元，票面利率为8%，每半年支付一次利息，5年到期，假设折现率为10%。按惯例，票面利率为债券按年计算的报价利率，每半年计息时按票面利率的1/2计算利息，即按4%计息，每次支付40元。年折现率为市场按年计算的报价利率，每半年期的折现率按5%确定，求该债券的价值。

$$
\begin{aligned}
V_d&=80/2\times(P/A,\ 10\%/2,\ 5\times2)+1000\times(P/F,\ 10\%/2,\ 5\times2)\\
&=40\times7.7217+1000\times0.6139\\
&=308.868+613.9\\
&=922.77(\text{元})
\end{aligned}
$$

该债券的价值比每年付息一次时的价值(924.28元)降低了。债券付息期越短、价值越低的现象，仅出现在折价出售的条件下。如果债券溢价出售，则情况正好相反。

② 纯贴现债券。纯贴现债券是指发行人承诺在未来某一确定日期按面值支付的债券。这种债券在到期日前购买者不会得到任何支付的利息，因此也称为“零息债券”。零息债券没有标明利息计算规则的，通常采用按年计息的复利计算规则。

纯贴现债券价值的计算公式为

$$V_d=\frac{M}{(1+r_d)^n}=M(P/F,\ r_d,\ n)$$

式中：V_d——债券价值；

F——到期日支付额；

rd——年折现率；

n——到期时间的年数。

【例11-8】有一纯贴现债券，面值1000元，20年期。假设年折现率为10%，求该债券的价值。

$$V_d=\frac{1000}{(1+10\%)^{20}}=148.6(\text{元})$$

【例11-9】有一5年期国债，面值1000元，票面利率12%，单利计息，到期时一次还本付息。假设年折现率为10%，求该债券的价值。

$$V_d=\frac{1000+1000\times12\%\times5}{(1+10\%)^5}$$

$$=\frac{1600}{1.6105}$$

$$=993.48(\text{元})$$

在到期日一次还本付息债券，实际上也是一种纯贴现债券，只不过在到期日不是按票面面额支付，而是按本利和单笔支付。

2. 流通债券的估价

流通债券是指已发行并在二级市场上流通的债券。它们不同于新发行债券，已经在市场上流通了一段时间，在估值时需要考虑现在至下一次利息支付的时间因素。

(1) 流通债券的特点。流通债券的特点是：①剩余期限短于债券期限；②估值的时点不在发行日，可以是任何时点，会产生“非整数计息期”的问题。

(2) 流通债券的估价方法。流通债券的估价方法有两种：①以现在为折算时间点，历年现金流量按非整数计息期折现；②以最近一次付息时间(或最后一次付息时间)为折算时间点，计算历次现金流量现值，然后将其折算到现在时点。

【例11-10】有一面值为1000元的债券，票面利率为8%，每年支付一次利息，2017年5月1日发行，2020年5月1日到期。现在是2018年4月1日，假设年折现率为10%，该债券的价值是多少？

第一种计算办法：分别计算4笔现金流入的现值，然后求和。由于计息期数不是整数，而是1/12，13/12，25/12，计算比较麻烦，如见图11-1所示。

2018年4月1日的价值$=80/(1+10\%)^{1/12}+80/(1+10\%)^{13/12}+(80+1000)/(1+10\%)^{25/12}=1037$(元)

另一种计算办法：先计算2018年5月1日的价值，然后将其折算为4月1日的价值。

2018年5月1日的价值$=80+80\times(P/A,10\%,2)+1000\times(P/F,10\%,2)$

2018年5月1日的价值$=80+80\times1.7355+1000\times0.8264=1045.24$(元)

2018年4月1日价值$=1045.24/(1+10\%)^{1/12}=1037$(元)

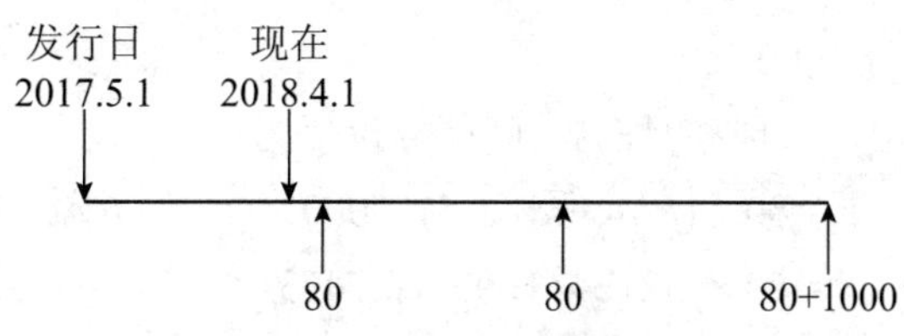

图11-1　流通债券的现金流入

流通债券的价值在两个付息日之间呈周期性变动。对于折价发行债券来说，发行后价值逐渐提升，在付息日由于付息价值下降，然后又逐渐上升，总体趋势是波动上升，如图11-2所示。

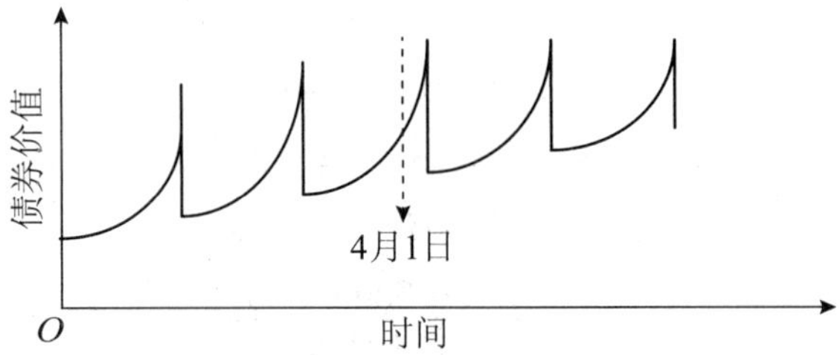

图11-2 流通债券价值的周期性

对流通债券估价时必须注意付息日，分别对每期利息和最后的本金折现。本例中，在2年1个月的剩余期限中，含有3个付息日，发生3次利息流入，要计算3次利息。

2018年5月1日利息的现值为

$$PV_{(1)}=80/(1+10\%)^{1/12}==79.37(\text{元})$$

2019年5月1日利息的现值为

$$PV_{(2)}=80/(1+10\%)^{13/12}=72.15(\text{元})$$

2020年5月1日利息的现值为

$$PV_{(3)}=80/(1+10\%)^{25/12}=65.60(\text{元})$$

2020年5月1日本金的现值为

$$PV^{(M)}=1000/(1+10\%)^{25/12}=819.94(\text{元})$$

该债券2018年4月1日的价值为

$$\begin{aligned}PV&=79.37+72.15+65.60+819.94\\&=1037.06(\text{元})\end{aligned}$$

3. 债券估值的影响因素

通过上述模型可以看出，影响债券价值的因素主要有以下几个。

(1) 债券价值与折现率。债券价值与折现率有密切的关系。债券定价的基本原则是：如果折现率等于债券利率，债券价值就是其面值；如果折现率高于债券利率，债券价值就低于面值；如果折现率低于债券利率，债券价值就高于面值。对所有类型的债券估值，都必须遵循这一原理。

如果在【例11-6】中，折现率是8%，则债券价值为

$$\begin{aligned}V_d&=80\times(P/A，8\%，5)+1000\times(P/F，8\%，5)\\&=80\times3.9927+1000\times0.6806\\&=1000(\text{元})\end{aligned}$$

如果在【例11-6】中，折现率是6%，则债券价值为

$$\begin{aligned}V_d&=80\times(P/A，6\%，5)+1000\times(P/F，6\%，5)\\&=80\times4.2124+1000\times0.7473\\&=1084.29(\text{元})\end{aligned}$$

【例11-11】某两年期债券，每半年付息一次，票面利率8%，面值1000元。假设年折现率是8%，请计算债券的价值。

由于债券在一年内复利两次，给出的票面利率是以一年为计息期的报价利率。实际付息时，以半年为计息期，按8%的一半即4%计算利息。同样，由于债券在一年内复利两次，给出的年折现率也是报价利率，以半年为计息期，折现率为8%的一半即4%。由于票面利率与折现率相同，该债券的价值应当等于其面值(1000元)，则

$$V_d=40\times(P/A，4\%，4)+1000\times(P/F，4\%，4)=1000(元)$$

应当注意，凡是利率都可以分为报价利率和有效年利率。当一年内要复利多次时，给出的利率是报价利率，报价利率除以年内复利次数得出计息周期利率，根据计息周期利率可以换算出有效年利率。对于这一规则，计算利率和折现率时都需要遵守，否则就破坏了估值规则的内在统一性，也就失去了估值的科学性。折现率也有报价折现率、折现周期折现率和有效年折现率之分。当一年内要折现多次时，给出的年折现率是报价折现率，报价折现率除以年内折现次数得出折现周期折现率，折现周期折现率可以换算为有效年折现率。

在发行债券时，票面利率是根据等风险投资项目的必要报酬率确定的。假设票面利率为10%，如果拟发行债券改为每半年付息，票面利率如何确定呢？发行人不会以5%作为半年的票面利率，因为半年付息5%比一年付息10%的成本高，他会按4.8809%($\sqrt{1+10\%}-1$)作为半年的票面利率，这样报价利率为2×4.8809%=9.7618%，同时指明半年付息。它与每年付息、报价利率为10%的债券的有效年利率相同，在经济上是等效的。

(2) 债券价值与到期时间。债券的到期时间，是指当前日至债券到期日之间的时间间隔。随着时间的延续，债券的到期时间逐渐缩短，直至为0。

对于平息债券，在折现率保持不变的情况下，不管它是高于还是低于票面利率，债券价值随到期时间的缩短逐渐向债券面值靠近，至到期日债券价值等于债券面值，如图11-3所示。当折现率高于票面利率时，随着时间向到期日靠近，债券价值逐渐提高，最终等于债券面值；当折现率等于票面利率时，债券价值一直等于票面价值；当折现率低于票面利率时，随着时间向到期日靠近，债券价值逐渐下降，最终等于债券面值。

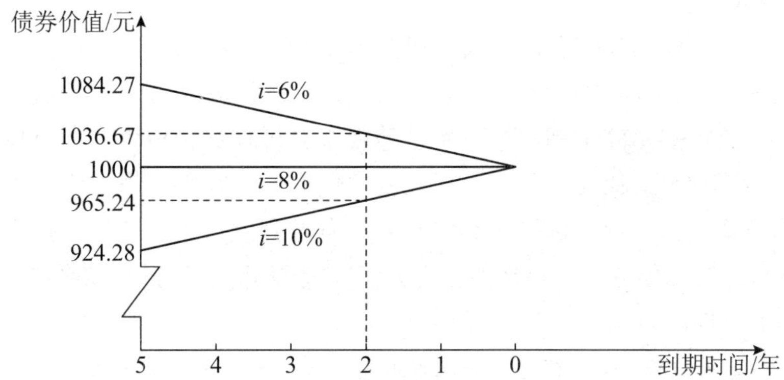

图11-3 债券价值与到期时间

图11-3显示的是连续支付利息的情景，或者说是支付期无限小的情景。如果不是这样，而是每间隔一段时间支付一次利息，债券价值会呈现周期性波动，例如前文所述的

流通债券价值的周期性波动情况。

在【例11-6】中，如果到期时间缩短至2年，在年折现率等于10%的情况下，债券价值为

$$
\begin{aligned}
V_d &= 80\times(P/A,\ 10\%,\ 2)+1000\times(P/F,\ 10\%,\ 2)\\
&= 80\times1.7355+1000\times0.8264\\
&= 965.24(\text{元})
\end{aligned}
$$

在年折现率为10%并维持不变的情况下，到期时间为5年时，债券价值为924.28元，3年后到期时间为2年时债券价值上升至965.24元，向面值1000元靠近了。

在【例11-6】中，如果折现率为6%，到期时间为2年时，债券价值为

$$
\begin{aligned}
V_d &= 80\times(P/A,\ 6\%,\ 2)+1000\times(P/F,\ 6\%,\ 2)\\
&= 80\times1.8334+1000\times0.8900\\
&= 1036.67(\text{元})
\end{aligned}
$$

在年折现率为6%并维持不变的情况下，到期时间为5年时，债券价值为1084.72元，3年后下降至1036.67元，向面值1000元靠近了。

在折现率为8%并维持不变的情况下，到期时间为2年时，债券价值为

$$
\begin{aligned}
V_d &= 80\times(P/A,\ 8\%,\ 2)+1000\times(P/F,\ 8\%,\ 2)\\
&= 80\times1.7833+1000\times0.8573\\
&= 1000(\text{元})
\end{aligned}
$$

在折现率等于票面利率时，到期时间的缩短对债券价值没有影响。

综上所述，对于平息债券，当折现率保持至到期日不变时，随着到期时间的缩短，债券价值逐渐接近其票面价值。如果付息期无限小，则债券价值表现为一条直线。

如果折现率在债券发行后发生变动，债券价值也会因此而变动。随着到期时间的缩短，折现率变动对债券价值的影响越来越小，即债券价值对折现率特定变化的反应越来越不灵敏。

从上述计算中可以看出，如果折现率从8%上升到10%，债券价值从1000元降至924.28元，下降了7.6%。在到期时间为2年时，折现率从8%上升至10%，债券价值从1000元降至965.24元，仅下降3.5%。

4. 债券预期收益率

前文主要讨论如何估计债券的价值，以判断某种债券被市场高估或低估。现在分析债券的期望报酬率，目的是判断债券的期望报酬率(内含报酬率)是否达到投资者的要求。如果投资者要求的报酬率高于期望报酬率，他就不会进行这种投资；如果投资者要求的报酬率低于期望报酬率，他就会进行该项投资。债券的预期收益率通常用到期收益率来衡量。到期收益率是指以特定价格购买债券并持有至到期日所能获得的报酬率，它是使未来现金流量现值等于债券购入价格的折现率(内含报酬率)。计算到期收益率的方法是求解含有折现率的方程，即

$$\text{债券购买价格}=\text{每年利息}\times\text{年金现值系数}+\text{到期本金}\times\text{复利现值系数}$$

$$P_0=I(P/A,\ \mathrm{IRR_d},\ n)+M\,(P/F,\ \mathrm{IRR_d},\ n)$$

式中：P_0——债券价格；

I——每年的利息；

M——面值；

n——到期前的年数；

IRR_d——折现率。

【例11-12】某公司2018年2月1日用平价购买面值为1000元的债券，票面利率为8%，每年2月1日支付一次利息，于5年后1月31日到期，公司持有该债券至到期日，计算其到期收益率。

$$1000=80\times(P/A，IRR_d，5)+1000\times(P/F，IRR_d，5)$$

首先采用试误法来计算。

用i=8%试算，等式右方为

$$80\times(P/A，8\%，5)+1000\times(P/F，8\%，5)$$
$$=80\times3.9927+1000\times0.6806$$
$$=1000(元)$$

可见，平价购买的每年付息一次的债券的到期收益率等于票面利率。

如果债券的价格高于面值，则情况将发生变化。例如，买价是1105元，则

$$1105=80\times(P/A，IRR_d，5)+1000\times(P/F，IRR_d，5)$$

通过前面试算已知，当i=8%时，等式右方为1000元，小于1105元，可判断报酬率低于8%，降低折现率进一步试算。

用i=6%试算，等式右方为

$$80\times(P/A，6\%，5)+1000\times(P/F，6\%，5)$$
$$=80\times4.212+1000\times0.747$$
$$=336.96+747$$
$$=1083.96(元)$$

由于折现结果仍小于1105，还应进一步降低折现率。用i=5%试算，等式右方为

$$1000\times8\%\times(P/A，5\%，5)+1000\times(P/F，5\%，5)=1130.32$$

折现结果高于1105，可判断预期实际收益率介于5%和6%之间。

采用插值法求解IRR_d，则

$$IRR_d=5\%+(1130.32-1105)/(1130.32-1083.96)\times(6\%-5\%)=5.58\%$$

从此例可以看出，如果买价和面值不等，则预期报酬率(到期收益率)和票面利率不同。

计算预期报酬率的目的是求解债券成本，由于债券利息具有抵税作用，债券成本的计算公式为

$$债券筹资成本=债券预期报酬率\times(1-所得税税率)$$

在上例中，债券筹资成本=5.58%×(1-25%)=4.19%。

11.3.2　普通股价值评估

1. 普通股估值的基本模型

按照现金流量折现的思想，股权经济价值是指预期能够提供给持有者的未来现金净

流入量的现值。股票带给持有者的现金流入包括两部分，即股利收入和出售时的售价。股票的内在价值由一系列的股利和将来出售股票时售价的现值所构成。

如果股东永远持有股票，他只获得股利，是一个永续的现金流入，这个现金流入的现值就是股票的价值，则

$$V_S=\sum_{t=1}^{\infty}\frac{D_t}{(1+K)^t}=\sum_{t=1}^{\infty}D_t\,(P/F,K,n)$$

式中：V_S——普通股价值；

D_t——第t年的股利；

K——年折现率，一般采用资本成本率或投资必要报酬率。

如果投资者不打算永久持有该股票，而在一段时间后出售，股票带给持有者的现金流入包括两部分，即现金股利收入和出售时的股价，则

$$V_S=\sum_{t=1}^{n}\frac{D_t}{(1+K)^t}+\frac{P_n}{(1+K)^n}=\sum_{t=1}^{n}D_t(P/F,K,t)+P_n(P/F,K,n)$$

因此，买入时的价格P_0(第一年的股利现值加上一年后股价的现值)和一年后的价格P_1(第二年股利在第二年年初的价值加上第二年年末股价在第二年年初的价值)为

$$P_0=\frac{D_1}{(1+K)}+\frac{P_1}{(1+K)}$$

$$P_1=\frac{D_2}{(1+K)}+\frac{P_2}{(1+K)}$$

将式P_1代入式P_0，则有

$$P_0=\frac{D_1}{(1+K)}+(\frac{D_2}{1+K}+\frac{P_2}{1+K})/\ (1+K)=\frac{D_1}{(1+K)}+\frac{D_2}{(1+K)^2}+\frac{P_2}{(1+K)^2}$$

如果继续上述代入过程，则可得出

$$V_S=\sum_{t=1}^{\infty}\frac{D_t}{(1+K\ )^t}=\sum_{t=1}^{\infty}D_t\,(P/F,K,n)$$

这就是股票估值的基本模型。它在实际应用时，面临的主要问题是如何预计未来每年的股利，以及如何确定折现率。

股利的多少，取决于每股盈利和股利支付率两个因素。估计方法是对历史资料进行统计分析，如回归分析、时间序列趋势分析等。股票估值基本模型要求无限期地预计历年的股利(D_t)，实际上不可能做到。因此，应用的都是各种简化模型，如每年股利相同或固定比率增长等。其中，折算率为投资必要报酬率。

2. 零增长股票的价值

假设未来股利不变，其支付过程是一个永续年金，则股票价值为

$$V_S=D/K$$

【例11-13】假设发行公司每年分配股利2元/股，股票必要报酬率为16%，请计算该公司股票的内在价值。

$$V_S=2/16\%=12.5(元)$$

这就是说，该股票每年会带来2元/股的收益，在市场利率为16%的条件下，其价值是

12.5元/股。当然，市场上的股价不一定就是12.5元/股，还要看投资人对风险的态度，可能高于或低于12.5元/股。如果当时的市价不等于股票价值，例如市价为12元/股，每年固定股利为2元/股，则其期望报酬率为

$$IRR_S=2/12\times 100\%=16.67\%$$

可见，市价低于股票价值时，期望报酬率高于必要报酬率。

3. 固定增长股票的价值

有些企业的股利是不断增长的，假设其增长率是固定的，则股票价值的估计方法如下：假设某公司今年的股利为D_0，则t年的股利应为

$$D_t=D_0(1+g)^t$$

若$D_0=2$，$g=10\%$，则5年后的每年股利为

$$D_t=D_0(1+g)\times 5=2\times(1+10\%)\times 5=2\times 1.6105=3.22(\text{元/股})$$

固定成长股票的股价计算公式为

$$V_S=\sum_{t=1}^{\infty}\frac{D_t}{(1+K)^t}=\sum_{t=1}^{\infty}D_0(1+g)^t/(1+K)^t$$

当g为常数，并且当$K>g$时，上式可简化为

$$V\approx D_0(1+g)/(K-g)=D_1/(K-g)$$

【例11-14】某股票的必要报酬率为16%，年增长率为12%，请计算该公司股票的内在价值。

$$D_0=2\text{元}，D_1=2\times(1+12\%)=2\times 1.12=2.24(\text{元/股})$$

则股票的内在价值为

$$P_0=(2\times 1.12)/(0.16-0.12)=56(\text{元/股})$$

4. 非固定增长股票的价值

在现实生活中，有的公司股利是不固定的。例如，在一段时间里高速增长，在另一段时间里正常固定增长或固定不变。在这种情况下，就要分段计算，才能确定股票的价值。

【例11-15】一个投资人持有某公司的股票，投资必要报酬率为15%。预计该公司未来3年股利将高速增长，增长率为20%。在此以后转为正常增长，增长率为12%。公司最近支付的股利是2元，请计算该公司股票的内在价值。

首先，计算非正常增长期的股利现值，如表11-3所示。

表11-3　非正常增长期的股利现值计算　　元

年份	股利(D_t)	现值系数(15%)	现值(P_t)
1	2×1.2=2.4	0.870	2.088
2	2.4×1.2=2.88	0.756	2.177
3	2.88×1.2=3.456	0.658	2.274
合计(3年股利的现值)			6.539

其次，计算第3年年底的普通股价值，则

$$P_3=D_4/(R_S-g)=D_3(1+g)/(R_S-g)=3.456\times 1.12/(0.15-0.12)=129.02(\text{元/股})$$

计算其现值，则

$$PV(P_3)=129.02\times(P/F，15\%，3)=129.02\times0.6575=84.831(元/股)$$

最后，计算股票目前的价值，则

$$P_0=6.539+84.831=91.37(元/股)$$

5. 普通股的期望报酬率

公司发行普通股时，也需要判断普通股的期望报酬率(内含报酬率)是否达到投资者的要求。如果投资者要求的报酬率高于期望报酬率，投资者就不会进行这种投资；如果投资者的要求低于期望报酬率，就会购买该股票。

根据固定股利增长模型，我们知道

$$P_0=D_1/(IRR_S-g)$$

如果把公式移项整理，求IRR_S，可以得到

$$IRR_S=D_1/P_0+g$$

这个公式告诉我们，股票的总报酬率可以分为两个部分：第一部分是D_1/P_0，称为股利收益率，它是根据预期现金股利除以当前股价计算出来的。第二部分是增长率g，称为股利增长率。由于股利的增长速度也是股价的增长速度，因此，g可以解释为股价增长率或资本利得收益率。g的数值可以根据公司的可持续增长率估计。P_0是股票市场价格，只要能预计出下一期的股利，就可以估计出股票的期望报酬率。

【例11-16】有一只股票的价格为20元/股，预计下一期的股利是1元/股，该股利将以大约10%的速度持续增长，求该股票的期望报酬率。

$$IRR_S=1/20+10\%=15\%$$

如果用15%作为必要报酬率，则一年后的股价为

$$\begin{aligned}P_1&=D_1(1+g)/(IRR_S-g)\\&=1\times(1+10\%)/(15\%-10\%)\\&=1.1/5\%\\&=22(元/股)\end{aligned}$$

如果现在用20元购买该股票，年末将收到1元股利，并且得到2元(22−20)的资本利得，则

$$\begin{aligned}总报酬率&=股利收益率+资本利得收益率\\&=1/20+2/20\\&=5\%+10\%\\&=15\%\end{aligned}$$

这个例子帮助我们验证了股票期望报酬率模型的正确性。

在有效市场中，股票价格是公平的市场价格，证券市场处于均衡状态，在任一时点，证券价格都能完全反映有关该公司的任何可获得的公开信息，而且证券价格能对新信息迅速做出反应。股票的期望报酬率就是与该股票风险相适应的必要报酬率，因而该模型可以用来计算特定公司风险情况下股东要求的必要报酬率，也就是公司的权益资本成本。在【例11-16】中，如果股东要求的报酬率高于15%，他就不会进行这种投资；如

果股东的要求低于15%，就会争购该股票，使得股价上涨。既然股东接受了20元/股的价格，就表明他们要求的是15%的报酬率。

思考题

1. 公司的基本长期筹资方式有哪些？具有哪些优缺点？
2. 股权再融资对公司的影响有哪些？
3. 证券估价在公司金融或财务决策中的意义是什么？
4. 债券估值的影响因素有哪些？
5. 如何进行股票估价？固定增长股票估价模型是什么？

练习题

1. 某公司拟于2018年5月1日发行面额为1000元的债券，其票面利率为8%，5年后的4月31日到期。等风险债券投资的必要报酬率为10%。要求：①如果该债券每年5月1日计算并支付一次利息，计算债券的经济价值。②如果该债券改为每半年支付一次利息，计算债券的经济价值。③现在是2018年10月1日，计算该债券的价值。

2. 某股权投资人计划长期持有某公司的股票，投资必要报酬率为10%。预计该公司未来3年股利将高速增长，增长率为15%。在此以后3年转为正常增长，增长率为10%。公司最近支付的股利是2元/股。要求：计算该公司股票的经济价值。

第12章 其他长期筹资估价与决策

12.1 混合筹资与估价

混合筹资是既具有债务融资特征又具有权益融资特征的特殊融资形式，常见的有优先股筹资、附认股权债券筹资和可转换债券筹资等。

12.1.1 优先股筹资

1. 优先股的含义和特征

优先股是指在一般的普通股之外，另行规定的其他种类股份，其股份持有人优先于普通股股东分配公司利润和剩余财产，但参与公司决策管理等权利受到限制。优先股兼具债券和股票的特征，是一种重要的混合筹资方式。

相对普通股而言，优先股有如下特征。

(1) 优先分配利润。优先股股东按照约定的票面股息率，优先于普通股股东分配公司利润。公司应当以现金的形式向优先股股东支付股息，在完全支付约定的股息之前，不得向普通股股东分配利润。

公司应当在公司章程中明确以下事项：①优先股股息率是采用固定股息率还是浮动股息率，并相应明确固定股息率水平或浮动股息率计算方法。②公司在有可分配税后利润的情况下是否必须分配利润。③如果公司因本会计年度可分配利润不足而未向优先股股东足额派发股息，差额部分是否累计到下一会计年度。④优先股股东按照约定的股息率分配股息后，是否有权同普通股股东一起参加剩余利润分配。⑤优先股利润分配涉及的其他事项。

(2) 优先分配剩余财产。公司因解散、破产等原因进行清算时，公司财产在按照《中华人民共和国公司法》和《中华人民共和国破产法》有关规定进行清偿后的剩余财产，应当优先向优先股股东支付未派发的股息和公司章程约定的清算金额，不足以支付的按照优先股股东持股比例分配。

(3) 表决权限制。除以下情况外，优先股股东不出席股东大会会议，所持股份没有表决权：①修改公司章程中与优先股相关的内容；②一次或累计减少公司注册资本超过10%；③公司合并、分立、解散或变更公司形式；④发行优先股；⑤公司章程规定的其他情形。上述事项的决议，除须经出席会议的普通股股东(含表决权恢复的优先股股东)所持表决权的2/3以上通过之外，还须经出席会议的优先股股东(不含表决权恢复的优先股股东)所持表决权的2/3以上通过。

其中，表决权恢复是指公司累计3个会计年度或连续2个会计年度未按约定支付优先股股息的，优先股股东有权出席股东大会，每股优先股股份享有公司章程规定的表决权。对于股息可累计到下一会计年度的优先股，表决权恢复直至公司全额支付所欠股息。对于股息不可累计的优先股，表决权恢复直至公司全额支付当年股息。公司章程可规定优先股表决权恢复的其他情形。

我国《公司法》没有关于优先股的规定。国务院在2013年11月30日发布了《关于开展优先股试点的指导意见》，证监会在2014年3月21日发布了《优先股试点管理办法》，这两项规定是我国目前关于优先股筹资的主要规范。按照我国《优先股试点管理办法》，上市公司可以发行优先股，非上市公众公司可以非公开发行优先股，本教材重点探讨上市公司优先股的发行。

2. 上市公司发行优先股的一般条件

(1) 最近3个会计年度实现的年均可分配利润应当不少于优先股1年的股息。

(2) 最近3年现金分红情况应当符合公司章程及中国证监会的有关监管规定。

(3) 报告期不存在重大会计违规事项。公开发行优先股，最近3年财务报表被注册会计师出具的审计报告应当为标准审计报告或带强调事项段的无保留意见的审计报告；非公开发行优先股，最近1年财务报表被注册会计师出具的审计报告为非标准审计报告的，所涉及事项对公司无重大不利影响或者在发行前重大不利影响已经消除。

(4) 已发行的优先股不得超过公司普通股股份总数的50%，且筹资金额不得超过发行前净资产的50%，已回购、转换的优先股不纳入计算。

3. 上市公司公开发行优先股的特别规定

(1) 上市公司公开发行优先股，应当符合以下情形之一：①普通股为上证50指数成份股；②以公开发行优先股作为支付手段收购或吸收合并其他上市公司；③以减少注册资本为目的回购普通股的，可以公开发行优先股作为支付手段，或者在回购方案实施完毕后，可公开发行不超过回购减资总额的优先股。

中国证监会核准公开发行优先股后不再符合第①项情形的，上市公司仍可实施二次发行。

(2) 最近3个会计年度应当连续盈利。扣除非经常性损益后的净利润与扣除前净利润相比，以其中较低者作为计算依据。①采取固定股息率；②在有可分配税后利润的情况下必须向优先股股东分配股息；③未向优先股股东足额派发股息的差额部分应当累计到下一个会计年度；④优先股股东按照约定的股息率分配股息后，不再同普通股股东一起参加剩余利润分配。

(3) 上市公司公开发行优先股的，可以向原股东优先配售。

(4) 最近36个月内因违反工商、税收、土地、环保、海关法律、行政法规或规章，受到行政处罚且情节严重的，不得公开发行优先股。

(5) 公司及其控股股东或实际控制人最近12个月内应当不存在违反向投资者做出的公开承诺的行为。

4. 优先股的筹资成本

一般而言，优先股可以视为无期限债券，但优先股的筹资成本高于债券，原因在于：①优先股是无期限的，而普通债券是有期限的，到期还本。优先股的投资风险高于债券。②当企业面临破产时，优先股的索偿权低于债权人。在公司出现财务困难的时候，债务利息会被优先支付，而优先股股利则是次要的。同一公司的优先股股东要求的报酬率高于债权人。③支付优先股的股息不能在税前扣除，而债券的利息可以在税前扣除，因此在利率或股息率相同的情况下优先股的筹资成本高于债务。

同时，优先股的筹资成本低于普通股。当企业面临破产时，优先股股东的求偿权优先于普通股股东。在公司分配利润时，优先股股息通常固定且优先支付，普通股股利只能最后支付。因此，同一公司的优先股股东的必要报酬率比普通股股东低。

5. 优先股价值的评估方法

优先股按照约定的票面股息率支付股利，其票面股息率可以是固定股息率或浮动股息率。公司章程中规定优先股采用固定股息率的，可以在优先股存续期内采取相同的固定股息率，或明确每年的固定股息率，各年度的股息率可以不同；公司章程中规定优先股采用浮动股息率的，应当明确优先股存续期内票面股息率的计算方法。

无论优先股采取固定股息率还是浮动股息率，优先股的价值均可采用股利的现金流量折现模型估值。其中，在优先股存续期均采用相同的固定股息率时，每期股息形成了永续年金，优先股则相当于永久债券，其估值公式为

$$V_{\mathrm{P}}=D_{\mathrm{P}}/r_{\mathrm{p}}$$

式中：V_{P}——优先股的价值；

D_{P}——优先股每期股息；

r_{p}——折现率，一般采用资本成本率或投资必要报酬率。

永续债的估值与优先股类似，公式为

$$V_{\mathrm{pd}}=I/r_{\mathrm{pd}}$$

式中：V_{pd}——永续债的价值；

I——每年的利息；

r_{pd}——年折现率，一般采用当前等风险投资的市场利率。

6. 优先股筹资的资本成本

优先股筹资资本成本即优先股的期望报酬率。优先股股息通常是固定的，优先股股东的期望报酬率估计公式为

$$\mathrm{IRR}_{\mathrm{P}}= D_{\mathrm{P}}/P_{\mathrm{p}}$$

式中：$\mathrm{IRR}_{\mathrm{p}}$——优先股筹资资本成本；

D_{P}——优先股每股年股息；

P_{p}——优先股当前股价。

永续债的资本成本与优先股类似，但需要考虑所得税的影响，公式为

$$R_{\mathrm{pd}}=I(1-T)/P_{\mathrm{pd}}(1-T)$$

式中：R_{pd}——永续债资本成本；

I——永续债每年的利息；

P_{pd}——永续债当前价格。

7. 优先股筹资的优缺点

(1) 优先股筹资的优点。①与债权相比，优先股筹资的风险比债券小，因为不支付优先股股息不视为违约，不会导致公司破产。典型的优先股没有到期期限，不需要偿还本金。②与普通股相比，发行优先股一般不会稀释股东持股比例及权益。

(2) 优先股筹资的缺点。①优先股股利不可以税前扣除，是优先股筹资的税收劣势；投资者购买优先股所获股利免税，是优先股筹资的税收优势。两者可以抵销，使优先股利率与债券趋于一致。②优先股的股利支付虽然没有法律约束，但是经济上的约束使公司倾向于按时支付其股利。因为如果不按时支付优先股股息，不仅不能对普通股股东分配股利，而且很难进行新的优先股或普通股筹资，甚至债券筹资也很困难。因此，优先股的股利通常被视为固定成本，与负债筹资的利息没有差别，会增加公司的财务风险。

与优先股类似，永续债作为具有一定权益属性的债务工具，也是一种混合筹资工具。虽然永续债具有一定的权益属性，但是其投资者并不能像普通股股东一样参与企业决策和股利分配。永续债持有者除公司破产等原因外，一般不能要求公司偿还本金，而只能定期获取利息。如果发行方出现破产重组等情形，从债务偿还顺序来看，大部分永续债在一般债券之后、普通股之前偿还。

12.1.2　附认股权债券筹资

1. 认股权证

认股权证是公司发行的授予其持有者在一定期限内以事先约定的价格购买发行公司一定股份的权利。从认股权证的定义来看，认股权证本质上属于一种股票买入期权(看涨期权)，但与看涨期权还存在一些差别，主要体现在：①看涨期权执行时，其股票来自二级市场；而当认股权证执行时，股票是公司新发股票。认股权证的执行会引起股份数的增加，从而稀释每股收益和股价。②看涨期权时间短，通常只有几个月；认股权证期限长，可以长达10年，甚至更长。

发行认股权证的目的主要体现在以下几方面：①在公司发行新股时，为避免原有股东每股收益和股价被稀释，给原有股东配发一定数量的认股权证，使其可以按优惠价格认购新股，或直接出售认股权证，以弥补新股发行的稀释损失，这是认股权证最初的功能。②作为奖励发放给本公司的管理人员。所谓期权奖励其实是奖励认股权证，它与期权并不完全相同。有时，认股权证还作为奖励发给投资银行机构。③作为筹资工具，认股权证与公司债券同时发行，用来吸引投资者购买票面利率低于市场要求的长期债券。公司正是认为市场低估了自己的价值，才选择发行认股权证和债券组合，以增加拟发行债券的吸引力。

虽然认股权证可以单独发行，但在实践中，一些公司为增加公司发行债券的吸引力，将公司债券与认股权证捆绑出售，认股权证主要是依附债券发行，成为辅助公司债券筹资的重要手段。我们这里重点讨论附认股权债券。

2. 附认股权债券价值的估计

附认股权债券，是指公司债券附认股权证，持有人依法享有在一定期间按约定价格(执行价格)认购公司股票的权利，是债券和认股权证的产品组合。通常，附认股权证债券可分为“分离性”与“非分离性”。其中，“分离性”是指认股权证与公司债券可以分开，单独在流通市场上自由买卖；“非分离性”是指认股权证无法与公司债券分开，两者存续期限一致，同时流通转让，不得分开转让。下面以分离性附认股权证债券为例，说明如何估计这种债券的价值，以确定发行定价。确定发行定价和发行条件通常的做法是发行公司委托投资银行协助进行，下面举例说明。

【例12-1】假设某公司的总价值为20 000万元，没有长期负债，发行在外的普通股为1000万股，目前股价为20元/股。企业发展需要资金，为完善资本结构，需要筹集债务资金4000万元。由于发行债券公司属于成长性、财务风险较大的小公司，发行债券的成本较高，为增强债券的吸引力，经投资银行调研建议，按面值1000元的价格发行4万份附认股权债券，期限20年，票面利率为8%，低于等风险等期限债券的市场利率10%。每份债券附送20份认股权证，认股权证有效期为10年，在有效期内，持有者可以按22元/股的价格购买股票。为简化起见，假设预计债券发行后公司实体价值年增长9%。

解题思路：公司发行附认股权债券必须能够为投资者所接受，投资者需要评估投资附认股权债券的净现值，这就需要估计附认股权债券价值。附认股权债券的现金流分布如图12-1所示。

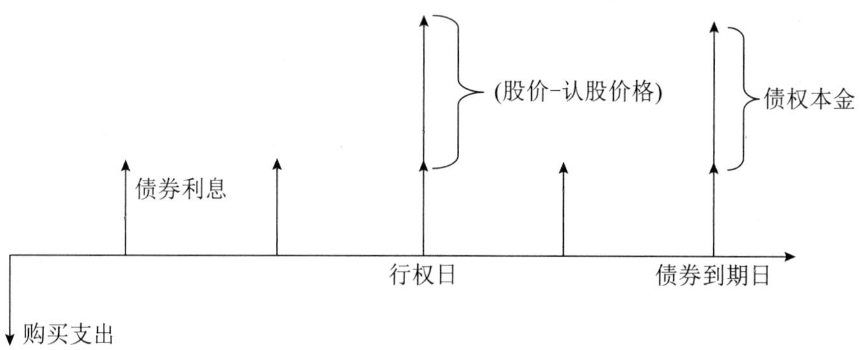

图12-1　附认股权债券现金流分布

附认股权债券价值为债券价值和认股权价值之和，投资者需要评估债券价值和认股权证价值。

1. 估计债券价值

$$每份债券价值=80\times(P/A，10\%，20)+1000\times(P/F，10\%，0)=830(元)$$

每份债券价值低于发行价格(1000元)，如果投资附认股权债券实现正的净现值，则要求认股权证价值不低于170元，否则投资者不会购买这种债券。为此，购买者需要估计认股权价值。

2. 估计认股权价值

认股权价值取决于认股时股票市场价格和认股价格的差价，为这一差价的现值。每

份债券认股权价值的计算公式为

$$每份债券认股权价值=每份债券附送认股权证份数\times(P_t-认股价格)\times(P/F，i，t)$$

式中：t——自发行到认股的时间；

P_t——行权后股票的市场价格。

可见，认股权价值是由认股权行使时间t和行权后的股价P_t共同决定的，行权后的股价越高，行权时间越短，认股权价值越高。本例中，每份债券认股权价值为

$$每份债券认股权价值=20\times(P_t-22)\times(P/F，10\%，t)$$

由于公司处于高速发展期，股价会快速上涨，为取得更多的认股权价值，投资者会尽可能推迟行权。在本例中，认股权证有效期为10年，投资者会在第10年末认购股票。但行权涉及新股发行，股价还会受到影响，而投资者关注的是行权后的股价，为此，需要预计行权后股价。由于投资者行权认购股票的前提是行权日的股价高于行权价格，否则投资者不会行权，计算行权后股价也就失去了意义，因而我们首先计算一下行权日的股价，公式为

行权日(第10年年末)预期股价=行权日的股权价值/行权后普通股股数

由于股权价值为公司实体价值和债务价值的差额，估计行权日股价需要计算行权日公司实体价值和债务价值。根据本例提供的资料，计算过程和结果为

$$预计行权日公司实体价值=24\,000\times(F/P，9\%，10)=24\,000\times2.367=56\,808(万元)$$

$$\begin{aligned}预计行权日公司债务价值&=4\times1000\times8\%\times(P/A，10\%，10)+4\times1000\times(P/F，10\%，10)\\&=320\times(P/A，10\%，10)+4\times1000\times(P/F，10\%，10)=3508(万元)\end{aligned}$$

$$\begin{aligned}预计行权日股权价值&=第10年年末公司实体价值-第10年年末公司债务价值\\&=56\,808-3508=53\,300(万元)\end{aligned}$$

预计行权日股价=53 300/1000=53.3(元/股)，高于行权价格(22元/股)，投资者会在第10年年末行权认股。

投资者在行权日(第10年年末)行权认股，公司就要按22元/股的价格发行新股80万股(20×4)，所以股权价值增加了1760万元(22×80)。假设不考虑公司利用股权筹资进行投资所带来的净现值，则公司发行新股后股权价值为

$$发行新股后股权价值=53\,300+1760=55\,060(万元)$$

$$预期行权后股价=55\,060/1080=50.98(元/股)$$

这样，每份债券认股权价值为

$$每份债券认股权价值=20\times(50.98-22)\times(P/F，10\%，10)=579.8\times0.386=224(元)$$

而附认股权债券价值为债券价值和认股权价值之和，即

$$每份附认股权债券价值=债券价值+每份债券认股权价值=830+224=1054(元)$$

投资一份附认股权债券的净现值为

$$NPV=每份附认股权债券价值-发行(购买)价格=1054-1000=54(元)$$

显然，公司设定的债券价格发行条件(发行价格、票面利率等)对购买者是有吸引力的，该债券能够发行成功。

3. 发行附认股权债券成本与发行方案的可行性

在实践中，公司发行附认股权债券的目的主要是增强拟发行债券的吸引力。如果附

认股权债券发行方案决定的筹资成本高于公司直接发行债券的筹资成本，则公司不如直接发行债券筹资。

发行附认股权债券的筹资成本可以通过求解内含报酬率来估计，依照【例12-1】提供的资料求解内含报酬率为

$$1000=80\times(P/A，\mathrm{IRR}，20)+1000\times(P/F，\mathrm{IRR}，20)+(50.98\times20-22\times20)\times(P/F，\mathrm{IRR}，10)$$

$$1000=80\times(P/A，\mathrm{IRR}，20)+1000\times(P/F，\mathrm{IRR}，20)+579.8\times(P/F，\mathrm{IRR}，10)$$

采用试误法和插值法，求得：IRR=10.59%。税前筹资成本略高于普通债券利率(10%)，这表明公司发行附认股权债券成本较高，说明选择附认股权债券筹资方案不太合理，公司不如直接发行债券筹资。

当然，公司也可以通过调整发行方案，比如提高发行价格、降低票面利率、提高行权价格、降低附送认股权数量等来降低附认股权债券的筹资成本。

假设公司调整附认股权债券发行价格，以使内含报酬率等于等风险、等期限普通债券的市场利率，即

$$P=80\times(P/A，10\%，20)+1000\times(P/F，10\%，20)+579.8\times(P/F，10\%，10)$$

$$P=80\times8.514+1000\times0.149+579.8\times0.386=1051.11(元)$$

当公司以不低于1051.11元的价格溢价发行时，该债券的税前筹资成本就不会高于普通债券利率，发行附认股权债券更为有利。

但是，公司不能为了降低筹资成本，盲目提高发行价格，因为可能会使投资附认股权债券的净现值为负。假设发行价格为1055元，这时，购买一份附认股权债券的净现值为

$$\mathrm{NPV}=830+224-1055=-1(元)$$

可见，当附认股权债券发行价格为1055元时，投资者不能接受。

假设附认股权债券发行价格为1052元，这时购买一份附认股权债券的净现值为

$$\mathrm{NPV}=830+224-1052=2(元)$$

可见，发行价格为1052元可以被发行人和投资人同时接受，是可行的发行价格。

4. 附认股权证债券筹资的优缺点

发行附认股权证债券可以起到一次发行、二次筹资(债务筹资和股权筹资)的作用，更为重要的是，可以有效降低融资成本。认股权证的发行人主要是高速增长的小公司，这些公司有较高的风险，直接发行债券需要较高的票面利率。通过发行附认股权证的债券可以降低债券票面利率，是以潜在的股权稀释为代价换取较低的筹资成本。

附认股权证的债券发行者，主要目的是发行债券而不是股票，是为了发行债券而附带认股期权。认股权证的执行价格，一般比发行时的股价高出20%～30%。但是从缺点来看，如果将来公司发展良好，股票价格会大大超过执行价格，购买者行权时，原有股东会蒙受较大的利益损失。在【例12-1】中，新股发行前，原有股东股权价值为53.3元/股；而新股发行后，股权价值降低到50.98元/股，现有股东持有的股票价格下降了2.32元/股。此外，认股权证筹资的灵活性较差。相对于可转换债券，发行人有偿还债券本息的义务，因无赎回和强制转股条款，尤其是在市场利率大幅降低时，发行人需要的筹资成本相对上升。此外，附带认股权证债券的承销费用高于债务融资。

12.1.3　可转换债券筹资

1. 可转换债券的定义和特征

可转换债券是一种特殊的债券，持有人或投资者可以在一定期间按约定条件将其转换为发行公司的普通股。

可转换债券的主要特征是可转换性，即按转股价格将债券转换为发行公司的股票。这种转换权实际上是一种看涨期权，持有人可以选择转换，也可以选择不转换而继续持有债券。如果转股价格低于股价，转换能够取得利得收益，则投资者会将债券转换为股票；如果转股价格高于股价，可转换债券的转换会造成利得损失，则不会发生转换。

由于可转换债券具有转换性，购买该债券还可以获得看涨期权的价值，因而该债券的利率通常会低于普通债券。

可转换债券与附认股权债券的区别在于：①可转换债券在转换时，只是在资产负债表上将负债转换为普通股，并不增加额外资本；附认股权债券在认购股份时，会给公司带来新的权益资本。②发行目的不同，适用条件不同。公司发行可转换债券的主要目的是发行股票而不是债券，只是因为当前股价偏低，希望通过将来转股以实现以较高的价格发行股票的目的；公司发行附认股权债券的主要目的是发行债券而不是股票，是为了发行债券而附带认股期权，只是因为当前利率要求高，希望通过捆绑认股期权吸引投资者，从而降低债券票面利率。发行附带认股权证债券的公司，比发行可转换债券的公司规模小，风险更高，往往是新的公司启动新的产品。对这类公司，潜在的投资者缺乏信息，很难判断风险的大小，也就很难设定合适的利率。为增强发行债券的吸引力，附送认股权，向投资者提供潜在升值的可能性，可适度抵销遭受损失的风险。③灵活性不同。可转换债券允许发行者规定可赎回条款、强制性转换条款等，总类较多；附认股权债券的灵活性较差。④可转换债券在转换期后，投资者不可能同时拥有债券和股票，执行看涨期权必须放弃债权；附认股权债券的投资者可以同时拥有债券和股票。⑤发行费用不同。可转换债券的承销费用与普通债券类似；附认股权债券的承销费用介于债务融资和普通股之间。

2. 可转换债券转股的基本条款

(1) 转股价格。转换价格是指将可转换债券转换为公司普通股的每股价格，也称转股价格。发行可转换债券时需要明确规定转股价格，通常比发行时公司股价高出20%～30%。

(2) 转股比率。转股比率是指每份可转换债券所能转换的普通股股数。可转换债券的面值、转换价格、转换比率之间存在下列关系

$$转换比率=债券面值/转换价格$$

这相当于投资者将债券按面值出售，再按转股价格购买发行公司的普通股。

【例12-2】A公司2018年发行了12.5亿元可转换债券，其面值为1000元，年利率为4.75%，2028年到期。转换可以在此前的任何时候进行，转换比率为20，求其转换价格。

$$转换价格=1000/20=50(元)$$

也就是说，为了取得A公司的20股，需要放弃一份面值为1000元的债券。

(3) 转换期。转换期是指可转换债券转换为股份的起始日至结束日的期间。可转换债券的转换期可以与债券的期限相同，也可以短于债券期限。例如，某种可转换债券规定，只能在其发行一定时间之后(如发行若干年之后)才能够行使转换权，这种转换期称为递延转换期，短于其债券期限。还有的可转换债券规定，只能在一定时间内(如发行日后的若干年之内)行使转换权，超过该时间转换权失效，因此转换期也会短于债券的期限，这种转换期称为有限转换期。超过转换期后的可转换债券，转换权利失效，成为普通债券。

根据我国《上市公司证券发行管理办法》的规定，可转换债券自发行结束之日起6个月后方可转换为公司股票，转换期限由公司根据可转换债券的存续期限及公司财务状况决定。

(4) 赎回条款。赎回条款是发行公司可以在债券到期日之前有权提前赎回债券的规定，是赋予发行公司的权利条款。赎回条款包括下列内容。

① 不可赎回期。不可赎回期是指可转换债券从发行时开始，不能被赎回的期间。例如，规定自发行日起2年之内不能由发行公司赎回，则债券发行日后的前2年就是不可赎回期。设立不可赎回期的目的，在于保护债券持有人的利益，防止发行企业滥用赎回权，强制债券持有人过早转换公司股票。不过，并不是每种可转换债券都设有不可赎回条款。

② 赎回期。赎回期是可转换债券的发行公司可以赎回债券的期间。赎回期安排在不可赎回期之后，不可赎回期结束之后，即进入可转换债券的赎回期。

③ 赎回价格。赎回价格是事前规定的发行公司赎回债券的价格。赎回价格一般高于可转换债券的面值，两者之差为赎回溢价。赎回溢价随债券到期日的临近而降低。例如，一种2018年1月1日发行、面值为100元、期限为5年、不可赎回期为3年、赎回期为2年的可赎回债券，规定到期前1年(即2022年)的赎回价格为110元，到期年度(即2023年)的赎回价格为105元。

④ 赎回条件。赎回条件是对可转换债券发行公司赎回债券的条件要求，即需要在什么条件下才能赎回债券。赎回条件分为无条件赎回和有条件赎回。无条件赎回是指在赎回期内发行公司可随时按照赎回价格赎回债券。有条件赎回是指对赎回债券有一些条件限制，只有在满足了这些条件之后才能由发行公司赎回债券。

发行公司在赎回债券之前，需要向债券持有人发出通知，要求他们在将债券转换为普通股与卖给发行公司之间做出选择。一般而言，债券持有人会将债券转换为普通股。可见，设置赎回条款是为了促使债券持有人转换股份，因此又称为加速条款。在市场利率下降时提前赎回债券，可避免公司继续向持有人支付较高利息；而当股价在一段时间内连续高于转换价格超过某一幅度时，赎回未转换的可转换债券，也可以避免低价转换给公司带来的损失。

(5) 回售条款。回售条款是在可转换债券发行公司的股票价格下跌到某种程度时，由于无法获得转换的利益，债券持有人有权按照约定的价格将可转换债券卖给发行公司的有关规定。该条款是赋予投资者的权利条款，具体包括回售时间、回售价格等内容。设置回售条款是为了保护债券投资人的利益，使他们能够避免遭受过大的投资损失，从而降低投资风险。合理的回售条款，可增强投资者的安全感和债券的吸引力。

(6) 强制性转换条款。强制性转换条款是在某些条件具备之后，债券持有人必须将可转换债券转换为股票，无权要求偿还债券本金的规定，是赋予发行公司的权利条款。设置强制性转换条款，是为了保证可转换债券顺利地转换成股票，以实现权益筹资的目的。

3. 可转换债券的估价

公司发行可转换债券需要合理设置发行条件，包括设定转股价格、票面利率等，这些发行条件决定了可转换债券价值。投资者投资可转换债券需要评估可转换债券价值，以判断可转换债券投资是否存在净现值，从而决定是否投资该债券。如果可转换债券投资的净现值小于零，发行公司则需要调整发行条件，以实现净现值大于等于零的可转换债券价值，这样才能被投资者接受。与附认股权债券相同，投资者之所以投资低利率的可转换债券，是因为投资可转换债券能够获得看涨期权的价值，使得可转换债券价值至少不低于等风险、等期限普通债券的价值。

对可转换债券估价，首先把可转换债券作为普通债券来分析，然后当作看涨期权，估计这种转换权利的价值，最后求和，就可以完成可转换债券的估值。

每份可转换债券价值包括每份债券持有价值和每份债券转换价值的现值，即

$$每份可转换债券价值=每份债券持有价值+每份债券转换价值的现值$$

式中：每份债券持有价值为每份债券转换前利息收入的现值；每份债券转换价值的现值为每份债券转换为股票价值的现值。

下面结合一个例子说明可转换债券价值的估计方法。

【例12-3】假定某公司拟发行可转换债券筹资5000万元，投资者预期股价和股利会按照6%的增长率不断上升，假设等风险、等期限普通债券利率为12%，当前期望股利(D_1)为2.8元/股，当前股价P_0为35元/股。公司发行方案为：可转换债券的面值和发行价格为1000元；期限为20年；票面利率为10%；转换比率为20；不可赎回期为10年，即转换期为10年，发行后第10年年末不转换债券将被赎回；赎回价格是1050元。

解题的基本思路是：首先评估每份可转换债券的价值，之后与购买价格进行比较，计算投资可转换债券的净现值。可转换债券价值是由债券持有期间的价值(简称债券持有价值)和每份债券转换为股票价值(简称债券转换价值)的现值两部分构成的。假设可转换债券的持有人在t年年底实现转换，它的现金流分布如图12-2所示。

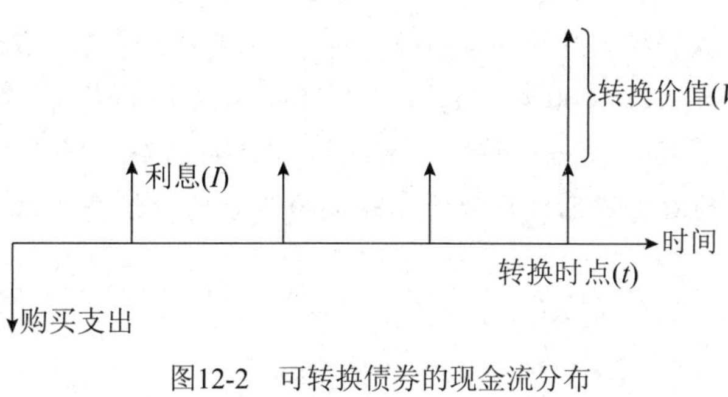

图12-2　可转换债券的现金流分布

图12-2中，零时点购买可转换债券支出1000元；第1年至第t年年底持有债券并每年取得利息100元；第t年年底进行转换，取得转换价值。

债券持有价值为持有期利息收入的现值，计算公式为

$$\text{债券持有价值}=PV_{bt}=I(P/A，i，t)=1000\times10\%\times(P/A，12\%，t)=100\times(P/A，12\%，t)$$

债券转换价值为每份债券转化为股票的价值，为第t年年末股价与转换比率的乘积，计算公式为

$$\text{债券转换价值}=V_{st}=P_0\times(1+6\%)^t\times20=700\times(1+6\%)^t$$

$$\text{债券转换价值的现值}=PV_{st}=V_{st}\times(P/F，k，10)=700\times(1+6\%)^t\times(P/F，k，10)$$

式中：k——股权投资的必要报酬率(公司股权资本成本)。

这样，可转换债券价值=债券持有价值+债券转换价值

$$=100\times(P/A，12\%，t)+700\times(1+6\%)^t\times(P/F，k，t)$$

可见，债券持有价值和转换价值都取决于转换时点，因而要估计可转换债券价值，首先需要确定可转换债券的转换时点。

(1) 确定可转换债券的转换时点。在某一时点(第t年年末)可转换债券能否转换为股票，取决于该时点债券转换为股票的价值(债券转换价值)是否高于该时点的债券价值。在不同时点上，债券价值和债券转换价值都是不同的。

第t年年末每份债券价值为第t年年末持有债券至到期的利息收入和到期本金的现值，计算公式为

$$V_{bt}=1000\times10\%\times(P/A，12\%，n-t)+1000\times(P/F，12\%，n-t)$$

在发行日债券价值为

$$V_{b0}=1000\times10\%\times(P/A，12\%，n)+1000\times(P/F，12\%，n)=850.61(\text{元})$$

此后债券价值逐年递增，债券至到期时其面值为1000元，而第t年年末债券转换价值为

$$\text{债券转换价值}=V_{st}=P_0\times(1+6\%)^t\times20=700\times(1+6\%)^t$$

在发行日每份债券的转换价值为700元，此后随着时间的推移，股价不断上涨，转换价值也逐年上升，至赎回期满为1182.64元。

债券价值和债券转换价值计算结果和变动趋势如表12-1所示，可转换债券模型如图12-3所示。

在第t年年末，如果债券价值高于转换为股票的价值，转换就不会发生，投资者会继续持有债券。只有转换为股票的价值高于债券价值，转换才会发生，转换条件为

第t年年末每份债券转换为股票的价值(V_{st})>第t年年末每份债券价值(V_{bt})，即

$$700\times(F/P，6\%，t)>100\times(P/A，12\%，20-t)+1000\times(P/F，12\%，20-t)$$

根据表12-1的计算结果，当t=4时，即在第4年年底，转换为股票的价值为883.73元，而每份债券价值为860.52元，每份债券转换为股票的价值高于每份债券价值，转换会发生。

表12-1　债券价值和转换价值计算表

时间	债券价值/元	股价/元	转换比率/%	转换价值/元	转换价值与债券价值差额/元
0	850.61	35.00	20	700.00	−150.61
1	852.68	37.10	20	742.00	110.6
2	855.01	39.33	20	786.52	−68.49
3	857.61	41.69	20	833.71	−23.9
4	860.52	44.19	20	883.73	23.21
5	863.78	46.84	20	936.76	79.98
6	867.44	49.65	20	992.96	125.52
7	871.53	52.63	20	1052.54	181.01
8	876.11	55.78	20	1115.69	239.58
9	881.25	59.13	20	1182.64	301.39
10	887.00	62.68	20	1253.56	366.56

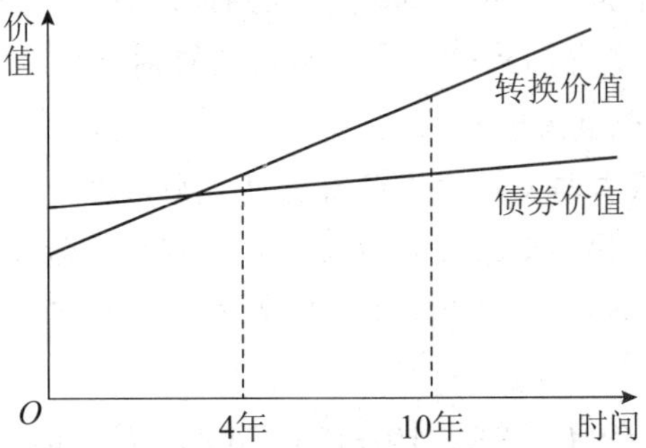

图12-3　可转换债券模型

由表12-1和图12-3可知，随着时间的延续，股价会逐步上升，每份债券转换价值与债券价值的差额也会越来越大，因此投资者会尽可能推迟转换，寄希望于股价进一步上涨。在本例中，赎回保护期为10年，在10年后，赎回价格是1050元，而转换价值为1253.59元，这时投资者会在第10年年末将债券转换为普通股，否则会被赎回，从而遭受损失。

(2) 第10年年末实现转换的可转换债券价值。

$$每份债券持有价值=100\times(P/A，12\%，10)=593.77(元)$$

$$第10年年末每份债券转换为股票的价值=35\times20\times(1+6\%)^{10}=700\times1.7908=1253.56(元)$$

$$每份债券转换价值的现值=1253.56\times(P/F，k，10)$$

需要求解k，根据固定增长股利模型，则有

$$期望股利(D_1)/P_0+增长率=2.8/35+6\%=14\%$$

$$每份债券转换价值的现值=1253.56\times0.269=337.21(元)$$

$$可转换债券价值=债券持有价值+转换价值的现值=593.77+337.21=930.98(元)$$

(3) 估计投资可转换债券的净现值。

$$NPV=可转换债券价值-购买价格=860.88-1000=-69.02(元)$$

NPV小于0，表明该债券发行条件对投资者缺乏吸引力，方案不可行，需要调整。

也可以采用求解内含报酬率的方法，判断该债券发行条件是否符合投资者的要求。

$$1000=100\times(P/A，\text{IRR}，10)+1253.56\times(P/F，\text{IRR}，10)$$

采用试误法和插值法计算得出内含报酬率(IRR)为11.48%，低于等风险、等期限普通债券利率(12%)，表明可转换债券的发行方案不可行，需要调整。

(4) 调整发行方案。发行方案的调整修改包括调整转股比例(或转股价格)、票面利率、发行价格和赎回保护期年限等。假设公司准备调整票面利率(r)，其他条件不变，以使投资者能够获得正的净现值，则有

$$\text{NPV}=1000\times r\times(P/A，12\%，10)+337.21-1000>0$$

求解票面利率：r>11.16%。这表明公司需要将票面利率调整到11.16%以上，比如提高到11.20%，以吸引投资者购买该债券。

假设公司调整转换比率，其他条件不做调整，以使投资者能够获得正的净现值，则有

$$\text{NPV}=100\times(P/A，12\%，10)+35\times(1+6\%)^{10}\times N\times(P/F，14\%，10)-1000>0$$

求解票面利率：N>24.09。这表明公司需要将转换比率调整到24.09以上，比如将转换比率提高到25，以吸引投资者购买该债券。公司还可同时修改票面利率、转换比率和赎回保护期年限等，以使净现值高于0。

(5) 可转换债券筹资成本与发行方案的可行性。公司发行可转换债券的目的主要是按理想价格(执行价格)发行股票。如果发行方案决定的可转换债券的成本高于发行股票的股权成本，则不如直接发行普通股。发行可转换债券的成本可以通过求解投资内含报酬率的方式取得，则有

$$1000\times11.2\%\times(P/A，\text{IRR}，10)+1253.56\times(P/F，\text{IRR}，10)=1000(元)$$

用IRR=12%试算，等式左端等于1036元，非常接近1000元，可以认为投资可转换债券的内含报酬率为12%。如果希望提高计算精度，可以利用插值方法计算，则有

$$可转换债券的筹资成本=\text{IRR}\times(1-25\%)=9\%$$

可转换债券的成本低于股权筹资成本(14%)，发行可转换债券有利于降低股权筹资成本，该可转换债券方案具有可行性。

4. 可转换债券筹资的优点和缺点

(1) 可转换债券筹资的优点。

① 与普通债券相比，可转换债券使得公司能够以较低的利率取得资金。债权人同意接受较低利率的原因是有机会分享公司未来发展带来的收益。可转换债券的票面利率低于同一条件下的普通债券的利率，降低了公司前期的筹资成本。与此同时，它向投资人提供了转为股权投资的选择权，使之有机会转为普通股并分享公司更多的收益。值得注意的是，可转换债券较低的筹资成本优势是暂时的，可转换债券转换成普通股后，其原有的低利息优势将不复存在，公司要承担较高的普通股筹资成本。

② 与普通股相比，可转换债券使得公司取得了以高于当前股价发行普通股的可能性。有些公司本来想发行股票而不是债务，但由于当期股票价格太低，为筹集同样的资金需要发行更多的股票。为避免直接发行新股而遭受损失，才通过发行可转换债券变相发行普通股。因此，在股价被严重低估或发行新股时机不理想时，可以先发行可转换债

券，然后通过转换实现较高价格的股权筹资。这样做一来不会因为直接发行新股而进一步降低公司股票市价，二来因为转换期较长，即使在投资者将来转换股票时，对公司股价的影响也比较温和，从而有利于稳定公司股价。

(2) 可转换债券筹资的缺点。

① 股价上涨风险。虽然可转换债券的转换价格高于其发行时的股票价格，但如果转换时股票价格大幅度上涨，公司只能以较低的固定转换价格发行股票，公司权益筹资额会大幅降低，影响公司的权益筹资计划。此外，根据求解投资内含报酬率的方程可知，当转换时点股价大幅度上涨，每份债券转换为股票的价值大幅度增加时，公司可转换债券的筹资成本也会大幅度增加。

② 股价低迷风险。公司希望通过发行可转换债券实现股权筹资，但是发行可转换债券后，如果股价没有达到转股所需要的水平，可转换债券持有者没有如期转换普通股，则公司不能实现预期的股权筹资目的，只能继续承担债务。在有回售条款的情况下，公司短期内集中偿还债务的压力会更明显。

③ 筹资成本高于普通债券。尽管可转换债券的票面利率比普通债券低，但是转股之后的总筹资成本比普通债券要高。

12.2 租赁筹资与决策

12.2.1 租赁概述

1. 租赁的概念

租赁是指在约定期间，出租人将租赁资产使用权让予承租人，以获取租金的经济交易行为。租赁是一种以支付租赁资产使用费用(租赁费)为代价的实物资产借贷行为。租赁合约的当事人至少包括出租人和承租人两方，出租人是租赁资产的所有者，承租人是租赁资产的使用者。早期租赁资产主要是土地和建筑物，20世纪50年代以后各种资产都进入了租赁领域。企业生产经营中使用的资产，既可以通过购买取得其所有权，也可以通过租赁取得其使用权，都可以达到使用资产的目的。

2. 租赁存在的原因

租赁存在的原因很多，我们重点讨论以下三个主要原因。

(1) 节税。节税是租赁存在的一个重要原因。与自行购买取得所需资产相比，采用租赁的方式，承租人会获得节税的利益。采用短期租赁，承租人支付的租金费用高于自购资产的折旧费用；而采用长期租赁，租赁资产计提的折旧费用高于自购资产的折旧费用，这样承租人能够获得较多的抵税利益。此外，如果租赁双方的所得税税率不同，比如出租人处于较高税率水平，而承租人处于较低税率水平，如果出租人将租赁资产短期出租给承租人，承租人不仅可以通过短期租赁获得节税利益，在竞争性的市场上，还可能会共享出租人折旧抵税的收益。比如，资产年折旧10万元，承租人所得税税率为20%，出租人所得税税率为30%。如果承租人自行购买，则年折旧抵税额为2万元；如果由出租人采用短期租赁方式，出租人计提折旧，年折旧抵税额为3万元，每年可减少纳税1万元，出租人可以少收点租金，使这1万元节税利益在租赁双方之间共享。在美国，出租人还有权利获得加速折旧等税收优惠，会使双方共享的抵税利益更大。同理，当承租方的有效税率高于出租方时，承租方可以长期租入资产，这样可以获得比自行购买更多的节税利益，出租人则可以通过提高租赁费用的方式，分享税率差别带来的减税利益。

如果资产市场的效率较高，长期租赁和借款自行购买的筹资成本相差无几。如果不能取得税收的好处，大部分长期租赁在经济上都难以成立。如果双方的实际税率相等，承租人可以直接在资本市场上筹集借款，没有必要转手租赁筹资，增加交易成本。可见，如果没有节税利益，长期租赁可能无法存在，而这种节税利益是所得税制度引起的，因而在一定程度上，租赁是所得税制度的产物。

(2) 降低交易成本。租赁公司专门从事租赁业务，具有节约交易成本的优势。比如，租赁公司可以大批量购置某种资产，从而获得价格优惠；对于租赁资产的维修和保养，租赁公司可能更内行或者更有效率；对于旧资产的处置，租赁公司也更有经验，比如可以采取重复租赁的方式获得更多的残余价值等。交易成本的差别是短期租赁存在的主要原因，租赁公司由于信用、规模和其他原因，融资成本往往比承租人低。而无论购置还是租赁取得所需资产，目的都是使用，承租人购置取得、使用和处置所需资产，则交易成本较高。比如，购置价格较高，维护费用高，处置价格较低，残值风险较大。通过租赁取得所需资产，尽管需要支付租赁费用，但由于租赁公司的交易成本优势，其转嫁给承租人的交易成本会大大低于自行购置的交易成本，因而承租人能够有效降低这些交易费用，与自行购置相比更为划算。

(3) 减少不确定性、规避资产的残值风险。如果企业自行购置所需资产，则必须承担该资产过时、淘汰和贬值的风险；如果采用租赁方式取得所需资产，由于不拥有租赁资产的所有权，就无须承担该资产的残值风险，将该风险转移给出租者。比如，租赁车辆可以规避车辆降价的风险，因为使用几年的车辆只能以较低的价格卖掉。一般认为，不同公司对于风险的偏好有差别。规模较小或新成立的公司，公司的总风险较大，希望尽可能降低风险，较倾向于租赁；而蓝筹公司有能力承担资产余值风险，更偏好自行购置。

3. 租赁的类型

(1) 按承租人的目的分类。根据承租人的目的，租赁可以分为经营租赁和融资租赁。

① 经营租赁。经营租赁是指租赁物短期使用权的经济交易。典型的经营租赁具有短期、可撤销和不完全补偿的特征。经营租赁租赁时间短，明显低于租赁资产的经济寿命。由于可以撤销，租赁期可能很短；由于租赁期短，出租人的租赁资产成本补偿就没有保障，承租人也不会关心且无须负责影响租赁资产寿命的维修和保养。租赁期届满时，出租方可以把租赁资产再出租给其他承租人，或者作为二手设备出售。

② 融资租赁。融资租赁是出租人根据承租人对租赁物和供应商的要求，出资为承租人购买租赁资产，提供给其使用，承租人支付租赁费的经济交易。租赁费用包括出租人的全部出租成本和利润，出租成本包括租赁资产的购置成本、营业成本以及相关的利息。

典型的融资租赁合约具有长期、不可撤销、完全补偿的特征。租赁融资的时间长，接近租赁资产的经济寿命。由于合同不可撤销，能够保障较长的租赁期。由于租赁期长，租赁资产成本需要通过收取租金的方式得到完全补偿，并且在租赁期满时，承租人通常会取得租赁资产所有权，因而会负责影响资产经济寿命的维修和保养。租赁期届满时，租赁资产几乎丧失使用价值，无法转租他人，双方可以约定租赁期届满时租赁物的归属。例如，出租人以低价象征性地转卖租赁资产给承租人，或者允许承租人以极低的租赁费继续无限期使用，或者允许承租人以出租人的名义将资产转卖出去，所得收益大部分归承租人，少部分给出租方等。

从出租人的视角来看，融资租赁的目的是以租赁的形式给承租人提供长期贷款，本质上属于以租赁为形式的等额还本付息的抵押贷款，每期收取的租金就是贷款的等额还本付息额。

从承租人的视角来看，融资租赁的目的是通过长期负债取得所需设备等资产，与企业借款购买属于自己的设备并无差异。融资租赁也是企业重要的长期负债筹资方式。

(2) 按当事人的关系分类。按当事人之间的关系，租赁可以划分为三种类型。

① 直接租赁。该种租赁是指出租人(租赁企业或生产厂商)直接向承租人提供租赁资产的租赁形式。直接租赁只涉及出租人和承租人两方。

② 杠杆租赁。该种租赁是有贷款者参与的一种租赁形式。在这种形式下，出租人购入租赁资产时只支付所需款项的一部分(通常为资产价值的20%～40%)，其余款项则以购入的资产或出租权等为抵押，向另外的贷款者借入。资产出租后，出租人以收取的租金向贷款者还本付息。这样，出租人利用自己的少量资金就推动了大额的租赁业务，故称为杠杆租赁。对承租人(企业)来说，杠杆租赁和直接租赁没有区别，都是向出租人租入资产；而对出租人而言，其身份发生了变化，既是资产的出租者，又是款项的借入者，因此杠杆租赁是一种涉及三方面关系人的租赁形式。

③ 售后回租。售后回租是一种特殊形式的租赁业务，这种租赁是指承租人先将某资产自制或外购出售给出租公司后，再将该资产租回的一种租赁形式。在这种形式下，承租人一方面通过出售资产获得了现金；另一方面通过租赁满足了对资产的使用需要。在售后回租方式下，卖主同时是承租人，买主同时是出租人。通过售后回租交易，资产的原所有者(即承租人)在保留对资产的占有权、使用权和控制权的前提下，将固定资产转化为货币资本，在出售时可取得全部价款的现金，而租金则是分期支付的，从而获得所需的资金。资产的新所有者(即出租人)通过售后回租交易，找到一个风险小、回报有保障的投资机会。由于在售后回租交易中，资产的售价和租金是相互关联的，是以一揽子方式谈判的，是一并计算的，因此资产的出售和回租实质是同一笔业务。售后回租能够更为

明显地表现融资租赁的抵押贷款性质。

4. 租赁的本质

对于租赁而言，无论是经营租赁还是融资租赁，承租方都取得了租赁资产的一定时期的使用权，都需要向出租方支付使用费用。从筹资角度看，租赁也是一种负债筹资方式，相当于等额还本付息的抵押借款，因而租赁可以称为租赁负债。

12.2.2 租赁的税务处理

对于承租人来说，由于租赁资产的法律所有权归属于出租人，租赁费是承租人的当期费用，应当在当期应税所得中扣除。但在实践中，承租人为了提前抵税，会与出租公司合谋将本属于分期付款或贷款购买资产所有权的交易伪装成长期租赁交易。由于租赁期短于资产寿命期，且租赁费用较高，会导致每期的租赁费高于自行购置资产的折旧费用，因而能够实现提前抵税的效果。为了反避税，许多国家的税法都制定专门的条款区分真实租赁和名义租赁(实际为分期付款或贷款购买)。

我国的所得税法没有关于租赁分类的条款，但根据有关规定，税法没有规定租赁的分类标准，可以采用会计准则对租赁进行分类和确认标准。

按照我国会计准则的规定，满足以下一项或数项标准的租赁属于融资租赁，按照实质重于形式的原则，列入资产负债表作为自有资产处理：①在租赁期届满时，租赁资产的所有权转移给承租人；②在租赁期届满时，承租人有购买租赁资产的选择权，所订立的购买价格预计将远低于行使选择权时租赁资产的公允价值，因而在租赁开始日就可以合理确定承租人将会行使这种选择权；③租赁期占租赁资产可使用年限的大部分(通常解释为等于或大于75%)；④租赁开始日最低租赁付款额现值几乎相当于租赁开始日租赁资产的公允价值 (通常解释为等于或大于90%)；⑤租赁资产性质特殊，如果不重新改制，只有承租人才能使用。

除融资租赁以外的租赁，全部归入经营租赁。我国税法规定，以经营租赁方式租入固定资产发生的租赁费支出，按照租赁期均匀扣除。不同于经营租赁的租赁费可以作为费用在税前扣除，税法规定，如果租赁合约符合税法关于融资租赁的规定条件，按照实质重于形式的原则，可作为自有资产处理，因而租赁费可以视为取得租赁资产所有权的成本，不能作为费用在税前扣除，而是“按照规定构成融资租入固定资产价值的部分应当提取折旧费用，分期扣除”。这就是说，融资租赁的租赁费不能作为费用扣除，只能作为取得成本构成租入固定资产的计税基础。

“构成融资租入固定资产价值的部分”的确定，分为以下两种情况。

第一种情况：租赁合同约定付款总额的，包括租赁合同约定的付款总额和承租人在签订租赁合同过程中发生的相关费用。

第二种情况：租赁合同未约定付款总额的，包括该租赁资产的公允价值和承租人在签订租赁合同过程中发生的相关费用。

通常融资租赁合同约定的付款总额大于租赁资产公允价值，因此大多数融资租赁合同都尽量约定付款总额，以增加融资租入固定资产的价值，增加每期提取的折旧费用，减少纳税。

按照这一规定，税法只承认经营租赁是真正的租赁，按照实质重于形式的原则，所有融资租赁都认定为分期付款购买或贷款购买资产所有权。

12.2.3 租赁筹资决策

通过租赁取得设备与自行购置取得设备都属于公司的项目投资行为。自行购置是对设备所有权的投资，而且投资通常是在购置时一次性支出。经营租赁取得设备是对租赁设备使用权的投资，虽然取得设备使用权没有发生初始投资，但租赁期内的租金支出可以视为对租赁设备使用权的分期投资支出。而融资性租赁通常与自行购置相同，只不过是分期付款购买设备的投资行为。因而，租赁筹资决策(即是否租赁)实际上就是自行购置和租赁这两个期限相同的互斥投资方案的选择问题，可以通过比较两个方案的净现值进行决策。如果租赁比自行购置更为有利，则公司应优先考虑租赁。具体来看，租赁筹资决策包括自行购置与经营租赁、自行购置与融资租赁两个方案。

1. 自行购置与经营租赁的选择

如果企业需要某项短期使用的经营资产，既可以选择自行购置，也可以选择经营租赁。下面举例说明自行购置和经营租赁的选择。

【例12-4】A公司为增加产品产量决定添置一台通用设备，预计该设备将使用2年。公司正在研究应通过自行购置还是租赁取得该设备，有关资料如下：

如果自行购置，预计设备购置成本为100万元，该设备的税法折旧年限为5年，折旧期满时预计净残值为0。假设使用2年后设备清理变现，变现净值为70万元。设备维护费用预计每年6万元，A公司的所得税税率为20%。

租赁公司可提供该设备的租赁服务，年租赁费40万元，年末支付。租赁公司负责设备维护，不再另外收取费用，租赁期满租赁公司收回该设备。折现率为10%。

根据租赁分类标准判断，该项租赁不符合会计准则规定的认定融资租赁的任何一项标准，因而该项租赁为经营租赁。

自行购买方案与经营租赁方案是期限相同的互斥方案，可以采用净现值法进行选择。计算方法有差量分析法和现金流出现值比较法两种。

1. 差量分析法

由于两个互斥方案期限相同，可以采用差量分析决策方法，将其转化为单一的“购买替代租赁”决策方案。

差量营业现金流量=Δ税后收入−Δ税后付现成本+Δ折旧抵税

=0−Δ税后付现成本+Δ折旧抵税

=0−Δ付现成本×(1−税率)+Δ折旧×税率

=0−(每年维护费用−每年租赁费)×(1−税率)+(购买方案年折旧−0)×税率

=0−(6−40)×(1−25%)+20×25%=30.5(万元)

差量营业现金净流量=购买方案的税后变现净收入−0=70−(70−60)×25%=67.5(万元)

差量投资现金净流量=购买支出−0=100(万元)

差量净现值ΔNPV=差量营业现金流量×(P/A，10%，2)−差量投资现金净流量现值
+差量清理现金净流量×(P/F，10%，2)
=30.5×1.736−100+67.5×0.826=8.71(万元)

可见，由于“购买替代租赁”方案的净现值大于0，“购买替代租赁”方案是可行的。也就是说，公司应该采用购买方案，而不应采用租赁方案。

2. 现金流出现值比较法

自行购买方案与经营租赁方案是互斥方案，我们用净现值法进行分析。

购买方案的营业现金净流入量=税后营业收入−购买方案的税后营业付现成本+折旧抵税

租赁方案的营业现金净流入量=税后营业收入−租赁方案的税后营业付现成本

$NPV_{购买}-NPV_{租赁}$=(税后营业收入−购买方案的税后营业付现成本+折旧抵税)的现值−设备购置成本−(税后营业收入−租赁方案的税后营业付现成本)的现值−0
=(−购买方案的税后营业付现成本+折旧抵税)的现值−设备购置成本−(−租赁方案的税后营业付现成本)的现值
=租赁方案的税后营业付现成本现值−(设备购置成本+购买方案的税后营业付现成本−折旧抵税)的现值
=税后租赁费的现值−(设备购置成本+税后维修费用−折旧抵税)的现值
=租赁引起的现金流出现值−购买引起的现金流出现值

可见，无论是自行购置还是租赁，由于取得的经营资产是相同的，因而自行购买方案和租赁方案给企业带来的营业现金流入是相同的，与自行购买方案或租赁方案无关的营业现金流出(比如材料和人工费用支出等)也是相同的，因而按净现值法在自行购买方案和租赁方案中选择，只需要比较不同方案引起的现金流出现值即可。现金流出现值较小的方案取得的净现值最大，则该方案有利于增加股东财富，为最优方案。

(1) 自行购买方案引起的现金流出的现值。自行购买方案引起的投资现金流出为：购买支出；运营阶段的年现金流出，即税后租赁费支出减去折旧抵税；清理阶段的税后变现净收入(可以视为负的现金流出)。

$现金流出现值_{购买}$=购买支出+[每年维护费用支出×(1−25%)−每年折旧×25%]×(P/A，10%，2)−税后变现净收入×(P/F，10%，2)
=100+[6×(1−25%)−20×25%]×(P/A，10%，2)−[70−(70−60)×25%]×(P/F，10%，2)
=100−0.5×1.736−67.5×0.826=100−0.87−55.76
=43.37(万元)

(2) 经营租赁方案引起的现金流出的现值。经营租赁方案引起的现金流出为运营阶段的年税后租赁费支出。

$现金流出现值_{租赁}$=每年租赁费支出×(1−25%)×(P/A，10%，2)
=40×(1−25%)×1.736=52.08(万元)

(3) 比较两个方案引起的现金流出现值。租赁方案的现金流出的现值大于购买方案的现金流出的现值，表明经营租赁方案的净现值小于自行购买方案的净现值，因此不应该选择租赁方案。

需要说明的是，在【例12-4】中，我们将经营租赁和自行购置都视为公司的投资行为，同时为简化起见，使用了相同的折现率(10%)。由于无论是经营租赁还是自行购买，公司取得的资产相同，因而对公司经营风险的影响也是相同的，两者的项目资本成本相同。但两者项目资本成本相同隐含一个重要的假设前提，即经营租赁方案的筹资结构与自行购买方案的筹资结构相同，因而两个筹资方案对公司的资本结构和财务风险的影响相同，两个方案的项目资本成本保持一致。需要注意的是，对于经营租赁方案，由于租赁的负债性质，每年需要支付的租金类似于债务利息支出，公司对租赁取得的经营资产所要求的报酬率为租赁筹资成本。显然，经营租赁和自行购买采用相同的折现率作为项目资本成本并不恰当，只有当购买资产也采用与经营租赁类似的负债筹资的方式融资，两个方案才能采用相同的折现率。对于采用其他筹资方案的自行购买方案，我们可以采用第4章讨论的项目资本成本的估计方法来确定项目资本成本。对于经营租赁方案的折现率，则需要根据租赁资产带来的营业现金净流量，将每年的租赁费用和租赁手续费作为投资现金流出，利用求解内含报酬率的方法求解。需要指出的是，短期租赁负债不同于期限相同的金融负债，因为出租者需要承担租赁资产的有形磨损和贬值风险，因而租赁负债的成本较高。

2. 自行购置与融资租赁的选择

如果企业需要某项长期使用的经营资产，既可以选择自行购买，也可以选择融资租赁。下面举例说明自行购买和融资租赁的选择，并讨论融资租赁方案的折现率(项目资本成本)如何确定。

【例12-5】 A公司为增加产品产量决定添置一台设备，预计该设备将使用4年，公司正在研究应选择借款自行购买还是通过租赁取得该设备。

1. 有关资料

(1) 如果借款自行购置，预计购置成本为100万元。税法折旧年限为5年，折旧时预计净残值率为5%，4年后该设备的变现价值预计为30万元。设备维护费用(保险、保养、修理等)预计每年1万元，假设发生在每年年末。企业借款购置资产的必要报酬率为10%。

(2) 租赁公司可提供该设备的租赁服务，租赁期4年，年租赁费20万元，在年初支付。租赁公司负责设备的维护，不再另外收取费用。租赁期内不得撤租，租赁期届满时租赁资产所有权不转让。

(3) A公司的所得税税率为25%，税前借款(有担保)利率为8%。租赁费定期支付，类似债券的还本付息，折现率应采用类似债务的利率。租赁资产的法定所有权属于出租人，如果承租人不能按时支付租赁费，出租人可以收回租赁资产，所以承租人必然尽力按时支付租赁费，租赁费回收的违约风险低。融资租赁负债与等额还本付息抵押贷款在经济上是等价的，因此，租赁方案的折现率应采用有抵押的债券利率。

2. 有关租赁项目说明

(1) 选择租赁方案。首先判断租赁税务性质。该合同符合融资租赁的认定标准(租赁期占租赁资产可使用年限的80%等)，租赁费每年20万元，不可在税前扣除。

(2) 租赁方案引起的现金流出的现值。租赁方案引起的投资现金流出为运营阶段租金支出扣除折旧抵税，租赁期满资产变现净损失抵税(视为负的现金流出)。该设备租赁期届满时租赁资产所有权不转让，视为清理变现净收入为0，资产变现净损失为资产变现净收入与资产账面净值的差额。

$$现金流出现值_{租赁}=第1年年初租赁费支出+租赁费支出\times(1-25\%)\times(P/A,\ 8\%,\ 3)-每年折旧\times25\%\times(P/A,\ 8\%,\ 4)-资产变现净损失\times25\%\times(P/F,\ 8\%,\ 4)$$

第一，每年折旧的计算。按同类固定资产的折旧年限计提折旧费，则

$$租赁资产的年折旧额=租赁资产的计税基础\times(1-5\%)\div5$$

由于合同约定了承租人的付款总额，租赁费是取得租赁资产的成本，全部构成计税基础，则

$$租赁资产的计税基础=20\times4=80(万元)$$

$$租赁资产的年折旧额=80\times(1-5\%)\div5=15.2(万元)$$

第二，租赁期满资产变现净损失的计算，则

$$期末资产账面净值=80-15.2\times4=19.2(万元)$$

$$期末资产变现损失=0-19.2=-19.2(万元)$$

$$\begin{aligned}现金流出现值_{租赁}&=20+20\times(1-25\%)\times(P/A,\ 8\%,\ 3)-15.2\times25\%\times(P/A,\ 8\%,\ 4)-19.2\times25\%\times(P/F,\ 8\%,\ 4)\\&=20+16.2\times(P/A,8\%,3)-3.8\times(P/A,8,4)-4.8\times(P/F,8,4)\\&=20+16.2\times2.5771-3.8\times3.312-4.8\times0.7350\\&=55.43(万元)\end{aligned}$$

3. 购买方案引起的现金流出的现值

租赁方案引起的投资现金流出为：购买支出、运营阶段每年维护费用支出扣除折旧抵税，租赁期满资产税后变现净收入(视为负的现金流出)。

$$现金流出现值_{借款购买}=购买支出+[每年维护费用支出\times(1-25\%)-每年折旧\times25\%]\times(P/A,\ 10\%,\ 4)-税后变现净收入\times(P/F,\ 10\%,\ 4)$$

(1) 每年折旧额。按税法规定计提折旧费，则

$$租赁资产的年折旧额=100\times(1-5\%)/5=19(万元)$$

(2) 期末税后变现净收入，则

$$期末资产变现流入=30(万元)$$

$$期末资产账面价值=100-19\times4=24(万元)$$

$$期末资产变现净收入=30-24=6(万元)$$

$$期末资产税后变现净收入=30-6\times25\%=28.5(万元)$$

$$\begin{aligned}现金流出现值_{借款购买}&=100+[1\times(1-25\%)-19\times25\%]\times(P/A,\ 10\%,\ 4)-4.5\times(P/F,\ 10\%,\ 4)\\&=100+(0.75-4.75)\times3.170-28.5\times0.683=67.85(万元)\end{aligned}$$

4. 比较两个方案引起的现金流出现值

由于借款购置方案的现金流出现值大于融资租赁方案的现金流出现值，表明租赁方案的净现值大于借款购买方案的净现值，因此在本例中，采用租赁方案更有利。

在【例12-5】中，购买方案和融资租赁方案使用不同的折现率，原因在于融资租赁相当于等额还本付息的抵押借款，风险较低，从理论上说，出租者要求的报酬率也应该较低。但在实践中，融资租赁成本通常高于其他债务筹资成本。此外，融资租赁成本会随租赁合同的差异有所不同，因而一个更恰当的方法是根据实际的合约租金，通过计算内含报酬率的方法来确定融资租赁方案折现率。此外，需要注意的是，对每一种现金流也需要使用不同的折现率，这样才能提高分析的合理性。在【例12-5】中，折旧抵税额的折现率与租金的折现率相同，实际上，折旧抵税额隐含了一个假设，就是全部折旧抵税额均有足够的应税所得用于抵税，而经营总有不确定性，如果公司的盈利水平很低，就没有足够的应税所得用于折旧抵税，因此，折旧抵税额的风险要大一些，折现率也应高一些。此外，通常认为，持有资产的经营风险较高，因此期末资产余值的折现率也较高。多数人认为，计算资产余值时，应使用项目的必要报酬率即加权平均资本成本作为折现率。

在融资租赁投资中，使用不同的折现率会增加其决策复杂性。除非租赁涉及的金额较大，否则可统一使用有担保的债券利率作为折现率。与此同时，对折旧抵税额和期末资产余值要谨慎估计，即根据风险大小适当调整预计现金流量。

12.2.4　融资租赁筹资的优缺点

1. 融资租赁筹资的优点

对公司筹资而言，融资租赁筹资的优点主要体现在：①租赁开辟了新的融资渠道，承租人可以借助租赁保留银行信贷额度和紧张的现金资源。比如，在资金短缺的情况下，用购车的钱可以一次性租入几台车，满足用车需要。此外，中小企业信用风险较高，很难从银行等金融机构获得贷款，而且融资成本较高，而租赁为中小企业融资开辟了新的渠道，它们会倾向于采用租赁融资。②筹资速度快、租赁协议灵活。融资租赁申请批准后，租赁设备到位快，有助于承租人把握商机。租赁双方可以灵活签订租赁协议，比如可以约定设备开工运作后再支付租金等。③避免自购资产被市场淘汰和贬值的风险。由于承租人不拥有租赁资产的所有权，不承担资产淘汰和贬值的风险。对于设备淘汰更新快的企业而言，融资租赁有助于加速设备的更新升级。

2. 融资租赁筹资的缺点

融资租赁筹资的缺点主要体现在：①筹资成本高。融资租赁成本通常高于其他债务筹资成本。②等额还本付息的高额租金将构成承租企业沉重的债务负担。③租赁合同不可撤销、筹资弹性小。受租赁合同约束，如果在租赁期内设备过时或被淘汰，承租企业无法退租；当市场利率下降时，承租企业无法通过提前偿还或降低租金来节约筹资成本。

思考题

1. 混合筹资方式有哪些？各有哪些特征？
2. 优先股筹资的优缺点是什么？
3. 什么是附认股权债券？发行附认股权债券的目的是什么？
4. 什么是可转换债券？它与附认股权债券的区别是什么？
5. 附认股权债券筹资的优点和缺点是什么？
6. 可转换债券筹资的优点和缺点是什么？
7. 租赁包括哪些类型？经营租赁与融资租赁有哪些区别？
8. 融资租赁的本质是什么？它有哪些优缺点？

练习题

1. 假设某公司的总价值为20 000万元，没有长期负债，发行在外的普通股为1000万股，目前股价为20元/股。企业发展需要资金，为完善资本结构，需要筹集债务资金4000万元。由于发行债券公司属于成长性、财务风险较高的小公司，发行债券的成本较高，为增强债券的吸引力，经投资银行调研建议，按面值1000元的价格发行4万份附认股权债券，期限20年，票面利率为8%(低于市场利率10%)。每份债券附送20份认股权证，认股权证有效期为10年，在有效期内，持有者可以按22元/股的价格购买股票。假设预计债券发行后公司实体价值年增长9%。要求：①明确公司设定的债券价格发行条件(发行价格、票面利率等)是否能够保证债券发行成功。②明确公司应选择附认股权债券筹资，还是选择发行普通债券筹资。③公司如果采用重新确定行权价格的方法调整该附认股权债券发行方案，确定行权价格。

2. 某公司拟发行可转换债券筹资5000万元，假设投资者预期股价会按照6%的增长率不断上升，等风险、等期限的普通债券利率为12%，当前期望股利(D_1)为2.8元/股，当前股价P_0为35元/股。公司发行方案为：可转换债券的面值和发行价格为1000元，期限为20年，票面利率为10%，转换比率为20，发行后第10年年末不转换债券将被赎回。要求：①明确该可转换债券的发行条件是否可行，是否需要调整。②如果不可行，试调整发行价格。

3. A公司为增加产品产量决定添置一台设备，预计该设备将使用2年，公司正在研究应通过自行购置还是租赁取得该设备。如果自行购置，预计设备购置成本为100万元，该项固定资产的税法折旧年限为5年，折旧期满时预计净残值为0。假设使用2年后清理变现，变现净值为10万元。设备维护费用预计每年6万元，A公司的所得税税率为25%。如果采用租赁方式，租赁公司可提供该设备的租赁服务，年租赁费40万元，每年年末支付。租赁公司负责设备的维护，不再另外收取费用。折现率为10%。要求：分别用差量分析方法和现金流出现值比较法进行比较并做出决策。

4. 某公司拟增加一台设备，如果自行购置该设备，预计购置成本为100万元，税法折旧年限为5年，预计净残值和变现净值为0。如果采用租赁方式，租赁公司表示可以为此项目提供融资，并提供了以下租赁方案：每年租金26万元，在每年年末支付，租赁期5年，租赁期内不得撤租。已知所得税税率为25%，折现率为8%。要求：通过比较，明确公司应该选择哪种方案取得该设备。

第13章 股利分配与内部筹资决策

13.1 股利分配概述

13.1.1 股利分配的相关概念

股利分配是指公司将本期取得的税后利润或者累积的利润，以现金为主要形式分配给股东，也称为利润分配。公司进行利润分配，对股东而言，意味着取得现实报酬；对公司而言，意味着现金或其他非货币经济资源流出企业。

股利分配本质上属于企业的筹资活动，原因在于：首先，利润分配是由股权筹资引起的，属于企业筹资活动的范畴；其次，企业不会将一定时期的税后利润全部分配，总有一部分利润留存在企业内部，以满足企业发展的需要，而利润留存属于内部股权筹资。

利润分配政策或股利分配政策主要探讨企业当期的税后利润如何在股东和留存之间进行分配。股利分配政策的核心是确定股利支付比率，即用多少盈余发放股利。股利支付率的公式为

$$股利支付率=股利/税后利润$$

与股利支付率对应的是利润留存比率，计算公式为

$$留存比率=留存收益/税后利润=1-股利支付率$$

一定时期的股利支付率的大小，一方面，决定了当期公司内部股权筹资的规模，由于内部股权筹资没有发行费用，因而在公司股权筹资规模一定的情况下，内部留存的多少会影响公司权益资本成本的高低，进而在目标资本结构不变的前提下，会对公司资本成本和企业价值产生影响；另一方面，股利支付率的大小，直接关系股东的现实利益和长远利益，进而会对市场心理和市场交易行为产生影响，从而对股价的市场表现和股东财富产生影响。

可见，股利支付率会对股东财富和企业价值产生影响，为实现企业价值或股东财富目标，公司应该制定合理的股利支付率政策或股利分配政策。

13.1.2 制定股利分配政策需要考虑的因素

在实践中，虽然股利政策是由公司管理层决定的，但是实际上股利分配在决策过程中会受到诸多主观因素与客观因素的影响，具体包括以下几方面。

1. 法律限制

为了保护债权人和股东的利益，有关法规对公司的股利分配经常作如下限制。

(1) 资本保全的限制。按照法律规定，公司不能用资本(包括股本和资本公积)发放股利。股利的支付不能减少法定资本，如果一家公司的资本已经减少或因支付股利而引起资本减少，则不能支付股利。

(2) 企业积累的限制。按照法律规定，公司税后利润必须先提取法定公积，比如我国法律规定必须提取10%的法定盈余公积，剩余部分才可以用于支付股利。但这项法律规定只是对公司用本年利润支付股利的限制，而对利用以前年度的未分配利润分配股利没有限制。

(3) 净利润的限制。按照规定，公司年度累计净利润必须为正时才可发放股利，以前年度亏损必须足额弥补。

(4) 超额累积利润的限制。由于股东接受股利缴纳的所得税高于其进行股票交易的资本利得税，许多国家规定公司不得超额累积利润，以规避公司避税。一旦公司的保留盈余超过法律认可的水平，将被加征额外税额。

(5) 无力偿付负债的限制。基于对债权人的利益保护，如果公司已经无力偿付负债，或股利支付会使其失去偿债能力，则不能支付股利。

2. 股东因素

公司的股利政策最终由代表股东利益的董事会决定，因此，股东的要求不能忽视。公司股东可以分为对公司决策有直接控制力和影响力的大股东(或控股股东)和几乎没有影响力的中小股东，他们都从自身经济利益出发，对公司的股利分配产生影响。

(1) 大股东或控股股东。大股东或控股股东非常关注股利政策对其控制权的影响。如果公司近期经常支付较高水平的股利，公司内部权益资本积累较少，意味着将来发行新股的可能性加大，而发行新股必然稀释公司的控制权，这是公司拥有控制权的股东们所不愿看到的局面。如果他们没有足够的资金来购买新股，宁肯不分配股利。因而，他们往往倾向于低股利分配政策，以避免降低对公司的控制权和影响力。

(2) 中小股东。对中小股东而言，一部分股东出于避税的考虑(股利收入的所得税高于股票交易的资本利得税)和股价上涨预期，往往反对公司发放较多的股利；而另一部分保守型股东认为，通过保留盈余引起股价上涨而获得资本利得是有风险的，为规避风险，往往希望公司支付较高水平的股利。此外，一些股东的主要收入来源是股利，他们往往要求公司支付稳定的股利。虽然中小股东对股利政策的制定没有决策权，但是如果公司忽视中小股东的利益和要求，他们就会用脚投票，导致股价下跌。

3. 公司因素

公司的盈利状况、财务状况和投资需求等因素是制定股利政策需要考虑的重要因素。

(1) 盈余的稳定性和发展前景。股利波动状况会影响市场心理，从而对股价产生影响。股利不稳定或者先升后降会导致股价下跌，而股利保持稳定或持续增长则有利于股价稳定和上升，这就要求公司的股利分配能够保持股利水平的稳定。相较于盈余不稳定和发展前景不好的公司而言，盈余相对稳定和发展前景好的公司对保持较高股利水平更有信心，通常股利水平较高。此外，这类公司的经营风险和财务风险较小，筹资能力较强，这些也是其保持较高股利水平的保证。

(2) 公司流动性。这里的“公司流动性”是指及时满足财务应付义务的能力。较多地支付现金股利会减少公司的现金持有量，使公司的流动性降低。如果公司资产的流动性或变现能力较差，为保持流动性，避免流动性风险，即使收益可观，公司也不宜采用高股利分配政策。

(3) 举债能力。公司举债能力越强，意味着公司可以通过举债增强流动性和支付能力，不需要保有过多现金，有可能采用高股利分配政策；而举债能力弱的公司则不得不多滞留盈余和现金，以满足支付需要，因而往往采取低股利分配政策。

(4) 投资机会。有着良好投资机会的公司，需要有强大的资金支持，为降低外部股权筹资(增发新股)成本，需要增加利润留存用于投资，因而往往少发放股利；而缺少良好投资机会的公司，保留大量现金会造成资金闲置，倾向于支付较高的股利。

(5) 公司的资本结构。对于一些高负债结构的企业，如果有扩大资金的需要，为优化资本结构，需要增加权益筹资，往往将利润留存作为权益筹资的优先选择，因而会减少利润分配。此外，公司也可能利用留存盈余回购债务的方式，调整完善资本结构，因此也会减少股利支付。

(6) 公司所属行业的生命周期阶段。一般说来，成熟产业的盈利和现金流比较稳定，投资需求减少，因而股利支付的意愿和比例通常高于新兴或处于发展阶段的产业。

4. 其他因素

除了上述因素外，还有其他一些因素也会影响公司的股利政策。

(1) 债务合同约束。公司的债务合同，特别是长期债务合同，往往有限制公司现金支付程度的条款，这使公司只能采取低股利政策。

(2) 偿债需要。具有较高债务偿还需要的公司，可以通过举借新债、发行新股筹集资金偿还债务，也可以直接用盈余积累偿还债务。如果公司认为后者适当(比如，前者资本成本高或受其他限制难以进入资本市场)，将会减少股利支付。

(3) 通货膨胀。在通货膨胀的情况下，由于货币购买力下降，公司计提的折旧不能满足重置固定资产的需要，需要动用盈余补足重置的固定资产需要，因此在通货膨胀时期，公司股利政策往往偏紧。

13.2 股利分配理论

股利分配理论主要研究股利政策是否影响股东财富(或股票价格)这一问题，主要有两大理论派别，即股利无关论和股利相关论。

13.2.1 股利无关论

股利无关论认为，股利分配不会对股东财富(或股票价格)造成影响，这一理论是米勒(M. Miller)与莫迪格利安尼(F. Modigliani)于1961年提出的。股利无关论建立在严格假设基础上：公司的投资政策已确定并且已经为投资者所理解；不存在股票的发行和交易费用；不存在个人或公司所得税；不存在信息不对称，股票市场为有效市场；原有股东不在乎股票公开发行导致的股权稀释效应；经理与外部投资者之间不存在代理成本。上述假设描述的是一种完美有效的资本市场，因而股利无关论又被称为完全市场理论。

股利无关论认为，股东并不关心公司股利的分配，股利分配方案不会影响其交易行为，进而不会对股价和股东财富造成影响。

假设某公司发行在外的普通股股数为N，年报显示该公司上年度获得税后利润EAT(现金形式)，股权价值总额会增加EAT，在有效市场的假设前提下，股价会上涨EAT/N。假设有以下三种股利分配方案。

(1) 税后利润全部分配给股东。由于假设不存在股票公开发行费用，原有股东不在乎股票公开发行导致的股权稀释效应，因而将税后利润全部用于分配不会遭到原有股东的反对。由于现金流出公司，股权价值总额下降了EAT，股价下跌了EAT/N，恢复到原来的水平。虽然股东获得了每股红利EAT/N，但没有获得股价上升带来的资本利得收益，由于不存在个人所得税，股东获得的净收益为每股EAT/N。

(2) 税后利润全部留存。在公司税后利润全部留存的情况下，虽然股东没有获得红利收益，但股价会上涨EAT/N。由于不存在股票交易费用和个人所得税，股东仍然能够取得每股资本利得收益EAT/N，与利润全部分配所获得的净收益相同。

(3) 税后利润部分留存、部分分配。假设公司分配股利D，则股东获得每股股利D/N。由于股价上涨了(EAT−D)/N，每股获得资本利得收益(EAT−D)/N。这样，股东获得的每股净收益仍然为EAT/N。

可见，无论公司采用哪种利润分配方案，股东获得的每股净收益都相同。

以上分析没有考虑公司利用留存部分收益或全部收益进行投资对股东财富的影响。假设公司利用留存利润进行投资，分配股利为D，留存利润为(EAT−D)用于投资，股东预期投资方案会导致股权价值变动X，则股价上涨了(EAT−D+X)/N，股东每股获得资本利得收益为(EAT−D+X)/N，股东每股获得的净收益为(EAT+X)/N。可见，虽然股东每股获得的净收益发生了变动(X/N)，但它是由投资方案引起的，与股利分配(D)的多少无关。

总之，无论公司采用何种分配方案都不会对股东的净收益造成影响，因而股利分配政策不会影响其交易行为及股票价格，即不会对股东财富造成影响。

13.2.2　股利相关论

股利无关论是在完美资本市场的一系列假设下提出的，在现实世界中，这些假设条件并不存在。如果放宽这些假设条件，股利政策就会显现对股票价格和股东财富的影响。股利相关论认为，公司的股利分配政策与股东财富是相关的。具有代表性的理论包括税收差异理论、客户效应理论、风险厌恶理论、信号传递理论和代理理论等。

1. 税收差异理论

在股利无关论中假设不存在税收，但在现实条件下，现金股利税与资本利得税不仅是存在的，而且会表现出差异性。税收差异理论强调税收在股利分配中对股东财富的重要作用。一般说来，出于保护与鼓励资本市场投资的目的，会采取股利收益的税率高于资本利得的税率差异制度，致使股东偏好资本利得而不是派发现金股利。即使股利与资本利得具有相同的税率，股东在支付税金的时间上也是存在差异的。股利收益纳税是在收取股利的当时，而资本利得纳税只是在股票出售时才发生，显然继续持有股票来延迟资本利得的纳税时间，可以体现递延纳税的时间价值。

因此，税差理论认为，如果不考虑股票交易成本，分配股利的比率越高，股东的股利收益纳税负担越会高于资本利得纳税负担，企业应采取低现金股利比率的分配政策，使股东在实现未来的资本利得中享有税收节省。

根据前文中提到的公司分配部分股利D，可知股东获得的税后每股净收益为

$$\text{税后每股净收益}=D/N(1-T_1)+(\text{EAT}-D)/N(1-T_2)$$

由于$T_1>T_2$，D/N越大，税后每股净收益越低，所以低股利分配有利于降低股东税负，增加股东净收益，股东会倾向于低股利分配政策。如果公司采用高股利分配政策，不仅会从实体经济方面降低股东财富，而且在虚拟经济方面，股东会用脚投票，从而导致股价下跌。

如果存在股票的交易成本，交易成本(包括预期股价上升的不确定性)就会抵销低股利分配政策的税收利益，甚至当资本利得税与交易成本之和大于股利收益所得税时，股东会更期望企业实行高现金股利分配政策。

2. 客户效应理论

客户效应理论是对税收差异理论的进一步扩展，主要研究处于不同税收等级的投资者对待股利分配态度的差异。该理论认为，投资者不仅仅是对资本利得和股利收益有偏好，即使是投资者本身，因其所处不同阶级的边际税率，对企业股利政策的偏好也是不同的。收入高的投资者因其拥有较高的税率表现出偏好低股利支付率的股票，希望少分现金股利或不分现金股利，以更多的留存收益进行再投资，从而提高所持有的股票价格；而收入低的投资者以及享有税收优惠的养老基金投资者表现出偏好高股利支付率的股票，希望支付较高且稳定的现金股利。

投资者的边际税率差异性导致其对待股利政策态度的差异性，这种投资者依据自身边际税率而显示的股利政策偏好现象称为“客户效应”。

3. 风险厌恶理论

风险厌恶理论也称为“在手之鸟”理论。股东的投资收益来自当期股利和资本利得两个方面，利润分配政策的核心问题是在当期股利收益与预期资本利得之间进行权衡。企业的当期股利支付率升高时，企业盈余用于未来发展的留存资金会减少，虽然股东在当期获得了较高的股利，但预期资本利得则有可能降低；而当企业股利支付率下降时，用于发展企业的留存资金会增加，预期资本利得将有可能提高。风险厌恶理论认为，投资者普遍存在风险厌恶心理，由于企业在经营过程中存在诸多不确定性因素，股东会认为现实的现金股利要比未来的资本利得更可靠，所以股东更希望“落袋为安”，倾向于选择股利支付率高的股票。当企业股利支付率提高时，股东承担的收益风险越小，其所要求的权益资本报酬率越低，权益资本成本也相应越低，则根据永续年金计算所得的权

益价值(企业权益价值=现金股利/权益资本成本)将会上升；反之，随着股利支付率的下降，股东的权益资本成本升高，权益价值将会下降。风险厌恶理论强调企业应实行高股利分配率的股利政策，以增加股东财富。

4. 信号传递理论

股利无关论假设不存在信息不对称，即外部投资者与内部经营管理层拥有有关企业投资机会与收益能力的相同信息。但在现实条件下，企业经营管理层比外部投资者拥有更多的有关企业经营状况与发展前景的信息，这说明在经营管理层与外部投资者之间存在信息不对称。在这种情形下，股利分配政策可以作为一种信息传递机制，有助于企业股东或市场中的投资者依据股利信息对企业经营状况与发展前景做出判断。

信号传递理论认为，股利政策往往能够传递公司对未来的预期，可以表现为两个方面：一方面是股利增长的信号作用，即如果公司股利水平提高，往往表明公司对未来盈利能力和发展前景具有很强的信心，公司未来业绩将大幅度增长，从而提升市场信心和促进购买行为，推动股价上涨；另一方面是股利减少的信号作用，即如果公司股利水平下降，市场会认为这是公司对未来发展前景没有信心的表现，公司未来业绩会大幅度下降，显然，市场的抛售行为会导致公司股价下跌。当然，增发股利传递的信息未必一定是利好消息。比如，对于一家处于成熟期的企业而言，如果企业宣布增发股利特别是发放高额股利，可能意味着该企业目前没有新的前景很好的投资项目，预示着企业成长性趋缓甚至下降，此时增发股利反而会导致股价下跌；而当企业宣布降低股利时，则可能意味着企业需要通过增加留存收益为新增投资项目提供融资，预示着企业未来有良好的发展前景，此时，降低股利反而会导致股价上涨。

既然股利政策具有信号传递效应，能够通过影响市场心理和交易行为引起股价变动，因而公司在制定股利支付水平时，必须十分谨慎，即使某年度取得了较高的盈利水平，也不可贸然提高股利水平。因为如果以后年度公司盈利和支付能力不足，就不得不削减股利，会向市场传递公司经营不稳定或走下坡路的信号，进而导致股价下跌。只有当公司认为未来盈余会显著地、不可逆转地增长，并足以维持较高股利水平时，才可提高股利水平。

5. 代理理论

在公司制企业中，股东、债权人、公司经营层等诸多利益相关者的目标并非完全一致，在追求自身利益最大化的过程中有可能会以牺牲另一方的利益为代价，这种利益冲突关系反映在公司股利分配决策过程中表现为不同形式的代理冲突。

(1) 公司经营层与股东之间的代理冲突。当企业拥有较多的自由现金流时，可能会产生道德风险和逆向选择引发的代理成本。比如，公司经营层有可能为了取得个人私利而追求额外津贴及在职消费，或者把资金投资于净现值为负的项目等，损害股东利益。因此，公司应实施高股利分配政策以减少自由现金流，从而降低公司经营层随意支配自由现金流所产生的代理成本。此外，采用高股利分配政策，降低利润留存，意味着未来权益筹资更多地需要通过公开发行股票来实现，而公司的投资项目必须能给外部潜在投资者带来正的净现值，否则筹资难以成功，从而能有效地抑制经营层的逆向选择行为，降低代理成本。

(2) 控股股东与中小股东之间的代理冲突。现代企业股权结构的一个显著特征是公司控制权集中于一个或少数大股东手中，企业管理层通常由大股东直接出任或直接指派，管理层与大股东的利益趋于一致，进而形成内部人控制。这样股东与公司经营层之间的代理冲突就演变为控股股东与中小股东的代理冲突，控股股东有可能在制定股利分配政策时侵害中小股东的利益。比如，大股东为抽逃或侵占公司资金，会制定低股利分配政策，而中小股东则希望执行高股利分配政策，以防控股股东的利益侵害。公司必须考虑中小股东的利益诉求，制定多分配、少留存的股利政策，否则中小股东会在资本市场上用脚投票。

(3) 股东与债权人之间的代理冲突。公司经营层和股东在股利分配决策时，有可能为增加自身的财富而选择增加债权人风险的政策。比如，在公司流动性不足的情况下发放高额股利，甚至通过发行债务支付股利。债权人为保护自身利益，希望公司采取低股利分配决策，以保证有较为充裕的现金留在公司以防发生债务危机。因此，债权人在与公司签订借款合同时，会制定约束性条款对公司发放股利的水平进行制约，从而影响公司股利政策的制定。

13.3 股利分配政策的类型

制定和选择股利分配政策的理论基础是股利相关论，公司应制定和选择能够尽可能增加股东财富的股利分配政策。在实践中，股利分配政策主要有剩余股利分配政策、固定股利分配政策、固定股利支付率政策和低正常股利加额外股利政策。

13.3.1 剩余股利分配政策

1. 剩余股利分配政策的基本思想

剩余股利分配政策认为，公司获得盈利时，应该优先考虑满足公司投资对权益资本的需要，因为按照经济原则，项目权益筹资应该优先选择没有发行费用的内部权益筹资，以降低筹资成本，在此基础上，盈余剩余的部分才能作为股利予以分配。

具体来看，剩余股利政策就是在公司有良好的投资机会时，根据公司的目标资本结构确定投资项目的筹资结构，推算出投资所需的权益资本，优先从当期盈余中留用，然后将剩余的盈余分配给股东。实行剩余股利政策应遵循4个步骤：第一步，设定使加权平均资本成本最低的目标资本结构，即确定权益资本与有息债务资本的比率；第二步，确定目标资本结构下投资所需的股东权益数额；第三步，最大限度地使用本期盈余来满足投资方案对权益资本的需要；第四步，若有剩余收益，再将其作为股利发放给股东。

【例13-1】某公司2018年税后利润为600万元，预计2019年需要增加的净投资资本为800万元。公司的目标资本结构为权益资本占60%、债务资本占40%，今年继续保持。按法律规定，至少要提取10%的公积金。公司实行剩余股利政策，应分配多少股利？

$$利润留存=800\times 60\%=480(万元)$$

股利分配=600−480=120(万元)

需要注意的是，按照剩余股利分配政策，公司只能将本期盈余剩余的部分作为股利分配给股东，而实际上公司也可以用以前年度未分配利润发放股利。那么，为什么剩余股利分配政策限制动用以前年度的未分配利润分配股利呢？原因在于财务限制和所实行的股利分配政策。对于运作良好的公司而言，即使以前年度利润积累很多，也不会置存过多高成本现金，如果用以前年度的未分配利润超量分配股利，就需要融资解决，这显然不符合经济原则。此外，即使不考虑权益性现金的限制，如果利用以前年度的未分配利润分配股利，会因为权益资本的减少而改变目标资本结构，这也不符合剩余股利分配政策维持目标资本结构的原则。另外，公司之所以实行剩余股利分配政策，就是因为公司权益性现金不足，如果公司权益性现金充裕则没必要实行剩余股利分配政策。因而，股利分配所用资金只能来自本期的剩余盈余。需要说明的是，本期的剩余盈余是本期股利支付额的上限，如果公司现金不足，就会降低股利支付额。当然，也不排除公司利用短期借款满足股利支付的需要。

【例13-2】假定【例13-1】中的这家公司除了当年取得税后利润600万元外，还有以前年度的累积未分配利润1000万元，那么这家公司如果不考虑保持现有资本结构的需要，该公司可用于分配股利的最高额为多少？

最高可分配股利额=120+1000=1120(万元)

按照剩余股利分配政策，即使留有以前年度的累积未分配利润，公司也只能以【例13-1】中的股利分配额120万元向股东分配股利。

2. 剩余股利分配政策的优缺点

采用剩余股利分配政策的理由是投资项目筹资应维持目标资本结构，为降低项目权益资本筹资成本应优先选择内部权益筹资，因此从实体经济方面来看，有利于实现公司加权平均资本成本最小化，以及企业价值和股东财富最大化。

从资本市场来看，剩余股利政策通常被投资机会较多、成长性较好的公司所采用，能够维持目标资本结构并降低筹资成本，因而实行该政策的公司的股票可能会被市场接受和追捧，从而导致股价上升。但需要注意的是，该政策被市场接受的前提是该公司的投资机会能够给股东创造财富，如果不能给股东带来净现值甚至减损股东财富，则该政策不会被股东接受，反而分配。

奉行剩余股利分配政策，意味着公司只将剩余的盈余用于发放股利，而每年发放股利的水平会随企业的盈利状况和投资需求的变动而变动，因而这种股利分配政策属于变动股利政策。股利不稳定会向市场传递出公司经营不稳定的信号，不利于股价稳定，甚至导致股价下跌。

13.3.2 固定股利分配政策

固定股利分配政策是将每年发放的股利固定在某一相对稳定的水平上，并在较长的时期内不变。即使某年度取得了较多的盈余，也不会轻易提高股利水平，只有当公司认为未来盈余会显著地、不可逆转地增长，并足以维持较高股利水平时，才会提高股利发放额。

实行固定股利政策的主要目的是避免出现由于经营不善而削减股利的情况。实行这种股利政策的理由在于：第一，遵循信号传递理论。信号传递理论是采用固定股利分配政策的主要理论依据，稳定的股利会向市场传递公司经营业绩稳定和正常发展的信息，从而有利于增强投资者对公司的信心，稳定股票价格；而股利忽高忽低，则表明公司经营不稳定，股票价格会因此而下降。第二，稳定的股利额有利于投资者安排股利收入和支出，特别是对那些对股利有很高依赖性的股东更是如此。第三，固定股利政策可能不符合剩余股利理论，在公司存在良好投资机会时，缺乏灵活性，盈余不能优先满足投资需要。但剩余股利政策也存在股利变动的缺点，因此在特定情况下，如果公司认为维持股利稳定比推迟某些投资方案、降低筹资成本或者暂时偏离目标资本结构更为有利时，就不会削减股利。

该股利政策的缺点在于股利的支付与盈余可能会发生脱节。当公司盈余较低时仍需要支付固定股利，可能导致资金短缺，财务状况恶化。在非常时期，当公司不得不降低股利支付额时，又会传递公司经营业绩下降的信号，导致股价下跌。此外，该股利政策也不像剩余股利分配政策那样优先满足投资需要，不利于保持较低的筹资成本。

13.3.3 固定股利支付率政策

固定股利支付率政策是指公司事先确定一个股利占税后利润的比率，长期按此比率支付股利的政策。固定股利支付率政策认为，股利支付应该与公司的盈利状况和支付能力挂钩，体现多盈多分、少盈少分、无盈不分的原则。在这一股利政策下，每年股利额随公司经营业绩的好坏而上下波动，盈余水平高的年份股利额高，盈余水平低的年份股利额低。因此，该政策与剩余股利分配政策相同，也是一种变动股利政策。

该股利分配政策的优点在于股利的支付与公司的盈利状况和支付能力挂钩，当公司盈余和支付能力较低时，只需要支付较少的股利，从而能够避免资金短缺、财务状况恶化。缺点在于每年股利随公司经营好坏变动较大，会向市场传递该公司经营不稳定的信号，不利于股票价格的稳定，甚至会导致股价下跌。此外，每年都按固定比率从净利润中支付股利，当公司存在良好投资机会时，缺乏灵活性，盈利不能优先满足投资需要，不利于资本结构优化和公司资本成本的降低。

13.3.4 低正常股利加额外股利政策

低正常股利加额外股利政策的特点在于：公司在正常情况下每年只支付固定但数额较低的保底股利，保底股利是公司即使在最差年份也有能力支付的股利，只在盈余较多的年份，再根据实际情况发放额外股利，而额外股利并不固定。

低正常股利政策借鉴上述股利政策的一些优点，同时也克服了这些股利政策的一些缺点，具体体现在以下几方面。

(1) 借鉴了固定股利政策的优点。虽然一般情况下正常股利水平较低，但具有稳定和保底的特征，从而克服了变动股利政策的缺点，有利于保持股价的稳定。

(2) 克服了固定股利政策的缺点。较低的正常股利通常不会给公司造成较大的财务压力，使公司在盈余较少或投资需求较大时，仍然有能力长期维持，通常不会出现削减正常股利的情况，股东不会有股利跌落感，从而有利于维持股价的稳定。

(3) 借鉴了剩余股利政策的优点。较低的固定股利使公司当期的利润留存较多，当公司存在良好投资机会时，较多的利润留存能在很大限度上满足公司股权筹资的需要，从而降低公司股权筹资成本。

(4) 借鉴了固定股利支付率政策的优点。当盈余有较大幅度增加且不需要较多投资时，可适当增发额外股利，把经济繁荣带来的部分利益分配给股东，使他们增强对公司的信心，有利于稳定股价；而当盈余水平较低或需要较多投资时，则可以支付较少或不支付额外股利，以避免资金短缺、财务状况恶化。

虽然低正常股利政策借鉴了变动股利政策的一些优点，但同时也继承了变动股利政策的缺点，主要体现为额外股利具有较强的变动性。当公司盈利或者投资需求发生较大变动时，额外股利也会随之变动，从而不利于股价稳定。比如，如果公司较长时期一直发放较高的额外股利，一旦由于盈利下降等原因降低或取消股利，就会传递公司经营业绩逆转的信号，导致股价下跌。尽管额外股利会导致股利发生波动，但与变动股利政策相比，正常股利具有保底和相对稳定的特征，因而在股利稳定性方面优于变动股利政策，加之借鉴了变动股利政策的优点，因而为许多公司所采用。

以上各种股利政策各有所长，公司应参照其基本决策思想，制定适合自己实际情况的股利政策。

13.4　股利种类、支付程序与分配方案

13.4.1　股利的种类

股利支付方式有多种，常见的有以下两种：第一，现金股利。现金股利是以现金支付的股利，它是股利支付的主要方式。公司支付现金股利除了要有累计盈余(特殊情况下可用弥补亏损后的盈余公积金支付)外，还要有足够的现金。因此，公司在支付现金股利前需筹备充足的现金。第二，股票股利。股票股利是公司以增发的股票作为股利的支付方式。

我国上市公司在实施利润分配方案时，股利支付方式是现金股利、股票股利或者两种方式兼有的组合方式。部分上市公司在实施现金股利和股票股利的利润分配方案时，有时也会同时实施由资本公积转增股本的方案。此外，公司还可以采用财产和负债支付方式支付股利。财产股利是以现金以外的资产支付股利，主要是以公司所拥有的其他企业的有价证券来支付股利，如债券、股票。负债股利是公司以负债支付股利，通常以公

司的应付票据支付，在不得已的情况下，也可发行公司债券抵付股利。这两种支付方式实际上是现金股利的替代，目前在我国实务中很少使用，但并非法律所禁止。

13.4.2 股利的支付程序

1. 决策程序

上市公司股利分配的基本程序是：首先，由公司董事会根据公司盈利水平和股利政策等，制定股利分配预案，提交股东大会审议，通过后方能生效。其次，由董事会依据股利分配方案向股东宣布，并在规定的股利发放日以约定的支付方式派发股利。在经过上述程序之后，公司方可对外发布股利分配公告，具体实施分配方案。我国上市公司的现金分红一般按年度进行，也可以进行中期现金分红。

2. 分配信息披露

根据有关规定，股份有限公司利润分配方案、公积金转增股本方案须经股东大会批准，董事会应当在股东大会召开后2个月内完成股利派发或股份转增事项。在此期间，董事会必须对外发布股利分配公告，以确定具体的分配程序和时间安排。股利分配公告一般在股权登记前3个工作日发布。如果公司股东较少，股票交易又不活跃，公告日可以与股利支付日是同一天。公告内容包括：利润分配方案；股利分配对象，为股权登记日当日登记在册的全体股东；股利发放办法。

3. 分配程序

我国上市公司的股利分配程序应当遵循登记的证券交易所的具体规定。以深证交易所的规定为例：对于流通股份，其现金股利由上市公司于股权登记日前划入深交所账户，再由深交所于登记日后第3个工作日划入各托管证券经营机构账户，托管证券经营机构于登记日后第5个工作日划入股东资金账户。红股则于股权登记日后第3个工作日直接计入股东的证券账户，并自即日起开始交易。

4. 股利支付过程中的重要日期

股权宣告日(Announcement Date)，即公司董事会将股东大会通过本年度利润分配方案的情况以及股利支付情况予以公告的日期。公告中将宣布每股派发股利、股权登记日、除息日、股利登记日以及派发对象等事项。

股权登记日(Record Date)，即有权领取本期股利的股东资格登记截止日期。只有在股权登记日这一天登记在册的股东(即在此日及之前持有或买入股票的股东)才有资格领取本期股利，而在这一天之后登记在册的股东，即使是在股利支付日之前买入的股票，也无权领取本期分配的股利。此外，我国部分上市公司在进行利润分配时除了分派现有现金股利外，还伴随送股和转增股，在股利登记日这一天仍持有或买进该公司的股票的投资者是可以享有本次分红、送股或转增股的股东，这部分股东名册由证券登记公司统计在案，届时将所应支付的现金红利、应送的红股或转增股划到这部分股东账上。

除息日(Ex-dividend Date)，也称除权日，是指股利所有权与股票本身分离的日期，将股票中含有的股利分配权予以解除，即在除息日当日及以后买入的股票不再享有本次股利分配的权利。我国上市公司的除息日通常是在登记日的下一个交易日。由于在除息日之前的股票价格中包含本次派发的股利，而自除息日起的股票价格中则不包含本次派发的股利，通常经过除权调整上市公司每股股票对应的价值，以便投资者对股价进行对比分析。

股利支付日(Payable Date)，即公司确定的向股东正式发放股利的日期，此时，公司通过资金清算系统或其他方式将股利支付给股东。

13.4.3　股利分配方案

企业的股利分配方案一般包括以下几个方面：第一，股利支付形式，即明确公司以现金股利、股票股利还是其他形式支付股利。第二，股利支付率，即股利与净利润的比率。按年度计算的股利支付率非常不可靠，由于累计的以前年度盈余也可以用于股利分配，有时股利支付率甚至会大于100%。第三，股利政策的类型，即明确公司是采取固定股利政策，还是稳定增长股利政策，或是剩余股利政策等。第四，股利支付程序，即确定股利宣告日、股权登记日、除权除息日和股利支付率等具体事宜。

13.5　股票股利与股票分割

13.5.1　股票股利

1. 股票股利的概念

前文中我们探讨的股利是指现金股利，它是派发股利的主要形式。股票股利是指公司对原有股东无偿派发一定数量的新股作为股利。公司发放股票股利通常是以留存归属于股东的当期税后利润为前提和基础，而留存利润的实质是公司内部股权筹资和股东的再投资，投融资额度就是留存利润额度。发放股票股利则是将留存利润进行资本化的会计处理，即通过对原有股东无偿发行的方式，将其转化为股东的投入资本(股本和资本公积)，使留存利润的内部筹资性质和原有股东的再投资性质更为显性化。

2. 股票股利的会计处理

公司发放股票股利需要进行会计处理，我们用下例予以说明。

【例13-3】假设某公司股本总数为1000万股(股票面值为1元)，本年度实现税后利润1000万元，计入未分配利润项目待处理。公司宣告当期利润不分配，而是利用当期税后利润1000万元发放股票股利。假设当时股票市价为5元/股，按西方国家通行的会计处理方法，以股票市价作为“发行价格”(也可采用股票面值计算股票股利，我国目前即采用这种做法)，则发放股票股利需要向原有股东无偿增发200万股的普通股，即每10股送2股。在会计处理方面，需要从“未分配利润”项目中转出1000万元，同时调增普通股“股本”200万元，剩余800万元作为股本溢价转至“资本公积”项目。发放股票股利前后，公司股东权益各项目情况见表13-1。

表13-1 发放股票股利前后的股权权益项目

股东权益项目	发放股票股利前	发放股票股利后
股本(1000万股，面值1元)	1000万元	1200万元(1200万股)
资本公积	1000万元	1800万元
盈余公积	1500万元	1500万元
未分配利润	1500万元(含本年税后利润)	500万元
股东权益合计	5000万元	5000万元

从表13-1中可以看出，发放股票股利只是对股东权益项目进行结构调整，不会对公司股东权益总额产生影响，因而不会对股权价值造成影响，但由于股票数量的增加，每股的股权价值会降低。

需要注意的是，公司有时也利用其他积累项目派发股票股利，比如资本公积转增股本。在这种情况下，股东可以按照其所持有股份的比例获得相应的转增股份，具有与利用当期利润发放股票股利相同的股份增持效果，但同样不会改变股东权益总额。

对公司而言，发放股票股利并没有现金或其他非现金资产流出企业，因而从本质上说，它并不属于公司的利润分配。对股东而言，虽然发放股票股利会使股东持有的股票数量增加，但股权价值并没有上升，或者说并没有给股东带来财富，因而股票股利还不是真正意义上的股利，那么为什么将它称为股利呢？这是因为在现实的资本市场上，运行正常的公司派发少量股票股利(2%～3%)一般不会导致股价立即下跌，股价基本保持稳定，如果出售，可以获得现金收益，这样会让人产生股票股利与现金股利相同的错觉。当然，股东出售股票股利获得现金收益需要付出减少持股比例的代价。

3. 股票股利对股东财富的影响

发放股票股利只是将留存利润进行资本化会计处理，并不会改变股权价值总额。虽然股东获得了股票股利，但是股票数量的增加也会导致股价相应下跌，因而发放股票股利本身并不会对股票市值或股东财富造成影响。

【例13-4】我们沿用**【例13-3】**的数据，说明股票股利对股价和股东财富的影响。股东权益总额为5000万元，未发放股票股利的股权价值为5元/股(5000/1000)，在有效市场假设条件下，股票价格也为5元/股。发放股票股利后股票数量增加到1200万股，股权价值和股价将会降低到4.17元/股(5000/1200)，但股票市值并未发生改变(4.17×1200=5000)，也就是说，发放股票股利并不会对股东财富总额造成影响。对拥有10股股票的股东而言，发放股票股利前拥有的股权市值为50元(5×10)，每10股送2股以后，股价下跌为4.17元/股，拥有的股权市值仍然为50元(4.17×12)。可见，每位股东所持有的股票的市场价值或拥有的财富并不会因为获得股票股利而发生改变。

以上分析没有考虑到股票股利的信号传递效应，因而得出股票股利不会对股东财富造成影响的结论。实际上，发放股票股利往往能够向市场传递公司的利好消息：一是向市场传递公司拥有投资机会的信息，因为发放股票股利而非现金股利，其目的是留存利润满足投资项目的需要；二是公司并不担心发放股票股利导致的股价下跌，因为他们对投资项目和公司的发展前景非常有信心，他们相信除权日后的股价下跌只是暂时的，公司良好的发展前景会支撑股价很快走出填权行情，甚至超过之前的股价。因此，发放股票股利的公司通常被市场认为有良好的投资机会和发展前景，能够给股东创造更多的净现值，其股票对股东更具吸引力。在除权日后，基于对该公司的良好预期，投资者的追加购买行为会使股价很快走出填权行情，进而股东财富总额得以增加。本例中，在除权日后，在短暂的股价降低后，股价会从4.17元/股恢复到5元/股，股票市值增加到6000万元，股东财富增加了1000万元。对拥有10股股票的股东而言，在股价走出填权行情以后，其会获得股价上涨带来的好处，其拥有的股票市值增加了10元($5\times12-5\times10$)。

总之，虽然发放股票股利本身并不能增加股东财富，但是因此产生的信号传递效应可能会增加股东财富。值得注意的是，发放股票股利一般以留存利润为前提，只是将留存利润进行资本化会计处理，并不改变其留存利润的本质。虽然不派发股票股利的利润留存增加同样可能会有信号传递导致的财富效应，但派发股票股利的利润留存增加的信号传递财富效应更为显著，因为它不仅表明公司拥有投资机会，还表明公司对投资项目、公司发展前景和股价上涨更有信心。

需要指出的是，股票股利的财富效应是不确切的，在某些情况下，公司发放股票股利还会被认为是资金周转不灵的征兆或“忽悠”股东的行为，反而会导致股价下跌。

4. 公司发放股票股利的目的

发放股票股利通常是在留存利润的基础上进行的，目的是满足公司投资和发展需要，此外还有一些特殊目的，具体包括：①满足股利分配的需求。在实践中，股东更希望获得股利分配，股利分配具有较高的刚性。除了现金股利以外，股票股利也被股东认为是一种股利分配形式。现金股利往往适合于盈利和现金充足、财务弹性较高的企业，即使这些企业分配较高的红利也不会影响其投资和流动性。而对于盈利和现金不足、投资机会较多、流动性差的企业而言，则需要留存利润和现金以满足公司投资和流动性的需要。在股利分配刚性的情况下，公司派发股票股利既能满足股东对股利的需求，也能避免现金流出，从而有利于满足投资需要和降低流动性风险。②传递公司具有良好投资机会和发展前景的信息。③提高权益资本的稳定性。通过股票股利的会计处理，将留存收益项目(未分配利润和盈余公积)转化为股东投入资本(股本和资本公积)，而投入资本具有稳定性的特征，不会再以现金红利的方式流出企业。④扩充公司的股本或注册资本，提高公司信誉。通过股票股利的会计处理，将本期利润和积累项目转化为股本，可增加公司的股本或注册资本，从而有利于提高公司信誉。⑤降低股票市价，提高股价的上涨空间。对于股价较高的绩优公司而言，由于股价过高会引起市场恐高心理，从而导致股价上涨的动力不足、空间受限，为避免股价过高带来的投资风险，公司可以采用发放股票股利的方式降低股价，吸引更多的投资者，从而有利于扩大股价的上涨空间，更大幅度地增加股东财富。

由于股票股利与资本公积转增股本都会增加股本数量，但每个股东持有股份的比率并未改变，结果导致每股价值被稀释，从而使股票交易价格下降。在除息日，上市公司发放现金股利、股票股利以及资本公积转增资本后，股票除权的参考价为

$$除权参考价=\frac{股权登记日收盘价-每股现金股利}{1+送股率+转增率}$$

13.5.2 股票分割

股票分割是指将一定面额的股票拆为一股或多股面额较低的股票，也称为股票拆细。就会计而言，股票分割不会改变股东权益总额及股东权益内部各项目间的比例关系，但会导致每股面值降低、股票数量增加，因而每股股权价值会按分割比例下降。比如，将原来的一股面值为2元的股票分割成面值为1元的两股股票，股票数量增加了一倍，但权益总额没变，而每股股权价值降低了一半，每股市价也会因此下降一半。

虽然股票分割与股票股利的原理和会计处理不同，但从实践效果看，股票分割和股票股利并没有什么区别，比如两者都需要向现有股东发放新股票，都没有改变权益总额，都会导致每股股权价值和每股市价下降，所以一般要根据证券管理部门的具体规定对两者加以区分。例如，有的国家证券交易机构规定，发放25%以上的股票股利即属于股票分割。

公司实行股票分割的主要目的在于：①降低每股市价，促进股价快速上涨。降低每股市价是股票分割的主要目的。股票分割一般是业绩优良、成长性好的蓝筹公司的行为，由于股价处于较高水平，市场恐高心理会导致潜在投资者不愿意追高，股价难以快速上涨。通过股票分割增加股票股数可以降低每股市价，能够避免市场恐高心理，降低投资风险，从而吸引更多的投资者踊跃购买，有利于促进股价进一步上升。②传递公司具有良好发展前景的信号，以促进股价上涨。股价代表了公司业绩和发展前景，股价上涨往往预示着公司的业绩增长、前景光明，而股价下跌则反映公司的业绩下降、前景暗淡。股价下跌还会损害公司的市场形象，带来一系列负面效应，因而公司通常会进行市值管理，维护股价。既然股票分割会降低股价，不利于维护公司的市场形象，那为什么公司会利用股票分割来降低股价呢？原因在于公司对未来经营和股价快速上涨有信心，股票分割往往被市场认为是对未来有信心的成长型公司所为，会向市场传递“公司正处于发展之中”的信号，这种利好信息有利于在短时间内提高股价。③为发行新股做准备。在新股发行之前，利用股票分割降低股票发行价格，增加股票的适销性，以促进新股发行。

尽管股票分割与发放股票股利都能达到降低公司股价的目的，但一般来说，只有在公司股价暴涨且预期难以下降时，才会采用股票分割的方法降低股价；而在公司股价上涨幅度不大时，往往通过发放股票股利将股价维持在理想的范围内。

如果公司认为股票的价格过低，为提高股价、维护公司形象，会采取反分割(也称股票合并)的措施进行市值管理。反分割是股票分割相反的行为，即将数股面额较低的股票合并为一股面额较高的股票。

13.6 股票回购

13.6.1 股票回购概述

1. 股票回购的概念

股票回购是指公司出资向股东回购一部分其所发行的流通在外的股票，将其作为库藏股(库存股)或进行注销的一种金融活动。股票回购的资金一般来自自有积累的现金，有些公司也可能会利用债务融资获得回购资金。

公司购回的股票可以作为临时库存股以备他用，比如，在实施职工持股计划或期权激励计划时使用，也可用来交换被收购或被兼并公司的股票，还可以满足认股权证持有人行权认购的需要等，从而避免发行新股产生的稀释效应。在西方国家股票回购实务中，回购的股票通常作为库存股暂时保留。公司也可以将回购的股票予以注销，这时股票回购则成为公司减资的一种形式。

股票回购产生于20世纪70年代，美国一些公司为规避政府对公司分配现金股利的额度限制，通过采用回购股票的方式向股东分配剩余现金。由于股票回购能够导致股价上涨，股东能够从股价上涨中受益，可以达到与分配现金股利相同的效果，因而股票回购成为一种特殊的利润分配形式，这也是股票回购产生的动机。此外，在实践中，人们逐渐认识到，这种变相的现金股利分配方式还能够产生节税效应，因而股票回购作为分配现金股利的一种替代形式，被很多公司所采用。

2. 股票回购的性质

从形式上看，股票回购实际上是对部分股权资本的返还，属于公司筹资活动的范畴，在现金流量表中也将股票回购现金支出作为筹资活动的现金流量。此外，从股票回购产生的动机来看，股票回购作为分配现金股利的一种替代形式，可以将其视为股利分配活动。但需要注意的是，公司对购回股票的后续处理，会显示出公司股票回购的不同决策性质。如果公司注销购回的股票，则体现为公司筹资(减资)和资本结构调整决策的性质；如果将购回的股票用于实施期权激励计划或奖励计划、换股并购等，则体现为投资决策的性质。

可见，股票回购是一项综合性的金融活动和金融决策，不能简单将其归结为分配或筹资活动。只有区分股票回购的决策性质，才能采用恰当的分析方法评估其对公司价值和股东财富的影响，以评价股票回购决策方案的合理性，并选择最优决策方案。

13.6.2 股票回购的类型

按照不同的分类标准，可将股票回购分为以下几种。

1. 按股票回购地点分类

按照股票回购地点，可将股票回购分为场内公开收购和场外协议收购。

场内公开收购是指公司委托证券公司代自己按照公司股票当前市场价格回购。这种方式的透明度较高，在国外较为成熟的股票市场上较为流行。缺点是在公开市场购买时会推高股价，有价格操纵和内幕交易的嫌疑。因此，美国证券交易委员会对实施场内回购的时间、价格和数量等均有严格的监管规则。场外协议收购是指公司与某一类或某几类投资者直接见面，通过协商来回购股票的一种方式。协商的内容包括价格与数量的确定以及执行时间等。这种方式的缺点在于透明度比较低，当公司想从一个或几个主要股东手中回购股票时，一般会采用这种方式。

2. 按股票回购对象分类

按照股票回购对象，可将股票回购分为随机回购、招标回购和个别股东协商回购。

在资本市场上，随机回购的方式比较普遍，但往往受到监管机构的严格监控。采用向全体股东招标回购的方式，回购价格通常高于当时的股票价格，具体的回购工作一般要委托金融中介机构进行，成本费用较高。向个别股东协商回购由于不是面向全体股东，所以必须保持回购价格的公正合理性，以免损害其他股东的利益。

3. 按筹资方式分类

按照筹资方式，可将股票回购分为举债回购、现金回购和混合回购。

举债回购是指企业通过向银行等金融机构借款的办法来回购本公司的股份。现金回购是指企业利用剩余资金来回购本公司的股票。如果企业既动用剩余资金，又向银行等金融机构举债来回购本公司股票，则称之为混合回购。

4. 按确定回购价格的方式分类

按照公开回购价格的确定方式，可将股票回购分为固定价格要约回购和荷兰式拍卖回购。

固定价格要约回购是指回购企业在特定时间内发出以高出股票当前市场价格的某一报价回购既定数量股票的要约。为了在短时间内回购数量较多的股票，公司可以宣布固定价格回购要约。它的优点是赋予所有股东向公司出售其所持股票的均等机会，而且通常在回购数量不足时，公司享有取消回购计划或延长要约有效期的权力。荷兰式拍卖回购首次出现于1981年Todd造船的股票回购，此种方式的股票回购在确定回购价格方面给予公司更大的灵活性。在荷兰式拍卖回购中，首先，公司制定回购价格的范围(通常较大)和计划回购股票数量的上下限；其次，股东进行投标，说明愿以某一特定价格水平出售股票的数量；最后，公司汇总所有股东提交的价格和数量，确定此次股票回购的“价格-数量曲线”，并根据实际回购数量确定最终的回购价格。

13.6.3 股票回购的目的和作用

公司回购股票的目的和作用主要体现在以下几个方面。

1. 股利分配的优化替代形式

股票回购通常发生在公司有多余的自由现金时，在公司存在多余的自由现金时，为避免承担较高的资金成本，通常需要将这些多余的自由现金以现金股利的方式分配给股东，或者采用股票回购的方式购回发行在外的股票。股票回购不仅具有与现金股利相同的分配效用，而且能够给股东带来节税的利益，因而股票回购可以作为现金股利的一种优化替代方式。

【例13-5】假设某公司当年实现税后利润为100万元，原股权价值为1000万元，由于税后利润没有进行再投资，实现税后利润后股权价值增加到1100万元。假设发行在外的股票数量(N)为100万股，实现税后利润前每股市价为10元，实现税后利润后均衡每股市场价格为11元(1100/100)，股东可以获得每股资本利得收益1元。由于留存利润对原有股东而言是再投资，对公司而言则属于内部股权筹资，而公司又没有为股东创造净现值的投资项目，为避免承担较高的留存利润成本，该公司计划不留存利润，而是将税后利润以现金的方式流出企业，现有现金股利分配和回购两个方案可供选择，假设不考虑个人所得税和交易费用的影响。

如果公司分配100万元的现金股利，每股可以获得1元的现金股利，除权后每股股价下降到10元[(1100−100)/100)]，如果不考虑个人所得税的影响，每股获得的现实净收益为1元。

如果公司用拟分配现金100万元按每股11元的市场价格回购部分股票，股票回购使流通股的数量减少9.091万股(100/11)。由于税后利润100万元以现金的形式流出企业，股权价值总额恢复到1000万元(1100−100)，那么每股价格为

$$每股市价=1000/(100-9.091)=11(元)$$

由于不考虑个人所得税和交易费用的影响，售出股东每股出售价格为11元，每股获得的净收益为1元；对未售出股东而言，每股资本利得收益或每股净收益也是1元。因此，公司不论采用支付现金股利的方式还是股票回购的方式，股东获得的每股净收益都为1元。对股东而言，分配现金股利和股票回购并无差异；对公司而言，股票回购与支付现金股利也具有相同的效应，因为两者都使现金流出企业。由此可见，股票回购相当于公司支付给股东现金股利，具有与现金股利相同的分配效用。

但是，上述分析并没有考虑个人所得税的差异。股票回购后股东得到的资本利得收益需要缴纳资本利得税，而发放现金股利则需要缴纳股息税。在实践中，各国的资本利得税税率通常低于现金股利，公司利用拟分配现金回购股票能够为股东规避部分税负，为股东带来税收利益，因而用股票回购替代现金股利对股东更具有吸引力。此外，虽然某个年度公司取得了较高的盈利水平，但较高的剩余现金流是暂时的或者是不稳定的，在这种情况下，公司没有把握长期维持高股利政策，可以在维持一个相对稳定的股利水平的基础上，通过股票回购发放额外股利，以避免高股利政策可能带来的股利波动的负面影响。可见，股票回购是现金股利的一种优化替代形式。

2. 进行市值管理，稳定或提升股价

在信息不对称的市场环境中，股票市场经常存在股价低估的现象，而过低的股价会给公司经营造成严重的负面影响。比如，投资者对公司的信心下降，导致公司股价和融资能力进一步下降；消费者对公司的产品产生怀疑，从而削弱公司出售产品、开拓市场的能力等。

在成熟的资本市场上，股票回购一直被视为稳定股票价格的“利器”。由【例13-5】可知，股票回购并不会对股价造成影响，但这是以有效资本市场作为假设前提的。在现实的资本市场中，股票回购通过增加购买需求会直接抬高股价，而且股数减少导致的每股预期收益增加也会提升股价，更为重要的是，它能向市场传递股价被低估的信号。因为回购本公司股票可以视为投资行为，与外部投资者相比，公司掌握的信息更加全面和真实，投资者之所以购买本公司股票是因为本公司股权投资存在正的净现值。与此相反，发行股票行为则被认为是公司股票被高估和抛售的信号。如果公司管理层认为公司目前的股价被低估，则可以通过股票回购，向市场传递积极的信号。股票回购通常会提升市场信心，股票价格会因此得到支撑和提升，从而有利于改善公司形象，对企业经营和发展产生积极影响，并使公司有进一步配股融资的可能。

在实践中，股票回购经常作为股市大跌时稳定股价、增强投资者信心的手段。1987年10月19日，纽约股票市场出现股价暴跌，股市处于动荡之中。据统计，当时在两周之内就有650家美国上市公司发布了大量回购本公司股票计划，有效地提升市场信心，抑制了股价暴跌，刺激了股价回升。我国港股市场自2000年以来也出现了三次股票回购潮，分别为2008年10—12月、2011年9—10月、2015年8—10月，三次回购激增现象都出现在恒指大盘底部区域。通过统计回购公司特征发现，低估值和高盈利是公司选择回购股票的重要原因。关于股票回购对股票市场的作用，美股市场是最佳例证。截至2018年8月22日，美股迎来了3453天牛市的新纪录，业内人士把10年牛市的原因归结为股票回购。招商证券数据显示，自2008年全球金融危机后近10年的时间里，美股上市公司股票回购规模不断扩大。2010—2012年，平均每年回购近3000亿美元；2013—2017年，平均每年回购约4400亿美元，其中，2017年回购金额近4700亿美元。2018年回购规模再创新高，据不完全统计，截至2018年7月12日，美股上市公司在2018年的回购规模已经超过5000亿美元，高于2017年全年水平。对比美股和我国港股市场，我国A股市场回购规模小、力度低，增长潜力及增长空间很大。

此外，当公司可支配的现金流明显超过投资项目所需的现金流时，用自由现金流进行股票回购，可以提高投资者对公司每股收益的预期，推动股价上涨。另外，股票回购减少了自由现金流，有利于避免公司出现管理层滥用股东财产的代理问题。管理层通过股票回购向市场传递降低代理成本的信号，试图使投资者相信公司没有把股东的钱浪费在收益低下的投资中，公司的股票是具有吸引力的，也有利于股价的稳定和提升。值得注意的是，我国现行《公司法》并不承认公司以稳定股价为目的的股票回购，因此我国上市公司在股票回购时通常会选择《公司法》允许的理由。比如，2018年7月，美的集团在其报告书中选择“减少公司注册资本”这一《公司法》允许的回购条件，作为启动股票回购、进行股价管理的理由。

3. 减资和优化资本结构

股票回购不仅是股利分配的有效替代形式，也可以成为公司减资和资本结构调整的重要手段。根据我国相关法律的规定，除非回购的股票用于奖励给本公司职工等少数情况，否则公司回购的股票必须予以注销，减少公司的注册资本。如果公司的资产负债率较低，权益资本的比例较高，则可以通过股票回购来达到改善公司资本结构的目的。如果企业某期存在大量自由现金，企业又处于产业饱和期或衰退期，没有有利投资机会，而且在公司资本结构中，权益资本的比例较高，这时公司通过股份回购不仅能够消化和分配剩余资金，还能够降低权益资本的比例，改善公司资本结构，增加股东财富。股票回购不仅可以利用公司累计的现金流量，还可以利用重大的非货币资产变现或举债取得回购现金。特别是公司通过发行债券等举债方式大规模回购股票，能够大幅度地提高负债比率，调整资本结构的动机和效果更为明显。对于负债比例过低，但竞争地位强、处于稳定增长阶段的企业而言，如果没有足够的自由现金流量，举债回购股票是完善资本结构、提高股东财富的有效途径。

某公司认为公司的资本结构不合理，资产负债率过低，需要降低权益资本的比例，优化资本结构。假设公司有两套利用股票回购调整公司资本结构的方案，具体内容如下所述。

(1) 利用自由现金回购股票。假设回购前的权益价值为$\mathrm{VS}_{回购前}$，则有

$$\mathrm{VS}_{回购前}=P_0N$$

式中：P_0——均衡股价；

N——股票数量。

如果公司使用自由现金(CASH)按P_0的价格回购本公司股票，则回购股数为CASH/P_0。回购股票导致企业自由现金流出，因此股权价值下降了。回购后的权益价值为

$$\mathrm{VS}_{回购后0}=\mathrm{VS}_{回购前}-\mathrm{CASH}=P_0N-\mathrm{CASH}$$

上述分析没有考虑股票回购对公司资本结构和公司加权平均资本的影响。由于权益价值降低，负债比率相应提高，资本结构得到优化。根据实体流量折现模型，由于股票回购导致公司加权平均资本下降，而预期的实体自由现金流量并不会因为股票回购而发生改变，因而回购后的企业价值会增加。而权益价值为企业价值与净负债价值的差值，随着负债比例和债权人风险加大，等风险的债务资本成本上升，净债务价值会下降，因此权益价值会增加，假设从$\mathrm{VS}_{回购后0}$增加到$\mathrm{VS}_{回购后1}$，则有

$$\mathrm{VS}_{回购后1}=\mathrm{VS}_{回购后0}+资本结构调整的价值贡献$$

式中：资本结构调整的价值贡献是指由于资本结构的优化，公司资本成本降低给股东权益带来的增量价值。回购后股价为

$$\begin{aligned}P&=\mathrm{VS}_{回购后1}/(N-\mathrm{CASH}/P_0)\\&=(\mathrm{VS}_{回购后0}+资本结构调整的价值贡献)/(N-\mathrm{CASH}/P_0)\\&=(\mathrm{VS}_{回购前}-\mathrm{CASH}+资本结构调整的价值贡献)/(N-\mathrm{CASH}/P_0)\\&=(P_0N-\mathrm{CASH}+资本结构调整的价值贡献)/(N-\mathrm{CASH}/P_0)\\&=P_0(P_0N-\mathrm{CASH}+资本结构调整的价值贡献)/(P_0N-\mathrm{CASH})\\&=P_0[1+资本结构调整的价值贡献/(P_0N-\mathrm{S})]\\&=P_0+P_0\times 资本结构调整的价值贡献/(NP_0-\mathrm{S})\end{aligned}$$

从上述公式可以看出，只要存在结构调整价值效应，回购后股价必然上涨，资本结构调整的效果越显著，即资本结构调整价值贡献越大，股价上升幅度就越大。在考虑资本结构调整的价值贡献以后，回购后的权益价值会有所提高，即

$$VS_{回购后1}=PN-CASH>VS_{回购后0}=P_0N-CASH$$

可见，在权益资本比例较高的情况下，利用自由现金回购股票并予以注销，能够改善公司资本结构，增加股东财富。虽然与股票回购相比，发放现金股利也可以减少股东权益，但股票回购不仅可以降低股东权益比例，而且股数减少能够提高预期每股收益，从而有利于股价提升。因此，股票回购比发放现金股利的效果更好。

(2) 利用举借债务回购股票。假设公司借入债务的规模为B，则回购股数为B/P_0，如果不考虑股票回购对公司资本结构和公司资本的影响，由于回购股份注销，回购后的权益价值会降低B，即

$$VS_{回购后0}=VS_{回购前}-B$$

但回购股份注销后的股价并没有发生变动，即

$$P=V_{回购后0}/(N-B/P_0)=P_0(NP_0-B)/(NP_0-B)=P_0$$

由于利用举借债务回购股票实现资本结构优化，回购后的企业价值必然有所增加，权益价值也会发生变动，则

$$\begin{aligned}VS_{回购后}&=企业价值-负债价值=企业价值-(原负债价值+新增负债价值)\\&=原企业价值-原负债价值-新增负债价值+企业价值增量\\&=VS_{回购前}-B+公司价值增量\end{aligned}$$

回购股份注销后的股价会上涨，即

$$P=V_{回购后0}/(N-B/P_0)=P_0(NP_0-B+公司价值增量)/(NP_0-B)>P_0$$

可见，由于资本结构优化会增加企业价值(体现为企业价值增量)，因此，利用举借债务回购股票并予以注销后，股东财富会有所增加。

由于举借债务会增加债务比例，而注销回购股份会降低权益比例，与利用自由现金回购股票相比，公司只需举借少量债务、回购少量股票就可以实现优化资本结构的目的，因此，通过举债回购调整资本结构的效果更为显著。

综上所述，如果公司认为资本结构中权益资本比例较高，股票回购是提高负债比率、改变公司资本结构的有效手段，特别是通过发行债券融资回购本公司的股票，可以快速提高负债比率。但需要指出的是，为减少资本的股票回购在中国股票市场上较为罕见，因为公司上市的目的主要是“圈钱”，通过股票回购注销来减资基本没有可能。

4. 优化和重组股权结构

公司通过定向协议有目的地回购某些股东的股票，在其他股东股份不变的情况下，被收购股份的股东持股比例和控制权会降低，其他股东的持股比例和控制权会相应增加，从而达到调整股权控制结构的目的。被收购的股份可以注销也可以作为库藏股，而即使作为库藏股也没有剩余分配权和表决权。例如，广西云天化股份有限公司采用协议回购的方式，回购公司第一大股东云天化集团有限责任公司所持有的国有法人股46 818.18万股中的2亿股，占云天化总股本的35.20%。股份回购完成后，回购的2亿股国有法人股将予

以注销，云天化集团公司的持股比例从82.39%降至72.84%，社会公众股的比例从17.61%上升为27.16%。此次回购有利于国有股减持，优化了公司的股权结构，促进了公司法人治理结构的不断完善。

此外，通过回购其他股东的股票还有利于增强大股东的控股能力，特别是在大股东继续增持受到限制的情况下，通过回购股份的方式可以推升大股东的持股比例。

5. 实施职工持股计划或期权激励计划

公司利用剩余资金购回本公司股票，并将其交给职工持股会管理或直接作为股票期权奖励给公司的管理人员，本质上是对人力资源这种特殊的无形资产的投资。因为将本公司股票奖励或低价出售给职工和管理人员，有利于提高管理人员的责任感，增强公司内部的凝聚力和向心力，形成有效的激励机制，从而有利于提升企业价值。虽然公司也可以采用增发新股的方式执行该计划，但会稀释原有股东的持股比例，并导致股价下跌，而通过股票回购则可以避免上述问题的发生。

与企业项目投资决策方法相同，评价这种特殊的投资决策也需要考察该投资是否存在正的净现值。以股票奖励政策为例，该投资决策的净现值为

$$\text{NPV}=\text{该政策导致的公司增量现金流量现值}-\text{回购支出}$$

只有持股奖励投资的增量现金流量现值大于回购支出，即净现值大于零时，该计划才能增加企业价值和股东财富，才具有可行性。公司披露并执行回购奖励计划后，公司价值会得到提升，即

$$V_{\text{回购后}}=V_{\text{回购前}}+\text{NPV}$$

在国外公司中，员工持股特别是管理层持股是非常普遍的现象。比如在日本，20世纪60年代末至80年代初，企业界普遍实行了著名的“稳定股东工作”——员工持股制度和管理人员认股制度。前者是指企业对员工购买、持有本企业股票给予某种优惠或经济援助，奖励职工持股的制度；后者是指企业实行高级管理人员认购本企业股票权利的优惠制度。实行该制度的目的是增强管理人员的责任感，确保企业的优秀人才不流失。在我国，利用股票回购的持股计划在高科技企业如IT业中比较多见，“上海贝岭”(600171)、“银河科技”(000806)等公司均采取了虚拟股票激励机制，以此奖励优秀经营管理人员。

6. 其他目的和意义

(1) 实施换股并购。换股并购是指公司用本公司的股票交换被收购或被兼并公司的股票，以达到低成本控制或兼并的目的。在换股并购的情况下，用于交换的本公司股票既可以通过新增发行取得，也可以利用回购取得。由于新股发行会稀释原有股东的权益，并导致股价下跌，在企业存在剩余现金的情况下，通过股票回购获得用于交换的本公司股票，也许会成为最佳选择。

利用股票回购实现换股并购相当于企业利用可支配的现金进行控股权投资，与企业项目投资性质并无差异。评价这种特殊的投资决策也需要考察投资目标企业是否存在正的净现值。只有这项投资的增量现金流量现值大于回购股票支出，即净现值大于零时，该计划才具有可行性。需要指出的是，由于存在企业利用股票回购操纵股价的可能，我

国目前不允许企业为满足换股并购进行股票回购，也就是说，企业要实施换股并购，只能采用向被并购企业股东定向增发股票的方式。

(2) 满足认股权证认购或可转换债券转换的需要。公司可以采用股票回购的方式取得股票，满足认股权证投资者行权认购的需要，这样可以避免增发新股票导致的稀释效应和股价下跌。此外，由于没有新股发行，权益资本不变，这样有利于维持目标资本结构。公司也可以利用回购的股票满足公司可转换债券的转换需要，同样可以避免增发新股票的稀释效应和股价下跌，但这种方式并不常见，因为公司发行可转换债券的目的主要是以较高价格实现新股发行。需要指出的是，我国目前还不允许企业为满足可转换债券的转换进行股票回购，也就是说，为满足可转换债券筹资的转换需要，只能向投资者定向增发股票。

(3) 实施反收购。股票回购也是防止竞争对手恶意收购的有效方式。通过股票回购，能够减少在外流通的股份，并能够提高本公司的股价，增加收购难度，在一定程度上可以降低被敌意收购的风险。股票回购在西方成熟资本市场上经常作为一种重要的反收购措施而被普遍运用，尤其是那些竞争能力和盈利能力强、处于快速发展阶段的公司往往容易受到敌意并购者的青睐，而且这些公司往往具有可观的债务融资能力，也对敌意并购者非常具有吸引力。这些公司通过发行债券等举债方式大规模回购股票，能够快速提高负债比率，降低债务融资能力，并提高股价，这样有助于防止敌意并购袭击。反收购战中也经常采用消耗公司剩余资金的“焦土战术”。以美国为例，进入20世纪80年代后，敌意并购盛行，许多上市公司大举进军股市，回购本公司股票，以维持控制权，比较典型的有：1985年菲利普石油公司动用81亿美元回购8100万股本公司股票；1989年和1994年，埃克森石油公司分别动用150亿美元和170亿美元回购本公司股票。

13.6.4 股票回购的负面效应

虽然股票回购是公司股利分配的有效替代手段，有利于优化资本结构和建立员工持股制度和股票期权制度等，但是其对公司和资本市场的负面效应也不容忽视。

对公司的负面效应主要体现在：①降低企业的流动性。一些公司利用大量现金回购股票，而大部分库藏股投资属于长期投资，比如人力资源投资、控股权投资等，并不能在短期内给公司带来现金流，导致企业的流动性下降，流动性风险增加。②当企业自由现金流量不足时，往往采用大规模举债的方式筹集回购资金，在资产负债率较高的情况下，会加大财务风险，使企业背负巨大的偿债压力。③在可转换债券转换为股票时，公司利用大量现金回购股票，相当于利用现金偿还债务，增加公司的偿债压力。④在回购减资的情况下，股票回购无异于股东退股和公司资本减少，不仅在一定程度上削弱了对债权人利益的保护，而且忽视了公司的长远发展，会损害公司的根本利益。⑤股票回购可能使公司发起人股东利用公司股票回购兑现创业利润，而不长期持股，忽视公司长期发展。

对资本市场的消极影响主要体现在：①实施股票回购可能增加市场操纵的风险，增加内部交易的可能性，损害股票交易的公正性和中小股东的利益。例如，某矿产公司对中小股东隐藏了发现新矿的信息，同时又在进行股票回购，中小股东在不知内情的情况下出售了自己持有的股份，最终结果必定是中小股东利益受损，而早已了解内情的大股东却能够坐收渔利。②由于信息不对称，股票回购往往被急于减持或套现出局的大股东所利用，而中小股东在不知情的情况下出售股票，自身利益会严重受损。股票回购中，若公司不公开回购，而是定向回购，则会导致部分股东获得出资返还，退出公司，剩余股东则因公司资本减少而承担较大的风险。尤其是在公司经营不善、股价连续下跌时，等于将被回购股份所承担的风险转嫁于其他股东。

13.6.5 股票回购的法律限制

回购公司掌握了准确、及时的内幕信息，如果允许上市公司随意回购股票，容易导致其利用内幕信息对本公司股票进行炒作，存在内部操纵的嫌疑，因此，各国都对股票回购规定了严格的法律限制。比如，为避免公司管理层利用股票回购操纵股价和公司控制权，很多国家法律规定公司持有库藏股不能超过一定期限，也不享有表决权和分配权等正常普通股的权利。

我国2005年发布的《上市公司回购社会公众股份办法(试行)》规定，上市公司回购股票只能出于减少注册资本从而注销的目的，不允许作为库藏股由公司持有。从这个意义上说，在我国，公司股票回购不仅可以归属为一种特殊的现金利润分配形式，也可以归属为减资行为，是一种重要的减资形式。此后，我国《公司法》规定，公司不得收购本公司股票，但出于减资、与持有本公司股票的其他公司合并、将股份奖励给本公司员工的目的时允许回购。具体来看，为避免利用股票回购操纵股价，公司只有在以下4种情形下才能回购本公司的股份：①减少公司注册资本；②与持有本公司股份的其他公司合并；③将股份奖励给本公司职工；④股东因对股东大会作出的合并、分立决议持异议，要求公司收购其股份。公司因第①种情况收购本公司股份的，应当在收购之日起10日内注销；属于第②种、第④种情况的，应当在6个月内注销或转让；公司因奖励给本公司员工回购股份的，不得超过本公司已发行股份总额的5%；用于回购的资金应当从公司的税后利润中支出，所收购的股份应当在一年内转让给员工。可见，我国法规并不允许公司拥有西方实务中常见的库藏股。

虽然股票回购在成熟的资本市场上是一种较为普遍的行为，但是我国目前并不完全具备大规模实施股票回购的条件。近年来，随着我国股票市场的发展，股票回购的案例日渐增多。从2018年10月22日召开的十三届全国人大常委会第六次会议上获悉，股票回购制度有望作出重大调整，对股票回购的严格法律限制会得到很大改观。根据中国证监会主席刘士余所作的《中华人民共和国公司法修正案(草案)》的说明，修正案新增了几种允许公司股票回购的情形：一是将股份用于转换上市公司发行的可转换债券；二是为避免公司遭受重大损害，维护公司价值及股东权益所必需。此外，还规定回购股票可库存3年，在3年内转让或注销。这样有利于公司通过回购进行市值管理，还方便了公司更好地完成流程较长(一般需要2～3年)的股权激励。回购流程也不必经过股东大会决议，大大简化，有利于上市公司灵活把握市场机会。

思考题

1. 实行股利分配政策时需要考虑哪些因素？
2. 股利相关论有哪些？
3. 剩余股利分配政策的基本思想是什么？有哪些优缺点？
4. 采用固定股利政策的主要目的是什么？其缺点是什么？
5. 低正常股利加额外股利政策的含义是什么？其优缺点是什么？
6. 简述股利支付程序。
7. 什么是股票股利？什么是股票分割？两者的区别和联系是什么？
8. 股票回购的目的和意义是什么？

练习题

1. 假设某公司2017年税后利润为6800万元，今年年初公司讨论决定股利分配的数额。预计2018年该公司有一个很好的投资项目，需要投资9000万元。公司的目标资本结构为：权益资本占60%，债务资本占40%。该资本结构为2018年度的目标资本结构，按法律规定，至少要提取10%的公积金，公司采用剩余股利政策。要求：计算应分配股利和股利支付率为多少。

2. 假设某公司2017年税后利润为500万元，流通在外的普通股股数为100万股，公司计划将税后利润中的200万元分配给股东，分配方案有两种：第一种方案，将200万元以红利方式分配给股东；第二种方案，以32元/股的价格进行股票回购。该股票目前市价为30元/股，假设股票回购前后市盈率保持不变。要求：计算两种方案下股票的每股收益、市盈率以及股票回购方案下的股票市价。

第4篇

营运资本决策

第14章 短期资产投资管理

企业资产包括长期资产(非流动资产)和短期资产(流动资产)。前面各章讨论的主要是长期资产投资和筹资决策问题，从本章开始，我们讨论短期资产投资和短期资产筹资决策问题。公司长期资产投资决策需要应用时间价值的理念，采用现金流量折现方法进行估价和决策。由于短期资产投资回收期限较短，一般不超过一个会计年度或一个营业周期，时间价值无足轻重，因而短期资产投资决策不需要采用现金流量折现方法，而是采用成本收益分析方法。本章重点讨论流动资产投资管理，主要包括短期资产规模管理、现金管理、应收账款管理和存货管理。

14.1 短期资产投资规模决策

14.1.1 影响短期资产投资规模的因素

在公司经营活动中，短期资产主要体现为公司创造的实现股东财富的物质载体和权利载体，比如存货和应收账款。公司必须持有一定规模的短期资产，否则固定资产等长期资产形成的生产能力和竞争能力将难以发挥作用，也就无法实现产销收入，取得利润。公司资本预算不仅包括长期资产(经营项目)的资本预算，也包括短期资产的资本预算(营运资本预算)。营运资本是短期资产重要的资金来源，短期资产的投资规模直接决定了营运资本预算规模。如果短期资产投资规模过大，就会增加营运资本的预算规模，同时还可能增加公司的有息短期负债规模，从而占用资金成本或机会成本。

一般而言，一定时期的短期资产投资规模取决于企业的产销规模和流动资产的周转速度或利用效率。在流动资产周转速度一定的情况下，公司的产销规模越大，所需流动资产越多；而在公司产销规模一定的情况下，流动资产的利用效率越高，周转速度越快，企业所需的短期资产越少。一定时期短期资产需求平均规模可以表示为

一定时期短期资产需求平均规模=销售成本/流动资产周转率

比如，有一家“一进一销”的商业企业，其年销售规模(以销售成本表示)为1200万元，营业周期(商品周转期与应收账款收现期之和)平均为1个月，即流动资产的平均周转次数为12次，则该企业需要投入购买商品的流动资金为100万元，即年流动资产需求规模

为100万元。

通常，一定时期企业的产销规模和流动资产周转率决定了流动资产的需求规模。在企业产销规模一定的情况下，提高流动资产周转率能够有效地降低流动资产的需求规模。而流动资产周转率既取决于行业和技术特征、企业所处的外部经济环境等客观因素，也取决于企业的流动资产管理水平。

1. 行业和技术特征

不同行业的企业、技术特征不同的企业，其经营性流动资产的相对规模，即经营性流动资产周转率有所不同。比如，造船业与零售业的企业、自动化流水线生产与分步骤生产的企业，它们的存货周转速度就存在较大差异。

2. 企业所处的外部经济环境

比如，不同企业所面临的采购环境和销售环境是不同的。在采购过程中，如果供应商处于卖方市场地位，可能需要预付货款、现金支付，由于提前或立即支付货款，购货企业的营业周期或流动资产的周转天数会相对延长；相反，如果购买企业处于买方市场地位，则可以延后支付货款，购货流动资产的周转天数会缩短，流动资产周转率会提高。同理，在企业销售过程中，如果企业处于卖方市场地位，产品供不应求，则存货周转期和应收账款的收现期会缩短，甚至可以提前甚至立即收到货款，企业的营业周期会缩短，流动资产周转次数会增加；相反，如果购买企业处于买方市场地位，则销售企业的存货周转期和应收账款的收现期会延长，流动资产周转率会下降。

3. 流动资产管理水平

不同企业的流动资产管理水平存在较大差异，即使是技术特征、产品竞争能力相同的同行业企业，经营性流动资产的周转速度也会存在很大不同。例如，存货或应收账款管理水平差的企业，流动资产的利用效率或周转速度就比较低。再如，采用计算机管理信息系统的企业，可以加快采购和销售订单的处理速度，能够有效缩短流动资产的周转天数，节约流动资产投资。为此，在日常管理过程中，企业应采取加快存货周转速度、缩短应收账款收款期等措施来加速流动资产周转，以有效缩减流动资产的投资规模，节约资金占用成本。

14.1.2 短期资产投资政策

一定时期短期资产的需求规模取决于企业的产销规模和短期资产的周转速度。如果上述影响流动资产投资的因素都是确定或已知的，我们不难计算出特定企业所需要的短期资产，并可根据流动资金的需要量确定短期资产的投资规模。这些短期资产可以保证经营活动的平稳进行，保证企业按时支付到期债务，及时供应生产用材料，准时向客户提供产品。问题在于现实世界中的流动资产周转天数、销售额及其增长和成本水平都是不确定的，因此，流动资产的需求是不稳定的。例如，预计某企业今年的销售收入为1000万元，假设存货与收入比为10%，计算出来的存货投资需求为100万元，企业据此储备了存货。如果实际销售额为800万元，有效存货为80万元，过量存储为20万元。假设等风险投资的资本成本为10%，则企业损失了2万元(20 × 10%)。如果实际市场需求为1200万元，由于存货不足，实际销售额为1000万元，丧失销售收入200万元。假设销售利润率为1%，则企业损失了2万元(200 × 1%)。

1. 持有短期资产的成本

面对这些不确定性，企业应如何确定短期资产投资规模呢？是多投资一些还是少投资一些呢？这就需要权衡与之相关的收益和成本。

短期资产投资规模的大小会影响持有短期资产的有关成本，持有短期资产的有关成本包括短缺成本和持有成本。

(1) 短缺成本。短缺成本是指随着短期资产投资不足而增加的成本。例如，因短期资产投资不足发生现金短缺，需要出售有价证券并承担交易成本；出售有价证券不足以解决问题时，需要紧急借款并承担较高的利息；借不到足够的款项就要违约并承担违约成本，或者被迫紧急抛售存货并承担低价出售损失。再如，因投资不足出现存货短缺，会打乱原有生产进程和停工待料，需要重新调整生产并承担生产准备成本，或者需要紧急订货并承担较高的交易成本；若不能及时补充存货时就会失去销售机会，甚至失去客户。短缺成本的存在要求企业短期资产的持有量能够尽可能满足生产经营的需要。

(2) 持有成本。流动资产持有成本是指随着流动资产投资上升而增加的成本。持有成本主要是指持有短期资产的机会成本。这些投资资金如果不用于流动资产，可用于其他投资机会或经济用途并赚取收益。这些失去的等风险投资的期望收益，就是短期资产投资的持有成本。一般而言，由于短期资产流动性高，投资风险低于企业总体资产风险，必要报酬率较低(通常不会高于短期借款的利息)，因而持有成本低于企业税前资本成本。

在产销规模一定的情况下，企业安排较少的短期资产，虽然可以节约持有成本，但也可能引发经营中断等造成的短缺成本；而安排较多的短期资产，虽然能够减少短缺成本，规避经营中断的风险，但也会降低短期资产的利用效率，增加持有成本。因此，在短期资产投资规模决策中，企业需要综合考虑短缺成本和持有成本，权衡得失，确定其最佳投资需要量。

2. 短期资产投资规模政策

在实践中，短期资产投资规模政策分为适中型投资政策、激进型投资政策和保守型投资政策。

(1) 适中型投资政策。适中型投资政策追求短缺成本和持有成本之和最小的流动资产投资额，流动资产最优的投资规模，取决于持有成本和短缺成本总计的最小化。企业持有成本随投资规模而增加，短缺成本随投资规模而减少，在两者相等时达到最佳投资规模，如图14-1所示。

最优投资规模是短缺成本和持有成本之和最小的投资额。由于这种投资政策要求短缺成本和持有成本大体相等，短期资产投资规模适中，因而称为适中型投资政策。

适中的短期资产投资政策，就是按照预期的短期资产周转天数、销售额及其增长、成本水平和通货膨胀等因素确定最优投资规模，安排流动资产投资。

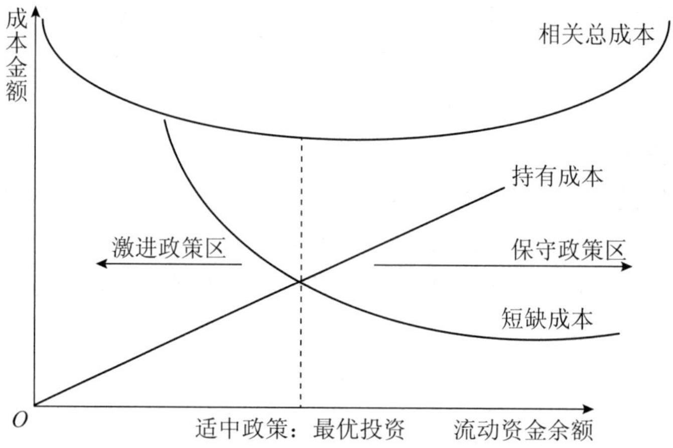

图14-1　最优投资规模

(2) 保守型投资政策。保守型流动资产投资政策侧重降低短缺成本，表现为较大的短期资产投资规模。如图14-1所示，保守型投资政策处于适中政策最优投资规模的右侧，具体表现为：企业持有较多的现金和有价证券投资；存货充足；提供给客户宽松的销售信用政策并保持较高的应收账款水平。这种政策需要较多的流动资产投资，充足的资金、存货和宽松的信用条件，使企业中断经营的风险很小，其短缺成本较低，风格上比较保守，但需要承担较高的短期资产持有成本，主要是资金的机会成本，有时还包括其他的持有成本。保守型投资政策表现为较高的流动资产/收入比率。

(3) 激进型投资政策。这种政策侧重降低持有成本，表现为较低的流动资产投资规模，如图14-1所示。激进型流动资产投资政策处于适中政策最优投资规模的左侧，具体表现为：公司尽可能少地持有现金和有价证券投资；少量投资存货；采取严格的销售信用政策或者禁止赊销。紧缩的流动资产投资政策，表现为较低的流动资产/收入比率。

该政策很可能导致经营中断或丧失销售收入等短缺成本，风格上比较激进，但可以节约流动资产的持有成本。

14.2 现金管理

现金资产是暂时停留在货币形态的资金。现金资产是企业资产中流动性最强的资产，拥有足够的现金资产，对于满足必要支出(购买原材料，支付工资，纳税，清偿当期债务等)的需要、有效降低流动性风险具有重要意义。属于现金的项目，包括企业的库存现金、各种形式的银行存款和银行本票、银行汇票。交易性金融资产是企业现金的一种转换形式，这些有价证券变现能力强，可以随时兑换成现金。企业有多余现金时，常将现金兑换成有价证券；现金流出量大于流入量需要补充现金时，再出让有价证券换回现金。在这种情况下，有价证券就成了现金的替代品，属于现金的一个组成部分。

14.2.1　现金管理目标及方法

1. 现金管理目标

企业保有一定现金的目的，主要是满足交易性需要、预防性需要和投机性需要。

(1) 交易性需要。交易性需要是指满足日常业务的现金支付需要。企业经常得到收入，也经常发生支出，两者不可能同步同量。收入多于支出，形成现金盈余；收入少于支出，出现现金短缺，需要短期借入现金。企业必须维持适当的现金余额，才能使业务活动正常进行下去。

(2) 预防性需要。预防性需要是指保有一定现金余额以防发生意外的支付。企业有时会出现意想不到的开支，现金流量的不确定性越大，预防性现金的数额也就越大；反之，企业现金流量的可预测性强，预防性现金数额则可小些。此外，预防性现金数额还与企业的借款能力有关，如果企业能够很容易地随时借到短期资金，也可以减小预防性现金的数额；若非如此，则应增加预防性现金数额。

(3) 投机性需要。投机性需要是指保有一定现金用于不寻常的购买机会，比如，遇有廉价原材料或其他资产供应的机会，便可用手头现金大量购入；再如，在适当时机购入价格有利的股票和其他有价证券，等等。当然，除了金融和投资公司外，一般来讲，其他企业专为投资性需求而特殊留存现金的不多，遇到不寻常的购买机会也常设法临时筹集资金。但拥有相当数额的现金，确实为突然的大批采购提供了方便。

企业缺乏必要的现金，将不能应付业务开支，使企业蒙受损失。企业因此可能造成的损失，称为短缺现金成本。短缺现金成本不考虑企业其他资产的变现能力，仅就不能以充足的现金应付购买支付而言，内容上大致包括：丧失购买机会，甚至会因缺乏现金不能及时购买原材料，而使生产中断造成停工损失、信用损失和得不到折扣好处。其中，失去信用造成的损失难以准确计量，但其影响往往很大，甚至导致供货方拒绝或拖延供货，债权人要求清算等。现金属于流动性很强的资产，但其收益性极低，如果企业留存过量的现金，因其不能投入经营周转或用于其他投资而获利，则会增加机会成本。这意味着企业应尽可能少地留存现金，即使不将其投入本企业的经营周转，也应尽可能多地投资能产生高收益的其他资产，避免资金闲置或用于低收益资产带来的损失。这样，企业便面临现金不足和现金过量两方面的威胁。企业现金管理的目标，就是要在资产的流动性和盈利能力之间进行权衡，合理确定现金资产的持有量，以获取最多的利润。

2. 现金管理方法

为了降低现金持有量，提高现金使用效率，在日常的现金管理中，可采用如下方法。

(1) 力争现金流量同步。如果企业能尽量使现金流入与现金流出发生的时间趋于一致，就可以将其所持有的交易性现金余额降到最低水平。

(2) 使用现金浮游量。从企业开出支票，收票人收到支票本并存入银行，至银行将款项划出企业账户，中间需要一段时间。现金在这段时间的占用称为现金浮游量。在这段时间里，尽管企业已开出支票，却仍可动用在活期存款账户上的这笔资金。不过，在使用现金浮游量时，一定要控制好使用时间，否则会发生银行存款透支。

(3) 加速收款。这主要是指缩短应收账款的周期。发生应收账款会增加企业资金占用额，但它又是必要的，因为它可以扩大销售规模，增加销售收入。问题在于如何既利用应收账款吸引顾客，又缩短收款时间。这就要求在两者之间找到平衡点，实施妥善的收账策略。

(4) 推迟应付账款的支付。推迟应付账款的支付，是指企业在不影响自己信誉的前提下，尽可能地推迟应付款的支付期，充分运用供货方提供的信用优惠。如遇企业急需现金，甚至可以放弃供货方的折扣优惠，在信用期的最后一天支付款项。当然，这要权衡折扣优惠与急需现金之间的利弊得失而定。

14.2.2　最佳现金持有量决策

现金管理除了做好日常收支管理、加速周转以外，还需规划现金的持有规模，即确定适当的现金持有量，下面介绍几种确定最佳现金持有量的方法。

1. 成本分析模式

成本分析模式通过分析持有现金的成本，寻找持有成本最低的现金持有量。企业持有现金，将会产生三种成本：①机会成本。现金作为企业的一项资金占用，持有时是要付出代价的，这种代价就是它的机会成本。现金资产的流动性极佳，企业为满足经营业务的需要，有必要持有一定的现金以应付意外的现金支出，从而避免出现支付风险。但现金持有量不应过多，否则机会成本将大幅度上升。②管理成本。企业持有现金，会发生管理费用，如管理人员工资、安全措施费等。这些费用是现金的管理成本，管理成本是一种固定成本，与现金持有量之间无明显的比例关系。③短缺成本。现金的短缺成本，是指因缺乏必要的现金，不能应付业务开支所需而使企业蒙受损失或为此付出的临时借款成本或转换成本等代价。现金的短缺成本随现金持有量的增加而下降，随现金持有量的减少而上升。

上述三项成本之和最小的现金持有量，就是最佳现金持有量。如果把以上三种成本线放在一张图中，就能表现出持有现金的总成本(总代价)，找出最佳现金持有量的点。如图14-2所示，机会成本线向右上方倾斜，短缺成本线向右下方倾斜，管理成本线为平行于横轴的平行线，总成本线便是一条抛物线，该抛物线的最低点即为持有现金的最低总成本。超过这一点，机会成本上升的代价会大于短缺成本下降的好处；在这一点之前，短缺成本上升的代价会大于机会成本下降的好处。这一点对应横轴的数量，即为最佳现金持有量。

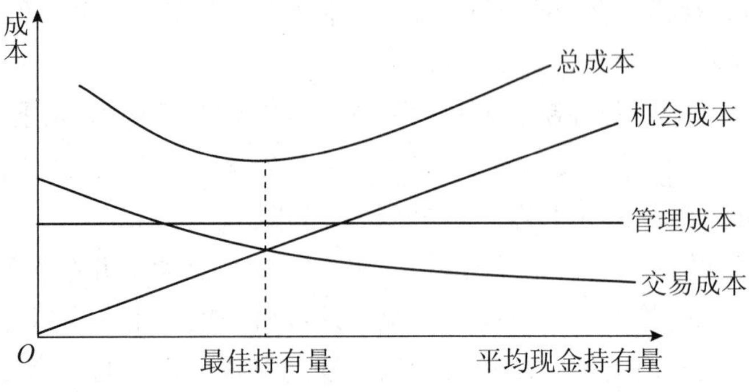

图14-2　持有现金的总成本

具体计算最佳现金持有量时，可以先分别计算出各种方案的机会成本、管理成本、短缺成本之和，再从中选出总成本之和最小的现金持有量，即为最佳现金持有量。

【例14-1】 某企业有4种现金持有方案，它们各自的机会成本、管理成本、短缺成本如表14-1所示。

表14-1　现金持有方案　　元

项目	方案A	方案B	方案C	方案D
现金平均持有量	25 000	50 000	75 000	100 000
机会成本	3000	6000	9000	12 000
管理成本	20 000	20 000	20 000	20 000
短缺成本	12 000	6750	2500	0

注：假设机会成本率为12%

这4种方案的总成本计算结果如表14-2所示。

表14-2　现金持有总成本　　元

项目	方案A	方案B	方案C	方案D
机会成本	3000	6000	9000	12 000
管理成本	20 000	20 000	20 000	20 000
短缺成本	12 000	6750	2500	0
总成本	35 000	32 750	31 500	32 000

比较以上各方案的总成本可知，C方案的总成本最低。也就是说，当企业平均持有75 000元现金时，各方面的总代价最低，对企业来说最划算，故75 000元是该企业的最佳现金持有量。

2. 存货模式

从上面的分析中我们已经知道，企业平时持有较多的现金，会降低现金的短缺成本，但也会增加现金占用的机会成本；而平时持有较少的现金，则会增加现金的短缺成本，却能减少现金占用的机会成本。为避免流动性风险和短缺成本的威胁，企业应该事先根据现金的必要量，留有一定的安全裕度，规划和持有一定的现金规模，以满足企业经营的需要。但是，持有较高数额的现金会增加机会成本，为降低机会成本，企业可以将一部分现金投资于流动性和安全性非常好的有价证券(比如国债等信用等级高的证券)，企业平时只持有较少的现金。在现金用尽且有现金需要时，可以通过出售有价证券换回现金，从而满足现金的需要，既能降低短缺成本，又能降低机会成本。因此，适当的现金与有价证券之间的转换，是企业提高资金使用效率的有效途径。至于平时持有多少现金和持有多少有价证券，这与企业奉行的现金投资政策有关。比如，采用保守型现金投资政策，保留的现金较多，持有的有价证券较少；而采用激进型现金投资政策，保留的现金较少，持有的有价证券较多。在一定时期内，在现金需要量一定的情况下，虽然企业平时持有较少现金能够降低机会成本，但也意味着有价证券转换现金的次数会增加，而有价证券的转换是有交易成本的，如果经常进行有价证券与现金的转换，则会增加转换交易成本，因此如何确定有价证券与现金的每次转换量，是一个需要研究的问题。这可以应用现金持有量的存货模型来解决，存货模型源于美国学者鲍默尔的存货经济批量模型，也称为鲍默尔模型。

企业每次以有价证券转换现金是要付出代价的(如支付经纪费用)，这被称为现金的交易成本。现金的交易成本与现金转换次数、每次的转换量有关。假定每次的现金交易成本是固定的，在一定时期内，在现金使用量确定的前提下，企业每次以有价证券转换现金的金额越大，企业平时持有的现金量越高，转换的次数越少，现金的交易成本就越低；反之，每次转换现金的金额越低，企业平时持有的现金量越低，转换的次数会越多，现金的交易成本就越高。现金的交易成本与持有量成反比。由于不存在短缺成本，在存货模式下，持有现金的成本包括转换交易成本和机会成本，可以将转换交易成本与机会成本合并为总成本曲线，如图14-3所示。

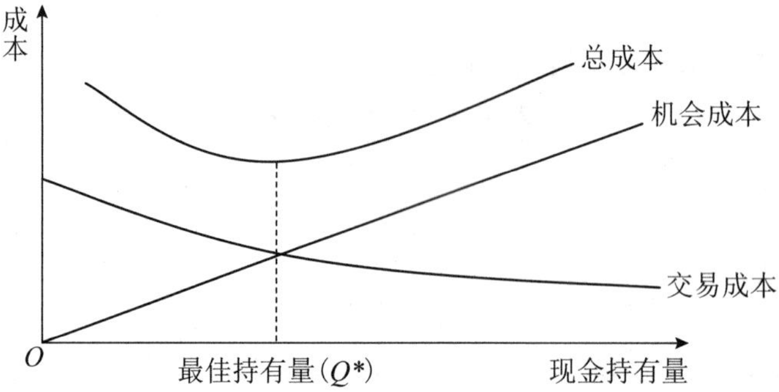

图14-3　现金的成本构成

在图14-3中，现金的机会成本和交易成本是两条随现金持有量呈不同方向发展的曲线，两条曲线交叉点相对应的现金持有量，即为总成本最低的现金持有量，它可以运用现金持有量存货模式求出。以下通过举例，说明现金持有量存货模式的应用。

【例14-2】某企业的现金使用量是均衡的，每周的现金净流出量为100 000元。若该企业第0周开始时持有现金300 000元，那么这些现金够企业支用3周，在第3周结束时现金持有量将降为0，其3周内的平均现金持有量则为150 000元(300 000/2)。第4周开始时，企业需将300 000元的有价证券转换为现金以备支用。待第6周结束时，现金持有量再次降为0，这3周内的现金平均余额仍为150 000元。如此循环，企业在一个时期内的现金持有状况如图14-4表示。

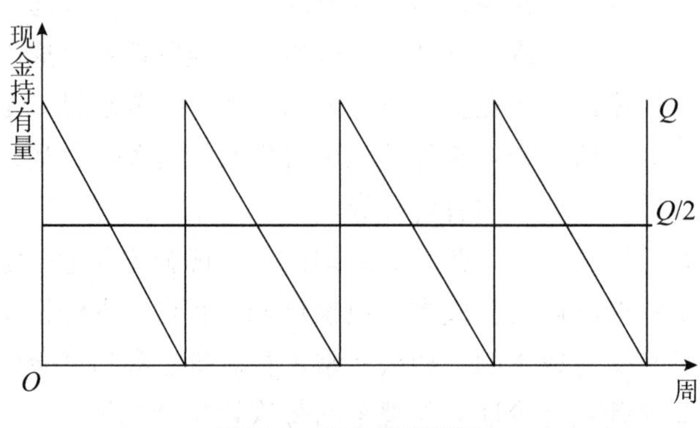

图14-4　现金持有状况

在图14-4中，每3周为一个现金使用循环期，以Q代表各循环期之初的现金持有量，以$Q/2$代表各循环期内的现金平均持有量。

如果企业将Q定得高些，比如定为600 000元，每周的现金净流出量仍为100 000元，这些现金将够支用6周，企业可以在6周后再出售有价证券补充现金，这能够减少现金交易成本。但6周内的现金平均余额将增加为300 000元(60 0000/2)，这又会增加现金机会成本。

如果企业将Q定得低些，比如定为200 000元，每周的现金净流出量还是100 000元，那么这些现金只够支用2周，企业必须频繁地每2周就出售有价证券，这必然增加现金交易成本。不过2周循环期内的现金平均余额可降为100 000元(200 000/2)，这又降低了现金机会成本。

所以，企业需要合理确定Q，以使现金的相关总成本最低。假设一定期间的现金需求量为D，每次出售有价证券以补充现金所需的交易成本为F，则一定时期内出售有价证券的总交易成本为

$$\text{交易成本}=(D/Q)F$$

假设持有现金的机会成本率为K，则一定时期内持有现金的总机会成本为

$$\text{机会成本}=(Q/2)K$$

这样，一定时期内持有现金的总成本(TC)为

$$\text{TC}=(Q/2)K+(D/Q)F$$

求TC的极值，则

$$(1/2)K-(D/Q_2)F=0$$

$$(Q/2)K=(D/Q)F$$

当机会成本等于交易成本时，总成本最低，在图14-3中，最佳现金持有量Q^*是机会成本线与交易成本线交叉点所对应的现金持有量。

可以求解期初最佳现金持有量，即

$$Q^*=\sqrt{(2DF)/K}$$

$$\text{最佳平均现金持有量}=\frac{\sqrt{(2DF)/K}}{2}$$

持有现金的最低总成本为

$$\text{TC}^*=\frac{\sqrt{(2DF)/K}}{2}K+\frac{D}{\sqrt{(2DF)/K}}F=\sqrt{\frac{(DF)K}{2}}+\sqrt{\frac{(DF)K}{2}}=\sqrt{2DFK}$$

【例14-3】假设某企业一年的现金需求量为520万元，每次的现金交易成本(F)为1000元，持有现金的机会成本率(K)为10%，求持有现金总成本。

期初最佳现金持有量为

$$Q^*=\sqrt{(2DF)/K}=\sqrt{(2\times 520\,000\times 1000)/10\%}=322\,490(\text{元})$$

最佳平均现金持有量为

$$Q^*/2=161\,245(\text{元})$$

持有现金的最低总成本为

$$\text{TC}^*=\sqrt{2DFK}=32\,249(\text{元})$$

现金持有量的存货模式是一种简单、直观的确定最佳现金持有量的方法，但它也有

缺点，主要是假定现金的流出量稳定不变，实际上这种情况很少出现。相较而言，那些适用于现金流量不确定的控制最佳现金持有量的方法，更具普遍应用性。

需要指出的是，如果企业有较多的银行短期信贷指标，财务弹性较好，也可以留存较少的现金，以降低机会成本，在需要时可以利用银行短期借款来取得现金，这种形式也可以视为现金持有量的存货模式。因为置存较少的现金，意味着企业将本应持有的一部分现金用于盈利性资产投资，而借款的手续费用可以视为转换成本，借款利息支出可以视为因证券转换为现金所失去的收益。

3. 随机模式

存货模型的缺陷在于需要准确预知现金需要量，而实际上，现金需要量波动很大，因而很难确定最优现金持有量。随机模式是在现金需求量难以预知的情况下进行现金持有量控制的方法。虽然现金需要量往往波动大且难以预知，但是企业可以根据历史经验和现实需要，测算出一个现金持有量的控制范围(上限和下限)，将现金量控制在上下限之内。当现金量达到控制上限时，用现金购入证券，降低现金持有量；当现金量降至控制下限时，卖出证券换回现金，使现金持有量回升；如现金量在控制范围内，则认为是合理的，不必进行转换或调节。这种对现金持有量的控制模式，如图14-5所示。

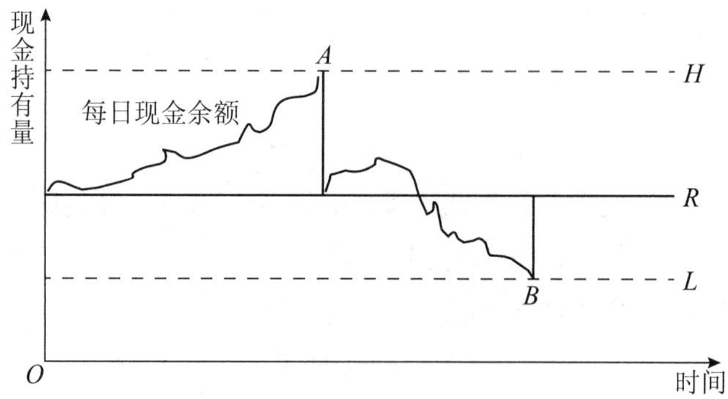

图14-5 现金持有量的随机模式图

在图14-5中，虚线H为现金存量的上限，虚线L为现金存量的下限，实线R为最优现金返回线。从图14-5中可以看到，企业的现金存量(表现为每日现金余额)是随机波动的，当其达到A点时，即达到现金控制上限，企业应用现金购买有价证券，使现金持有量回落到现金返回线(R线)的水平；当现金存量降至B点时，即达到现金控制下限，企业则应转让有价证券换回现金，使其存量回升至现金返回线的水平。现金存量在上下限之间的波动属控制范围内的变化，是合理的，不予理会。以上关系中的上限H、现金返回线R可按下列公式计算

$$R=\sqrt[3]{\frac{3b\delta^2}{4i}}+L$$

$$H=3R-2L$$

式中：b——每次有价证券的固定转换成本；

i——有价证券的日利息率；

δ——预期每日现金余额波动的标准差(可根据历史资料测算)。

此外，下限L的确定，要受到企业每日的最低现金需要量、管理人员的风险承受倾向等因素的影响。

【例14-4】假定某公司有价证券的年利率为9%，每次固定转换成本为50元，公司认为任何时候其银行活期存款及现金余额均不能低于1000元，又根据以往经验测算出现金余额波动的标准差为800元。最优现金返回线R、现金控制上限H为

有价证券日利率=9%/360=0.025%

$$R=\sqrt[3]{\frac{3b\delta^2}{4i}}+L=\sqrt[3]{\frac{3\times50\times800^2}{4\times0.025\%}}+1000$$

$$=5579(元)$$

$$H=3R-2L=3\times5579-2\times1000=14\ 737(元)$$

这样，当公司的现金余额达到14 737元时，即应以9158元(14 737−5 579)的现金去投资有价证券，使现金持有量回落为5579元；当公司的现金余额降至1000元时，则应转让4579元(5579−1000)的有价证券，使现金持有量回升至5579元，如图14-6所示。

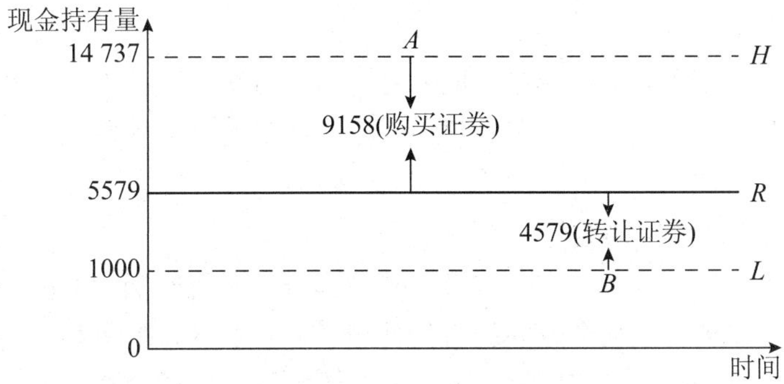

图14-6　随机模式的示例

随机模式建立在企业的未来现金需求总量和收支不可预测的假设前提下，因此计算出来的现金持有量比较保守，但比较符合实际。

14.3　应收账款管理

这里所说的“应收账款”是指因对外销售产品、材料、供应劳务及其他原因，应向购货单位或接受劳务的单位及其他单位收取的款项，包括应收销售款、应收票据等。

14.3.1　应收账款管理目标

赊销是企业提高产品市场竞争能力、促进产品销售、增加销售收入和销售利润的一种重要方式。赊销为客户提供了短期商业信用，占用了企业的流动资金，形成了商业债权资产(应收账款)。从本质上来看，应收账款是企业的一项资金投放，是为了扩大销售和盈利而进行的投资。应收账款规模受信用政策的影响，具体体现在：放宽信用政策，包

括降低信用标准和延长信用期(收款期)，将会刺激销售，扩大应收账款的平均规模；紧缩信用政策，则会制约销售，缩小应收账款的平均规模。

放宽信用政策(扩大应收账款的平均规模)固然有利于销售收入和销售利润的增加，但也会给企业带来负面影响，主要体现在：应收账款属于非盈利性资产，随着应收账款投资规模的扩大，资金占用成本或机会成本也会增加；放宽信用政策会增加信用风险，应收账款发生坏账损失的可能性和比例会增加，同时收账费用也会增加。可以进一步断定，企业放宽信用政策到一定程度之后，应收账款规模扩大所带来的盈利贡献会小于其带来的成本和损失，应收账款规模扩大反而会给企业带来损害。这就要求企业权衡收益和成本，制定合理的信用政策，使应收账款增加的盈利贡献超过所增加的成本和损失。应收账款的管理目标与信用政策的目标是一致的，即通过制定合理的信用政策，使应收账款占用的净收益最大。

14.3.2 应收账款管理方法

赊销和应收账款发生后，企业应采取各种措施，尽量争取按期收回款项，否则会因拖欠时间过长而发生坏账，使企业蒙受损失。这些措施包括对应收账款回收情况的监督和制定适当的收账政策。

1. 对应收账款回收情况的监督

企业已发生的应收账款时间有长有短，有的尚未超过收款期，有的则超过收款期。一般来讲，拖欠时间越长，款项收回的可能性越小，形成坏账的可能性越大。对此，企业应实施严密的监督，随时掌握回收情况。对应收账款回收情况实施监督时，可以编制账龄分析表，其格式如表14-3所示。

表14-3 账龄分析表

应收账款账龄	账户数量	金额/万元	百分率/%
信用期内	200	8	40
超过信用期1～20天	100	4	20
超过信用期21～40天	50	2	10
超过信用期41～60天	30	2	10
超过信用朋61～80天	20	2	10
超过信用期81～100天	15	1	5

利用账龄分析表，企业可以了解到以下情况。

(1) 有多少欠款尚在信用期内。表14-3显示，有价值80 000元的应收账款处在信用期内，占全部应收账款的40%。这些款项未到偿付期，欠款是正常的，但到期后能否收回并不确定，及时的监督仍是必要的。

(2) 超过信用期的账款情况具体应了解有多少欠款超过信用期，超过时间长短的款项各占多少，有多少欠款会因拖欠时间太久而可能成为坏账。表14-3显示，有价值120 000元的应收账款已超过信用期，占全部应收账款的60%。其中，拖欠时间较短的(20天内)有40 000元，占全部应收账款的20%，这部分欠款收回的可能性很大；拖欠时间较长的

(21～100天)有70 000元，占全部应收账款的35%，这部分欠款的回收有一定难度；拖欠时间很长的(100天以上)有10 000元，占全部应收账款的5%，这部分欠款有可能成为坏账。对拖欠时间不同的欠款，企业应采取不同的收账方法，制定经济、可行的收账政策；对可能发生的坏账损失，则应提前做好准备，充分估计这一损失对企业利润的影响。

2. 制定适当的收账政策

企业对各种不同过期账款的催收方式，就是收账政策。比如，对过期较短的客户，不过多地打扰，以免将来失去这一市场；对过期稍长的客户，可措辞婉转地写信催款；对过期较长的客户，频繁打电话催询；对过期很长的顾客，可在催款时措辞严厉，必要时提请有关部门仲裁或提起诉讼，等等。催收账款要发生费用，某些催款方式的费用还会很高(如诉讼费)。一般说来，收账的花费越大，收账措施越有力，可收回的账款应越多，坏账损失也就越小。因此，制定收账政策时，要在收账费用和能够减少的坏账损失之间权衡，选择净损失最小的收账方案。

14.3.3 信用政策的确定

应收账款赊销的效果如何，依赖于企业的信用政策。信用政策包括确定信用期、信用标准(确定可赊销的客户)和现金折扣政策。

1. 信用期

信用期即付款期，是企业允许顾客从购货到付款之间的时间，或者说是企业给予顾客的付款期间。例如，某企业允许顾客在购货后的50天内付款，则信用期为50天。信用期过短，不足以吸引顾客，在竞争中会使销售额下降；信用期过长，对销售额和利润增加固然有利，但由于应收账款收款期的延长，也会使应收账款的年平均规模不断扩大，进而导致资金占用成本、坏账损失和收账费用增加。因此，企业必须进行成本收益分析，确定合理的信用期。

【例14-5】某公司预测年度赊销收入净额为2000万元，现在采用30天按发票金额付款的信用政策，其信用期为30天。假设公司固定成本不变，变动成本率(赊销变动成本/赊销收入)为65%，假设变动成本都占用企业流动资金，等风险投资的最低报酬率为20%。假设该公司拟放宽信用期，这样有三个信用期的备选方案，如表14-4所示。

表14-4　某公司的信用期方案　　万元

项目	信用期30天	信用期60天	信用期90天
赊销量/万件	2400	2640	2800
年赊销额(单价为1元)	2400	2640	2800
应收账款周转次数	360/30=12	360/60=6	360/90=4
应收账款平均余额	2400/12=200	2640/6=440	2800/4=700
应收账款平均占用资金	200×65%=130	440×65%=286	700×65%=455
坏账率	2%	3%	5%
收账费用	24	40	56

注：应收账款平均余额 =年赊销额 /应收账款周转次数

应收账款周转次数=360 /信用期(或收款期)

应收账款平均占用资金=应收账款平均余额×变动成本率

由于赊销产品的固定成本属于非付现成本，通常赊销产品的变动成本属于付现成本，因而应收账款占用资金仅限于赊销产品的变动成本部分，既不是全部销售额，也不是全部制造成本。因此，“应收账款占用资金”应当按“应收账款平均余额乘变动成本率”计算确定。对于商业企业来说，商品外购成本均属于变动成本，变动成本率是进货成本占售价的百分比。

应收账款机会成本=应收账款平均占用资金×机会成本率

这里，机会成本率为等风险投资的最低报酬率，则

坏账损失=年赊销额×坏账率

年赊销税前净收益=年赊销边际贡献 –应收账款机会成本 –坏账损失 –收账费用

根据表14-5可知，60天的信用期方案年赊销净收益最高，因此最佳信用期方案为60天。

表14-5　某公司不同信用期成本收益计算表　　万元

项目	信用期30天	信用期60天	信用期90天
收益：			
年赊销边际贡献	840	924	980
成本：			
应收账款机会成本	26	57.2	91
坏账损失	48	48	140
收账费用	24	40	56
年赊销税前净收益	742	747.6	693

注：年赊销边际贡献 =年赊销额–赊销变动成本(年赊销额×变动成本率)

上述信用期分析是比较简略的，可满足制定一般信用政策的需要。如有必要，也可以更细致地分析，如进一步考虑销货增加引起存货增加而多占用的资金，等等。

【例14-6】沿用**【例14-5】**的资料，现假定信用期由30天改为60天，存货周转率为6次，由于销售量的增加，平均存货水平将从400万件上升到440万件，每件存货成本按变动成本0.65元计算，其他情况不变。

由于增添了新的存货增加因素，需在原来的分析基础上，再考虑存货增加而多占用资金所带来的影响，重新计算放宽信用的损益。

存货增加而多占用资金的机会成本=(440−400)×0.65×20%=5.2(万元)

60天信用期的年赊销税前净收益=747.6 −5.2=742.4(万元)

因为年赊销税前净收益仍然大于30天的信用期方案，所以尽管会增加平均存货，还是应该采用60天的信用期。

此外，还应考虑存货增加引起的应付账款的增加。这种负债的增加会节约企业的流

动资金，减少流动资金的机会成本。因此，分析信用期变动时，一方面要考虑对利润表的影响(包括收入、成本和费用)；另一方面要考虑对资产负债表的影响(包括应收账款、存货、应付账款)。

2. 信用标准

信用标准，是指顾客获得企业的交易信用所应具备的条件。如果顾客达不到信用标准，便不能享受企业的信用优惠或只能享受较低的信用优惠。企业在设定某一顾客的信用标准时，往往先要评估他赖账的可能性，这可以通过“5C”系统来进行。所谓“5C”系统，是评估顾客信用品质的5个方面，即品质(Character)、能力(Capacity)、资本(Capital)、抵押(Collateral)和条件(Conditions)。

(1) 品质。品质指顾客的信誉，即履行偿债义务的可能性。企业必须设法了解顾客过去的付款记录，看其是否有按期如数付款的一贯做法，及与其他供货企业的关系是否良好。这一点经常被视为评价顾客信用的首要因素。

(2) 能力。能力指顾客的偿债能力，即其流动资产的数量和质量以及与流动负债的比例。顾客的流动资产越多，其转换为现金支付款项的能力越强。同时，还应注意顾客流动资产的质量，看是否有存货过多、过时或质量下降等影响其变现能力和支付能力的情况。

(3) 资本。资本指顾客的财务实力和财务状况，表明顾客可能偿还债务的背景。

(4) 抵押。抵押指顾客拒付款项或无力支付款项时能被用作抵押的资产，这对于不知底细或信用状况有争议的顾客来说尤为重要。一旦收不到这些顾客的款项便以抵押品抵补。如果这些顾客提供足够的抵押，就可以考虑向他们提供相应的信用。

(5) 条件。条件指可能影响顾客付款能力的经济环境。比如，万一出现经济不景气，会对顾客的付款产生什么影响、顾客会如何做等，这需要了解顾客在过去困难时期的付款历史。

3. 现金折扣政策

现金折扣是企业对顾客在商品价格上所做的扣减。向顾客提供这种价格上的优惠，主要目的在于吸引顾客为享受优惠而提前付款，缩短企业的平均收款期。另外，现金折扣也能招揽一些视折扣为减价出售的顾客前来购货，借此增加销售量。折扣常采用如5/10、3/20、*n*/30这样一些符号形式来表示，这三种符号的含义为：5/10表示10天内付款，可享受5%的价格优惠，即只需支付原价的95%，如原价为10 000元，只支付9500元；3/20表示第11天至第20天付款，可享受3%的价格优惠，即只需支付原价的97%，若原价为10 000元，只支付9700元；*n*/30表示如果不想取得折扣，则这笔货款必须在信用期限(30天)内付清，在开出发票后第21天到第30天内付款，不享受付款优惠。

虽然现金折扣政策有利于缩短平均收账期，降低资金占用成本，但也会造成价格折扣损失，导致赊销收入和销售利润减少。因此，在制定折扣政策时，也需要进行成本收益分析，在信用期限政策基础上制定恰当的现金折扣政策。

因为现金折扣是与信用期间结合使用的，所以确定折扣程度的方法与程序实际上与前述确定信用期的方法与程序一致，只不过要把所提供的延期付款时间和折扣综合起来，看各方案的延期与折扣能取得多大的收益增量，再计算各方案带来的成本变化，最终确定最佳方案。

【例14-7】沿用【例14-6】的资料，假设企业在选择60天方案的基础上，为加速收款，将赊销条件改为“2/10，1/20，*n*/60”，估计有60%的客户会利用2%的折扣，15%的客户会利用1%的折扣，坏账损失降为2%，收账费用降为30万元，根据上述资料，做如下计算。

1. 收益

$$\text{年赊销边际贡献}=\text{年赊销额}-\text{赊销变动成本}=2640\times(1-65\%)=924(\text{万元})$$

2. 成本

(1) 应收账款机会成本

$$\text{平均收现期}=10\times60\%+20\times15\%+60\times25\%=24(\text{天})$$

$$\text{应收账款周转次数}=360/24=15(\text{次})$$

$$\text{应收账款平均余额}=2640/15=176(\text{万元})$$

$$\text{应收账款平均占用资金}=176\times65\%=114.4(\text{万元})$$

$$\text{应收账款机会成本}=\text{应收账款平均占用资金}\times\text{机会成本率}=114.4\times20\%=22.88(\text{万元})$$

(2) 坏账损失

$$\text{坏账损失}=2640\times2\%=52.8(\text{万元})$$

(3) 现金折扣损失

$$\text{现金折扣损失}=2640\times(2\%\times60\%+1\%\times15\%)=35.64(\text{万元})$$

3. 年赊销税前净收益

$$\text{年赊销税前净收益}=924-35.64-22.88-52.8-30=782.68(\text{万元})$$

年赊销税前净收益高于没有现金折扣的747.6万元，因此，应在选择60天信用期方案的基础上，选择现金折扣方案。

需要注意的是，并不是所有的应收账款都可以通过推出现金折扣的方式尽早回笼。只有在收款方资金成本高、付款方资金成本低时，推出现金折扣(年化率在两者之间)才是可行的。

14.4 存货管理

14.4.1 存货管理目标

存货是指企业为生产和销售所储备的物资，主要包括原材料、在产品和产成品或商品等。存货在企业流动资产中占有较大的比重，一般占流动资产的一半甚至一半以上。如果工业企业能在生产投料时随时购入所需的原材料，或者商业企业能在销售时随时购入该项商品，就不需要存货。但实际上，企业总有储存存货的需要，并因此占用或多或少的资金，这种存货的需要出自以下原因。

1. 保证生产或销售的经营需要

实际上，企业很少能做到随时购入物资投入生产，即使是市场供应量充足的物资也是如此。这是因为：某种材料会缺货；企业距供货点较远，需要必要的途中运输；运输途中可能出现运输故障。一旦生产或销售所需物资短缺，生产经营将被迫停顿，从而造成损失。为了避免或减少出现停工待料、停业待货等事故，企业需要持有存货。

2. 出自价格的考虑

零购物资的价格往往较高，而整批购买在价格上常有优惠。但是，过多存货要占用较多的资金，并且会增加包括仓储费、保险费、维护费、管理人员工资在内的各项开支。此外，存货占用资金也是有成本的，占用过多会使利息支出增加并导致利润损失，而各项开支的增加更会直接增加成本。

可见，为保证生产和销售的需要，企业有必要维持一定的存货规模，但是，持有存货也会带来资金占用成本和仓储成本以及持有风险(过期风险和降价风险)。

存货管理的目标就是尽力在各种存货成本与存货效益之间做出权衡，实现两者的最佳结合。

14.4.2　持有存货成本

与持有存货有关的成本包括以下三种。

1. 取得成本

取得成本是指为取得某种存货而支出的成本，通常用TC_a来表示，又分为订货成本和购置成本。

(1) 订货成本。订货成本是指取得订单的成本，如办公费、差旅费、邮资、电报电话费等支出。订货成本中有一部分与订货次数无关，如常设采购机构的基本开支等，称为订货固定成本，用F_1表示；另一部分与订货次数有关，如差旅费、邮资等，称为订货变动成本，用K表示。订货次数等于存货年需要量D与每次进货量Q之商。订货成本的计算公式为

$$订货成本=订货固定成本+订货变动成本=F_1+KD/Q$$

(2) 购置成本。购置成本是指存货本身的价值，经常用数量与单价的乘积来确定。年需要量用D表示，单价用U表示，所以购置成本为DU。

订货成本加上购置成本，就等于存货的取得成本，公式为

$$取得成本(TC_a)=订货成本+购置成本$$

$$TC_a=F_1+KD/Q+DU$$

2. 存货储存成本

存货储存成本是指为保持存货而发生的成本，可以分为储存固定成本和储存变动成本。储存固定成本在一定限度内与仓储数量无关，如仓库和仓储设备折旧、仓储设备的维护费用、仓库职工的固定月工资等，常用F_2表示。储存变动成本与存货的平均储存量($Q/2$)的多少相关，如存货占用资金的机会成本、存货的毁损和变质损失、保险费用、搬

运装卸费、挑选整理费等。其中，资金占用成本是储存变动成本的重要组成部分，单位储存变动成本通常用K_c表示，存货储存成本的计算公式为

$$储存成本(TC_c)=储存固定成本+储存变动成本$$

$$TC_c=F_2+K_cQ/2$$

3. 缺货成本

缺货成本是指由于存货供应中断而造成的损失，包括材料供应中断造成的停工损失、产成品库存缺货造成的拖欠发货损失和丧失销售机会的损失(还应包括需要主观估计的商誉损失)。如果生产企业紧急采购代用材料解决库存材料中断之急，那么缺货成本表现为紧急额外购入成本(紧急额外购入的开支会大于正常采购的开支)。缺货成本用TC_s表示。

如果以TC来表示持有存货的总成本，它的计算公式为

$$TC=TC_a+TC_c+TC_s=F_1+KD/Q+DU+F_2+K_cQ/2+TC_s$$

企业存货的最优化，即使TC值最小。

14.4.3 存货持有量决策

为实现存货管理的目标，需要合理安排进货批量(Q)和进货时间(T)，以使存货的平均持有量和持有成本最低。对物流仓储企业商品库存或生产经营企业原材料库存而言，通常采用经济订货量模型进行决策。存货持有成本最低的订货量称为经济订货量或经济批量。有了经济订货量，可以很容易地找出适宜的进货时间。影响存货持有成本的因素很多，为了解决比较复杂的问题，有必要简化或舍弃一些变量，先研究解决简单的问题，然后再扩展到复杂的问题。这需要设立一些假设，在此基础上建立经济订货量基本模型。

1. 经济订货量基本模型

构建经济订货量基本模型需要的假设条件包括：企业能够及时补充存货，即需要订货时便可立即取得存货；能集中到货，而不是陆续入库；不允许缺货，既无缺货成本，TC_s为零，这是因为良好的存货管理本来就不应该出现缺货成本；货物的年需求量稳定，并且能预测，即D为已知常量；存货单价不变，即U为已知常量；企业现金充足，不会因现金短缺而影响进货；所需存货市场供应充足，不会因买不到需要的存货而影响其他方面。

设立了上述假设后，存货总成本的公式可以写成

$$TC=TC_a+TC_c=F_1+KD/Q+DU+F_2+K_cQ/2$$

当F_1、K、D、U、F_2、K_c为常量时，存货总成本的大小取决于订货批量(Q)。为了求出TC的最小值，对其进行求导演算，可得出下列公式

$$Q^*=\sqrt{\frac{2KD}{K_c}}$$

这一公式称为经济订货量基本模型，据此求出的每次订货批量，可使TC达到最小值。

这样，最佳存货平均持有量为：$Q^*/2$

经济批量基本模型假设存货采购单价不随采购批量的变动而变动，但实际上，许多企业为鼓励客户多购买商品，都有商业折扣。在这种情况下，确定总成本最低的经济进货批量时，还必须考虑采购成本随进货批量变动的影响。这个基本模型还可以演变为其他形式。

每年最佳订货次数公式为

$$N^*=\frac{D}{Q^*}=\frac{D}{\sqrt{\frac{2KD}{K_c}}}=\sqrt{\frac{DK_c}{2K}}$$

与批量有关的存货总成本公式为

$$\text{TC}(Q^*)=\sqrt{2KDK_c}$$

最佳订货周期公式为

$$t^*=\frac{1}{N^*}$$

经济订货量平均占用资金为

$$I^*=UQ^*/2$$

【例14-8】某企业每年耗用某种材料3600千克，该材料单位成本为10元，单位储存成本为2元，一次订货成本25元，求其经济订货量。

$$Q^*=\sqrt{\frac{2KD}{K_c}}=\sqrt{\frac{2\times3600\times25}{2}}=300(\text{千克})$$

$$N^*=\frac{D}{Q^*}=\frac{3600}{300}=12(\text{次})$$

$$\text{TC}(Q^*)=\sqrt{2KDK_c}=\sqrt{2\times25\times3600\times2}=600(\text{元})$$

$$t^*=\frac{1}{N^*}=\frac{1}{12}=1(\text{个月})$$

$$I^*=UQ^*/2=150\times10=1500(\text{元})$$

经济订货量也可以用图解法求得。首先，计算出一系列不同批量的各有关成本；其次，在坐标图上描出由各有关成本构成的订货成本线、储存成本线和总成本线，总成本线的最低点(或者是订货成本线和储存成本线的交接点)对应的批量，即经济订货量。

不同批量下的有关成本指标如表14-6所示。

表14-6　不同批量下的有关成本指标

订货批量/千克	100	200	300	400	500	600
平均存量/千克	50	100	150	200	250	300
储存变动成本/元	100	200	300	400	500	600
订货次数/次	36	18	12	9	7.2	6
订货变动成本/元	900	450	300	225	180	150
与批量相关总成本/元	1000	650	600	625	680	750

不同批量的有关成本变动情况如图14-7所示。从成本指标的计算结果和图示中可以很清楚地看出，当订货批量为300千克时总成本最低，小于或大于这一批量都是不划算的。

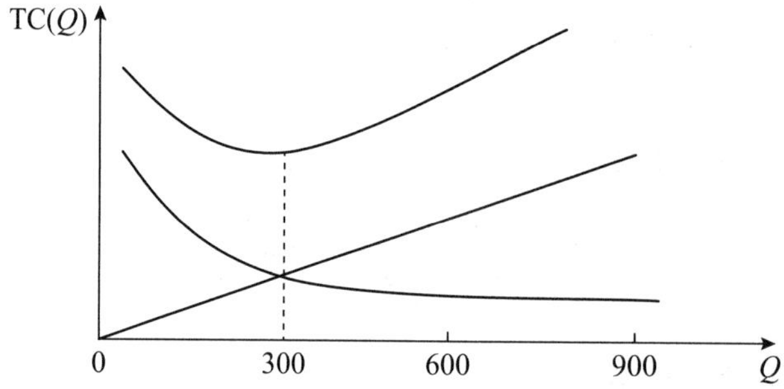

图14-7　不同批量的成本变动情况

2. 经济订货量基本模型的扩展

经济订货量基本模型是在前述各假设条件下建立的，但在现实生活中，能够满足这些假设条件的情况十分罕见。为使模型更接近实际情况，具有较高的实用性，需逐一放宽假设，同时改进模型。

(1) 订货提前期。一般情况下，企业的存货不能做到随时使用、随时补充，因此不能等存货用光再去订货，而需要在没有用完时提前订货。在提前订货的情况下，企业再次发出订货单时，尚有存货的库存量，称为再订货点，用R来表示，它等于交货时间(L)和每日平均需用量(d)的乘积，即

$$R=Ld$$

续【例14-8】，企业订货日至到货期的时间为10天，每日存货需要量为10千克，那么：$R=Ld=10\times10=100$(千克)。即企业在尚存100千克存货时，就应当再次订货，等到下批订货到达时(再次发出订货单10天后)，原有库存刚好用完。此时，有关存货的每次订货批量、订货次数、订货间隔时间等并无变化，与瞬时补充时相同。订货提前期的情形如图14-8所示。这就是说，订货提前期对经济订货量并无影响，可仍以原来瞬时补充情况下的300千克为订货批量，只不过需要在达到再订货点(库存100千克)时即刻发出订货单。

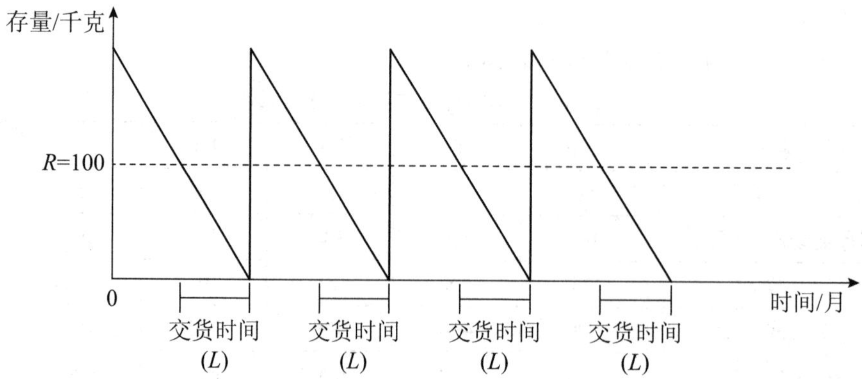

图14-8　订货提前期

(2) 存货陆续供应和使用。在建立基本模型时，假设存货一次全部入库，故存货增加时存量变化为一条垂直的直线。事实上，各批存货可能陆续入库，使存量陆续增加。尤其是产成品入库和在产品转移，几乎总是陆续供应和陆续耗用的。

【例14-9】某零件年需用量(D)为3600件，每日送货量(P)为30件，每日耗用量(d)为10件，单价(U)为10元，一次订货成本(生产准备成本)(K)为24元，单位储存变动成本(K_c)为2元。存货数量的变动如图14-9所示。

因零件每日耗用量为d，故送货期内的全部耗用量为：Q/Pd

由于零件边送边用，所以每批送完时，最高库存量为：$Q-Q/Pd$

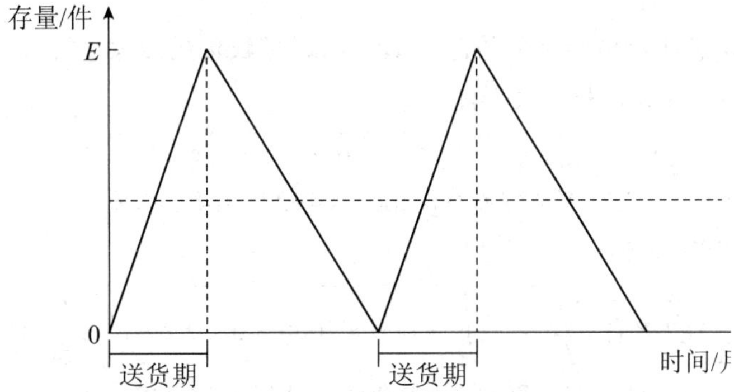

图14-9　陆续供货时存货数量的变动

平均存货量则为：$(Q-Q/Pd)/2$

图14-9中的E表示最高库存量，这样与批量有关的总成本为

$$\text{TC}(Q)=\frac{D}{Q}K+\frac{1}{2}(Q-\frac{Q}{\text{P}}\text{d})K_c=\frac{D}{Q}K+\frac{Q}{2}(1-\frac{d}{P})K_c$$

在订货变动成本与储存变动成本相等时，TC(Q)有最小值，故存货陆续供应和使用的经济订货量公式为

$$\frac{D}{Q}K=\frac{Q}{2}(1-\frac{d}{P})K_c$$

$$Q^*=\sqrt{\frac{2KD}{K_c}\times\frac{P}{P-d}}$$

将这一公式代入上述TC(Q)公式，可得出存货陆续供应和使用的经济订货量总成本公式为

$$\text{TC}(Q^*)=\sqrt{2KDK_c(1-\frac{d}{P})}$$

将**【例14-9】**的数据代入，则

$$Q^*=\sqrt{\frac{2\times24\times3600}{2}\times\frac{30}{30-10}}=360(\text{件})$$

$$\text{TC}(Q^*)=\sqrt{2\times24\times3600\times2\times(1-\frac{10}{30})}=480(\text{元})$$

陆续供应和使用的经济订货量模型还可以用于自制和外购的选择决策。自制零件属于边送边用的情况，单位成本可能较低，但每批零件投产的生产准备成本比一次外购订货的订货成本可能高出许多。外购零件的单位成本可能较高，但订货成本可能比较低。要在自制零件和外购零件之间做出选择，需要全面衡量它们各自的总成本，才能得出正确的结论。这时，就可借用陆续供应或瞬时补充模型来计算。

【例14-10】某生产企业使用A零件，可以外购，也可以自制。如果外购，单价4元，一次订货成本10元：如果自制，单位成本3元，每次生产准备成本600元，每日产量50件。零件的全年需求量为3600件，储存变动成本为零件价值的20%，每日平均需求最为10件。

下面分别计算零件外购和自制的总成本，以选择较优的方案。

(1) 选择外购零件(瞬时补充模型)，则

$$\mathrm{TC}(Q^*)=\sqrt{2KDK_c}=\sqrt{2\times10\times3600\times4\times0.2}=240(元)$$

$$\mathrm{TC}=DU+\mathrm{TC}(Q^*)=3600\times4+240=14\ 640(元)$$

(2) 选择自制零件，则

$$\mathrm{TC}(Q^*)=\sqrt{2KDK_c(1-\frac{d}{P})}=\sqrt{2\times600\times3600\times3\times0.2\times(1-\frac{10}{50})}==1440(元)$$

$$\mathrm{TC}=DU+\mathrm{TC}(Q^*)=3600\times3+1440=12\ 240(元)$$

由于自制的总成本(12 240元)低于外购的总成本(14 640元)，故以自制为宜。

3. 保险储备

以前讨论假定存货的供需稳定且确知，即每日需求量不变，交货时间也固定不变。实际上，每日需求量可能变化，交货时间也可能变化。按照某一订货批量(如经济订货批量)和再订货点发出订单后，如果需求增大或送货延迟，就会发生缺货或供货中断。为防止由此造成的损失，就需要多储备一些存货以备应急之需，称为保险储备(安全存量)。这些存货在正常情况下不动用，只有当存货过量使用或送货延迟时才动用。存货的保险储备情况如图14-10所示。

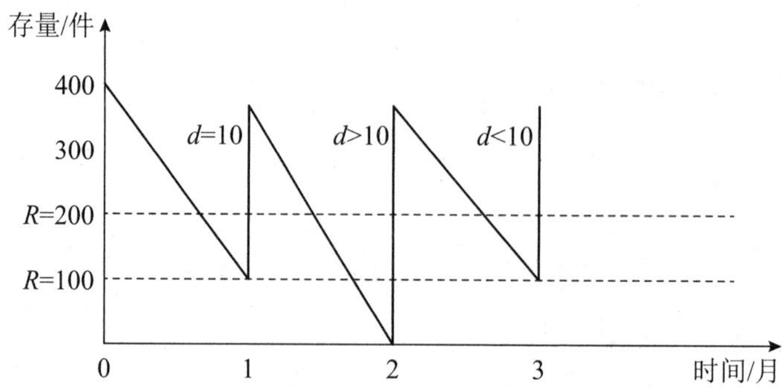

图14-10 存货的保险储备

图14-10中，年需用量(D)为3600件，已计算出经济订货量为300件，每年订货12次。又知全年平均日需求量(d)为10件，平均每次交货时间(L)为10天。为防止需求变化引起缺货损失，设保险储备量(B)为100件，再订货点R由此提高为

$$R=交货时间\times平均日需求+保险储备$$
$$=Ld+B=10\times10+100=200(件)$$

在第一个订货周期里，d=10，不需要动用保险储备；在第二个订货周期内，d>10，需求量大于供货量，需要动用保险储备；在第三个订货周期内，d<10，不仅不需动用保险储备，正常储备亦未用完，下次存货即已送到。

建立保险储备，固然可以使企业避免缺货或供应中断造成的损失，但存货平均储备量增大会使储备成本升高。研究保险储备的目的，就是要找出合理的保险储备量，使缺货或供应中断损失和储备成本之和最小。可先计算出各不同保险储备量的总成本，然后对总成本进行比较，选定其中最低的那个。

如果设与此有关的总成本为TC(S,B)，缺货成本为C_S，保险储备成本为C_B，则

$$TC(S,B)=C_S+C_B$$

设单位缺货成本为K_u，一次订货缺货量为S，年订货次数为N，保险储备量为B，单位储存变动成本为K_C，则

$$C_S=K_uSN;\ C_B=BK_C$$
$$T_C(S,B)=K_uSN+BK_C$$

现实中，缺货量S具有概率性，其概率可根据历史经验估计得出，保险储备量B可选择而定。

【例14-11】假定某存货的年需要量D=3600件，单位储存变动成本K_c=2元，单位缺货成本K_u=4元，平均交货时间L=10天，已经计算出经济订货量Q=300件，每年订货次数N=12次。交货期内的存货需要量及其概率分布如表14-7所示。

表14-7 某种存货交货期内的需要量及其概率分布表

需要量(10d)	70	80	90	100	110	120	130
概率(P)	0.01	0.04	0.20	0.50	0.20	0.04	0.01

先计算不同保险储备的总成本。

1. 不设置保险储备量

令B=0，且以100件为再订货点。此种情况下，当需求量为100件或小于100件时，不会发生缺货，其概率为0.75(0.01+0.04+0.20+0.50)；当需求量为110件时，缺货10件(110−100)，其概率为0.20；当需求量为120件时，缺货20件(120−100)，其概率为0.04；当需求量为130件时，缺货30件(130−100)，其概率为0.01。因此，B=0时，缺货的期望值S_0、总成本TC(S,B)为

$$S_0=(110-100)\times0.2+(120-100)\times0.04+(130-100)\times0.01=3.1(件)$$
$$TC(S,B)=K_uSN+BK_C=4\times3.1\times12+0\times2=148.8(元)$$

2. 保险储备量为10件

令B=10件，以110件为再订货点。此种情况下，当需求量为110件或小于110件时，不会发生缺货，其概率为0.95(0.01+0.04+0.20+0.50+0.20)；当需求量为120件时，缺货10件(120−110)，其概率为0.04；当需求量为130件时，缺货20件(130−110)，其概率为0.01。因

此，B=10件时，缺货的期望值S_{10}、总成本TC(S, B)为

$$S_{10}=(120-110)\times 0.04+(130-110)\times 0.01=0.6(件)$$

$$TC(S,B)=K_u S_{10} N+BK_C=4\times 0.6\times 12+10\times 2=48.8(元)$$

3. 保险储备量为20件

同样运用以上方法，可计算S_{20}、TC(S,B)为

$$S_{20}=(130-120)\times 0.01=0.1(件)$$

$$TC(S,B)=4\times 0.1\times 12+20\times 2=44.8(元)$$

4. 保险储备量为30件

令B=30件，以130件为再订货点。此种情况下可满足最大需求，不会发生缺货，因此

$$S_{30}=0$$

$$TC(S,B)=4\times 0\times 12+30\times 2=60(元)$$

然后，比较上述不同保险储备量的总成本，以低者为佳。

当B=20件时，总成本为44.8元，是各总成本中最低的，故应确定保险储备量为20件，或者说应确定以120件为再订货点。

以上举例解决了由于需求量变化引起的缺货问题。至于由于延迟交货引起的缺货，也可以通过建立保险储备量的方法来解决。确定其保险储备量时，可将延迟的天数折算为增加的需求量，其余计算过程与前述方法相同。如【例14-11】，若企业延迟到3天的概率为0.01，则可认为缺货30件(3×10)或者交货期内需求量为130件(10×10+30)的概率为0.01，这样就把交货延迟问题转换成需求过量问题。

思考题

1. 影响短期资产投资规模的因素有哪些？
2. 适中型投资政策的特点是什么？
3. 保守型投资政策的特点是什么？
4. 激进型投资政策的特点是什么？
5. 现金管理目标是什么？
6. 现金管理的成本分析模式原理是什么？
7. 现金管理的存货模式原理是什么？
8. 应收账款的管理方法有哪些？

练习题

1. 某公司预测年度赊销收入净额为2000万元，其信用期为30天，假设公司固定成本不变，变动成本率(赊销收入中包含的变动成本/赊销收入)为65%，假设变动成本都占用资金，资金成本率为20%。该公司有3个信用期备选方案，如表14-8所示，应选择哪个方案？

表14-8　3个信用期备选方案

项目	A(30天)	B(60天)	C(90天)
年赊销额	2400	2640	2800
应收账款平均余额	200	440	700
应收账款占用资金	130	286	455
坏账率	2%	3%	5%
收账费用	24	40	56

注：应收账款平均余额=年赊销额/应收账款周转次数

2. 沿用练习题1的资料，假设企业在选择B方案的基础上，为加速收款，将赊销条件改为“2/10，1/20，*n*/60”，估计有60%的客户会利用2%的折扣，15%的客户会利用1%的折扣，坏账损失降为2%，收账费用降为30万元。那么，应选择哪个方案？

第15章　短期资产筹资管理

15.1　营运资本规模决策

营运资本规模直接关系公司资本的期限结构，以及流动资产相对于流动负债的规模，对流动性风险和公司资本成本具有重要影响，因而营运资本规模决策成为短期资产筹资管理的一项重要内容。

15.1.1　营运资本的概念

公司资本垫支在流动资产上的部分称为营运资本，之所以称为营运资本，是因为这部分资本用以满足公司营运需要，而非满足形成公司生产能力或竞争能力的固定资产等长期资产的需要。我们知道，公司总资产的资金来源包括权益资本和负债，即

资产=权益+负债

根据资产期限的不同，可将其划分为长期资产和短期资产；根据资金期限的不同，可将其划分为长期资本和短期负债，即

长期资产+短期资产=长期资本+短期负债

在资产期限结构一定的情况下，如果长期资本小于长期资产，即短期债务不仅要满足短期资产的需要，还要支持部分固定资产等长期资产的需要。虽然从资金期限结构来看，短期债务比例增加有利于降低公司的资金成本，但是短期债务到期时，公司要承担出售固定资产偿债的风险，会影响企业的持续经营。如果固定资产等长期资产不能顺利变现，则企业将很可能发生资金链断裂，陷入财务危机的境地。相反，如果长期资本大于长期资产，长期资本不仅满足长期资产的需要，还能部分满足短期资产的需要。虽然短期债务到期偿还有更多的短期资产予以支持，公司的流动性和经营安全性更有保证，但是长期资本比例增加会增加公司的资金成本。而如果用长期资本支持长期资产，短期负债满足短期资产，既可以避免上述第一种情况导致的流动性风险过高，也可以避免上述第二种情况导致的资金成本过高。此外，用长期负债支持长期资产，而非短期负债的借新还旧来支持长期资产，还可以锁定负债的利息支出，避免短期利率波动的风险。因此，在实践中，公司通常要贯彻期限匹配原则，按照投资持续时间来安排筹资时间，这样不仅有利于公司保持适度的流动性和资金成本，也有利于降低利率风险。

按期限匹配原则，短期资产应尽可能由短期负债来解决，短期资产规模与短期负债规模基本相同，这样从理论上说，短期负债偿还可以依靠短期资产的变现予以满足，不会发生偿债危机。但在实践中，由于短期资产变现与短期债务偿还难以同步等多种原因，短期资产完全依靠短期负债满足，并不能消除流动性风险。由于流动性风险是公司短期内面临的最大风险，直接影响公司经营安全性，所以在实践中，出于降低流动性风险和经营安全性的考虑，公司往往需要在流动资产上垫支一些长期资本，这样，流动资产除了依靠流动负债筹资以外，还需要公司部分长期资本予以支持。资产期限结构与资金期限结构如表15-1所示。

表15-1　资产期限结构与资金期限结构

资产期限结构	资金期限结构
长期资产(固定资产等)	长期资本——权益资本 ——长期负债
短期资产	
	短期负债

从表15-1中可见，短期资产投资并不完全依靠短期负债筹资来满足，公司长期资本除了需要满足长期资产投资以外，还需要满足部分短期资产投资的需要，在短期资产来源构成中，长期资本往往占有一定的比重，这样可以得出

$$短期资产+长期资产=短期负债+长期资本$$

$$短期资产-短期负债=长期资本-长期资产=营运资本$$

公式右端，长期资本与长期资产的差额，即长期资本满足长期资产后的剩余部分，用于垫支流动资产，即营运资本。公式左端，流动资产与流动负债的差额表示流动负债不能满足流动资产投资需要的部分，需要长期资本予以满足。可见，在数量关系上，营运资本为流动资产与流动负债的差额，则

$$营运资本=流动资产-流动负债$$

营运资本越大，表明流动资产相对流动负债的规模越大，由于流动资产具有流动性的特征，持有流动资产相对规模越大，公司的支付能力越强，流动性风险越低。

15.1.2　垫支营运资本的原因

1. 短期资产的变现与短期债务的偿还不可能完全同步

按期限匹配原则，如果短期资产完全是由短期负债形成的，在短期资产变现滞后于短期债务偿还的情况下，则很可能出现公司无法偿还债务的情况。同时，营业现金流入的时间和数量具有不确定性，与营业现金流出在时间上可能不匹配，使得公司经常会出现现金流的缺口。可见，公司经营面临流动性风险，甚至资金链断裂的威胁，而流动性风险和资金链断裂是公司短期内面临的最大风险，直接危及公司的生存。在流动资产投资上垫支一定的营运资本，增加短期资产相对于短期负债的规模，有利于降低流动性风险。

2. 短期资产不可能全部用于偿还流动负债

为满足公司持续营运的需要，公司必须保有一定的短期资产存量，比如现金、原材料，也不可能将应收账款全部回收。也就是说，短期资产不可能全部用于流动负债的偿还，这就要求短期资产规模必须大于短期负债规模，也就是要求公司在短期资产投资上垫支一定的营运资本。

3. 垫支一定的营运资本是满足贷款条件的要求

短期资产相对于短期负债的规模(流动比率)是衡量公司短期偿债能力的重要指标，是银行贷款决策的重要指标和依据。公司为取得贷款，必须满足流动比率或短期偿债能力的要求，为此公司也需要垫支一定的营运资本，以满足贷款条件的要求。

15.1.3 营运资本规模决策的类型

在存在营运资本垫支的情况下，短期资产的资金来源，一部分是短期负债，另一部分是长期资本。营运资本筹资决策，是指垫支在流动资产上长期资本的规模决策。在短期资产规模一定的情况下，营运资本规模决定了短期资产的长期资本比例。此外，营运资本规模也决定了公司资金的期限结构，以及在总资产期限结构一定的情况下，资金与资产期限结构的匹配关系，参见表15-2。

表15-2 资产期限结构与资金期限结构的匹配情况

<table>
<tr><th>资产期限结构</th><th colspan="2">资金期限结构</th></tr>
<tr><td>长期资产</td><td>投资长期资产部分</td><td rowspan="2">长期资本——权益资本
——长期负债</td></tr>
<tr><td rowspan="2">短期资产</td><td>营运资本</td></tr>
<tr><td colspan="2">短期资本(短期负债)</td></tr>
</table>

从表15-2可以看出，营运资本规模越大，短期资产的长期资本比例越大，在公司资金期限结构中，长期资本所占的比重越大，同时意味着资金相对于资产的期限越长。

可见，营运资本规模决策不仅是流动资产筹资结构的决策，也是公司资金期限结构以及资金与资产期限匹配关系的决策，而后者是筹资决策的一项重要议题。

流动资产的筹资结构，可以用经营流动资产中长期筹资来源的比重来衡量，该比率称为易变现率，公式为

$$易变现率=\frac{(股东权益+长期债务+经营性短期负债)-长期资产}{经营性短期资产}$$

式中：经营性短期负债主要是指公司经营自发形成的应付账款等商业负债。在公司持续经营的情况下，应付账款等经营性短期负债总会持续形成，并保持一定的稳定存量，是经营性短期资产的稳定资金来源，短期内不需要偿还，可以视为一项长期资金来源(无息长期负债)。

易变现率可以反映经营性短期资产资金来源的稳定性，也能够反映经营性短期资产相对于短期需要偿还负债的规模，是反映公司流动性风险和短期偿债能力的指标。

易变现率还可以推导为

$$易变现率 = \frac{营运资本}{经营性短期资产} + \frac{经营性短期负债}{经营性短期资产}$$

一家公司的产销规模或经营规模决定了其经营性短期资产的规模，而经营性短期负债构成了经营性短期资产(原材料存货等)的一项资金来源。在供应商信用条件一定的情况下，经营性短期负债与经营性短期资产会保持一定的比例关系。因而，易变现率还能够反映营运资本占经营性流动资产的比率。易变现率越高，表明在经营性流动资产中，营运资本和经营性短期负债所占的比例越高，资金来源稳定性越强，流动资产相对于短期需要偿还的流动负债的规模越大，流动性风险和短期偿债压力越小，流动性管理比较容易，称为保守型营运资本规模决策(或保守型筹资政策)；易变现率越低，表明在经营性流动资产中，营运资本和经营性短期负债所占的比例越小，资金来源稳定性越弱，流动资产相对于短期需要偿还的流动负债的规模越小，流动性风险和短期偿债压力越大，风险管理难度大，称为激进型营运资本规模决策(或激进型筹资政策)。此外，还有介于两者之间的适中型营运资本规模决策。

1. 适中型营运资本规模决策

适中型营运资本规模决策的特点是：尽可能贯彻期限匹配的原则，即长期投资由长期资本支持，短期投资由短期资金支持。因为按照投资持续时间结构去安排筹资时间结构，有利于降低偿债风险和利率风险，并避免过高的资金成本。

例如，一家服装贸易公司，其中有一个物流仓库(长期资产)专门用于收购、存储和销售服装(流动资产)。仓库的使用期限为10年，在建设时可以用长期借款，也可以用短期借款筹资。假设利率相等，使用长期借款的好处有两个：一是锁定借款利率，规避未来10年的利率风险；二是保持资金的可持续性，通过折旧形式陆续收回现金，可用来分期偿还长期借款，避免公司卖掉仓库偿债的风险。储存服装采用短期借款筹资，购入服装时借款，售出时还款，流动资产和流动负债同步同量，即营运资本为零，在服装全部出售以后流动资产为零。用于服装的投资不应使用长期资金支持，因为服装存量有季节性变化，处于低谷时会出现多余现金，白白浪费了筹资利息。因此，长期资产用长期资金支持，流动资产用短期资金支持，可以减少利率风险和偿债风险，并避免过高的资金成本。

现实中的期限匹配原则是长期占用的资金(包括稳定性流动资产投资)应由长期资金来源支持，短期占用的资金(只是临时性流动资产需求，不是全部流动资产)应由短期资金来源支持。这是因为，从投资需求来看，稳定性流动资产是长期需求，甚至可以说是永久需求，应当用长期资金支持。只有季节性变化引起的资金需求才是真正的短期需求，可以用短期资金来源支持。

在适中型营运资本规模决策下，公司资本(长期债务和权益资本)除了满足长期资产的需要以外，也满足部分稳定性流动资产投资的需要，另一部分稳定性流动资产由长期占用的自发性负债满足。而对于波动性流动资产，可用临时性负债筹集资金，也就是利用短期银行借款等短期金融负债工具取得资金。

该政策可以用公式表示为

长期资产+稳定性流动资产=股东权益+长期债务+经营性流动负债

波动性流动资产=短期金融负债

适中型营运资本规模决策如图15-1所示。

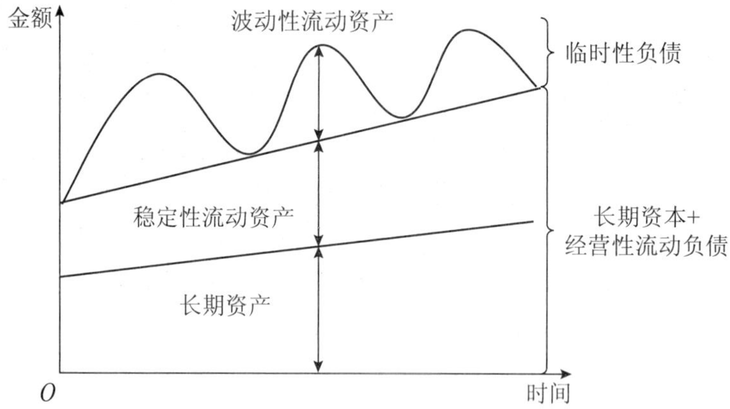

图15-1　适中型营运资本规模决策

适中型营运资本规模决策的特点是营运资本规模适中，资金成本和流动性风险适度，但这种筹资决策要求企业的短期金融负债筹资计划严密，根据波动性流动资产需求的时间和数量选择与之配合的短期金融负债，流动性管理难度较高。

【例15-1】某企业在生产经营淡季，需占用300万元的流动资产和500万元的长期资产；在生产经营旺季，会额外增加200万元的季节性存货需求。假设该企业没有自发性流动负债，按照适中型筹资决策，企业只在生产经营旺季才借入200万元的短期借款，800万元长期性资产(即300万元稳定性流动资产和500万元长期资产之和)均由权益资本、长期债务解决其资金需要，求易变现率。

营业旺季易变现率=(800−500)/(300+200)=60%

营业淡季易变现率=300/300=100%

资金和资产的期限匹配，是一种战略性匹配，并不要求完全匹配。实际上，企业也做不到完全匹配，其原因是：第一，企业不可能为每一项资产按期限配置单独的资金来源，只能分为短期来源和长期来源两大类来统筹安排筹资。第二，企业必须有股东权益筹资，它是无限期的资本来源，而资产总是有期限的，不可能完全匹配。第三，资产的实际有效期是不确定的，而还款期是确定的，必然会出现不匹配。例如，预计销售没有实现，无法按原计划及时归还短期借款，导致匹配失衡。

资金和资产的期限匹配并非最佳筹资战略，在预期短期利率会下降的情况下，在整个投资有效期中，短期负债的成本比长期负债成本低。有些企业会愿意承担利率风险和偿债风险，较多地使用短期负债，以此降低资金成本；而另外一些企业与此相反，宁愿让贷款期限超过资产有效期，承担较高的资金成本，以求减少利率风险和偿债风险。因此，出现了保守型决策和激进型决策。

2. 保守型营运资本规模决策

保守型营运资本规模决策的特点是：短期金融负债(临时性负债)只满足部分波动性或临时性流动资产的资金需求；长期筹资除满足永久性资产(包括长期资产和稳定性流动资产)的资金需求以外，还满足部分波动性流动资产需要。极端保守的筹资决策完全不使用短期借款，全部使用长期资金来源，如图15-2所示。

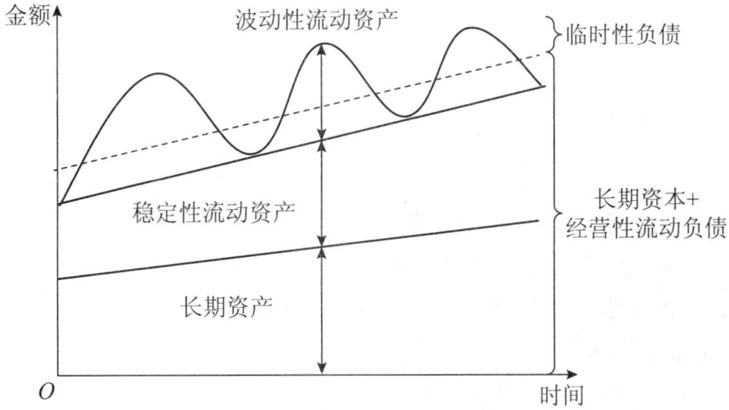

图15-2 保守型营运资本规模决策

从图15-2中可以看到，与适中型营运资本规模决策相比，保守型营运资本规模决策下的营运资本和经营性短期负债所占的比例较高，即易变现率较大，流动性风险较小，但资金成本较高。

【例15-2】沿用**【例15-1】**的资料，如果企业只是在生产经营旺季借入资金低于200万元，比如100万元的短期借款，而无论何时，长期负债、经营性流动负债和权益资本之和总是高于800万元，比如达到900万元，那么旺季季节性存货的资金需要只有一部分(100万元)靠当时的短期借款解决，其余部分的季节性存货和全部长期性资金需要则由权益资本、长期债务和经营性流动负债提供。而在生产经营淡季，企业则可将闲置的资金(100万元)投资于短期有价证券，求易变现率。

营业旺季易变现率=(900−500)/500=80%

营业淡季易变现率=(900−500)/300=133%

在这种做法下，一方面，由于短期金融负债所占比重较小，企业无法偿还到期债务的风险较低，同时蒙受短期利率变动损失的风险也较低；另一方面，由于长期负债资本成本高于短期金融负债成本，以及营业淡季时资金有剩余但仍需负担长期负债利息，从而降低企业的收益。所以，保守型营运资本规模决策是一种风险和收益均较低的营运资本筹资决策。

3. 激进型营运资本规模决策

激进型营运资本规模决策的特点是：短期金融负债不但融通临时性流动资产的资金需要，还解决部分长期性资产(永久性流动资产)的资金需要。极端激进的筹资决策是全部稳定性流动资产都采用短期借款，营运资本规模甚至为负数，如图15-3所示。

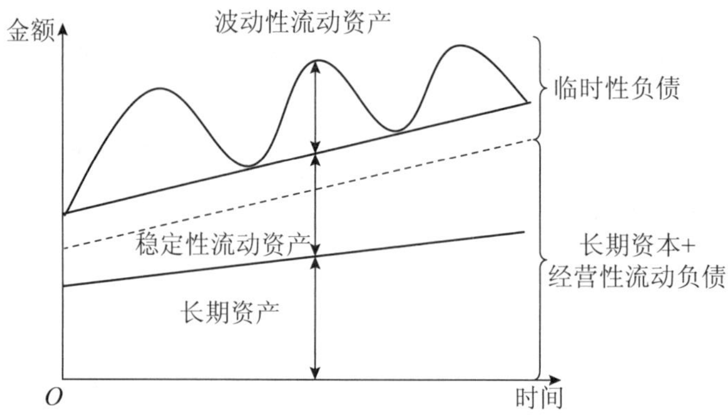

图15-3　激进型营运资本规模决策

从图15-3中可以看到，激进型筹资决策下营运资本规模和经营性流动负债在企业全部资金来源中所占比重低于适中型筹资决策，甚至营运资本规模为负数。

【例15-3】沿用**【例15-1】**的资料，该企业在生产经营淡季占用300万元的流动资产和500万元的长期资产。在生产经营旺季，额外增加200万元的季节性存货需求。如果企业的权益资本、长期负债和经营性流动负债的筹资额低于800万元(即低于正常经营期的流动资产占用与长期资产占用之和)，比如只有700万元，那么就会有100万元的长期性资产和200万元的临时性流动资产(在经营旺季)由短期金融负债筹资解决。这种情况表明，企业实行的是激进型营运资本规模决策，求易变现率。

营业旺季易变现率=(700−500)/500=40%

营业淡季易变现率=(700−500)/300=67%

一方面，由于短期金融负债的成本一般低于长期债务和权益资本的资本成本，而激进型筹资决策下短期金融负债所占比重较大，所以该政策下企业的资金成本较低；另一方面，为了满足永久性流动资产的长期资金需要，企业必然要在短期金融负债到期后重新举债或申请债务展期，这样企业便会经常举债和还债，从而加大筹资困难和风险，还可能面临由于短期负债利率的变动而增加企业资金成本的风险。所以，激进型营运资本规模决策的特点是资金成本较低，但流动性风险较高，是一种收益性和风险性均较高的营运资本规模决策。

营运资本规模决策或流动资产筹资决策的稳健程度，可以用易变现率的高低来识别。在营业淡季的易变现率为1，是适中的流动资金筹资政策，大于1时比较稳健，小于1时则比较激进。营业旺季的易变现率，可以反映随营业额增加而不断增长的流动性风险，数值越小，风险越大。

15.2　短期债务管理

按期限匹配原则，流动资产主要依赖流动负债筹集，而流动负债是公司流动性风险的根源。流动负债包括不同类型，不同类型的流动负债的流动性不同，筹资成本也存在差异，为此需要讨论各项流动负债的特征，以合理选择流动负债筹资类型，降低公司流动性风险和筹资成本。

15.2.1 短期债务筹资的特点

短期债务筹资所筹资金的可使用时间较短，一般不超过1年。短期负债筹资具有如下一些特点：①筹资速度快，容易取得。长期负债的债权人为了保护自身利益，往往要对债务人进行全面的财务调查，因而筹资所需时间一般较长且不易取得。短期负债在较短时间内即可归还，故债权人顾虑较少，容易取得。②筹资富有弹性。举借长期负债，债权人或有关方面经常会向债务人提出很多限定性条件或管理规定；而短期负债的限制则相对宽松些，使筹资企业的资金使用较为灵活、富有弹性。③筹资成本较低。一般来说，短期负债的利率低于长期负债，短期负债筹资的成本也较低。④筹资风险高。短期负债需在短期内偿还，因而要求筹资企业在短期内拿出足够的资金偿还债务，若企业到时资金安排不当，就会陷入财务危机。此外，短期负债利率的波动比较大，一时高于长期负债的水平也是可能的。

15.2.2 商业信用

商业信用是指在商品交易中由于延期付款或预收货款所形成的企业间的借贷关系。商业信用产生于商品交换之中，是所谓的“自发性筹资”，从形式上看公司难以控制和决策。虽然按照惯例，经常把它归入经营性流动负债，但严格说来，它是企业主动选择的一种筹资行为，并非完全不可控的自发行为。商业信用运用广泛，在短期负债筹资中占有相当大的比重。

商业信用筹资最大的优越性在于容易取得。首先，对于多数企业来说，商业信用是一种持续性信贷形式，且无须正式办理筹资手续。只要企业处于正常的经营状态，商业负债一般是一种持续性的信贷形式，企业能够长期占用，形成流动资产的稳定资金来源。其次，如果没有现金折扣或使用不带息票据，商业信用筹资不负担显性的资金成本。再次，与银行借款不同，银行借款往往对贷款使用规定一些限制条件，而商业信用具有一定的弹性(比如拖欠)。它的缺点主要在于信用期比较短，拖欠可能造成信誉损失，放弃现金折扣时所付出的成本较高。商业信用的具体形式有应付账款、应付票据、预收账款等，这里我们主要讨论比较有代表性的应付账款的有关决策问题。

1. 应付账款的成本

应付账款是主要的商业信用，应付账款是企业购买货物暂未付款而欠对方的款项，即卖方允许买方在购货后一定时期内支付货款的一种形式。卖方利用这种方式促销，而对买方来说，延期付款则等于向卖方借用资金购进商品。

与应收账款相对应，应付账款也有付款期、折扣等信用条件。应付账款按是否支付代价，可以分为：①免费信用，即买方企业在规定的折扣期内享受折扣而获得的信用；

②有代价信用，即买方企业放弃折扣付出代价而获得的信用；③展期信用，即买方企业超过规定的信用期推迟付款，以损失信誉为代价而强制获得的信用。

倘若买方企业购买货物后在卖方规定的折扣期内付款，便可以享受免费信用，这种情况下企业没有因为享受信用而付出代价。如果企业在折扣期满时不付款，放弃折扣，而选择在信用期满时全额付款，则相当于在折扣期满时借入扣除折扣额的资金(或者相当于卖方提供了期限为剩余信用期的扣除折扣额的贷款)，折扣额是占用资金的利息(隐含利息)。

【例15-4】某企业按2/10、n/30的条件购入货物10万元。如果该企业在10天内付款，便享受了10天的免费信用期，并获得折扣0.2万元(10×2%)，免费信用额为9.8万元(10−0.2)。

倘若买方企业放弃折扣，在10天后(不超过30天)付款，该企业便要承受因放弃折扣而造成的隐含利息成本。一般而言，放弃现金折扣的成本可由下式求得

$$放弃现金折扣的成本=\frac{折扣百分比}{1-折扣百分比}\times\frac{360}{信用期-折扣期}$$

公式表明，放弃现金折扣的成本与折扣百分比的大小、折扣期的长短同方向变化，与信用期的长短反方向变化。运用上式，该企业放弃折扣所负担的成本为

$$\frac{2\%}{1-2\%}\times\frac{360}{30-10}=36.7\%$$

可见，如果买方企业放弃折扣而获得信用，其代价是较高的。然而，企业在放弃折扣的情况下，推迟付款的时间越长，其显性成本便会越低。比如，如果企业延至50天付款，其成本则为

$$\frac{2\%}{1-2\%}\times\frac{360}{50-10}=18.4\%$$

2. 是否利用现金折扣的决策

在附有信用条件的情况下，因为获得不同信用要负担不同的代价，买方企业便要在利用哪种信用之间做出决策。一般说来，如果能以低于放弃折扣的隐含利息成本(实质是一种机会成本)的利率借入资金，便应在现金折扣期内用借入的资金支付货款，享受现金折扣。比如，【例15-4】中同期的银行短期借款年利率为12%，则买方企业应利用更便宜的银行借款在折扣期内偿还应付账款；反之，企业应放弃折扣。

如果在折扣期内将应付账款用于短期投资，投资收益率高于放弃折扣的隐含利息成本，则放弃折扣而去追求更高的收益。当然，假设企业放弃折扣优惠，也应将付款日推迟至信用期内的最后一天(如【例15-4】中的第30天)，以降低放弃折扣的成本。

在放弃现金折扣的情况下，如果企业试图通过推迟付款时间降低放弃现金折扣的成本，或者因缺乏资金放弃现金折扣和推迟付款时间(如【例15-4】中将付款日推迟到第50天)，则需要在放弃折扣成本降低与拖欠货款带来的损失之间做出权衡。拖欠货款带来的损失主要是指企业因信誉恶化而丧失供应商乃至其他贷款人的信用，或者日后遭到苛刻的信用条件。

如果面对两家以上提供不同信用条件的卖方，应通过衡量放弃折扣成本的高低，选择信用成本最低(或所获利益最大)的一家。比如，【例15-4】中另有一家供应商提出

1/20、*n*/30的信用条件，其放弃折扣的成本为

$$放弃折扣成本=\frac{1\%}{1-1\%}\times\frac{360}{30-20}=36.4\%$$

与【例15-4】中的信用条件2/10、*n*/30相比，后者的成本较低。

15.2.3 短期借款筹资

短期借款是指企业向银行和其他银行金融机构借入的期限在1年以内的借款。在短期负债筹资中，短期借款的重要性仅次于商业信用。短期借款可以随企业的需要安排，便于灵活使用，具有手续简便、取得速度快和比较灵活的优点，但其突出缺点是短期内要归还，特别是在带有诸多附加条件的情况下会使风险加剧。

需要指出的是，企业在存在短期资金缺口的情况下，短期借款成为必然选择。但是企业在选择短期借款时，可以选择借款种类、借款成本和借款条件等有利于自己的银行。此外，应考虑银行对待风险和企业的态度、贷款的专业化程度等因素。

1. 短期借款的种类

我国目前的短期借款按照目的和用途可分为若干种，主要有生产周转借款、临时借款、结算借款等。按照国际通行做法，短期借款可依偿还方式的不同，分为一次性偿还借款和分期偿还借款；依利息支付方法的不同，分为收款法借款、贴现法借款和加息法借款；依有无担保，分为抵押借款和信用借款等。

2. 借款的取得

企业举借短期借款，首先，必须提出申请，经审查同意后借贷双方签订借款合同，注明借款的用途、金额、利率、期限、还款方式、违约责任等；其次，企业根据借款合同办理借款手续；最后，借款手续完毕，企业便可获得借款。

3. 借款的信用条件

按照国际通行做法，银行发放短期借款往往带有一些信用条件，具体包括以下几方面。

(1) 信贷限额。信贷限额是银行对借款人规定的无担保贷款的最高额。信贷限额的有效期限通常为1年，但根据情况也可延期1年。一般来讲，企业在批准的信贷限额内，可随时使用银行借款。但是，银行并不承担必须提供全部信贷限额的义务。如果企业信誉恶化，即使银行曾同意按信贷限额提供借款，企业也可能得不到借款。这时，银行不会承担法律责任。

(2) 周转信贷协定。周转信贷协定是银行具有法律义务地承诺提供不超过某一最高限额的贷款协定。在协定的有效期内，只要企业的借款总额未超过最高限额，银行必须满足企业任何时候提出的借款要求。企业享用周转信贷协定，通常要就贷款限额的未使用部分付给银行一笔承诺费。例如，某周转信贷额为1000万元，承诺费为0.5%，借款企业年度内使用了600万元，余额400万元，借款企业该年度就要向银行支付承诺费2万元(400 × 0.5%)。这是银行向企业提供此项贷款的一种附加条件。

周转信贷协定的有效期通常超过1年，但实际上贷款每几个月发放一次，所以这种信贷具有短期借款和长期借款的双重特点。

(3) 补偿性余额。补偿性余额是银行要求借款企业在银行中保持按贷款限额或实际借用额一定百分比(一般为10%～20%)的最低存款余额。从银行的角度讲，补偿性余额可降低贷款风险，补偿遭受的贷款损失。对于借款企业来讲，补偿性余额则提高了借款的有效年利率。例如，某企业按年利率8%向银行借款10万元，银行要求维持贷款限额15%的补偿性余额，那么，企业实际可用的借款只有8.5万元，该项借款的有效年利率为

$$\text{有效年利率}=\frac{10\times 8\%}{8.5}=9.4\%$$

(4) 借款抵押。银行向财务风险较大的企业或对其信誉不甚有把握的企业发放贷款，有时需要有抵押品担保，以减少自己蒙受损失的风险。短期借款的抵押品经常是借款企业的应收账款、存货、股票、债券等。银行接受抵押品后，将根据抵押品的面值决定贷款金额，一般为抵押品面值的30%～90%。这一比例的高低，取决于抵押品变现能力的强弱和银行的风险偏好。抵押借款的成本通常高于非抵押借款，这是因为银行主要向信誉好的客户提供非抵押借款，而将抵押借款看成一种风险投资，故而收取较高的利率；同时银行管理抵押借款要比管理非抵押借款困难，为此往往另外收取手续费。

企业向贷款人提供抵押品，会限制其财产的使用和将来的借款能力。

(5) 偿还条件。借款的偿还有到期一次偿还和在借款期内定期(每月、季)等额偿还两种方式。一般来讲，企业不希望采用后一种偿还方式，因为这会提高借款的有效年利率；而银行不希望采用前一种偿还方式，因为这会加重企业的财务负担，增加企业的拒付风险，同时会降低实际贷款利率。

(6) 其他承诺。银行有时还要求企业为取得借款而作出其他承诺，如及时提供财务报表、保持适当的财务水平(如特定的流动比率)，等等。如企业违背承诺，银行可要求企业立即偿还全部借款。

4. 短期借款利率及其支付方法

短期借款利率多种多样，利息支付方法也不同，银行将根据借款企业的情况选用。

(1) 借款利率的分类。借款利率分为以下三种。

① 优惠利率。优惠利率是银行向财力雄厚、经营状况好的企业贷款时采用的利率，为贷款利率的最低限。

② 浮动优惠利率。浮动优惠利率是一种随其他短期利率的变动而浮动的优惠利率，即随市场条件的变化而随时调整变化的优惠利率。

③ 非优惠利率。非优惠利率是银行贷款给一般企业时收取的高于优惠利率的利率，这种利率经常在优惠利率的基础上加一定的百分比。比如，银行按高于优惠利率1%的利率向某企业贷款，若当时的最优利率为8%，向该企业贷款收取的利率即为9%；若当时的最优利率为7.5%，向该企业贷款收取的利率即为8.5%。非优惠利率与优惠利率差距的大小，由借款企业信誉、与银行的往来关系及当时信贷状况所决定。

(2) 借款利息的支付方法。一般来讲，借款企业可以用三种方法支付银行贷款利息。

① 收款法。收款法是在借款到期时向银行支付利息的方法，银行向工商企业发放贷款时大多采用这种方法收息。

② 贴现法。贴现法是银行向企业发放贷款时，先从本金中扣除利息部分，而到期时借款企业则要偿还贷款全部本金的一种计息方法。采用这种方法，企业可利用的贷款额只有本金减去利息部分后的差额，因此贷款的有效年利率高于报价利率。

【例15-5】某企业从银行借款10 000元，期限1年，年利率(即报价利率)为8%，利息额为800元(10 000×8%)。按照贴现法付息，企业实际可利用的贷款为9200元(10 000−800)，求该项贷款的有效年利率。

$$有效年利率=\frac{800}{10\,000-800}=8.7\%$$

③ 加息法。加息法是银行发放分期等额偿还贷款时采用的利息收取方法。在分期等额偿还贷款的情况下，银行要将根据报价利率计算的利息加到贷款本金上，计算出贷款的本息和，要求企业在贷款期内分期偿还本息之和的金额。由于贷款分期均衡偿还，借款企业实际上只平均使用了贷款本金的半数，却支付全额利息。这样，企业所负担的有效年利率便高于报价利率大约1倍。

【例15-6】某企业借入(名义)年利率为12%的贷款20 000元，分12个月等额偿还本息，求该项借款的有效年利率。

$$有效年利率=\frac{20\,000\times12\%}{20\,000/2}\times100\%=24\%$$

5. 企业对银行的选择

随着金融信贷业的发展，可向企业提供贷款的银行和非银行金融机构增多，企业有可能在各贷款机构之间做出选择，以对己最为有利为原则。选择银行时，重要的是要选用适宜的借款种类、借款成本和借款条件，此外还应考虑下列有关因素。

(1) 银行对贷款风险的政策。通常银行针对贷款风险制定了不同的政策，有的倾向于保守，只愿承担较小的贷款风险；有的富于开拓，敢于承担较大的贷款风险。

(2) 银行对企业的态度。不同银行对企业的态度各不一样。有的银行肯于积极地为企业提供建议，帮助企业分析潜在的财务问题，能够提供良好的服务，乐于为具有发展潜力的企业发放大量贷款，在企业遇到困难时能帮助其渡过难关；也有的银行很少提供咨询服务，在企业遇到困难时会为了清偿贷款而施加压力。

(3) 贷款的专业化程度。一些大银行设有不同的专业部门，分别处理不同类型、不同行业的贷款。企业与这些拥有丰富专业化贷款经验的银行合作，会更多地受益。

(4) 银行的稳定性。稳定的银行可以保证企业的借款不致中途发生变故。银行的稳定性取决于它的资本规模、存款水平波动程度和存款结构。一般来讲，资本雄厚、存款水平波动小、定期存款比重大的银行稳定性好；反之，则稳定性差。

思考题

1. 什么是营运资本？为什么营运资本等于流动资产和流动负债的差额？
2. 公司垫支营运资本的原因是什么？
3. 营运资本规模与资本期限匹配结构的关系如何？

4. 适中型营运资本规模决策的特点是什么？

5. 激进型营运资本规模决策的特点是什么？

6. 短期债务筹资有哪些特点？

练习题

1. 某企业在生产经营淡季需占用500万元的流动资产和800万元的长期资产，在生产经营旺季会额外增加200万元的季节性存货需求。假设该企业没有自发性流动负债，如果企业采用适中型筹资决策，企业应在生产经营旺季借入多少短期借款？在营业旺季和营业淡季的易变现率为多少？

2. 某企业按(1/10，*n*/30)的信用条件购入价值100万元的货物，放弃现金折扣的成本为多少？如果企业在折扣期内占用对方资金用于短期投资，所取得的投资收益率为10%，企业是否应该放弃现金折扣？

3. 某企业按年利率8%向银行借款100万元，银行要求维持贷款限额15%的补偿性余额，该项借款的有效年利率为多少？如果改为贴现法付息，该项贷款的有效年利率为多少？

附录A 复利终值系数表（F/P，i，n）

期数	1%	2%	3%	4%	5%	6%	7%	8%	9%	10%
1	1.0100	1.0200	1.0300	1.0400	1.0500	1.0600	1.0700	1.0800	1.0900	1.1000
2	1.0201	1.0404	1.0609	1.0816	1.1025	1.1236	1.1449	1.1664	1.1881	1.2100
3	1.0303	1.0612	1.0927	1.1249	1.1576	1.1910	1.2250	1.2597	1.2950	1.3310
4	1.0406	1.0824	1.1255	1.1699	1.2155	1.2625	1.3108	1.3605	1.4116	1.4641
5	1.0510	1.1041	1.1593	1.2167	1.2763	1.3382	1.4026	1.4693	1.5386	1.6105
6	1.0615	1.1262	1.1941	1.2653	1.3401	1.4185	1.5007	1.5869	1.6771	1.7716
7	1.0721	1.1487	1.2299	1.3159	1.4071	1.5036	1.6058	1.7138	1.8280	1.9487
8	1.0829	1.1717	1.2668	1.3686	1.4775	1.5938	1.7182	1.8509	1.9926	2.1436
9	1.0937	1.1951	1.3048	1.4233	1.5513	1.6895	1.8385	1.9990	2.1719	2.3579
10	1.1046	1.2190	1.3439	1.4802	1.6289	1.7908	1.9672	2.1589	2.3674	2.5937
11	1.1157	1.2434	1.3842	1.5395	1.7103	1.8983	2.1049	2.3316	2.5804	2.8531
12	1.1268	1.2682	1.4258	1.6010	1.7959	2.0122	2.2522	2.5182	2.8127	3.1384
13	1.1381	1.2936	1.4685	1.6651	1.8856	2.1329	2.4098	2.7196	3.0658	3.4523
14	1.1495	1.3195	1.5126	1.7317	1.9799	2.2609	2.5785	2.9372	3.3417	3.7975
15	1.1610	1.3459	1.5580	1.8009	2.0789	2.3966	2.7590	3.1722	3.6425	4.1772
16	1.1726	1.3728	1.6047	1.8730	2.1829	2.5404	2.9522	3.4259	3.9703	4.5950
17	1.1843	1.4002	1.6528	1.9479	2.2920	2.6928	3.1588	3.7000	4.3276	5.0545
18	1.1961	1.4282	1.7024	2.0258	2.4066	2.8543	3.3799	3.9960	4.7171	5.5599
19	1.2081	1.4568	1.7535	2.1068	2.5270	3.0256	3.6165	4.3157	5.1417	6.1159
20	1.2202	1.4859	1.8061	2.1911	2.6533	3.2071	3.8697	4.6610	5.6044	6.7275
21	1.2324	1.5157	1.8603	2.2788	2.7860	3.3996	4.1406	5.0338	6.1088	7.4002
22	1.2447	1.5460	1.9161	2.3699	2.9253	3.6035	4.4304	5.4365	6.6586	8.1403
23	1.2572	1.5769	1.9736	2.4647	3.0715	3.8197	4.7405	5.8715	7.2579	8.9543
24	1.2697	1.6084	2.0328	2.5633	3.2251	4.0489	5.0724	6.3412	7.9111	9.8497
25	1.2824	1.6406	2.0938	2.6658	3.3864	4.2919	5.4274	6.8485	8.6231	10.8347
26	1.2953	1.6734	2.1566	2.7725	3.5557	4.5494	5.8074	7.3964	9.3992	11.9182
27	1.3082	1.7069	2.2213	2.8834	3.7335	4.8223	6.2139	7.9881	10.2451	13.1100
28	1.3213	1.7410	2.2879	2.9987	3.9201	5.1117	6.6488	8.6271	11.1671	14.4210
29	1.3345	1.7758	2.3566	3.1187	4.1161	5.4184	7.1143	9.3173	12.1722	15.8631
30	1.3478	1.8114	2.4273	3.2434	4.3219	5.7435	7.6123	10.0627	13.2677	17.4494

(续表)

期数	11%	12%	13%	14%	15%	16%	17%	18%	19%	20%
1	1.1100	1.1200	1.1300	1.1400	1.1500	1.1600	1.1700	1.1800	1.1900	1.2000
2	1.2321	1.2544	1.2769	1.2996	1.3225	1.3456	1.3689	1.3924	1.4161	1.4400
3	1.3676	1.4049	1.4429	1.4815	1.5209	1.5609	1.6016	1.6430	1.6852	1.7280
4	1.5181	1.5735	1.6305	1.6890	1.7490	1.8106	1.8739	1.9388	2.0053	2.0736
5	1.6851	1.7623	1.8424	1.9254	2.0114	2.1003	2.1924	2.2878	2.3864	2.4883
6	1.8704	1.9738	2.0820	2.1950	2.3131	2.4364	2.5652	2.6996	2.8398	2.9860
7	2.0762	2.2107	2.3526	2.5023	2.6600	2.8262	3.0012	3.1855	3.3793	3.5832
8	2.3045	2.4760	2.6584	2.8526	3.0590	3.2784	3.5115	3.7589	4.0214	4.2998
9	2.5580	2.7731	3.0040	3.2519	3.5179	3.8030	4.1084	4.4355	4.7854	5.1598
10	2.8394	3.1058	3.3946	3.7072	4.0456	4.4114	4.8068	5.2338	5.6947	6.1917
11	3.1518	3.4786	3.8359	4.2262	4.6524	5.1173	5.6240	6.1759	6.7767	7.4301
12	3.4985	3.8960	4.3345	4.8179	5.3503	5.9360	6.5801	7.2876	8.0642	8.9161
13	3.8833	4.3635	4.8980	5.4924	6.1528	6.8858	7.6987	8.5994	9.5964	10.6993
14	4.3104	4.8871	5.5348	6.2613	7.0757	7.9875	9.0075	10.1472	11.4198	12.8392
15	4.7846	5.4736	6.2543	7.1379	8.1371	9.2655	10.5387	11.9737	13.5895	15.4070
16	5.3109	6.1304	7.0673	8.1372	9.3576	10.7480	12.3303	14.1290	16.1715	18.4884
17	5.8951	6.8660	7.9861	9.2765	10.7613	12.4677	14.4265	16.6722	19.2441	22.1861
18	6.5436	7.6900	9.0243	10.5752	12.3755	14.4625	16.8790	19.6733	22.9005	26.6233
19	7.2633	8.6128	10.1974	12.0557	14.2318	16.7765	19.7484	23.2144	27.2516	31.9480
20	8.0623	9.6463	11.5231	13.7435	16.3665	19.4608	23.1056	27.3930	32.4294	38.3376
21	8.9492	10.8038	13.0211	15.6676	18.8215	22.5745	27.0336	32.3238	38.5910	46.0051
22	9.9336	12.1003	14.7138	17.8610	21.6447	26.1864	31.6293	38.1421	45.9233	55.2061
23	11.0263	13.5523	16.6266	20.3616	24.8915	30.3762	37.0062	45.0076	54.6487	66.2474
24	12.2392	15.1786	18.7881	23.2122	28.6252	35.2364	43.2973	53.1090	65.0320	79.4968
25	13.5855	17.0001	21.2305	26.4619	32.9190	40.8742	50.6578	62.6686	77.3881	95.3962
26	15.0799	19.0401	23.9905	30.1666	37.8568	47.4141	59.2697	73.9490	92.0918	114.4755
27	16.7387	21.3249	27.1093	34.3899	43.5353	55.0004	69.3455	87.2598	109.5893	137.3706
28	18.5799	23.8839	30.6335	39.2045	50.0656	63.8004	81.1342	102.9666	130.4112	164.8447
29	20.6237	26.7499	34.6158	44.6931	57.5755	74.0085	94.9271	121.5005	155.1893	197.8136
30	22.8923	29.9599	39.1159	50.9502	66.2118	85.8499	111.0647	143.3706	184.6753	237.3763

(续表)

期数	21%	22%	23%	24%	25%	26%	27%	28%	29%	30%
1	1.2100	1.2200	1.2300	1.2400	1.2500	1.2600	1.2700	1.2800	1.2900	1.3000
2	1.4641	1.4884	1.5129	1.5376	1.5625	1.5876	1.6129	1.6384	1.6641	1.6900
3	1.7716	1.8158	1.8609	1.9066	1.9531	2.0004	2.0484	2.0972	2.1467	2.1970
4	2.1436	2.2153	2.2889	2.3642	2.4414	2.5205	2.6014	2.6844	2.7692	2.8561
5	2.5937	2.7027	2.8153	2.9316	3.0518	3.1758	3.3038	3.4360	3.5723	3.7129
6	3.1384	3.2973	3.4628	3.6352	3.8147	4.0015	4.1959	4.3980	4.6083	4.8268
7	3.7975	4.0227	4.2593	4.5077	4.7684	5.0419	5.3288	5.6295	5.9447	6.2749
8	4.5950	4.9077	5.2389	5.5895	5.9605	6.3528	6.7675	7.2058	7.6686	8.1573
9	5.5599	5.9874	6.4439	6.9310	7.4506	8.0045	8.5948	9.2234	9.8925	10.6045
10	6.7275	7.3046	7.9259	8.5944	9.3132	10.0857	10.9153	11.8059	12.7614	13.7858
11	8.1403	8.9117	9.7489	10.6571	11.6415	12.7080	13.8625	15.1116	16.4622	17.9216
12	9.8497	10.8722	11.9912	13.2148	14.5519	16.0120	17.6053	19.3428	21.2362	23.2981
13	11.9182	13.2641	14.7491	16.3863	18.1899	20.1752	22.3588	24.7588	27.3947	30.2875
14	14.4210	16.1822	18.1414	20.3191	22.7374	25.4207	28.3957	31.6913	35.3391	39.3738
15	17.4494	19.7423	22.3140	25.1956	28.4217	32.0301	36.0625	40.5648	45.5875	51.1859
16	21.1138	24.0856	27.4462	31.2426	35.5271	40.3579	45.7994	51.9230	58.8079	66.5417
17	25.5477	29.3844	33.7588	38.7408	44.4089	50.8510	58.1652	66.4614	75.8621	86.5042
18	30.9127	35.8490	41.5233	48.0386	55.5112	64.0722	73.8698	85.0706	97.8622	112.4554
19	37.4043	43.7358	51.0737	59.5679	69.3889	80.7310	93.8147	108.8904	126.2422	146.1920
20	45.2593	53.3576	62.8206	73.8641	86.7362	101.7211	119.1446	139.3797	162.8524	190.0496
21	54.7637	65.0963	77.2694	91.5915	108.4202	128.1685	151.3137	178.4060	210.0796	247.0645
22	66.2641	79.4175	95.0413	113.5735	135.5253	161.4924	192.1683	228.3596	271.0027	321.1839
23	80.1795	96.8894	116.9008	140.8312	169.4066	203.4804	244.0538	292.3003	349.5935	417.5391
24	97.0172	118.2050	143.7880	174.6306	211.7582	256.3853	309.9483	374.1444	450.9756	542.8008
25	117.3909	144.2101	176.8593	216.5420	264.6978	323.0454	393.6344	478.9049	581.7585	705.6410
26	142.0429	175.9364	217.5369	268.5121	330.8722	407.0373	499.9157	612.9982	750.4685	917.3333
27	171.8719	214.6424	267.5704	332.9550	413.5903	512.8670	634.8929	784.6377	968.1044	1192.5333
28	207.9651	261.8637	329.1115	412.8642	516.9879	646.2124	806.3140	1004.3363	1248.8546	1550.2933
29	251.6377	319.4737	404.8072	511.9516	646.2349	814.2276	1024.0187	1285.5504	1611.0225	2015.3813
30	304.4816	389.7579	497.9129	634.8199	807.7936	1025.9267	1300.5038	1645.5046	2078.2190	2619.9956

附录B 复利现值系数表（*P*/*F*，*i*，*n*）

期数	1%	2%	3%	4%	5%	6%	7%	8%	9%	10%
1	0.9901	0.9804	0.9709	0.9615	0.9524	0.9434	0.9346	0.9259	0.9174	0.9091
2	0.9803	0.9612	0.9426	0.9246	0.9070	0.8900	0.8734	0.8573	0.8417	0.8264
3	0.9706	0.9423	0.9151	0.8890	0.8638	0.8396	0.8163	0.7938	0.7722	0.7513
4	0.9610	0.9238	0.8885	0.8548	0.8227	0.7921	0.7629	0.7350	0.7084	0.6830
5	0.9515	0.9057	0.8626	0.8219	0.7835	0.7473	0.7130	0.6806	0.6499	0.6209
6	0.9420	0.8880	0.8375	0.7903	0.7462	0.7050	0.6663	0.6302	0.5963	0.5645
7	0.9327	0.8706	0.8131	0.7599	0.7107	0.6651	0.6227	0.5835	0.5470	0.5132
8	0.9235	0.8535	0.7894	0.7307	0.6768	0.6274	0.5820	0.5403	0.5019	0.4665
9	0.9143	0.8368	0.7664	0.7026	0.6446	0.5919	0.5439	0.5002	0.4604	0.4241
10	0.9053	0.8203	0.7441	0.6756	0.6139	0.5584	0.5083	0.4632	0.4224	0.3855
11	0.8963	0.8043	0.7224	0.6496	0.5847	0.5268	0.4751	0.4289	0.3875	0.3505
12	0.8874	0.7885	0.7014	0.6246	0.5568	0.4970	0.4440	0.3971	0.3555	0.3186
13	0.8787	0.7730	0.6810	0.6006	0.5303	0.4688	0.4150	0.3677	0.3262	0.2897
14	0.8700	0.7579	0.6611	0.5775	0.5051	0.4423	0.3878	0.3405	0.2992	0.2633
15	0.8613	0.7430	0.6419	0.5553	0.4810	0.4173	0.3624	0.3152	0.2745	0.2394
16	0.8528	0.7284	0.6232	0.5339	0.4581	0.3936	0.3387	0.2919	0.2519	0.2176
17	0.8444	0.7142	0.6050	0.5134	0.4363	0.3714	0.3166	0.2703	0.2311	0.1978
18	0.8360	0.7002	0.5874	0.4936	0.4155	0.3503	0.2959	0.2502	0.2120	0.1799
19	0.8277	0.6864	0.5703	0.4746	0.3957	0.3305	0.2765	0.2317	0.1945	0.1635
20	0.8195	0.6730	0.5537	0.4564	0.3769	0.3118	0.2584	0.2145	0.1784	0.1486
21	0.8114	0.6598	0.5375	0.4388	0.3589	0.2942	0.2415	0.1987	0.1637	0.1351
22	0.8034	0.6468	0.5219	0.4220	0.3418	0.2775	0.2257	0.1839	0.1502	0.1228
23	0.7954	0.6342	0.5067	0.4057	0.3256	0.2618	0.2109	0.1703	0.1378	0.1117
24	0.7876	0.6217	0.4919	0.3901	0.3101	0.2470	0.1971	0.1577	0.1264	0.1015
25	0.7798	0.6095	0.4776	0.3751	0.2953	0.2330	0.1842	0.1460	0.1160	0.0923
26	0.7720	0.5976	0.4637	0.3607	0.2812	0.2198	0.1722	0.1352	0.1064	0.0839
27	0.7644	0.5859	0.4502	0.3468	0.2678	0.2074	0.1609	0.1252	0.0976	0.0763
28	0.7568	0.5744	0.4371	0.3335	0.2551	0.1956	0.1504	0.1159	0.0895	0.0693
29	0.7493	0.5631	0.4243	0.3207	0.2429	0.1846	0.1406	0.1073	0.0822	0.0630
30	0.7419	0.5521	0.4120	0.3083	0.2314	0.1741	0.1314	0.0994	0.0754	0.0573

(续表)

期数	11%	12%	13%	14%	15%	16%	17%	18%	19%	20%
1	0.9009	0.8929	0.8850	0.8772	0.8696	0.8621	0.8547	0.8475	0.8403	0.8333
2	0.8116	0.7972	0.7831	0.7695	0.7561	0.7432	0.7305	0.7182	0.7062	0.6944
3	0.7312	0.7118	0.6931	0.6750	0.6575	0.6407	0.6244	0.6086	0.5934	0.5787
4	0.6587	0.6355	0.6133	0.5921	0.5718	0.5523	0.5337	0.5158	0.4987	0.4823
5	0.5935	0.5674	0.5428	0.5194	0.4972	0.4761	0.4561	0.4371	0.4190	0.4019
6	0.5346	0.5066	0.4803	0.4556	0.4323	0.4104	0.3898	0.3704	0.3521	0.3349
7	0.4817	0.4523	0.4251	0.3996	0.3759	0.3538	0.3332	0.3139	0.2959	0.2791
8	0.4339	0.4039	0.3762	0.3506	0.3269	0.3050	0.2848	0.2660	0.2487	0.2326
9	0.3909	0.3606	0.3329	0.3075	0.2843	0.2630	0.2434	0.2255	0.2090	0.1938
10	0.3522	0.3220	0.2946	0.2697	0.2472	0.2267	0.2080	0.1911	0.1756	0.1615
11	0.3173	0.2875	0.2607	0.2366	0.2149	0.1954	0.1778	0.1619	0.1476	0.1346
12	0.2858	0.2567	0.2307	0.2076	0.1869	0.1685	0.1520	0.1372	0.1240	0.1122
13	0.2575	0.2292	0.2042	0.1821	0.1625	0.1452	0.1299	0.1163	0.1042	0.0935
14	0.2320	0.2046	0.1807	0.1597	0.1413	0.1252	0.1110	0.0985	0.0876	0.0779
15	0.2090	0.1827	0.1599	0.1401	0.1229	0.1079	0.0949	0.0835	0.0736	0.0649
16	0.1883	0.1631	0.1415	0.1229	0.1069	0.0930	0.0811	0.0708	0.0618	0.0541
17	0.1696	0.1456	0.1252	0.1078	0.0929	0.0802	0.0693	0.0600	0.0520	0.0451
18	0.1528	0.1300	0.1108	0.0946	0.0808	0.0691	0.0592	0.0508	0.0437	0.0376
19	0.1377	0.1161	0.0981	0.0829	0.0703	0.0596	0.0506	0.0431	0.0367	0.0313
20	0.1240	0.1037	0.0868	0.0728	0.0611	0.0514	0.0433	0.0365	0.0308	0.0261
21	0.1117	0.0926	0.0768	0.0638	0.0531	0.0443	0.0370	0.0309	0.0259	0.0217
22	0.1007	0.0826	0.0680	0.0560	0.0462	0.0382	0.0316	0.0262	0.0218	0.0181
23	0.0907	0.0738	0.0601	0.0491	0.0402	0.0329	0.0270	0.0222	0.0183	0.0151
24	0.0817	0.0659	0.0532	0.0431	0.0349	0.0284	0.0231	0.0188	0.0154	0.0126
25	0.0736	0.0588	0.0471	0.0378	0.0304	0.0245	0.0197	0.0160	0.0129	0.0105
26	0.0663	0.0525	0.0417	0.0331	0.0264	0.0211	0.0169	0.0135	0.0109	0.0087
27	0.0597	0.0469	0.0369	0.0291	0.0230	0.0182	0.0144	0.0115	0.0091	0.0073
28	0.0538	0.0419	0.0326	0.0255	0.0200	0.0157	0.0123	0.0097	0.0077	0.0061
29	0.0485	0.0374	0.0289	0.0224	0.0174	0.0135	0.0105	0.0082	0.0064	0.0051
30	0.0437	0.0334	0.0256	0.0196	0.0151	0.0116	0.0090	0.0070	0.0054	0.0042

(续表)

期数	21%	22%	23%	24%	25%	26%	27%	28%	29%	30%
1	0.8264	0.8197	0.8130	0.8065	0.8000	0.7937	0.7874	0.7813	0.7752	0.7692
2	0.6830	0.6719	0.6610	0.6504	0.6400	0.6299	0.6200	0.6104	0.6009	0.5917
3	0.5645	0.5507	0.5374	0.5245	0.5120	0.4999	0.4882	0.4768	0.4658	0.4552
4	0.4665	0.4514	0.4369	0.4230	0.4096	0.3968	0.3844	0.3725	0.3611	0.3501
5	0.3855	0.3700	0.3552	0.3411	0.3277	0.3149	0.3027	0.2910	0.2799	0.2693
6	0.3186	0.3033	0.2888	0.2751	0.2621	0.2499	0.2383	0.2274	0.2170	0.2072
7	0.2633	0.2486	0.2348	0.2218	0.2097	0.1983	0.1877	0.1776	0.1682	0.1594
8	0.2176	0.2038	0.1909	0.1789	0.1678	0.1574	0.1478	0.1388	0.1304	0.1226
9	0.1799	0.1670	0.1552	0.1443	0.1342	0.1249	0.1164	0.1084	0.1011	0.0943
10	0.1486	0.1369	0.1262	0.1164	0.1074	0.0992	0.0916	0.0847	0.0784	0.0725
11	0.1228	0.1122	0.1026	0.0938	0.0859	0.0787	0.0721	0.0662	0.0607	0.0558
12	0.1015	0.0920	0.0834	0.0757	0.0687	0.0625	0.0568	0.0517	0.0471	0.0429
13	0.0839	0.0754	0.0678	0.0610	0.0550	0.0496	0.0447	0.0404	0.0365	0.0330
14	0.0693	0.0618	0.0551	0.0492	0.0440	0.0393	0.0352	0.0316	0.0283	0.0254
15	0.0573	0.0507	0.0448	0.0397	0.0352	0.0312	0.0277	0.0247	0.0219	0.0195
16	0.0474	0.0415	0.0364	0.0320	0.0281	0.0248	0.0218	0.0193	0.0170	0.0150
17	0.0391	0.0340	0.0296	0.0258	0.0225	0.0197	0.0172	0.0150	0.0132	0.0116
18	0.0323	0.0279	0.0241	0.0208	0.0180	0.0156	0.0135	0.0118	0.0102	0.0089
19	0.0267	0.0229	0.0196	0.0168	0.0144	0.0124	0.0107	0.0092	0.0079	0.0068
20	0.0221	0.0187	0.0159	0.0135	0.0115	0.0098	0.0084	0.0072	0.0061	0.0053
21	0.0183	0.0154	0.0129	0.0109	0.0092	0.0078	0.0066	0.0056	0.0048	0.0040
22	0.0151	0.0126	0.0105	0.0088	0.0074	0.0062	0.0052	0.0044	0.0037	0.0031
23	0.0125	0.0103	0.0086	0.0071	0.0059	0.0049	0.0041	0.0034	0.0029	0.0024
24	0.0103	0.0085	0.0070	0.0057	0.0047	0.0039	0.0032	0.0027	0.0022	0.0018
25	0.0085	0.0069	0.0057	0.0046	0.0038	0.0031	0.0025	0.0021	0.0017	0.0014
26	0.0070	0.0057	0.0046	0.0037	0.0030	0.0025	0.0020	0.0016	0.0013	0.0011
27	0.0058	0.0047	0.0037	0.0030	0.0024	0.0019	0.0016	0.0013	0.0010	0.0008
28	0.0048	0.0038	0.0030	0.0024	0.0019	0.0015	0.0012	0.0010	0.0008	0.0006
29	0.0040	0.0031	0.0025	0.0020	0.0015	0.0012	0.0010	0.0008	0.0006	0.0005
30	0.0033	0.0026	0.0020	0.0016	0.0012	0.0010	0.0008	0.0006	0.0005	0.0004

附录C　年金终值系数表（F/A，i，n）

期数	1%	2%	3%	4%	5%	6%	7%	8%	9%	10%
1	1.0000	1.0000	1.0000	1.0000	1.0000	1.0000	1.0000	1.0000	1.0000	1.0000
2	2.0100	2.0200	2.0300	2.0400	2.0500	2.0600	2.0700	2.0800	2.0900	2.1000
3	3.0301	3.0604	3.0909	3.1216	3.1525	3.1836	3.2149	3.2464	3.2781	3.3100
4	4.0604	4.1216	4.1836	4.2465	4.3101	4.3746	4.4399	4.5061	4.5731	4.6410
5	5.1010	5.2040	5.3091	5.4163	5.5256	5.6371	5.7507	5.8666	5.9847	6.1051
6	6.1520	6.3081	6.4684	6.6330	6.8019	6.9753	7.1533	7.3359	7.5233	7.7156
7	7.2135	7.4343	7.6625	7.8983	8.1420	8.3938	8.6540	8.9228	9.2004	9.4872
8	8.2857	8.5830	8.8923	9.2142	9.5491	9.8975	10.2598	10.6366	11.0285	11.4359
9	9.3685	9.7546	10.1591	10.5828	11.0266	11.4913	11.9780	12.4876	13.0210	13.5795
10	10.4622	10.9497	11.4639	12.0061	12.5779	13.1808	13.8164	14.4866	15.1929	15.9374
11	11.5668	12.1687	12.8078	13.4864	14.2068	14.9716	15.7836	16.6455	17.5603	18.5312
12	12.6825	13.4121	14.1920	15.0258	15.9171	16.8699	17.8885	18.9771	20.1407	21.3843
13	13.8093	14.6803	15.6178	16.6268	17.7130	18.8821	20.1406	21.4953	22.9534	24.5227
14	14.9474	15.9739	17.0863	18.2919	19.5986	21.0151	22.5505	24.2149	26.0192	27.9750
15	16.0969	17.2934	18.5989	20.0236	21.5786	23.2760	25.1290	27.1521	29.3609	31.7725
16	17.2579	18.6393	20.1569	21.8245	23.6575	25.6725	27.8881	30.3243	33.0034	35.9497
17	18.4304	20.0121	21.7616	23.6975	25.8404	28.2129	30.8402	33.7502	36.9737	40.5447
18	19.6147	21.4123	23.4144	25.6454	28.1324	30.9057	33.9990	37.4502	41.3013	45.5992
19	20.8109	22.8406	25.1169	27.6712	30.5390	33.7600	37.3790	41.4463	46.0185	51.1591
20	22.0190	24.2974	26.8704	29.7781	33.0660	36.7856	40.9955	45.7620	51.1601	57.2750
21	23.2392	25.7833	28.6765	31.9692	35.7193	39.9927	44.8652	50.4229	56.7645	64.0025
22	24.4716	27.2990	30.5368	34.2480	38.5052	43.3923	49.0057	55.4568	62.8733	71.4027
23	25.7163	28.8450	32.4529	36.6179	41.4305	46.9958	53.4361	60.8933	69.5319	79.5430
24	26.9735	30.4219	34.4265	39.0826	44.5020	50.8156	58.1767	66.7648	76.7898	88.4973
25	28.2432	32.0303	36.4593	41.6459	47.7271	54.8645	63.2490	73.1059	84.7009	98.3471
26	29.5256	33.6709	38.5530	44.3117	51.1135	59.1564	68.6765	79.9544	93.3240	109.1818
27	30.8209	35.3443	40.7096	47.0842	54.6691	63.7058	74.4838	87.3508	102.7231	121.0999
28	32.1291	37.0512	42.9309	49.9676	58.4026	68.5281	80.6977	95.3388	112.9682	134.2099
29	33.4504	38.7922	45.2189	52.9663	62.3227	73.6398	87.3465	103.9659	124.1354	148.6309
30	34.7849	40.5681	47.5754	56.0849	66.4388	79.0582	94.4608	113.2832	136.3075	164.4940

(续表)

期数	11%	12%	13%	14%	15%	16%	17%	18%	19%	20%
1	1.0000	1.0000	1.0000	1.0000	1.0000	1.0000	1.0000	1.0000	1.0000	1.0000
2	2.1100	2.1200	2.1300	2.1400	2.1500	2.1600	2.1700	2.1800	2.1900	2.2000
3	3.3421	3.3744	3.4069	3.4396	3.4725	3.5056	3.5389	3.5724	3.6061	3.6400
4	4.7097	4.7793	4.8498	4.9211	4.9934	5.0665	5.1405	5.2154	5.2913	5.3680
5	6.2278	6.3528	6.4803	6.6101	6.7424	6.8771	7.0144	7.1542	7.2966	7.4416
6	7.9129	8.1152	8.3227	8.5355	8.7537	8.9775	9.2068	9.4420	9.6830	9.9299
7	9.7833	10.0890	10.4047	10.7305	11.0668	11.4139	11.7720	12.1415	12.5227	12.9159
8	11.8594	12.2997	12.7573	13.2328	13.7268	14.2401	14.7733	15.3270	15.9020	16.4991
9	14.1640	14.7757	15.4157	16.0853	16.7858	17.5185	18.2847	19.0859	19.9234	20.7989
10	16.7220	17.5487	18.4197	19.3373	20.3037	21.3215	22.3931	23.5213	24.7089	25.9587
11	19.5614	20.6546	21.8143	23.0445	24.3493	25.7329	27.1999	28.7551	30.4035	32.1504
12	22.7132	24.1331	25.6502	27.2707	29.0017	30.8502	32.8239	34.9311	37.1802	39.5805
13	26.2116	28.0291	29.9847	32.0887	34.3519	36.7862	39.4040	42.2187	45.2445	48.4966
14	30.0949	32.3926	34.8827	37.5811	40.5047	43.6720	47.1027	50.8180	54.8409	59.1959
15	34.4054	37.2797	40.4175	43.8424	47.5804	51.6595	56.1101	60.9653	66.2607	72.0351
16	39.1899	42.7533	46.6717	50.9804	55.7175	60.9250	66.6488	72.9390	79.8502	87.4421
17	44.5008	48.8837	53.7391	59.1176	65.0751	71.6730	78.9792	87.0680	96.0218	105.9306
18	50.3959	55.7497	61.7251	68.3941	75.8364	84.1407	93.4056	103.7403	115.2659	128.1167
19	56.9395	63.4397	70.7494	78.9692	88.2118	98.6032	110.2846	123.4135	138.1664	154.7400
20	64.2028	72.0524	80.9468	91.0249	102.4436	115.3797	130.0329	146.6280	165.4180	186.6880
21	72.2651	81.6987	92.4699	104.7684	118.8101	134.8405	153.1385	174.0210	197.8474	225.0256
22	81.2143	92.5026	105.4910	120.4360	137.6316	157.4150	180.1721	206.3448	236.4385	271.0307
23	91.1479	104.6029	120.2048	138.2970	159.2764	183.6014	211.8013	244.4868	282.3618	326.2369
24	102.1742	118.1552	136.8315	158.6586	184.1678	213.9776	248.8076	289.4945	337.0105	392.4842
25	114.4133	133.3339	155.6196	181.8708	212.7930	249.2140	292.1049	342.6035	402.0425	471.9811
26	127.9988	150.3339	176.8501	208.3327	245.7120	290.0883	342.7627	405.2721	479.4306	567.3773
27	143.0786	169.3740	200.8406	238.4993	283.5688	337.5024	402.0323	479.2211	571.5224	681.8528
28	159.8173	190.6989	227.9499	272.8892	327.1041	392.5028	471.3778	566.4809	681.1116	819.2233
29	178.3972	214.5828	258.5834	312.0937	377.1697	456.3032	552.5121	669.4475	811.5228	984.0680
30	199.0209	241.3327	293.1992	356.7868	434.7451	530.3117	647.4391	790.9480	966.7122	1181.8816

(续表)

期数	21%	22%	23%	24%	25%	26%	27%	28%	29%	30%
1	1.0000	1.0000	1.0000	1.0000	1.0000	1.0000	1.0000	1.0000	1.0000	1.0000
2	2.2100	2.2200	2.2300	2.2400	2.2500	2.2600	2.2700	2.2800	2.2900	2.3000
3	3.6741	3.7084	3.7429	3.7776	3.8125	3.8476	3.8829	3.9184	3.9541	3.9900
4	5.4457	5.5242	5.6038	5.6842	5.7656	5.8480	5.9313	6.0156	6.1008	6.1870
5	7.5892	7.7396	7.8926	8.0484	8.2070	8.3684	8.5327	8.6999	8.8700	9.0431
6	10.1830	10.4423	10.7079	10.9801	11.2588	11.5442	11.8366	12.1359	12.4423	12.7560
7	13.3214	13.7396	14.1708	14.6153	15.0735	15.5458	16.0324	16.5339	17.0506	17.5828
8	17.1189	17.7623	18.4300	19.1229	19.8419	20.5876	21.3612	22.1634	22.9953	23.8577
9	21.7139	22.6700	23.6690	24.7125	25.8023	26.9404	28.1287	29.3692	30.6639	32.0150
10	27.2738	28.6574	30.1128	31.6434	33.2529	34.9449	36.7235	38.5926	40.5564	42.6195
11	34.0013	35.9620	38.0388	40.2379	42.5661	45.0306	47.6388	50.3985	53.3178	56.4053
12	42.1416	44.8737	47.7877	50.8950	54.2077	57.7386	61.5013	65.5100	69.7800	74.3270
13	51.9913	55.7459	59.7788	64.1097	68.7596	73.7506	79.1066	84.8529	91.0161	97.6250
14	63.9095	69.0100	74.5280	80.4961	86.9495	93.9258	101.4654	109.6117	118.4108	127.9125
15	78.3305	85.1922	92.6694	100.8151	109.6868	119.3465	129.8611	141.3029	153.7500	167.2863
16	95.7799	104.9345	114.9834	126.0108	138.1085	151.3766	165.9236	181.8677	199.3374	218.4722
17	116.8937	129.0201	142.4295	157.2534	173.6357	191.7345	211.7230	233.7907	258.1453	285.0139
18	142.4413	158.4045	176.1883	195.9942	218.0446	242.5855	269.8882	300.2521	334.0074	371.5180
19	173.3540	194.2535	217.7116	244.0328	273.5558	306.6577	343.7580	385.3227	431.8696	483.9734
20	210.7584	237.9893	268.7853	303.6006	342.9447	387.3887	437.5726	494.2131	558.1118	630.1655
21	256.0176	291.3469	331.6059	377.4648	429.6809	489.1098	556.7173	633.5927	720.9642	820.2151
22	310.7813	356.4432	408.8753	469.0563	538.1011	617.2783	708.0309	811.9987	931.0438	1067.2796
23	377.0454	435.8607	503.9166	582.6298	673.6264	778.7707	900.1993	1040.3583	1202.0465	1388.4635
24	457.2249	532.7501	620.8174	723.4610	843.0329	982.2511	1144.2531	1332.6586	1551.6400	1806.0026
25	554.2422	650.9551	764.6054	898.0916	1054.7912	1238.6363	1454.2014	1706.8031	2002.6156	2348.8033
26	671.6330	795.1653	941.4647	1114.6336	1319.4890	1561.6818	1847.8358	2185.7079	2584.3741	3054.4443
27	813.6759	971.1016	1159.0016	1383.1457	1650.3612	1968.7191	2347.7515	2798.7061	3334.8426	3971.7776
28	985.5479	1185.7440	1426.5719	1716.1007	2063.9515	2481.5860	2982.6444	3583.3438	4302.9470	5164.3109
29	1193.5129	1447.6077	1755.6835	2128.9648	2580.9394	3127.7984	3788.9583	4587.6801	5551.8016	6714.6042
30	1445.1507	1767.0813	2160.4907	2640.9164	3227.1743	3942.0260	4812.9771	5873.2306	7162.8241	8729.9855

附录D　年金现值系数表（P/A，i，n）

期数	1%	2%	3%	4%	5%	6%	7%	8%	9%	10%
1	0.9901	0.9804	0.9709	0.9615	0.9524	0.9434	0.9346	0.9259	0.9174	0.9091
2	1.9704	1.9416	1.9135	1.8861	1.8594	1.8334	1.8080	1.7833	1.7591	1.7355
3	2.9410	2.8839	2.8286	2.7751	2.7232	2.6730	2.6243	2.5771	2.5313	2.4869
4	3.9020	3.8077	3.7171	3.6299	3.5460	3.4651	3.3872	3.3121	3.2397	3.1699
5	4.8534	4.7135	4.5797	4.4518	4.3295	4.2124	4.1002	3.9927	3.8897	3.7908
6	5.7955	5.6014	5.4172	5.2421	5.0757	4.9173	4.7665	4.6229	4.4859	4.3553
7	6.7282	6.4720	6.2303	6.0021	5.7864	5.5824	5.3893	5.2064	5.0330	4.8684
8	7.6517	7.3255	7.0197	6.7327	6.4632	6.2098	5.9713	5.7466	5.5348	5.3349
9	8.5660	8.1622	7.7861	7.4353	7.1078	6.8017	6.5152	6.2469	5.9952	5.7590
10	9.4713	8.9826	8.5302	8.1109	7.7217	7.3601	7.0236	6.7101	6.4177	6.1446
11	10.3676	9.7868	9.2526	8.7605	8.3064	7.8869	7.4987	7.1390	6.8052	6.4951
12	11.2551	10.5753	9.9540	9.3851	8.8633	8.3838	7.9427	7.5361	7.1607	6.8137
13	12.1337	11.3484	10.6350	9.9856	9.3936	8.8527	8.3577	7.9038	7.4869	7.1034
14	13.0037	12.1062	11.2961	10.5631	9.8986	9.2950	8.7455	8.2442	7.7862	7.3667
15	13.8651	12.8493	11.9379	11.1184	10.3797	9.7122	9.1079	8.5595	8.0607	7.6061
16	14.7179	13.5777	12.5611	11.6523	10.8378	10.1059	9.4466	8.8514	8.3126	7.8237
17	15.5623	14.2919	13.1661	12.1657	11.2741	10.4773	9.7632	9.1216	8.5436	8.0216
18	16.3983	14.9920	13.7535	12.6593	11.6896	10.8276	10.0591	9.3719	8.7556	8.2014
19	17.2260	15.6785	14.3238	13.1339	12.0853	11.1581	10.3356	9.6036	8.9501	8.3649
20	18.0456	16.3514	14.8775	13.5903	12.4622	11.4699	10.5940	9.8181	9.1285	8.5136
21	18.8570	17.0112	15.4150	14.0292	12.8212	11.7641	10.8355	10.0168	9.2922	8.6487
22	19.6604	17.6580	15.9369	14.4511	13.1630	12.0416	11.0612	10.2007	9.4424	8.7715
23	20.4558	18.2922	16.4436	14.8568	13.4886	12.3034	11.2722	10.3711	9.5802	8.8832
24	21.2434	18.9139	16.9355	15.2470	13.7986	12.5504	11.4693	10.5288	9.7066	8.9847
25	22.0232	19.5235	17.4131	15.6221	14.0939	12.7834	11.6536	10.6748	9.8226	9.0770
26	22.7952	20.1210	17.8768	15.9828	14.3752	13.0032	11.8258	10.8100	9.9290	9.1609
27	23.5596	20.7069	18.3270	16.3296	14.6430	13.2105	11.9867	10.9352	10.0266	9.2372
28	24.3164	21.2813	18.7641	16.6631	14.8981	13.4062	12.1371	11.0511	10.1161	9.3066
29	25.0658	21.8444	19.1885	16.9837	15.1411	13.5907	12.2777	11.1584	10.1983	9.3696
30	25.8077	22.3965	19.6004	17.2920	15.3725	13.7648	12.4090	11.2578	10.2737	9.4269

(续表)

期数	11%	12%	13%	14%	15%	16%	17%	18%	19%	20%
1	0.9009	0.8929	0.8850	0.8772	0.8696	0.8621	0.8547	0.8475	0.8403	0.8333
2	1.7125	1.6901	1.6681	1.6467	1.6257	1.6052	1.5852	1.5656	1.5465	1.5278
3	2.4437	2.4018	2.3612	2.3216	2.2832	2.2459	2.2096	2.1743	2.1399	2.1065
4	3.1024	3.0373	2.9745	2.9137	2.8550	2.7982	2.7432	2.6901	2.6386	2.5887
5	3.6959	3.6048	3.5172	3.4331	3.3522	3.2743	3.1993	3.1272	3.0576	2.9906
6	4.2305	4.1114	3.9975	3.8887	3.7845	3.6847	3.5892	3.4976	3.4098	3.3255
7	4.7122	4.5638	4.4226	4.2883	4.1604	4.0386	3.9224	3.8115	3.7057	3.6046
8	5.1461	4.9676	4.7988	4.6389	4.4873	4.3436	4.2072	4.0776	3.9544	3.8372
9	5.5370	5.3282	5.1317	4.9464	4.7716	4.6065	4.4506	4.3030	4.1633	4.0310
10	5.8892	5.6502	5.4262	5.2161	5.0188	4.8332	4.6586	4.4941	4.3389	4.1925
11	6.2065	5.9377	5.6869	5.4527	5.2337	5.0286	4.8364	4.6560	4.4865	4.3271
12	6.4924	6.1944	5.9176	5.6603	5.4206	5.1971	4.9884	4.7932	4.6105	4.4392
13	6.7499	6.4235	6.1218	5.8424	5.5831	5.3423	5.1183	4.9095	4.7147	4.5327
14	6.9819	6.6282	6.3025	6.0021	5.7245	5.4675	5.2293	5.0081	4.8023	4.6106
15	7.1909	6.8109	6.4624	6.1422	5.8474	5.5755	5.3242	5.0916	4.8759	4.6755
16	7.3792	6.9740	6.6039	6.2651	5.9542	5.6685	5.4053	5.1624	4.9377	4.7296
17	7.5488	7.1196	6.7291	6.3729	6.0472	5.7487	5.4746	5.2223	4.9897	4.7746
18	7.7016	7.2497	6.8399	6.4674	6.1280	5.8178	5.5339	5.2732	5.0333	4.8122
19	7.8393	7.3658	6.9380	6.5504	6.1982	5.8775	5.5845	5.3162	5.0700	4.8435
20	7.9633	7.4694	7.0248	6.6231	6.2593	5.9288	5.6278	5.3527	5.1009	4.8696
21	8.0751	7.5620	7.1016	6.6870	6.3125	5.9731	5.6648	5.3837	5.1268	4.8913
22	8.1757	7.6446	7.1695	6.7429	6.3587	6.0113	5.6964	5.4099	5.1486	4.9094
23	8.2664	7.7184	7.2297	6.7921	6.3988	6.0442	5.7234	5.4321	5.1668	4.9245
24	8.3481	7.7843	7.2829	6.8351	6.4338	6.0726	5.7465	5.4509	5.1822	4.9371
25	8.4217	7.8431	7.3300	6.8729	6.4641	6.0971	5.7662	5.4669	5.1951	4.9476
26	8.4881	7.8957	7.3717	6.9061	6.4906	6.1182	5.7831	5.4804	5.2060	4.9563
27	8.5478	7.9426	7.4086	6.9352	6.5135	6.1364	5.7975	5.4919	5.2151	4.9636
28	8.6016	7.9844	7.4412	6.9607	6.5335	6.1520	5.8099	5.5016	5.2228	4.9697
29	8.6501	8.0218	7.4701	6.9830	6.5509	6.1656	5.8204	5.5098	5.2292	4.9747
30	8.6938	8.0552	7.4957	7.0027	6.5660	6.1772	5.8294	5.5168	5.2347	4.9789

(续表)

期数	21%	22%	23%	24%	25%	26%	27%	28%	29%	30%
1	0.8264	0.8197	0.8130	0.8065	0.8000	0.7937	0.7874	0.7813	0.7752	0.7692
2	1.5095	1.4915	1.4740	1.4568	1.4400	1.4235	1.4074	1.3916	1.3761	1.3609
3	2.0739	2.0422	2.0114	1.9813	1.9520	1.9234	1.8956	1.8684	1.8420	1.8161
4	2.5404	2.4936	2.4483	2.4043	2.3616	2.3202	2.2800	2.2410	2.2031	2.1662
5	2.9260	2.8636	2.8035	2.7454	2.6893	2.6351	2.5827	2.5320	2.4830	2.4356
6	3.2446	3.1669	3.0923	3.0205	2.9514	2.8850	2.8210	2.7594	2.7000	2.6427
7	3.5079	3.4155	3.3270	3.2423	3.1611	3.0833	3.0087	2.9370	2.8682	2.8021
8	3.7256	3.6193	3.5179	3.4212	3.3289	3.2407	3.1564	3.0758	2.9986	2.9247
9	3.9054	3.7863	3.6731	3.5655	3.4631	3.3657	3.2728	3.1842	3.0997	3.0190
10	4.0541	3.9232	3.7993	3.6819	3.5705	3.4648	3.3644	3.2689	3.1781	3.0915
11	4.1769	4.0354	3.9018	3.7757	3.6564	3.5435	3.4365	3.3351	3.2388	3.1473
12	4.2784	4.1274	3.9852	3.8514	3.7251	3.6059	3.4933	3.3868	3.2859	3.1903
13	4.3624	4.2028	4.0530	3.9124	3.7801	3.6555	3.5381	3.4272	3.3224	3.2233
14	4.4317	4.2646	4.1082	3.9616	3.8241	3.6949	3.5733	3.4587	3.3507	3.2487
15	4.4890	4.3152	4.1530	4.0013	3.8593	3.7261	3.6010	3.4834	3.3726	3.2682
16	4.5364	4.3567	4.1894	4.0333	3.8874	3.7509	3.6228	3.5026	3.3896	3.2832
17	4.5755	4.3908	4.2190	4.0591	3.9099	3.7705	3.6400	3.5177	3.4028	3.2948
18	4.6079	4.4187	4.2431	4.0799	3.9279	3.7861	3.6536	3.5294	3.4130	3.3037
19	4.6346	4.4415	4.2627	4.0967	3.9424	3.7985	3.6642	3.5386	3.4210	3.3105
20	4.6567	4.4603	4.2786	4.1103	3.9539	3.8083	3.6726	3.5458	3.4271	3.3158
21	4.6750	4.4756	4.2916	4.1212	3.9631	3.8161	3.6792	3.5514	3.4319	3.3198
22	4.6900	4.4882	4.3021	4.1300	3.9705	3.8223	3.6844	3.5558	3.4356	3.3230
23	4.7025	4.4985	4.3106	4.1371	3.9764	3.8273	3.6885	3.5592	3.4384	3.3254
24	4.7128	4.5070	4.3176	4.1428	3.9811	3.8312	3.6918	3.5619	3.4406	3.3272
25	4.7213	4.5139	4.3232	4.1474	3.9849	3.8342	3.6943	3.5640	3.4423	3.3286
26	4.7284	4.5196	4.3278	4.1511	3.9879	3.8367	3.6963	3.5656	3.4437	3.3297
27	4.7342	4.5243	4.3316	4.1542	3.9903	3.8387	3.6979	3.5669	3.4447	3.3305
28	4.7390	4.5281	4.3346	4.1566	3.9923	3.8402	3.6991	3.5679	3.4455	3.3312
29	4.7430	4.5312	4.3371	4.1585	3.9938	3.8414	3.7001	3.5687	3.4461	3.3317
30	4.7463	4.5338	4.3391	4.1601	3.9950	3.8424	3.7009	3.5693	3.4466	3.3321

参考文献

[1] [美]史蒂芬·A. 罗斯，等. 公司理财[M]. 吴世农，等，译. 北京：机械工业出版社，2012.

[2] [美]理查德·A. 布雷利，等. 公司金融[M]. 赵冬青，译. 北京：机械工业出版社，2017.

[3] [美]乔纳森·伯克，等. 公司理财基础(精要版)[M]. 姜英兵，译. 大连：东北财经大学出版社，2012.

[4] [美]乔纳森·伯克，等. 公司理财[M]. 姜英兵，译. 2版. 北京：中国人民大学出版社，2011.

[5] Robert C. Higgins. 财务管理分析[M]. 沈艺峰，等，译. 北京：北京大学出版社，2004.

[6] [美]蒂姆·科勒，等. 价值：公司金融的四大基石[M]. 金永红，等，译. 北京：电子工业出版社，2012.

[7] [美]道格拉斯·R. 爱默瑞，等. 公司财务管理[M]. 荆新，改编. 北京：中国人民大学出版社，2008.

[8] 朱叶. 公司金融[M]. 上海：复旦大学出版社，2012.

[9] 上海财经大学金融学院《公司金融编写组》. 公司金融[M]. 北京：中国人民大学出版社，2014.

[10] 郭丽红，王安兴. 公司金融学[M]. 上海：上海财经大学出版社，2008.

[11] 刘莉亚，何博. 公司金融实务与案例[M]. 上海：上海财经大学出版社，2011.

[12] 荆新，王化成，等. 财务管理[M]. 北京：中国人民大学出版社，2012.

[13] 杨丽荣. 公司金融学[M]. 北京：科学出版社，2016.

[14] 袁天荣. 财务管理[M]. 北京：机械工业出版社，2010.

[15] 中国注册会计师协会. 财务成本管理[M]. 北京：中国财政经济出版社，2018.

[16] 刘力，等. 公司财务[M]. 北京：北京大学出版社，2014.

[17] 马亚明，等. 公司金融[M]. 2版. 北京：中国金融出版社，2003.

[18] 陈琦伟，等. 现代公司金融学[M]. 北京：中国金融出版社，2009.

[19] 曾庆芬. 公司金融[M]. 北京：中国经济出版社，2014.

[20] 何韧. 企业财务报表分析[M]. 上海：上海财经大学出版社，2010.

[21] 张德昌. 企业财务报表分析[M]. 北京：清华大学出版社，2015.